RELIGIONS ET ALIMENTATION

HOMO RELIGIOSUS

SÉRIE II

VOLUME 20

Religions et alimentation

Normes alimentaires, organisation sociale et représentations du monde

Edité par
RÉMI GOUNELLE, ANNE-LAURE ZWILLING
ET YVES LEHMANN

Index établis par
THIBAULT FOULON

BREPOLS

La Collection Homo Religiosus Série II fait suite à la Collection Homo Religiosus publiée de 1978 à 2001 par le Centre d'Histoire des Religions de Louvain-la- Neuve sous la direction de Julien Ries et diffusée par les soins du Centre Cerfaux- Lefort A.S.B.L.

La Collection Homo Religiosus Série II est publiée et diffusée par Brepols Publishers. Elle est dirigée par un comité scientifique que préside René Lebrun, et dont font partie Marco Cavalieri, Agnès Degrève, Charlotte Delhaye-Lebrun, Charles Doyen, Patrick Marchetti, Nicolas L. J. Meunier, André Motte, Thomas Osborne, Jean-Claude Polet, Natale Spineto et Étienne Van Quickelberghe.

© 2020, Brepols Publishers n.v., Turnhout, Belgium.

All rights reserved. No part of this publication may be reproduced, stored in a retrieval system, or transmitted, in any form or by any means, electronic, mechanical, photocopying, recording, or otherwise without the prior permission of the publisher.

D/2020/0095/314
ISBN 978-2-503-58015-9
eISBN 978-2-503-58016-6
DOI 10.1484/M.HR-EB.5.115425

ISSN 1378-9589
eISSN 2565-9588

This book is printed on acid-free paper, from sustainable sources.

Préface

S'alimenter est une des préoccupations essentielles de tous les êtres vivants. Les êtres humains, cependant, ont très tôt donné au fait de se nourrir une signification qui dépasse l'exigence physiologique[1]. La plupart des religions organisent ainsi le rapport au fait de manger : elles déterminent la valeur évocatrice des aliments et l'importance symbolique des différents moyens de préparer la nourriture ; elles définissent et régulent également la relation entre la nourriture et le divin. Les rapports entre les religions et l'alimentation sont donc nombreux et variés, et offrent un vaste champ d'études.

Ce domaine de recherche a déjà été bien exploré[2], mais la matière est si abondante et complexe qu'il y avait encore lieu d'approfondir les différentes modalités du rapport entre alimentation et religion et de les analyser dans une perspective à la fois interdisciplinaire et interreligieuse, en mêlant études diachroniques et synchroniques.

C'est ce à quoi se sont consacrés, de 2014 à 2017, les membres du groupement d'intérêt scientifique (GIS) *Sciences des religions et théologies à Strasbourg (SCIRTHES)*. Hébergé à la Maison des sciences de l'Homme – Alsace, ce GIS comprend les équipes suivantes : *Centre d'Analyse des Rhétoriques Religieuses de l'Antiquité* (CARRA – EA 3094) ; *Centre de recherches en philosophie allemande et contemporaine* (CREΦAC – EA 2326) ; *Droit, Religion, Entreprise et Société* (DRES – UMR 7354) ; *Groupe d'Etudes Orientales, slaves et néo-helléniques* (GEO – EA 1340) ; *Théologie catholique et sciences religieuses* (EA 4377) ; *Théologie protestante* (EA 4378). La Bibliothèque nationale et universitaire de Strasbourg est également membre du comité de gestion et du comité scientifique de ce GIS.

Trois journées d'étude ont été organisées par ce GIS : *Croire – s'alimenter – vivre ensemble. Diététiques religieuses et organisation sociale* en 2014, *Les religions et le manque de nourriture. L'ascèse, le jeûne et la privation volontaire de nourriture* en 2015 et *Croire*

---

1 Ainsi Audrey I. Richards, *Hunger and Work in a Savage Tribe*, Londres et New York, Routledge, 1932, rééd. 2004 ; Claude Levi-Strauss, *Mythologiques*, t. I : *Le Cru et le Cuit*, Paris, Plon, 1964 ; ou encore Marvin Harris, *Cannibales et monarques. Essai sur l'origine des cultures*. Flammarion, 1979.

2 Cf. par exemple, outre les livres cités en n. 1 : Marcel Détienne – Jean-Pierre Vernant (dir.), *La cuisine du sacrifice en Grèce ancienne*, Paris, Gallimard, 1979 ; Martin Aurell – Olivier Dumoulin – Françoise Thelamon (dir.), *La sociabilité à table : commensalité et convivialité à travers les âges*, Rouen, Université, 1992 ; Jean-Pierre Albert, *Dégoût et tabou : Approches de l'alimentaire et anthropologie des religions*. Journée d'études AISLF, 2001 <halshs-00367097> ; Olivier Assouly, *Les nourritures divines. Essai sur les interdits alimentaires*, Arles, Actes Sud, 2002 ; Aïda Kanafani-Zahar – Séverine Mathieu – Sophie Nizard, *À croire et à manger, religions et alimentation*, Paris, L'Harmattan, 2006 ; Jean-Claude Kaufmann, *Familles à table*, Armand Colin, 2007 ; Philippe Baud (dir.), *Manger, voie spirituelle*. Genève, Labor et Fides, 2014.

et manger ensemble. Les pratiques de la commensalité dans les religions, la même année. Le GIS a également assuré en février 2015 une journée de réflexion sur le thème *Réfléchir sur la laïcité en l'abordant par l'alimentation,* à destination des principaux de collèges et des proviseurs de lycée dans le cadre du Groupe d'appui départemental 2.

Pour conclure ses travaux, le GIS SCIRTHES a organisé en octobre 2017 un colloque international sur le thème *Religions et alimentation. Normes alimentaires, organisation sociale et représentations du monde.* S'appuyant sur sa richesse multidisciplinaire, il entendait d'une part mettre en valeur l'importance de la recherche réalisée à Strasbourg autour du fait religieux et d'autre part contribuer au rayonnement de l'Université de Strasbourg par la participation à cette rencontre d'autres chercheurs renommés.

***

Le présent volume publie les contributions présentées lors de ce colloque, auxquelles s'ajoutent quelques contributions présentées lors des journées d'étude de 2014 et de 2015[3]. Il ne prétend pas faire le tour des discussions dans tous les systèmes religieux, mais il souhaite faire ressortir des questions de fond et mettre en dialogue les diverses méthodologies à l'œuvre dans l'étude du fait religieux. C'est pourquoi les contributions ne sont organisées ni en fonction du milieu socioculturel étudié, ni en fonction de la date des phénomènes analysés, mais selon les axes thématiques présentés ci-après.

Au sein de chaque section sont volontairement associées des contributions portant sur des contextes religieux très divers, allant de la plus haute Antiquité à nos jours. La frontière entre philosophie et religion étant parfois ténue, des éclairages issus de l'œuvre de Platon et de celle d'Auguste Comte sont proposés. Nous avons également tenu à ce que les questions qui agitent les sociétés d'aujourd'hui ne soient pas absentes de la réflexion, même lorsque leur caractère religieux n'est pas toujours perceptible par nos contemporains. Aussi une contribution est-elle consacrée à l'exigence de maigreur, si présente de nos jours, et interroge ses soubassements religieux.

Les deux premières sections de cet ouvrage portent sur la régulation religieuse (quantitative et qualitative) de l'alimentation. La première partie s'intéresse aux variations autour de la maîtrise du besoin physiologique de manger : jeûne, ascèse, renoncement, privation volontaire de nourriture. Les aires culturelles déclinent différentes modalités du manque de nourriture, dont il importe de cerner la dimension spécifiquement religieuse et qui mettent en scène des questions anthropologiques.

Lorsque l'on ne se prive pas de nourriture, reste à savoir ce qu'on peut manger. Les religions proposent différentes modalités de régulation qualitative de la nourriture – souvent variables en fonction du statut ou du genre des personnes – fixant tant ce qui est licite ou qui ne l'est pas, que la façon dont il faut préparer et consommer ce qui est mangeable. On s'intéresse ici en particulier à la manière dont les prescriptions

3 S'y ajoute également un article d'Oguz Alyanak sur les pratiques relatives au halal à Strasbourg. Cette contribution, publiée en anglais dans *The International Review of Social Research* 6 (2016), p. 15-25, nous a paru mériter d'être mise à disposition en français dans le présent volume.

sont fondées, justifiées ou réinterprétées au fil du temps, ainsi qu'à la façon dont elles sont mises en œuvre.

La troisième section examine le fait de se nourrir comme un acte éminemment social, et explore les modalités de la commensalité dans ses dimensions quotidiennes et rituelles. Plusieurs contributions étudient comment peuvent s'articuler croire, s'alimenter et vivre ensemble, en éclairant l'impact (bénéfique ou négatif, voulu ou non) des pratiques et prescriptions religieuses sur le lien social. Les pratiques religieuses en matière d'alimentation créent en effet souvent des groupes au sein de la société et font partie des comportements particulièrement visibles par les autres ; pratiques parfois séparatrices, elles peuvent être aussi le lieu de remarquables cohabitations symboliques.

La quatrième section s'intéresse à la profonde dimension symbolique de l'alimentation. Elle vise à analyser en quoi, comment et pourquoi l'observance des normes et interdits alimentaires est une inscription dans l'ordre du monde, voire une manière d'établir ou de rétablir cet ordre. C'est dans cette perspective qu'il est question de la nourriture des dieux et du sacrifice ; il s'agit de déterminer non seulement comment on nourrit les dieux, ce qu'on leur offre, comment on le prépare, à quelle période, mais aussi et surtout de s'intéresser à la finalité symbolique de cet acte, articulée à des prescriptions rituelles spécifiques.

Lors du colloque de 2017, la Bibliothèque nationale et universitaire de Strasbourg avait proposé une sélection d'ouvrages anciens dans lesquels sont représentés des repas religieux. L'intérêt de ces images était tel qu'il nous a paru qu'elles avaient pleinement leur place dans le présent volume. Le dossier iconographique sur lequel s'achève cet ouvrage présente les pièces les plus importantes et en propose des reproductions de très grande qualité. Signe de l'étroit partenariat qui s'est établi entre le GIS SCIRTHES et la Bibliothèque nationale et universitaire de Strasbourg, cette contribution est également une invitation à explorer un domaine encore peu défriché par la recherche.

***

Tout au long de ses travaux, le GIS a pu bénéficier du soutien bienveillant de la Région Alsace, devenue Région Grand-Est, et du lycée hôtelier d'Illkirch-Graffenstaden. Il nous est agréable de les remercier publiquement pour leur aide et pour leurs encouragements. Nos remerciements vont également à l'université de Strasbourg, qui a soutenu l'organisation du colloque de 2017. Notre vive reconnaissance va aussi à Thibault Foulon, doctorant à l'université de Strasbourg, qui s'est fortement investi dans l'organisation de ce colloque et qui a pris une part importante dans la préparation de cet ouvrage ; nous lui devons plus particulièrement l'index de ce volume. Nous y associons avec plaisir Armelle Line Peltier, Docteur en Epistémologie des sciences, qui a assuré le suivi de la publication de ce volume.

Rémi Gounelle, Yves Lehmann et Anne-Laure Zwilling
(Université de Strasbourg)

MASSIMO MONTANARI

La chair et l'esprit

Alimentation et religion en Europe

Si l'on veut parler d'alimentation et religion en Europe, il faut évidemment commencer par le haut Moyen Âge, c'est à dire, le temps où l'Europe naît. La naissance de l'Europe – en tant qu'unité culturelle – se produit en effet alors, à travers deux phénomènes parallèles : d'une part, la rencontre de la culture romaine avec celle des « barbares » (comme les Romains appelaient les tribus germaniques et slaves) ; de l'autre, l'échec de l'unité méditerranéenne, provoqué par l'affirmation de l'islam et de l'Empire arabe sur les rives de l'Afrique.

Dans tout cela, la religion a joué un rôle important. Un rôle de liaison, à l'intérieur du continent, entre la culture romaine et la culture « barbare ». En ce qui concerne la culture islamique, il s'agit d'un rôle distinctif – tandis que la culture juive, tout en se déplaçant d'une manière distincte, reste mélangée avec le monde chrétien et contribue au fil des siècles à la construction de l'identité (y compris alimentaire) de celui-ci.

A l'aube du Moyen Âge, l'affrontement entre « Romains » et « Barbares » est aussi la collision d'habitudes alimentaires : la culture du pain, du vin et de l'huile (symboles de la civilisation agricole romaine) s'oppose à la culture de la viande, de la bière, du beurre (symboles de la civilisation « barbare », plus liés à l'utilisation de la forêt qu'à la pratique de l'agriculture). Mais peu à peu, les deux mondes se complètent, donnant naissance à un modèle alimentaire « romain – barbare » qui reflète assez bien ce qui se passe dans d'autres domaines de la vie civile : structures sociales, institutions politiques, culture juridique, expressions artistiques. L'intersection entre agriculture et culture forestière donne lieu à des formes nouvelles et complexes de production, mélangeant les secteurs agricole et forestier. Le prestige tant des modèles anciens (la tradition romaine) que de la nouvelle classe dirigeante (d'extraction barbare) est le premier véhicule de cette intégration, qui attribuera en définitive le rôle principal non pas à un, mais à deux produits : le pain et la viande (plus généralement, les produits végétaux et les produits animaux)[1].

1 Voir M. Montanari, *La faim et l'abondance. Histoire de l'alimentation en Europe*, Paris, 1995.

Massimo Montanari • Université de Bologne

Religions et alimentation, éd. par Rémi Gounelle, Anne-Laure Zwilling et Yves Lehmann, Turnhout : Brepols, 2020 (Homo Religiosus, 20), p. 9-20
BREPOLS PUBLISHERS 10.1484/M.HR-EB.5.117403

Quelle a été l'influence de la religion – à savoir, du christianisme – sur ce phénomène ? A cette question, j'en ajoute une autre, symétrique et opposée : quelle a été l'influence de ce phénomène sur le christianisme ?

En fait, il ne s'agit pas seulement de vérifier les influences d'un système religieux sur les valeurs et les habitudes alimentaires, mais aussi – dans le sens opposé – le poids et la persistance des valeurs et des habitudes alimentaires préexistantes, héritées et retravaillés par la religion. Le deuxième aspect de la question, toujours important, est particulièrement décisif dans le cas du christianisme, puisque contrairement à d'autres religions, le christianisme n'a ni contraintes ni préjugés idéologiques à propos de la nourriture[2].

En effet, dès les premiers temps de la prédication apostolique, la ligne qui s'affirma fut celle d'une liberté qui laissait à chacun la responsabilité de ses propres choix et réfutait l'idée que les aliments puissent être bons ou mauvais par nature. En soi, la nourriture est une réalité neutre et seul le comportement de celui qui mange peut conférer au geste alimentaire une valeur quelle qu'elle soit, positive ou négative. Le discours sur la nourriture s'est donc renversé par rapport à celui de la tradition hébraïque, qui assignait aux aliments *en soi* la qualification de « pur » ou « impur », propre ou non à la consommation. La perspective s'est déplacée de l'objet au sujet, de l'aliment à l'homme. La nouvelle religion laisse chacun responsable de son choix. On ne regardera pas *ce* que l'on mange, mais *comment* : combien, quand, avec quelle attitude et quelle intention…

En réalité, la question de savoir *quoi* manger est tout de même restée au centre de l'attention, et, dans la tradition chrétienne, certains aliments ont été acceptés plus que d'autres.

En premier lieu, le christianisme a attribué un statut privilégié au pain et au vin, qui sont devenus un véritable signe de l'identité chrétienne, aussi bien sur le plan du sacré (dans le rite de l'eucharistie) que dans l'imaginaire social.

La référence au récit évangélique est évidente, mais la forte valeur symbolique du pain et du vin n'est pas une invention du christianisme. La culture romaine, et avant elle la grecque, avaient choisi précisément ces produits (ainsi que l'huile) pour représenter leur civilisation. Pourquoi ? Pour la simple raison que ces produits n'existent pas dans la nature, mais qu'ils sont des créations de l'activité humaine, de véritables « inventions », très sophistiquées. Les aliments deviennent ainsi un signe de l'intelligence et des compétences des hommes qui, contrairement aux autres animaux, sont capables de *construire* leur nourriture[3].

Le christianisme hérite de cette tradition et s'en fait l'interprète, en identifiant le pain et le vin comme la nourriture et la boisson non plus seulement de l'homme

---

2 Pour l'ensemble de la question, voir M. Montanari, *La chair et l'esprit. Histoire de la culture alimentaire chrétienne*, Paris, 2017.

3 M. Montanari, *Le manger comme culture*, Bruxelles, 2010.

« civilisé », mais plus précisément de l'homme chrétien, « civilisé » à la nouvelle foi. Ce choix facilite la greffe du christianisme dans le monde romain : à partir du IVe siècle (époque de Constantin et Théodose), les deux histoires procèdent de manière parallèle, et c'est surtout la culture chrétienne qui transporte au Moyen Âge le prestige des produits-symboles de la culture méditerranéenne. Ce n'est pas par hasard que l'on rencontre, dans les textes hagiographiques, beaucoup de saints évêques ou abbés qui, pour diffuser la foi chrétienne, prennent en priorité le soin de planter de la vigne et de défricher des champs pour se procurer les ingrédients indispensables à leur ministère[4].

Le christianisme du pain et du vin est donc un christianisme « romain » qui absorbe et revitalise une culture alimentaire qui avait été sédimentée pendant des siècles. Mais le christianisme absorbe aussi la nouvelle culture alimentaire en train d'émerger au Moyen Âge sous l'influence des « barbares ».

Il s'agit de la culture de la viande, qui, sur le plan alimentaire, est le premier résultat de l'usage quotidien de la forêt, où les animaux sont élevés en état semi-sauvage.

C'est aussi la culture de la bière, qui, dans l'Europe chrétienne, s'affronte souvent à la culture du vin, tantôt comme boisson sacrée et symbole religieux, tantôt comme boisson du quotidien. Dans le premier cas, la mission du Saint chrétien est de briser brutalement les récipients de bière qui serviraient à faire des « sacrifices profanes en l'honneur des faux dieux » (comme le fait au VIIe siècle saint Colomban, lors d'un séjour chez les Suèves)[5]. Mais dans le monastère fondé par Colomban à Luxeuil, la bière était la boisson habituelle des moines. Et il arriva à Colomban lui-même – selon Jonas de Bobbio, son biographe – d'intervenir pour sauver un tonneau de cervoise que le frère cellérier avait laissé ouvert si bien que le liquide s'en écoulait. La biographie de Colomban rapporte même un épisode de multiplication de pain et de bière, qui confère à la boisson « païenne » une dignité évangélique aussi singulière qu'inattendue. « Père, nous n'avons que deux pains et un peu de cervoise », lui disent un jour les frères ; mais tous vont manger et boire à satiété, car les paniers et les jarres se remplissent au lieu de se vider.

Le binôme pain/bière est une adaptation du récit évangélique à d'autres cultures, à d'autres habitudes alimentaires, et un exemple de la flexibilité extraordinaire du christianisme par rapport aux habitudes locales – une flexibilité liée aussi, bien sûr, à l'absence de règles préétablies dans le domaine alimentaire.

Mais, surtout, c'est par rapport à la viande que le christianisme révèle son adhésion à un modèle alimentaire que nous pouvons qualifier de « médiéval » et « barbare ».

A ce propos, il faut noter que la relation des chrétiens avec la viande a été plutôt tourmentée, malgré les proclamations de principe sur la liberté laissée dans le choix des aliments.

---

4 R. Dion, *Histoire de la vigne et du vin en France des origines au XIXe siècle*, Paris, 1959, p. 171 et ss.

5 *Vita Columbani*, 27 (ed. B. Krush, Hannover-Leipzig, 1905). *Ibid.*, 16, 17, pour ce qui suit. voir A. Maraschi, « I miracoli alimentari di San Colombano : l'originalità, la tradizione e la simbologia », dans *Studi medievali*, LII, 2011, p. 517-576.

La culture monastique, en particulier, s'est montrée méfiante à l'égard de la viande. Un peu pour contrer certains idéaux de vie (promus par la noblesse d'ascendance germanique) qui voyait dans la viande le principal symbole alimentaire de la puissance, en tant qu'outil de force physique, condition nécessaire à l'exercice de la guerre et du pouvoir. Un peu parce que la viande était considérée comme un aliment aphrodisiaque, inapproprié pour ceux qui avaient fait vœu de chasteté, comme les moines. Mais aussi pour des motifs plus profonds, liés aussi bien aux suggestions bibliques qu'au patrimoine des philosophies antiques.

La Bible, en effet, introduit le thème de la viande seulement dans la deuxième phase de la relation entre Dieu et les hommes, celle où le Créateur, se résignant à la nature imparfaite et violente de ses créatures, permet à Noé et à ses descendants de tuer et de manger des animaux[6]. Cependant, Adam et Eve, les premiers parents, étaient végétariens avant d'être expulsés du Paradis terrestre[7].

Cette même suggestion permet d'expliquer pourquoi la culture chrétienne est si embarrassée et hésitante en ce qui concerne la consommation de viande. La « nostalgie d'un Eden végétarien », qui revient souvent dans les textes, rappelle des valeurs éthiques telles le refus de la mise à mort des animaux et le respect de tous les êtres vivants, proposées par des philosophies antiques comme celles de Pythagore, de Plutarque, ou de Porphyre[8].

Sur le plan doctrinal, le christianisme ne pouvait pas accepter des positions de ce genre, car il était fondé sur l'idée d'un fossé infranchissable entre les humains et les animaux. C'est pour cela que, pendant longtemps, l'Église chrétienne a condamné comme hérétiques des choix végétariens fondés sur le respect de la vie animale. Dans certains procès contre les cathares, on demandait aux suspects de tuer un poulet : le refus de le faire était la preuve avérée de l'hérésie[9].

Et pourtant, les règles alimentaires des moines établissent l'abstinence de la viande : d'une manière plus ou moins stricte, celle-ci est leur première préoccupation en termes de nourriture[10]. Comment cette contradiction est-elle possible ?

Elle est possible grâce à un changement radical du « statut » idéologique et de l'image de la viande.

La viande n'est plus une valeur négative, comme elle l'avait été dans les philosophies végétariennes antiques, ou comme elle l'était dans la législation hébraïque (ou plus tard islamique), limitée toutefois, dans ce cas, aux animaux impurs. Avec le christianisme, la viande est devenue une valeur positive, un produit auquel on demande de renoncer non parce qu'il est mauvais et méprisable, mais, au contraire, parce qu'il est bon et appréciable. C'est exactement sur ce renversement idéologique

6 *Genèse* 9, 3-4.
7 *Genèse* 1, 30.
8 J. Haussleiter, *Der Vegetarismus in der Antike*, Berlin, 1935 ; C. Spencer, *The heretic's feast. A history of vegetarianism*, London, 1993.
9 E. J. Mannucci, *La cena di Pitagora. Storia del vegetarianismo dall'antica Grecia a Internet*, Roma, 2008, p. 39.
10 M. Montanari, *Alimentazione e cultura nel Medioevo*, Roma-Bari, 1988.

que repose la signification du renoncement, de la pénitence, du sacrifice, typique de la culture chrétienne du Moyen Âge – qui de cette manière se révèle fortement imprégné par les valeurs sociales dominantes ; je veux dire que seul le statut privilégié dont la viande est pourvue, aussi bien sur le plan nutritionnel que symbolique, justifie la valeur attribuée à l'abstinence en tant que pratique méritoire. Dans cette nouvelle perspective (et *seulement* dans cette nouvelle perspective), l'exclusion de certains aliments du régime quotidien devient compatible avec l'idéologie chrétienne.

Ce paradigme de perfection va bientôt sortir du milieu élitiste – celui des moines – dans lequel il avait été imaginé. On le proposa, en effet, à tous les chrétiens comme règle de vie, bien que redimensionné en quantité et qualité.

Depuis le IVe siècle, les autorités ecclésiastiques prescrivent l'abstinence des produits animaux comme une obligation à portée générale que chaque fidèle est tenu d'observer durant des jours et des périodes précisément définis[11]. Le phénomène est imposant y compris d'un point de vue quantitatif : entre les jours de la semaine, les vigiles, les carêmes majeurs et mineurs, l'abstinence est prévue presque un jour sur trois. Pendant ces jours, on doit renoncer à la viande (remplacée par le poisson, le fromage, les légumes, les céréales) et les graisses animales (remplacées par des huiles végétales).

Mais attention : si l'abstinence est obligatoire (en théorie au moins), la coutume de célébrer les solennités et les fêtes (sans parler du carnaval) par la consommation de viande et de lard est non moins contraignante – c'est presque une obligation. Il était interdit même aux moines de faire maigre les dimanches et les autres jours fériés.

La viande est donc devenue le pivot du système alimentaire chrétien. Qu'elle soit présente ou absente, elle est au centre de l'attention. Le premier devoir d'un cuisinier ou d'une cuisinière, dans la pratique domestique ou professionnelle – et cela, pendant des siècles –, est de choisir les aliments en fonction du jour de la semaine ou de la période de l'année. Les livres de cuisine jusqu'au XVIIe siècle et au-delà, sont eux aussi organisés selon ce critère et proposent, à l'intérieur des recettes elles-mêmes et dans la distribution générale de la matière, une distinction de base entre les préparations maigres et grasses, avec ou sans viande, avec ou sans graisses animales. Le marché dépend lui aussi du calendrier liturgique, puisque, en période de carême ou durant les jours d'abstinence, il est interdit de vendre de la viande.

De cette manière, la présence de tous les aliments, de toutes les graisses, de tous les condiments sur toutes les tables de l'Europe chrétienne a été sollicitée. Ce fut l'un des moyens les plus efficaces et les plus concrets par lesquels la norme chrétienne influa sur les habitudes sociales, en instaurant dans la culture européenne des modèles alimentaires homogènes, des modes de vie largement partagés.

---

11 Montanari, *La chair et l'esprit*, *op. cit.*, chapitre 4.

Parmi les viandes, le porc connait une importance particulière dans le système alimentaire chrétien.

Bien sûr, le cochon n'était pas absent de la table romaine. Mais il n'en était pas un élément distinctif, comme il commence à l'être au Moyen Âge, quand le porc va devenir une ressource essentielle dans l'alimentation quotidienne de tous, et ainsi élément de premier plan de l'économie – il deviendra même l'unité de mesure des forêts, qui, dans les documents, seront évaluées en nombre de porcs hébergés. Le christianisme médiéval, dépourvu de tabous alimentaires, prêt à tenir compte des usages réels de la société, se retrouve immergé dans cette « culture du porc », qui va bientôt devenir un autre élément de l'identité religieuse.

Cela se produit sous le signe de la *diversité*, par rapport à la tradition hébraïque (« les chrétiens – prescrit au IVe siècle le conseil d'Antioche – n'imiteront pas les juifs quant à l'abstinence de certains aliments, et ils mangeront du porc »[12]) et à l'islam, qui, à partir du VIIe siècle, inclut précisément cet animal parmi ses (très rares) tabous alimentaires.

Ainsi le porc – de façon inattendue – devient un élément identitaire de la table chrétienne. Il va même prendre la place de l'agneau au repas de Pâques : le Christ et les apôtres – pourtant des juifs – sont parfois représentés dans l'iconographie médiévale autour d'un plat de porc qui est à l'honneur, avec de bonnes défenses bien en évidence, sur la table de la dernière cène.

Les textes nous racontent que les restes mortels de saint Marc ont été volés aux Sarrasins en Afrique, et amenés en Italie, sous la protection de viandes salées de porc, parmi lesquelles ils étaient soigneusement cachés : ce stratagème (le saint protégé par le cochon) a des implications symboliques évidentes. Et d'ailleurs, en renversant les protagonistes, n'y a-t-il pas de saint protecteur du cochon ? L'iconographie médiévale de saint Antoine, souvent représenté avec un porcelet à ses pieds[13], amène cet animal aux honneurs de l'autel. Ce n'est pas le seul animal représenté dans les lieux sacrés de la religion chrétienne ; mais c'est l'un des rares à ne pas apparaître comme « autre », symbole d'une vertu, d'un vice, d'un événement biblique ou hagiographique. Le porc de Saint-Antoine est un porc et c'est assez, c'est lui-même. Son identité « chrétienne » en est renforcée.

Bref, l'identité de la nouvelle Europe chrétienne était caractérisée par le pain, le vin et le porc. Paradoxalement, cela transforme en valeurs alimentaires européennes – *principalement* européennes – des valeurs qui à l'origine étaient placées sur des plans géographiques et culturels différents. Le vin, ancien symbole de la civilisation méditerranéenne, est transporté sur le continent. Le cochon, qui avait été le symbole alimentaire des « barbares » du nord, au Moyen Âge devient la viande par excellence

12 C. Fabre-Vassas *La bête singulière. Les juifs, les chrétiens et le cochon*, Paris, 1994, p. 276.

13 L. Fenelli, *Il tau, il fuoco, il maiale. I canonici regolari di sant'Antonio Abate tra assistenza e devozione*, Spoleto, 2006 ; *Dall'eremo alla stalla. Storia di sant'Antonio abate e del suo culto*, Roma-Bari, 2011.

des Européens, même dans les régions méditerranéennes (pensons à la culture du jambon qui se développera en Italie ou en Espagne).

Quant au pain, il avait servi à l'époque romaine et hellénistique à symboliser le monde « civilisé » contre le monde « barbare ». Au Moyen Âge, il servit à représenter la « vraie » religion contre ses adversaires. Durant la période des croisades, on observe une forte tension idéologique chez les auteurs chrétiens qui revendiquent le pain comme signe de leur identité et qualifient de « galette mal cuite » le pain des musulmans[14]. L'enjeu est bien plus qu'une question de primauté gastronomique : le pain, nouveau symbole de l'Europe chrétienne, est devenu un instrument de conflit culturel – au prix d'une exagération évidente, car il apparaît honnêtement difficile d'exclure de ce banquet de symboles la rive sud de la Méditerranée (qui fut à l'origine de la culture du pain, soit en Égypte, soit en Mésopotamie). Absurde et fallacieuse, la revendication de la christianité européenne de s'approprier un produit caractéristique de la culture méditerranéenne est toutefois – et justement pour cela – significative d'un sentiment, d'une valeur surtout symbolique qui accompagnent la consistante matérialité du pain.

Aussi bien par rapport au monde juif, le cochon a fonctionné comme élément distinctif. Beaucoup moins ont fonctionné le vin et le pain, que, cependant, car le judaïsme les excluait de l'aire du sacré, s'identifiant plutôt – dans la célébration pascale – dans la culture du pain azyme. Une culture qui, peu à peu, a fasciné aussi les chrétiens latins, qui ont préféré introduire le pain sans levain dans le rite de l'eucharistie, pour souligner son caractère « mystique » et, pour ainsi dire, « dématérialiser » l'événement de son aspect le plus matériel et savoureux[15].

Mais voilà, toute suite, la controverse. Parmi les raisons du conflit qui conduisit au XIe siècle à la rupture entre l'Église latine et l'Église grecque, de subtils débats théologiques se mélangent à l'accusation faite aux Latins de se comporter en juifs : les fidèles de l'Église appelée depuis orthodoxe continueront à utiliser dans la célébration eucharistique – jusqu'aujourd'hui – du pain au levain (trempé dans le vin, que les catholiques ont réservé au prêtre officiant, depuis le XIIIe siècle). Même dans un cas comme celui-ci, la nourriture joue son rôle. Inclusive ou exclusive, elle sert toujours à représenter les identités et les affiliations, à distinguer et intégrer, à éloigner et approcher.

La relation avec le monde arabe est, de ce point de vue, révélatrice.

Le contraste entre l'Europe et l'islam, représenté par la consommation de vin et de porc, n'exclut pas des convergences importantes. La frontière entre les deux mondes est aussi, dès le début, une zone d'échange fructueux. À travers les deux canaux privilégiés que sont l'Espagne et la Sicile, les Arabes introduisent de nouveaux

14 M. Montanari, *Gusti del Medioevo. I prodotti, la cucina, la tavola*, Roma-Bari, 2012, p. 62.

15 C. Fabre-Vassas, « L'azyme des juifs et l'hostie des chrétiens », dans D. Fournier, S. D'Onofrio (dir.), *Le ferment divin*, Paris, 1991, p. 189-206.

produits et de nouveaux goûts en Europe[16]. C'est par les Arabes qu'arrivent en Occident deux produits qui, au cours des siècles, seront utilisés en abondance dans les cuisines européennes : les agrumes (oranges amères, citrons, citrons verts) et la canne à sucre, avec son environnement gastronomique de confits, massepain, nougat ; et un goût particulier pour les parfums et l'aigre-doux : saveur que les Romains recherchaient en mélangeant miel et vinaigre, et que le Moyen Âge redécouvre avec les tons plus délicats des agrumes et du sucre. D'autres produits d'importation arabe sont les épinards, les artichauts, les aubergines (que les juifs contribueront à répandre en Europe). Mais on peut mettre l'accent sur des contributions encore plus importantes. L'une est le riz, qui s'étend en Sicile et en Espagne. L'autre sont les pâtes, qui ne sont définies comme une véritable catégorie alimentaire, dans toute la variété de leurs formes, qu'au Moyen Âge. À cette époque, la diffusion croissante des pâtes est favorisée par l'usage moyen-oriental de les sécher, répandu par la médiation arabe et juive, qui permet de les conserver et donc de les commercialiser à distance.

Jusqu'au XIe siècle, soit jusqu'à l'époque des croisades, les Arabes sont restés le principal pont commercial entre l'Europe et l'Est, jouant un rôle important dans la diffusion et le renforcement de l'utilisation des épices, caractéristique des cuisines européennes du Moyen Âge et de la Renaissance.

Enfin, la contribution arabe à la culture alimentaire européenne apparaît fort significative, même si les historiens ne s'accordent pas sur l'importance qu'il convient de lui accorder[17]. Ils sont même divisés, entre ceux qui affirment qu'elle a été une création originale, et ceux pour qui elle représente la reprise et la relance de certains aspects de la culture romaine. Les deux choses sont probablement vraies, parce que le contexte culturel islamique contribua sans doute à construire l'Europe médiévale, mais que la tradition romaine-hellénistique fut à son tour l'une des bases de ce même bagage. Cela est vrai pour la nourriture et la gastronomie, et plus clairement encore pour la diététique et la science alimentaire, qui se développent au Moyen Âge sur la base des « classiques » grecs et latins, souvent par la médiation des médecins et des savants arabes.

Ainsi, l'opposition religieuse n'exclut pas des intégrations, des échanges alimentaires fructueux. La table est toujours aussi bien un lieu de distinction que de rencontre.

L'histoire de la Réforme protestante est également révélatrice de cette double qualité (pas nécessairement contradictoire).

---

16 M. Montanari, « Maometto, Carlo Magno e lo storico dell'alimentazione », *Quaderni medievali*, 40, 1995, p. 64-71.

17 Certains la considèrent fondamental (ainsi M. Rodinson, « Recherches sur des documents arabes relatifs à la cuisine », *Revue des études islamiques*, XVII, 1949, p. 95-165, ou C. A. Wilson, « The Saracen connection: arab cuisine and the medieval West », *Petit Propos Culinaires*, 1981, 7, p. 13-22; 8, p. 19-28), d'autres en réduisent nettement le rôle (ainsi B. Laurioux, « Le goût médiéval est-il arabe? À propos de la 'Saracen connection' », dans Id., *Une histoire culinaire du Moyen Âge*, Paris, 2005, p. 305-335).

Nouveau déchirement dans le christianisme, la Réforme supprime les règles « romaines » de l'alternance obligatoire entre aliments maigres et aliments gras – qui, comme nous l'avons souligné, avaient été un formidable instrument d'unification de la culture alimentaire européenne.

Les chefs du mouvement réformateur voient dans les règles du carême et dans le calendrier alimentaire un des principaux symboles du pouvoir, de l'arrogance et des abus de l'Église catholique romaine. La condamnation de Luther est nette : « Dieu ne se soucie pas de ce que nous mangeons », écrit-il dans ses *Propos de table*[18]. Se réclamant de la tradition apostolique, Luther nie la légitimité des décisions ecclésiastiques en matière alimentaire, s'en remettant entièrement au choix et à la conscience de l'individu. Alors assez de carêmes, assez d'abstinences ; qu'on en finisse avec la guerre contre la viande ! Calvin répète la même chose dans l'*Institution de la religion chrétienne*[19]. Des traités sur la libre consommation de la viande prolifèrent entre le XVIe et le XVIIe siècles dans les pays protestants, tandis que les traités de régime de carême se multiplient dans les milieux catholiques. Les comportements alimentaires sont brandis comme une arme, tant par ceux qui refusent les règles que par ceux qui les réitèrent en définissant de manière toujours plus minutieuse et bureaucratique la casuistique des aliments interdits ou permis[20].

L'impact réel de cette rupture est difficile à mesurer. Des historiens anglais soutiennent que la Réforme causa la ruine des industries de la pêche européenne. En ce qui concerne l'utilisation des graisses, Flandrin a écrit que l'alternance entre l'huile et le lard « n'a pas survécu à la Réforme »[21] – il faut noter cependant que l'Eglise avait déjà permis dans les pays catholiques l'utilisation de saindoux ou de beurre, ainsi que le rétablissement des coutumes locales ou régionales auxquelles la norme chrétienne s'adaptait. Malgré toutes les formes possibles d'assimilation culturelle, même la législation ecclésiastique avait été forcée de reconnaitre la diversité des traditions et des goûts alimentaires.

L'abolition du calendrier diététique de l'Église romaine n'efface pas la valeur de l'abstinence. L'idéal de frugalité, d'une sobriété observée de façon non pas intermittente mais permanente, comme constant modèle de vie, devient chez les protestants un moyen de mesurer le quotient de spiritualité de chacun, en remplaçant les obligations collectives et la culture de la norme par un choix individuel, plus libre et – par là même – plus problématique. L'austérité des habitudes alimentaires – magistralement mise en scène par Karen Blixen dans *Le Festin de Babette* – deviendra un signe important de l'éthique protestante, tandis que le monde catholique, tenu à des règles et des comportements plus objectivés, réservera – même d'une manière toujours ambigüe et contradictoire – une plus grande attention aux plaisirs de la table.

---

18 Martin LUTHER, *Propos de table*, Paris, 1992.

19 Jean CALVIN, *Institution de la religion chrètienne*, IV, 12, 20-21.

20 MONTANARI, *La chair et l'esprit*, chapitre 6.

21 J.-L. FLANDRIN, « Le goût et la nécessité : reflexions sur l'usage des graisses dans les cuisines de l'Europe occidentale, XIVe-XVIIIe siècles », *Annales ESC*, XXXVIII, 1983, p. 369-401.

Par ailleurs, et paradoxalement, la Réforme provoque de nouveaux phénomènes d'intégration et d'échanges culturels. J'en donne un seul exemple : au début du XVIIe siècle, l'italien Giacomo Castelvetro, exilé à Londres pour échapper à la persécution de sa foi protestante, écrit que « la noble nation anglaise a appris de nouvelles habitudes alimentaires grâce à la contribution de nombreuses personnes qui cherchèrent cet asile pour se sauver du danger de l'inquisition romaine »[22]. Il écrit lui-même un petit traité *Sur les racines, les herbes et les fruits qui crus ou cuits l'on mange en Italie*, sorte de répertoire de la gastronomie italienne sélectionnée dans l'un de ses aspects les plus originaux et distinctifs (le goût des légumes), que Castelvetro propose à ses invités britanniques pour leur apprendre à apprécier « tant d'aliments que beaucoup refusent d'utiliser parce qu'ils ne connaissent pas leur utilisation». Quand les hommes circulent, les idées circulent avec eux : c'est peut-être le seul aspect positif des migrations forcées. Et qui sait, il est possible que le petit texte de Castelvetro ait joué un rôle pour pousser John Evelyn à publier, à la fin du XVIIe siècle, le premier traité anglais sur les salades.

Je reviens, pour terminer, au Moyen Âge, avec une petite histoire que je vous propose comme une véritable « parabole ».

En 986, Vladimir Ier prince de Kiev choisit d'abandonner le paganisme et d'embrasser une foi nouvelle, pour lui-même et pour son peuple. Il décide alors de faire venir au palais des représentants de toutes les religions monothéistes qu'il connaît – les chrétiens de Rome et de Byzance, les musulmans, les juifs – pour évaluer la crédibilité de chacune d'elles. Procédure d'une clairvoyance étonnante, que nous n'aurions peut-être pas attendue d'un souverain médiéval. En tous cas, la chronique russe qui a conservé la mémoire de cet événement[23] nous dit que, parmi les complexes débats théologiques qui se déroulèrent à cette occasion, les choix alimentaires – le comportement suggéré ou prescrit comme règle de vie pour les fidèles – jouèrent également un rôle décisif.

Vladimir n'apprécie pas l'obligation musulmane et juive de s'abstenir de la viande porcine, fondamentale – dit-il – dans les habitudes de son peuple ; quant à la consommation de vin, « Nous, les Russes, aimons boire », dit-il aux musulmans bulgares, « et nous ne pouvons pas y renoncer ». De même, Vladimir n'apprécie pas l'insistance des Romains sur l'importance de l'abstinence et du jeûne : « Nos ancêtres ne l'approuveraient pas », commente-t-il.

On ne peut bien sûr pas penser que ces raisons seules ont causé la fascination du prince pour les Grecs et, finalement, fait qu'il épousa leurs doctrines et leurs rituels. Mais le texte souligne néanmoins très clairement les influences réciproques entre alimentation et religion. Signes formidables de l'identité culturelle, elles se croisent et s'entrelacent d'une manière inextricable.

22 G. Castelvetro, *Brieve racconto di tutte le radici, di tutte l'erbe e di tutti i frutti, che crudi o cotti in Italia si mangiano*, London, 1614.

23 *Racconto dei tempi passati*, ed. I. P. Sbriziolo, Torino, 1971, p. 49 et ss.

Bibliographie

BYNUM WALKER C., *Jeûnes et festins sacrés. Les femmes et la nourriture dans la spiritualité médiévale*, Paris, 1994 (orig. *Holy Feast and Holy Fast: The Religious Significance of Food to Medieval Women*, Berkeley, 1987).

CAMPORESI P., *La Carne impassibile. Salvezza e salute tra Medioevo e Controriforma*, Milan, 1983 (en français *La Chair impassible*, Paris, 1986).

DESEILLE P., « Jeûne », dans *Dictionnaire de spiritualité*, vol. VIII, Paris, 1974, col. 1154-1175.

DIERKENS A., « "Equus non prohibetur ad manducandum, tamen non est consuetudo". Goûts, dégoûts et interdits alimentaires pendant le haut Moyen Âge », dans *L'Alimentazione nell'alto Medioevo. Pratiche, simboli, ideologie*, Spolète, 2016, p. 413-444.

ERMONI V., « Abstinence », dans *Dictionnaire d'archéologie chrétienne et de liturgie*, vol. I, Paris, 1924, s. v.

FABRE-VASSAS C., « L'azyme des juifs et l'hostie des chrétiens », dans *Le Ferment divin*, dir. D. FOURNIER et S. D'ONOFRIO, Paris, 1991, p. 189-206.

FABRE-VASSAS C., *La Bête singulière. Les juifs, les chrétiens et le cochon*, Paris, 1994.

FEELEY-HARNIK G., *The Lord's Table. The Meaning of Food in Early Judaism and Christianity*, Washington-Londres, 1994.

FENELLI L., *Il Tau, il Fuoco, il Maiale. I canonici regolari di sant'Antonio abate tra assistenza e devozione*, Spolète, 2006.

FENELLI L., *Dall'eremo alla stalla. Storia di sant'Antonio abate e del suo culto*, Laterza, Rome-Bari, 2011.

FLANDRIN J.-L., « Le goût et la nécessité : réflexions sur l'usage des graisses dans les cuisines de l'Europe occidentale, XIVe-XVIIIe siècles », dans *Annales ESC*, XXXVIII, 1983, p. 369-401.

FLANDRIN J.-L., MONTANARI M. (dir.), *Histoire de l'alimentation*, Paris, 1996.

Food and Faith in Christian culture, dir. K. ALBALA et T. EDEN, New York, 2011.

GRIFFITH R. M., *Born Again Bodies: Flesh and Spirit in American Christianity*, Berkeley, 2004.

GRIMM V., *From Feasting To Fasting, The Evolution of a Sin : Attitudes to Food in Late Antiquity*, New York, 1996.

GRINBERG M. et KINSER S., « Les combats de Carnaval et de Carême. Trajets d'une métaphore », dans *Annales ESC*, XXXVIII, 1983, p. 65-98.

HAUSSLEITER J., *Der Vegetarismus in der Antike*, Berlin, 1935.

HENISH B. A., *Fast and Feast: Food in Medieval Society*, Londres, 1976.

LAURIOUX B., « Manger l'impur. Animaux et interdits alimentaires durant le Haut Moyen Âge », dans *Histoire et animal*, dir. A. COURET et F. OGE, Toulouse, 1989, p. 73-87.

LAURIOUX B., « Le goût médièval est-il arabe? À propos de la 'Saracen connection' », dans Id., *Une histoire culinaire du Moyen Âge*, Paris, 2005, p. 305-335.

MANNUCCI E. J., *La Cena di Pitagora. Storia del vegetarianismo dall'antica Grecia a Internet*, Rome, 2008.

MARASCHI A., « I miracoli alimentari di San Colombano : l'originalità, la tradizione e la simbologia », *Studi medievali*, LII, 2011, p. 517-576.

MONTANARI M., *Alimentazione e cultura nel Medioevo*, Rome-Bari, 1988.

MONTANARI M., *La Fame e l'Abbondanza. Storia dell'alimentazione in Europa*, Rome–Bari, 1993 (en français *La faim et l'abondance. Histoire de l'alimentation en Europe*, Paris, 1995).

MONTANARI M., *Il cibo come cultura*, Rome – Bari, 2004 (en français *Le manger comme culture*, Bruxelles, 2010).

MONTANARI M., *Gusti del Medioevo. I prodotti, la cucina, la tavola*, Rome – Bari, 2012.

MONTANARI M., *Mangiare da cristiani*, Milan, 2015 (en français *La chair et l'esprit. Histoire de la culture alimentaire chrétienne*, Paris, 2017).

MONTANARI M. et PROSPERI I., « Entre le ventre et la gueule, dans la culture médiévale », dans *Le Corps du gourmand. D'Héraclès à Alexandre le Bienheureux*, éd. K. KARILA-COHEN et F. QUELLIER, Rennes, 2012, p. 37-55.

MUGNIER F., « Abstinence », *Dictionnaire de spiritualité*, vol. 1, Paris, 1937, col. 112-133.

QUELLIER F., *Gourmandise. Histoire d'un péché capital*, Paris, 2010.

RESCIO M., et WALT L., « "There Is Nothing Unclean" : Jesus and Paul against the Politics of Purity ? », dans *Annali di storia dell'esegesi*, XXIX, 2012, p. 53-82.

RIGAUX D., *À la table du Seigneur. L'Eucharistie chez les primitifs italiens, 1250-1497*, Paris, 1989.

ROUSSEAU V., *Le Goût du sang. Croyances et polémiques dans la chrétienté occidentale*, Paris, 2005.

Rodinson M., « Recherches sur des documents arabes relatifs à la cuisine », *Revue des études islamiques*, XVII, 1949, p. 95-165

ROUSSELLE A., « Abstinence et continence dans les monastères de Gaule méridionale à la fin de l'Antiquité et au début du Moyen Âge. Étude d'un régime alimentaire et de sa fonction », dans *Hommage à André Dupont*, Montpellier, 1974, p. 239-254.

SALANI M., *A tavola con le religioni*, Bologne, 2000.

SIMOONS F. J., *Eat Not This Flesh : Food Avoidances in the Old World*, Westport, 1981.

SOLER J., « Sémiotique de la nourriture dans la Bible », dans *Annales ESC*, XXVIII, 1973, p. 943-955.

SPENCER C., *The Heretics Feast, A History of Vegetarianism*, Londres, 1993.

VACANDARD E., « Carême (Jeûne du) », *Dictionnaire de théologie catholique*, vol. II, Paris, 1923, col. 1737-44.

VILLER M., « Abstinence », *Dictionnaire de spiritualité*, vol. 1, Paris, 1937, s. v.

WILSON C. A., « The Saracen connection: arab cuisine and the medieval West », *Petit Propos Culinaires*, 7, 1981, p. 13-22; 8, 1981, p. 19-28

Manger ou ne pas manger

NADINE WEIBEL

Le jeûne : entre pénitence, purification et fascination

Le *Petit Robert* définit le terme de jeûne par « la privation volontaire de toute nourriture ». Dans un sens plus large, il lui associe une « pratique religieuse qui consiste dans l'abstention totale ou partielle de nourriture pendant une période déterminée ». C'est effectivement selon cette double compréhension que s'utilise le mot jeûne dans nos langues occidentales (*fast, fasten, ayuno, digiuno*), désignant invariablement des pratiques ponctuelles dictées par des religions comme le carême ou le ramadan, des mono diètes ou des exemples d'inédie.

L'étude du ou des jeûnes se situe à la croisée de diverses disciplines, la sociologie et l'anthropologie du corps et de l'alimentation, mais aussi l'histoire, la psychologie et la théologie. Elle est bien évidemment indissociable de toute approche mettant en relation nourriture et religion. A travers les âges et dans des contextes géographiques et culturels différents, les prescriptions alimentaires, avec leur cortège d'interdits et de régulations diverses, sont au cœur des codes comportementaux édictés par les différents systèmes religieux. Les religions de l'antiquité, les monothéismes, les traditions de l'Asie, de l'Océanie, de l'Afrique et d'Amérique ainsi que les nouveaux mouvements religieux et, de façon plus subtile, certains groupes de pensée évoluant dans le « métareligieux », placent l'alimentation sous contrôle et rendent tabous certains mets. La chair humaine, la nourriture carnée ainsi que les boissons fermentées sont touchées en priorité par les prohibitions. Ces interdits alimentaires s'articulent selon la dialectique du pur et de l'impur autour de l'idée-clé de la classification des aliments (islam, judaïsme, hindouisme), mais peuvent s'étendre à la préparation des repas ainsi qu'à la commensalité (hindouisme, judaïsme et de plus en plus islam). Tout comme ce qui est propre n'est pas toujours pur, ce qui est comestible n'est pas toujours consommable[1]. Cette norme varie en fonction des systèmes culturels et religieux et, à l'intérieur de chaque système, elle peut changer en fonction du statut

1 Comme l'ont montré des auteurs tels qu'O. Assoulay, *Les nourritures divines, essai sur les interdits alimentaires*, Actes Sud, 2002 et M. Douglas, *De la souillure. Essai sur les notions de pollution et de tabou*, Paris, Maspero, 1971.

Nadine Weibel • Université de Strasbourg

Religions et alimentation, éd. par Rémi Gounelle, Anne-Laure Zwilling et Yves Lehmann, Turnhout : Brepols, 2020 (Homo Religiosus, 20), p. 23-34
BREPOLS PUBLISHERS 10.1484/M.HR-EB.5.117443

des individus et être soumise à la temporalité. C'est ainsi que le brahmane s'astreindra à un régime plus restrictif, différent de celui des autres castes, et que les pâtes levées sont interdites pendant la fête de *Pessah*.

Se nourrir, on l'aura compris, participe de l'identité religieuse. Il en est de même pour les divers types de jeûne. Au respect des normes est conférée une double fonction : agrégative puisqu'il permet d'adhérer au groupe, mais aussi ségrégative, excluant ceux et celles qui s'en éloignent par des pratiques différentes.

Comme le cannibalisme et le végétarisme sont des extrêmes qui s'opposent, le jeûne représente la face inverse du festin, ce dernier venant parfois conclure des périodes de restriction. Ainsi, *l'aïd el fitr*, fête où abondent mets riches et sucrés, scelle le mois de ramadan.

Aujourd'hui, dans les sociétés séculières d'Occident, si les jeûnes religieux traditionnels subissent parfois un désinvestissement ou une mutation de la part des fidèles, cette pratique connaît un regain d'intérêt sous une forme nouvelle, se voulant laïcisée et s'inscrivant dans une quête hygiéniste, de bien-être et de prise en main de sa santé[2].

Le jeûne, encore souvent synonyme de pénitence et de mortification, si la dimension de purification y est toujours attachée, évolue vers une pratique plus légère.

La privation de nourriture et les religions : de la mortification à la purification

Les traditions religieuses ont imposé ou suggéré à leurs adeptes des jeûnes, selon les spécificités qui les définissent. Comme un prolongement des interdits alimentaires, jeûne rime souvent avec mortification, ascétisme et renoncement. L'action de se détacher des plaisirs de la table, de maîtriser son appétit, d'acquérir le contrôle sur ce qui est ingéré, devient créatrice de sens et moyen d'accéder à un état de pureté requis, afin de permettre ou d'intensifier l'expérience d'éveil au divin. Cette discipline exigeante oscille autour du double pôle symbolique de la mortification/pénitence et de celui de la quête de pureté.

Dans l'Antiquité, les jeûnes rituels préludant aux cultes d'Isis et d'Osiris ainsi qu'aux mystères d'Eleusis sont des exemples de préparation purificatrice permettant la réception du sacré.

Parallèlement, dans l'hindouisme, le jeûne obéit à des exigences identiques lorsqu'il s'exprime les jours précédant les grandes fêtes religieuses comme *Shivaratri* ou les neuf jours de *Navaratri* dédiés à la déesse Durga. En pays tamoul, dans le Sud de l'Inde, ainsi que dans la diaspora d'Asie du Sud et d'ailleurs[3], les célébrations de

---

2 Certains points de ce texte sont repris et développés à partir de mon article : « Le retour au jeûne : du vide à la plénitude » (2012).

3 Ces rituels revêtent une importance particulière à Kuala Lumpur et Singapour où ils sont connus sous le nom de *Thaipusam*, et dans les îles de l'Océan indien et des Caraïbes où ils sont appelés *Cavadee*. Aujourd'hui, on peut assister à de tels rituels, un peu moins spectaculaires, portés par les communautés tamoules d'Amérique du Nord, d'Australie et d'Europe (y compris en France).

Cavadee en l'honneur de Murugan, fils de Shiva et frère de Ganesh, donnant lieu à d'impressionnantes pratiques de mutilations, sont précédées d'une période de plusieurs jours où les postulants n'absorbent qu'un seul repas végétarien pour finir par de longues heures de jeûne total.

Des jeûnes réguliers s'imposent en l'honneur d'une divinité particulière, ou sont associés à la pleine lune. Leurs contraintes, jeûne diurne, partiel, prohibition de certains aliments comme les produits animaux, l'huile ou le sel, sont variables. Ces jeûnes concernent les laïcs et leur permettent de s'exercer à la maîtrise du corps dans un but purificatoire.

Au-delà de ces occurrences ponctuelles, le jeûne ascétique *upavâsa* s'inscrit dans un processus évolutif orientant l'ascète, le *saddhu*, vers la libération ultime, la *moksha*. Il s'agit là d'une des formes symboliques du renoncement hindou, le contrôle de soi agissant en direction de la réduction progressive de ses besoins. Le désinvestissement de la nourriture quant à la quantité et au goût est de rigueur et oblige le renonçant à la mendicité. L'acte de jeûner est lié à l'identité du *saddhu* que l'observance sépare de celui qui vit dans le monde, et à qui elle confère un statut sacralisé[4]. Ces différentes normes ont été codifiées dans les *dharmashastra* ou traités sur le *dharma*, textes pléthoriques aux informations parfois divergentes datant des dix derniers siècles précédant l'ère chrétienne[5].

Cependant, la tradition indienne qui porte la pratique du jeûne à son paroxysme est le jaïnisme. Ce courant, issu de l'hindouisme et contemporain du bouddhisme, qui s'est développé autour du concept de l'*ahimsa*, la non-violence, avec pour conséquence un végétarisme absolu, intègre le jeûne dans ses pratiques courantes. C'est ainsi que les laïcs se soumettent régulièrement à des restrictions partielles ou complètes de nourriture allant de un à dix jours. Le jeûne est perçu comme un prolongement des interdits alimentaires et assimilé à une technique visant à se détacher de la faim et de la soif, purifiant ainsi l'esprit et le corps[6]. Parallèlement, le jeûne correspond à un procédé mortificatoire visant l'expiation des fautes tant pour les laïcs que pour les religieux. Ces derniers se soumettent à de longs entraînements, afin de réduire au maximum les quantités d'aliments et de boissons qui leur sont nécessaires. Le rite du *samlekhanâ* ou mort volontaire par inanition, rite devenu anecdotique à l'époque actuelle, représente l'ultime signe de renoncement aux attachements terrestres. La tradition jaïna atteste de la mort des parents de Mahavira, fondateur du jaïnisme, à la suite de cette pratique.

Quant au bouddhisme, lui aussi issu de l'hindouisme, il ne considère la privation de nourriture que comme un moyen de domestiquer ses passions. La tradition bouddhique rapporte que le Bouddha historique aurait fait une expérience négative de l'ascèse par le jeûne qui aurait retardé son atteinte de l'éveil. C'est ainsi qu'il a

4 V. Bouillier, « Nourriture et ascétisme dans l'hindouisme », *Revue française de yoga*, janvier 2002, p. 13-29.

5 L'indianiste Penduranga Vamana Kane en fait une synthèse dans les cinq volumes de son *History of Dharmashastra* écrit entre 1930 et 1962.

6 M.-C. Mahias, *Délivrance et convivialité : le système culinaire des Jaina*, Paris, Editions de la Maison des Sciences de l'homme, 1985, p. 111.

choisi « la voie du milieu » en excluant ce qui lui semblait être des pratiques extrêmes. Cependant, les moines du *theravada* s'astreignent, encore aujourd'hui, à un jeûne partiel continuel puisqu'ils ne s'alimentent plus après midi. Par ailleurs, dans le bouddhisme chinois, des textes datant des premiers siècles de l'ère chrétienne font référence à des rituels ayant lieu à des moments précis et liant abstinence alimentaire, méditation, invocations et techniques du souffle. Ces pratiques, sans doute en rapport avec le souci du perfectionnement de soi et de la longévité, notions de bases du taoïsme, se sont développées à une époque où celui-ci se mêlait au bouddhisme, où ils s'influençaient réciproquement[7].

D'une manière générale, les règles dans le bouddhisme étant davantage des recommandations que des obligations, le jeûne ne constitue pas une pratique magnifiée et incontournable.

Pour Joseph Tamney[8], ce sont les religions universelles qui font du jeûne l'expression d'une attitude d'humilité, voire un symbole de pénitence. Cette vision particulièrement marquée dans les monothéismes serait liée à une certaine idéologie ascétique basée sur une perception dualiste, corps / esprit de l'être humain, le but de cette ascèse étant de contrôler le corps et ses pulsions.

Dans le judaïsme, le terme hébreu de *taanit* dont le sens est proche de « mortification » est associé à l'abstinence et au repentir[9]. Ce jeûne total de 25 heures, sans nourriture ni boisson, est suivi lors de *Yom Kippour*, le Grand Pardon. Six jeûnes complémentaires correspondant à la non-ingestion de nourriture solide et liquide entre le lever du jour et l'apparition des premières étoiles sont pratiqués par un nombre moins élevé de croyants. Quatre de ces jours (le 3 *tichri*, le 10 *tevet*, le 17 *tammouz* et le 9 *av*) sont liés à la destruction de Jérusalem et à l'exil, auxquels s'ajoutent le jeûne d'Esther à la veille de *Pourim* et le jeûne des premiers-nés à la veille de *Pessah*. Parallèlement à ces rituels collectifs, il est de coutume, dans certaines familles, de s'astreindre à des jeûnes individuels, le jour anniversaire de la mort du père et de la mère. La privation des nourritures terrestres serait propice, selon le judaïsme, à l'introspection, au rapprochement de Dieu et à l'intensité religieuse. Cet état intérieur, libre de pensées et d'actions futiles, favoriserait le don de soi, l'altruisme et les engagements caritatifs. Le jeûne renvoie ici, comme dans le christianisme, à l'éternelle confrontation entre les plaisirs des sens et la rigueur de l'esprit.

A ses débuts, le christianisme enjoignait à ses croyants de se priver autant que possible des voluptés alimentaires, afin de marquer la victoire de l'esprit sur le corps. Si déjà au XVIe siècle, les protestants avaient désapprouvé cette vision des choses, la doctrine s'est aujourd'hui beaucoup assouplie. Dès la signature de l'Edit de Nantes en 1598, le carême chrétien, temps de pénitence et de préparation à Pâques, perd de

---

7 C. Mollier, « Les cuisines de Laozi et du Buddha », *Cahiers d'Extrême Orient 11*, 1999-2000, p. 45-90 ; R. A. Stein, « Les fêtes de cuisine du taoïsme religieux », *Annuaire du Collège de France*, 1971, p. 431-444.

8 J. Tamney, "Fasting and Modernization", *Journal for the Scientific Study of Religion*, Vol. 19, n° 2, June 1898, p. 129-137, ici p. 130.

9 Lévitique 23, 26-32.

sa dimension collective pour devenir une pratique plus intériorisée. On assiste à une évolution progressive en matière de jeûne et d'abstinence, assortie d'une volonté d'en alléger les astreintes. Les longs débats autour du gras et du maigre ont permis le déplacement de certaines catégories d'aliments, comme les produits laitiers, du premier au second. Etait-ce pour rendre l'Église plus attractive aux non-chrétiens et pour pallier le peu d'enthousiasme des recrues potentielles à l'entrée dans les ordres ?

Dès le Haut Moyen-Âge, l'Église a règlementé l'orientation ascétique en définissant des temps de jeûne (carême, avent, quatre-temps, vigiles) et des temps de simple abstinence, comme le vendredi. Si la viande et le vin étaient concernés ce jour-là, seule la privation de viande s'est progressivement imposée. En 1966, Paul VI a simplifié les prescriptions alimentaires, limitant le jeûne au mercredi des cendres et au vendredi saint. Le carême met désormais davantage l'accent sur un renoncement individuel à des petits plaisirs gustatifs, à des lectures frivoles ou à une habitude addictive. Les valeurs de partage sont en revanche mises en avant, le carême devenant le temps privilégié des collectes caritatives. Ces mêmes valeurs se retrouvent dans l'orthodoxie qui exige en outre de ses fidèles des restrictions alimentaires importantes, basées sur la privation de produits animaux ainsi que du vin et de l'huile selon une grille variant d'une obédience à l'autre, durant le grand carême de Pâques ainsi que celui de Noël.

Quant au jeûne eucharistique, le canon 919 du nouveau Code de droit canonique de 1983 en réduit la durée à une heure alors qu'elle est de six heures dans le monde orthodoxe[10].

Dans le christianisme contemporain, deux personnalités charismatiques, légèrement en marge de l'institution, promeuvent le jeûne en tant que support d'un voyage intérieur vers le divin, chacun à sa façon : le trappiste Thomas Merton (1915-1968) en déclarant : « nous pouvons sacrifier nos corps à Dieu par le jeûne »[11] et le bénédictin Anselm Grün, dans son ouvrage consacré au jeûne et à la prière[12]. Dans un ordre d'idée proche, les premières assises chrétiennes du jeûne[13], menées en 2010 à Saint-Étienne, ont attiré plus de 500 personnes.

En islam, le jeûne diurne, *sawn*, du mois lunaire du ramadan (ce mois correspond à la révélation de la parole d'Allah à son prophète), où aucune nourriture liquide ni solide ne peut être absorbée entre le lever et le coucher du soleil, constitue un des cinq piliers de la foi. Ce rite, marqueur identitaire, est le plus suivi dans le monde musulman et revêt une dimension collective évidente concrétisée par la rupture quotidienne du jeûne ainsi que par les prières nocturnes surérogatoires du *tarawih* faites dans les mosquées, et par l'inversion du rythme de toute la société. En s'exerçant à cette discipline à la fois corporelle et spirituelle, le croyant est censé obéir à son créateur, faire l'apprentissage de la maîtrise de ses sens, expérimenter la pauvreté et

10 Un débat interne à l'Église catholique révèle des désapprobations quant à cette durée jugée trop restrictive par certains.

11 T. Merton, *Montée vers la lumière*, Paris, Albin Michel, 1958.

12 A. Grün, *Fasten, Beten mit Leib und Seele*, Münsterschwarzach, Vier-Türmer Verlag, 1996.

13 https://www.famillechretienne.fr/famille-education/psychologie/premieres-assises-chretiennes-du-jeune-jean-luc-souveton-le-jeune-rend-libre-17187.

se rapprocher du divin. Dans cette tradition également, cette période est associée au partage et aux actions caritatives. Les femmes enceintes ou ayant leur menstruation sont interdites de jeûne, les malades peuvent en être dispensés. Le rachat consiste, soit à nourrir un pauvre par jour de jeûne manqué, soit par la possibilité de jeûner ultérieurement le nombre de jours nécessaires. Il est en outre interdit au fidèle d'avoir des rapports sexuels et de fumer pendant les journées du mois de ramadan. En fonction de son degré de piété, il est possible mais non obligatoire de s'adonner à des jours de jeûne hebdomadaires, les lundis et les jeudis ainsi que lors de certaines commémorations comme celle de l'*achoura*, le dixième jour du mois de *muharam*, premier mois de l'année hégirienne.

Dans la communauté bahaïe, un jeûne diurne de 19 jours est pratiqué selon un modèle similaire à celui de l'islam, durant le dernier mois de l'année.

Comme dans le cas de l'islam, le jeûne alimentaire, peut être associé à d'autres privations telles la sexualité (hindouisme, jaïnisme, orthodoxie), les soins au corps (judaïsme, jaïnisme), le sommeil, la prise de tabac ou de substances médicamenteuses.

De nouveaux jeûnes, en lien avec le religieux mais s'inscrivant dans un cadre œcuménique ou interreligieux, voient aujourd'hui progressivement le jour. Ils mettent l'accent sur la dimension de partage. Les groupes *Jeûne et prière* ont été les pionniers en proposant dès les années 1980, en Alsace, des retraites de plusieurs jours dans un esprit œcuménique. Plus récemment, l'initiative « Pain pour le prochain » tente de donner une nouvelle dimension au carême en lui associant un jeûne collectif d'une semaine[14]. La campagne du « jeûne pour le climat » est une initiative interreligieuse démarrée à Varsovie en 2013, alors que s'y tenait la conférence des Nations-Unies pour le climat, et visant à promouvoir un jeûne le premier jour de chaque mois, en solidarité avec les victimes des changements climatiques[15].

Les jeûnes « laïques » ou la privation volontaire

Le XIXe et le début du XXe siècle correspondent à la période des jeûnes « spectacles », dans lesquels les protagonistes, jeûneurs professionnels, s'affichaient en public, s'exhibant dans les cirques et les music-halls comme le héros de la nouvelle de Kafka, « Ein Hungerkünstler », parue en 1922 dans la revue autrichienne *Die neue Rundchau*. C'est aussi au cours du siècle dernier que le jeûne « revendicatif » ou *hunger strike* a connu un écho favorable[16]. Inauguré par les suffragettes britanniques en 1905, les grèves de la faim ou autres jeûnes pour une cause sont toujours d'actualité

14 https://www.cath.ch/newsf/semaine-de-jeune-dans-toute-la-suisse-romande-a-loccasion-du-temps-de-careme/.

15 https://www.oikoumene.org/fr/press-centre/events/fast-for-the-climate.

16 P. Pachet, « La privation volontaire », *Communications* n°61, 1996, p. 93-112.

dans un contexte politisé, afin d'exercer une pression en vue d'acquérir un statut comme celui de réfugié politique par exemple. Mais c'est le combat de Gandhi qui illustre au mieux l'usage du jeûne en tant qu'arme politique. Sa fascination pour cette démarche s'inscrit dans une culture où le jeûne est reconnu et magnifié. Issu d'une famille vishnouite, Gandhi, très intéressé par l'approche de Shelton dont il sera question dans quelques lignes, a été influencé par la rigueur jaïna et pratiquait, parallèlement à son combat politique, le jeûne dans un cadre spirituel et hygiéniste. Gandhi incarne l'idéal traditionnel indien du saint, tout en s'imposant en tant que leader politique au charisme ravageur, et transcrit ainsi l'héritage spirituel de l'Inde.

Dans un contexte séculier contemporain, au croisement des médecines naturelles, des techniques de bien-être et des nouvelles spiritualités, le jeûne, sous diverses formes, occupe un terrain grandissant. Le précurseur en la matière était l'Américain Herbert Shelton (1895-1985), hygiéniste et promoteur du jeûne thérapeutique préventif et curatif. En Europe, le médecin allemand Otto Buchinger (1878-1966), relayé actuellement par son homologue Helmut Lützner, a inauguré une tradition de jeûnes hydriques à base de tisanes, de jus frais et de bouillons de légumes. Ce concept revêt un tel succès que plusieurs cliniques et centres proposant cette thérapie se sont rapidement ouverts. De même, les groupes se réunissant autour des thèmes du jeûne et de la randonnée (le *Wanderfasten* allemand) sont plus que jamais d'actualité. Dans le même esprit, de nombreuses mono-diètes sont présentées en tant que cure de revitalisation et de détoxication. Parmi celles-ci, la cure de raisin ou cure uvale, désormais classique, a été mise au point par la Sud-Africaine Johanna Brandt au début du XXe siècle. La cure de riz complet a été préconisée par le Japonais Oshava (1893-1966), le père de la macrobiotique. Les cures des Américains Max Gerson (à base de jus de légumes) et Stanley Burroughs (à base de sève d'érable et de jus de citron) connaissent un regain d'intérêt tout comme la cure de jus de betteraves préconisée par l'Autrichien Rudolf Breuss (1899-1990). Ces cures sont à durée variable, d'un jour à une quarantaine de jours.

Tant les cures de jeûne que les mono-diètes légitiment leur efficacité par le processus qui voudrait que par l'économie de la fonction digestive, le corps se focalise sur l'élimination et la régénération cellulaire, apportant vitalité et santé. Les pouvoirs d'autoguérison sont mis en avant par l'autorégulation du corps. Le jeûneur gagnerait en tonus physiologique et psychologique, ce qui permettrait à la pensée de se clarifier. Les termes de purification du corps et de l'esprit sont régulièrement avancés. Loin d'être frustration, la restriction alimentaire est vécue comme un épanouissement, une libération des dépendances, « une paix de l'âme, la découverte du jardin intérieur, un silence introduit au cœur du tumulte des jours », selon les propos d'un adepte interrogé… Le jeûne de bien-être est ainsi, comme le jeûne religieux, associé à un temps de repos, de récupération pour le corps et l'esprit, temps qui libère un espace pour le travail spirituel. A l'instar des nuits de prière du ramadan et de l'atmosphère de recueillement qui caractérise les célébrations jaïns, les stages de jeûne « sécularisés » proposent des retraites silencieuses, des initiations à la méditation ou des lectures philosophiques consacrant cette pratique comme un tremplin vers la spiritualité.

Pourtant, le jeûne a mauvaise presse dans le milieu médical, particulièrement dans les régions francophones, dans une moindre mesure dans les zones germanophones et anglophones. En témoignent la prise en charge des patients du docteur Andreas Michalsen à l'hôpital de la Charité de Berlin ainsi que les travaux novateurs du biologiste californien Valter Longo. Ces derniers ont été révélés au grand public français par le documentaire de Thierry de Lestrade, *Le jeûne, une nouvelle thérapie*, régulièrement visible sur la chaîne Arte depuis 2012. Force est de constater que la qualité de ce film a réussi à balayer les réticences les plus tenaces, créant un véritable raz-de-marée autour du phénomène du jeûne[17]. Depuis 2016, le nombre de publications françaises « grand public » sur cette question est en augmentation surprenante. Il s'agit essentiellement de manuels pratiques sur l'art de jeûner destinés aux candidats potentiels. La méthode du naturopathe Thomas Uhl proposant un « programme complet, sécurisé et scientifique, pour jeûner chez soi sans risque et sans effort » est novatrice dans le sens où elle est disponible par abonnement sur Internet et entend accompagner les pratiquants de jour en jour, tout en facilitant l'échange des expériences entre cojeûneurs. L'ensemble de ces ouvrages part du postulat que le jeûne constitue une voie thérapeutique de maintien ou de restauration de la santé, qu'il serait l'outil de détoxification par excellence, mettant au repos le système digestif et améliorant les fonctions visuelles, auditive et olfactive. Alléguant le lien mis en évidence entre l'intestin et le cerveau, ceux qui se font l'écho des vertus du jeûne n'hésitent pas à lui attribuer le pouvoir de renforcer les capacités cérébrales, de produire une clarté d'esprit exceptionnelle, de développer un sentiment d'optimisme, de confiance et de bienveillance. Le sentiment de spiritualité ressenti par le jeûneur est souvent comparé à un véritable « état de grâce ». L'exaltation maintes fois rencontrée dans la pratique des jeûnes religieux, en lien avec l'impression de vivre un instant d'exception en communion avec son groupe d'appartenance, est relayée ici dans un contexte séculier, qui pourtant puise dans le vocabulaire et le ressenti du religieux. Il semblerait que le jeûne subisse un sort analogue à celui de la méditation que l'on tente aujourd'hui d'isoler de ses racines originelles. En effet, la méditation laïque de pleine conscience (Christophe André, Jon Kabat-Zinn) ou l'école occidentale de méditation (Fabrice Midal) se déclinent selon des modalités proches de celles évoquées à partir du jeûne. Ces deux notions seraient-elles des exemples de pratiques empruntées à des univers religieux, puis instrumentalisées et désacralisées à la faveur des exigences de sécularité des sociétés occidentales contemporaines ?

Du jeûne à l'inédie ou le vide devenu plénitude

Un phénomène quasi identique à celui du jeûne suscite de fortes polémiques depuis une quinzaine d'années. Il s'agit du respirianisme, traduction du terme anglais

17 Si les milieux paramédicaux sont gagnés à la cause, la recherche médicale, en revanche, reste en France toujours frileuse face à ce phénomène en raison du manque de données épidémiologiques suffisantes.

breatherianism, qui se définit selon ceux qui s'en réclament comme une technique supposée absorber l'énergie de la force cosmique. Contrairement au jeûne, il s'agirait bel et bien d'une pratique visant à se nourrir non pas d'aliments mais de lumière ou d'énergie assimilée à la force vitale, le *prana* de l'hindouisme. L'Australienne Ellen Greve, connue sous le nom de Jasmuheen, affirmant ne plus s'alimenter depuis 1993, suscite de nombreuses controverses. Elle assure que les cellules corporelles se nourrissent facilement de l'énergie de la lumière et raconte dans un ouvrage comment des guides célestes lui auraient demandé de répandre cette méthode selon un processus de 21 jours[18]. Plusieurs Occidentaux dont le Français Henri Monfort et le chimiste allemand Michael Werner se réclament de cette technique[19]. Ce dernier s'est prêté à une étude conduite à Bern sur dix jours, en milieu hospitalier, et publiée en 2008[20]. Bien que le respirianisme paraisse non crédible en Occident et y rencontre de rudes opposants, il est perçu de manière plus neutre dans la tradition orientale où de tels cas, véritables défis à la vie, sont régulièrement rapportés. Effectivement, le livre III du Ramayana relate l'existence de saints ermites qui se nourrissent des « rayons envoyés par la lune et le soleil » ou ayant tout simplement troqué la nourriture pour de l'air. Idéalement, l'abstinence de végétaux suit celle de viandes et de produits animaux et concrétise l'abandon définitif de toute nourriture. Dans les textes relatifs au bouddhisme sinisé, sans doute empreints de pensée taoïste, dont il a été question précédemment, sont mentionnées des méthodes alternant jeûne, méditations et formules incantatoires dans le but de tromper la faim et la soif sur des périodes s'étendant de plusieurs semaines à plusieurs mois. Le plus médiatisé des exemples d'inédie de l'époque contemporaine est certainement Ram Bahadur Bomjon, encore appelé « le petit Bouddha », un moine népalais né en 1990 qui aurait passé plusieurs années sous un arbre sans manger ni boire ou bouger, qui disparaîtrait et réapparaîtrait en divers lieux de la jungle népalaise, suscitant interrogations et scepticisme, mais surtout vénération et respect.

Au XXIe siècle, les figures chrétiennes de Thérèse Neumann (1898-1962), Padre Pio (1887-1968) ou Marthe Robin (1902-1981), qui auraient subsisté durant des années grâce à quelques hosties, fascinent toujours autant.

Les travaux de Catherine Walker Bynum[21] montrent combien les hagiographes des saintes médiévales mettaient l'accent sur l'abstinence alimentaire au détriment d'autres éventuelles privations. Au XVe siècle, aux Pays-Bas, Ludivine de Schiedam, atteinte d'un mal qui l'empêchait de se nourrir, cessa progressivement toute alimentation et est supposée avoir vécu de la sorte 38 ans. D'autres femmes, telles

18 E. Greve, *Vivre de lumière*, Paris, Editions Lanore, 2006.

19 On pourra visionner les films suivants : *No Way to Heaven*, premier film sur la question réalisé en 2008 par les Suisses Jonas Tedeschi et Christian Schaefer et *Lumière 2010*, réalisé par l'Autrichien Peter-Arthur Straubinger qui a parcouru le monde afin de rencontrer des pratiquants de cette technique.

20 H.-M. Vonwiller, N. Maesserli, K. Laederach-Hofman, "Nutrition with Light and Water in Strict Isolation for 10 Days, without Food, a Critical Case Study", *Forschende Komplementärmedizin (Fokom)*, 4/2008.

21 C. Walker Bynum, *Fast, Feast and Flesh : The Religious Significance of Food to Medieval Women*, Berkeley, University of California Press, 1987.

Marie d'Oignies (XIIIe siècle), Catherine de Sienne (XVe siècle), Catherine de Gène (XVIe siècle), firent de l'abstinence de nourriture le pilier axial de leur ascétisme, ce qui semble avoir été une spécificité féminine, en témoignent les biographies d'ascètes masculins de l'époque[22]. Certes, la relation à la nourriture diffère selon les sexes : dans l'Europe médiévale, les femmes étaient associées à la préparation et à la distribution des plats plutôt qu'à leur dégustation. Auraient-elles ainsi plus facilement pu en faire abstraction ? N'oublions pas qu'elles disposaient du contrôle de la nourriture, ce qui était certainement le seul contrôle qu'elles étaient en mesure d'exercer. Leur relation avec la nourriture était étroite et on peut s'interroger sur le fait qu'il leur était probablement impossible de renoncer à autre chose. Cet acte de renoncement équivalait, à n'en point douter, à un pouvoir, sans doute le seul auquel elles pouvaient avoir recours pour s'imposer face à leur entourage. Le jeûne devient ainsi acte de rédemption car, à n'en point douter, souffrance il y avait, mais de surcroît, acte de révolte, de résistance face à la famille dans le but de se soustraire à un mariage comme dans le cas de Catherine de Sienne, ou à la sexualité comme l'illustre la vie de Catherine de Gênes. En parcourant consciencieusement diverses biographies, la superposition de ces périodes de privation avec les années d'adolescence s'impose, ce qui a permis à des observateurs contemporains de lier ces « saintes anorexies » à la notion très actuelle de désordres alimentaires[23].

Remarques conclusives

Cette dernière analyse suggère combien une approche genrée du jeûne pourrait dévoiler de nouvelles perspectives. Dans l'hindouisme, les femmes sont plus assidues aux jeûnes ponctuels, purificatoires, alors que leur corolaire ascétique connaît une pratique majoritairement masculine, ce qui s'explique simplement par le nombre restreint des renonçantes. Si le ramadan exclut de son rituel les femmes enceintes et en état de menstrues, l'hindouisme connaît une pratique, la *karva chauth*, exclusivement féminine, pendant laquelle seules les femmes jeûnent entre le lever et le coucher du soleil, en faveur de la santé, la prospérité et la longévité de leur époux. Les pratiques de jeûne du bouddhisme chinois ancien ne s'adressent quant à elles pas aux femmes, puisque les textes les réduisent à des éléments perturbateurs risquant d'éloigner le jeûneur de ses objectifs. Pourtant, de nos jours, les femmes sont attirées par ces pratiques, comme le confirme une des très rares études sociologiques menée en 2009 sur un échantillon de 550 personnes ayant participé à des sessions de jeûne[24].

Étant donné ses cadres, ses règles et ses normes, le jeûne, comme les interdits alimentaires, implique un rapport rituel à la nourriture. L'évolution diachronique des

22 Tels, Henri Suso, Jean Tauler ou Jan van Ruysbroeck, entre autres.

23 R. M. Bell, *Holy Anorexia*, Chicago, University of Chicago Press, 1987.

24 J.-F. Barbier-Bouvet, *Jeûner aujourd'hui. Une pratique personnelle et spirituelle, enquête sociologique*, Saint Etienne, 2010. Dans cette étude, 71% des jeûneurs sont des jeûneuses.

modalités des jeûnes fait transparaître des mutations plus ou moins profondes en fonction des contextes. Plus que d'autres traditions, c'est le christianisme qui, au fil des siècles, a subi les ajustements les plus sévères, sans doute en raison du pouvoir du clergé et de l'institutionnalisation de la pratique qu'il met en place. Face aux traditions religieuses, des jeûnes d'un autre type s'imposent au croisement des techniques de bien-être, des médecines traditionnelles et des formes désacralisées de spiritualité. Si l'accent y est mis sur l'intériorité, sur l'apaisement du feu des passions et sur la libération des dépendances, la dimension collective des jeûnes traditionnels et des festivités qui en découlent est revisitée et reproduite dans les retraites, les randonnées, les ruptures collectives ou même les échanges sur les réseaux sociaux. A l'instar des ermites hindous ou chrétiens, les jeûneurs solitaires sont rares. L'acte de jeûner, comme celui de se nourrir, reste un puissant marqueur identitaire. Le coreligionnaire cède sa place au compagnon ou à la compagne d'expérience. Le paradigme de la purification du corps et de l'esprit reste puissant et invariable.

Par-delà leurs différences, les jeûnes restent liés à l'intériorisation, au silence, à l'économie de paroles, d'actes, souvent à l'abstinence sexuelle. Toutes ces particularités étant favorables à l'émergence d'espaces d'ouverture à son moi profond, à la transcendance ou au divin selon le schéma personnel de la personne pratiquante.

Le glissement le plus spectaculaire est indubitablement celui qui s'opère de la mortification vers la joie. De contraignant et vexatoire, le jeûne devient facultatif et libératoire. De non-jouissance, il se transforme en plaisir et en bien-être. Dans les cas extrêmes, selon l'intensité des expériences personnelles interprétées comme des états de conscience modifiée, l'exaltation ressentie peut se muer en une réelle jouissance, comme le révélait Gandhi[25]. Cette oscillation entre les pôles antagonistes de la mortification et de la jouissance, si elle concerne les nouveaux types de jeûnes séculiers, est symptomatique du christianisme du XXIe siècle et touche, dans une moindre mesure, les autres traditions. *In fine*, quoi qu'il en soit, le jeûne aujourd'hui revalorisé et allégé, se choisit et s'aborde dans la sérénité.

Bibliographie

Assoulay O., *Les nourritures divines, essai sur les interdits alimentaires*, Actes Sud, 2002.

Barbier-Bouvet J.-F., *Jeûner aujourd'hui. Une pratique personnelle et spirituelle, enquête sociologique*, Saint Etienne, 2010.

Bell R. M., *Holy Anorexia*, Chicago, University of Chicago Press, 1987.

Bouillier V., « Nourriture et ascétisme dans l'hindouisme », *Revue française de yoga*, janvier 2002, p. 13-29.

Buchinger O., *Das Heilfasten*, Stuttgart, Hippokrates Verlag, 2005 (1935).

Douglas M., *De la souillure. Essai sur les notions de pollution et de tabou*, Paris, Maspero, 1971.

Grün A., *Fasten, Beten mit Leib und Seele*, Münsterschwarzach, Vier-Türmer Verlag, 1996.

25 Dans son autobiographie, Paris, PUF, 1950, p. 407, cité par PACHET, note 32.

Dugan K.,"Fasting for Life. The Place of Fasting in the Christian Tradition", *Journal of the American Academy of Religion,* Vol. 63, n°3, Autumn, 1995, p. 539-548.

Kanafani-Zahar A., Mathieu S., Nizard S. (dir.), *A croire et à manger, religions et alimentation,* Paris, L'Harmattan, 2007.

Lützner H., *Wie neugeboren durch Fasten,* Munich, Gräfe und Unser, 1983.

Mahias M.-C., *Délivrance et convivialité : le système culinaire des Jaina,* Paris, Editions de la Maison des Sciences de l'homme, 1985.

Merton T., *Montée vers la lumière,* Paris, Albin Michel, 1958.

Mollier C., « Les cuisines de Laozi et du Buddha », *Cahiers d'Extrême Orient 11,* 1999-2000, p. 45-90.

Pachet P., « La privation volontaire », *Communications,* N°61, 1996, p. 93-112.

Shelton H., *Le jeûne, Paris,* Le courrier du livre, 1970.

Stein R. A., « Les fêtes de cuisine du taoïsme religieux », *Annuaire du Collège de France,* 1971, p. 431-444.

Tamney J., "Fasting and Modernization", *Journal for the Scientific Study of Religion,* Vol. 19, N° 2, June 1898, p. 129-137.

Vonwiller H.-M., Maesserli N., Laederach-Hofman K., "Nutrition with Light and Water in Strict Isolation for 10 Days, without Food, a Critical Case Study", *Forschende Komplementärmedizin (Fokom),* 4/2008.

Walker Bynum C., *Fast, Feast and Flesh : The Religious Significance of Food to Medieval Women,* Berkeley, University of California Press, 1987.

Weibel N., "Le retour au jeûne : du vide à la plenitude », Bleich P., Rota A. (dir.), *Frieden als Beruf, Beiträge aus der Religions und Friedensforschung, Festschrift für Richard Friedli zu seinem 75. Geburtstag,* Zürich, Pano Verlag, 2012.

ÉRIC GEOFFROY

Entre spiritualité et sociabilité

Le jeûne du mois de ramadan

Le jeûne du mois de ramadan est le pilier de l'islam le plus suivi, y compris par les musulmans qui ne pratiquent pas le reste de l'année. Il est cependant vécu à des niveaux très différents. Nous glisserons ainsi de la dimension ésotérique qui l'habite, à l'instar des autres rites de l'islam, vers sa manifestation de commensalité la plus apparente.

Le jeûne du mois de ramadan a été prescrit dans la deuxième sourate du Coran, *al-Baqara*, versets 183-184, et il fut conséquemment institué en 624, soit en l'an 2 de l'Hégire. La tradition fait remonter la pratique du jeûne à Abraham, voire à Noé. Avant la prescription du mois complet, les « musulmans », nouveaux croyants, jeûnaient le jour de *'Ashûrâ*. Dans le passage coranique, l'accent est mis sur la continuité de l'islam avec les religions précédentes : « Ô vous qui avez la foi ! Le jeûne (*al-siyâm*) vous est prescrit comme il l'a été à ceux qui vous ont précédé » (verset 183). Le mot « Ramadân » désignait chez les anciens Arabes le neuvième mois du calendrier lunaire. Il était alors un mois de retraite pour ceux d'entre eux qui avaient gardé le souvenir du monothéisme d'Abraham (*Ibrâhîm*). De ce fait, Muhammad pratiquait assidument la retraite dans une grotte au sommet d'un mont appelé depuis « Montagne de la lumière » (*jabal al-nûr*). C'est là que, selon la tradition islamique, il reçut la première révélation coranique, de la part de l'ange Gabriel, la nuit du 26 au 27 de Ramadan – durant notre année 610.

La langue arabe – et en particulier la langue arabe coranique – est éminemment polysémique : on y trouve des étagements, des nébuleuses de sens. Voyons donc d'abord les sens majeurs de la racine arabe S-Ya-M : s'abstenir, être immobile, se taire, attendre l'heure du zénith, être calme, tranquille. Cette racine dispose de deux « noms verbaux » (*masdar*), ou substantifs. Celui qui est mis à contribution dans le verset 183, *al-siyâm*, a un sens avant tout rituel. Mais plus en amont existe le nom *al-sawm*, qui renvoie à une abstinence absolue, plus radicale que ce qui est souvent vécu dans le jeûne « alimentaire »' du mois de ramadan. Ainsi, le Coran fait dire au nouveau-né qu'est Jésus cette parole adressée à Marie : « Secoue vers toi le tronc de ce palmier afin d'en faire tomber sur toi des dattes mûres. Manges-en, bois et détends-toi ! Et si tu vois quelqu'un, dis-lui : "J'ai fait vœu de jeûner (*sawm*) au Miséricordieux, et

Éric Geoffroy • Université de Strasbourg

Religions et alimentation, éd. par Rémi GOUNELLE, Anne-Laure ZWILLING et Yves LEHMANN, Turnhout : Brepols, 2020 (Homo Religiosus, 20), p. 35-39
BREPOLS PUBLISHERS 10.1484/M.HR-EB.5.117404

en ce jour je n'adresserai la parole à aucun être humain" »[1]. Or, il faut noter que ce verset aurait été révélé à La Mecque, avant les deux versets prescriptifs de la sourate 2, révélés à Médine. Le jeûne du silence a donc la précellence, par son absoluité, sur le « carême » – comme disent certains musulmans francophones – du mois de ramadan.

La dimension ésotérique et spirituelle du jeûne

Sur cette question, nous mettrons essentiellement à contribution l'enseignement du maître soufi Ibn 'Arabî (m. 1240). Un « propos saint » (*hadîth qudsî*)[2] révèle la portée spirituelle du jeûne en islam : « Toute œuvre pieuse des fils d'Adam leur appartient, à l'exception du jeûne car celui-ci est à moi et c'est moi qui le récompense », ou « qui en paie le prix ». Une parole du prophète Muhammad vient confirmer la précellence du jeûne : à un de ses compagnons qui lui demandait quel acte pratiquer, le Prophète répondit : « Adonne-toi au jeûne, car il n'a pas de semblable ». Cette réponse contient une allusion au verset coranique 42, 11 : « Il n'est rien qui lui soit comparable ». En ce sens, le jeûne n'a pas de semblable, de la même façon que Dieu n'a pas de semblable[3].

Ibn 'Arabî nous explique à cet égard que, lorsque nous jeûnons, nous acquérons les qualités du nom divin *al-Samad*, « Celui qui n'a nul besoin d'autrui et dont toute chose a besoin »[4]. Durant le temps du jeûne – de l'aube jusqu'au coucher du soleil – l'humain est en effet comme un « pur esprit » car libéré des besoins naturels, des pulsions, des stimuli par lesquels sa psyché et son corps l'assaillent d'ordinaire. Divers passages coraniques comportent un appel – le plus souvent allusif – à chercher cette investiture divine : « Mais soyez seigneuriaux… ! » (Coran 3, 79), est-il par exemple demandé.

Au demeurant, Ibn 'Arabî relativise cette similitude entre le divin et l'humain en faisant parler Dieu : « Si je te l'attribue, il exprime uniquement un aspect conditionné de la transcendance (*tanzîh*), non la transcendance absolue qui ne convient qu'à ma majesté[5] ! ». Précisons que l'humain peut se parer de certains noms divins, ainsi qu'y enjoignait le Prophète : « Acquérez les qualités divines ! ». Pour autant, *al-Samad* fait partie de ce que la théologie islamique appelle les noms de l'essence, qui ne sauraient – sauf dans certains cas d'expérience mystique – être partagés par l'humain. Tel est le cas de noms tels que l'un (*al-Ahad*), ou l'unique (*al-Wâhid*), ou encore *al-Qayyum* « Celui qui subsiste par lui-même ».

Ce qui donne encore au jeûne son caractère divin, note Ibn 'Arabî, c'est le fait qu'il n'est pas un « acte » en soi, tel la prière ou le pèlerinage, mais l'abstention (*tark*) d'un

1 Coran, 19, 25-26.

2 « Parole divine » rapportée par le Prophète, mais qui ne fait pas partie du Coran. Le style en est d'ailleurs différent : Dieu s'y adresse à l'homme à la première personne du singulier, sur un ton souvent plus intimiste que dans le Coran.

3 Ibn 'Arabî, *Al-Futûhât al-makkiyya*, chapitre 71, Le Caire, Othman Yahia, 1985, vol. 9, p. 99-100.

4 *Ibid.*, p. 102.

5 *Ibid.*, p. 103.

acte (manger, boire, fumer, parler avec excès, avoir des relations sexuelles…)[6]. Or, Dieu se définit en islam par la « voie négative », ou apophatique. La profession de foi de l'islam (*shahâda*) ne commence-t-elle pas par une négation ? *Pas de divinité… si ce n'est Dieu.* Le caractère d'abstention, de retrait, du jeûne porte un caractère divin : de même que Dieu ne peut pas s'appréhender par des définitions, par le jeûne l'être humain se rend transparent à Dieu. L'absence devient présence absolue.

Enfin, contrairement à ce que font beaucoup de musulmans, il faut distinguer entre le terme de ramadân et le jeûne qui y est pratiqué (certains musulmans disent par abus de langage : « faire le ramadan »). Ibn 'Arabî rapporte en effet la parole prophétique (*hadîth*) suivante : « Ne dites pas « Ramadân » car c'est l'un des noms de Dieu ». C'est pour cela que le verset coranique 2, 185 mentionne explicitement « *le mois de* ramadân ». Ce mois n'a pas lui-même de semblable car aucun mois de l'année islamique ne porte un nom divin[7]. *Ramadân* en arabe signifie brûler, consumer… l'ego, les passions, les péchés. De fait, beaucoup témoignent que, même lorsqu'il ne peuvent pas jeûner physiquement, ils ressentent un état spécial : c'est *comme s'ils jeûnaient.*

La dimension sociale du jeûne de Ramadan

Malgré sa difficulté, le jeûne est le pilier de l'islam le plus pratiqué par les musulmans. Il est un vrai marqueur de la foi. Même s'ils ne respectent par la pratique des cinq prières quotidiennes, beaucoup jeûnent ; même s'ils boivent de l'alcool durant le reste de l'année, beaucoup arrêtent toute consommation durant ce mois-là et jeûnent. En 2012, le centre de recherche américain *Pew Research Center* enquêtait sur les pratiques de l'islam dans le monde. L'étude portait notamment sur le respect des cinq piliers de l'islam, devoirs que tout musulman est censé appliquer. On y voit que le jeûne du mois de Ramadan est largement le pilier le plus respecté : 93% jeûnent pendant le ramadan. Bien sûr, cette adhésion arrive après le premier pilier de l'islam, qui est la « profession de foi » (*shahâda*) : foi en l'unicité de Dieu et en la prophétie de Muhammad[8].

Il en va de même à l'échelle française. Dans un article du *Monde* de 2015, on note ceci :

« Preuve de l'engouement qu'il suscite, 71% des musulmans le pratiqueraient de façon rigoureuse d'après une étude de l'Ifop réalisée en 2011, soit beaucoup plus que ceux qui déclaraient faire les prières quotidiennes (39%). Et la pratique du jeûne a progressé ces dernières années, en particulier chez les jeunes : ils étaient 73% des 18-25 ans à le suivre en 2011, contre 59% en 1989 ».

---

6 *Ibid.* p. 99-100.
7 *Ibid.*, p. 115.
8 http://www.pewforum.org/2012/08/09/the-worlds-muslims-unity-and-diversity-2-religious-commitment/.

Dans le même article, Raphaël Liogier, professeur à l'Institut d'études politiques d'Aix-en-Provence, fait ce constat : « En France, jusqu'aux années 1990, on faisait ramadan par inertie traditionnelle, un peu comme les catholiques fêtent Pâques ». Mais depuis le milieu des années 2000, celui qui dirige l'Observatoire du religieux d'Aix-en-Provence note une sorte de « *revival* » qui touche majoritairement les jeunes. A la dimension identitaire déjà mise en évidence, viendrait s'ajouter un ressort spirituel. « C'est presque une sorte de reconversion pour ces jeunes », étaye le chercheur. « Cela fait écho à ce que l'on peut observer à l'échelle de l'ensemble de la société, une tendance à l'individualisme et une demande spirituelle en augmentation »[9].

« Une pratique identitaire et affective », titre l'article. De fait, l'attachement des musulmans au jeûne de ramadan est dû en partie à la forte dimension sociale et familiale de ce rite religieux : quand tout le monde jeûne dans votre entourage, vous êtes naturellement porté à le faire. Dans les quartiers populaires des grandes villes d'Europe, où il y a de fortes communautés islamiques (maghrébines, turques, etc.), certains jeunes non musulmans qui ont des amis musulmans les accompagnent souvent dans cette pratique. Dans un couple, lorsqu'un des conjoints est musulman et jeûne, il arrive souvent que l'autre jeûne également. On peut bien sûr parler de pression induite, mais il y a quelque chose de fascinant dans ce rituel qui rompt avec la vie ordinaire. En pays musulman, le changement de rythme qui marque toute la société donne à l'observance du jeûne une valeur exemplaire. Le Maroc, par exemple, change exprès d'heure durant ce mois-là, pour faciliter la pratique du jeûne dans les milieux professionnels.

On ne saurait omettre par ailleurs la dimension de « charité » publique qui caractérise ce mois. Dans beaucoup de pays musulmans sont dressées ce qu'on appelle les « tables du Miséricordieux » : à l'heure de la rupture du jeûne, les repas y sont servis pour tous. Cela se fait souvent dehors, dans des pays où le climat le permet comme l'Égypte. Dans beaucoup de mosquées d'Occident, les repas ne sont pas seulement offerts aux seuls musulmans, mais aussi aux nécessiteux de tous bords.

Enfin, sur le plan de l'hygiène alimentaire, une prise de conscience se fait jour actuellement. Nous avons tous en vue les repas pantagruéliques, parfois accompagnés de gâteaux très sucrés, qui caractérisent les repas de rupture le soir. Nous nous souvenons également que l'expression française, moins utilisée de nos jours, « faire du ramdam » provient de l'expérience des pieds-noirs en Algérie qui entendaient les musulmans faire la fête les nuits du mois de ramadan. Concernant l'aspect diététique que devrait induire le jeûne de ce mois, il faut noter que de plus en plus d'associations ou d'organisations musulmanes cherchent à éduquer les croyants, en dénonçant la surconsommation – et parfois le gaspillage – de nourriture faite en ce mois. Ainsi, chaque année, le site Oumma.com propose une rubrique sur les bons comportements alimentaires à observer pendant le ramadan. Dans le même sens, il existe une association, l'UFCM, l'union française des consommateurs musulmans,

---

9 https://www.lemonde.fr/religions/article/2015/06/18/le-ramadan-en-france-une-pratique-identitaire-et-affective_4656475_1653130.html.

qui lutte notamment contre la trop grande consommation de viande, durant le ramadan en dehors.

À propos du jeûne du mois de ramadan ou d'autres manifestations de la vie religieuse, en islam ou dans d'autres religions, on peut constater combien il y a loin, parfois, entre les principes théologiques et spirituels de telle prescription et son vécu sociétal. L'islam, a fortiori, combine souvent dans ses enseignements verticalité spirituelle et horizontalité sociale. Ainsi, dans le Coran, le pilier de la prière (*salât*) – ascension céleste du croyant, selon le Prophète – est toujours associé à l'aumône purificatrice (*zakât*), qui permet – ou devrait permettre – de rééquilibrer les rapports entre les riches et les pauvres. Le jeûne du mois de ramadan, on l'a vu brièvement, marie éminemment ces deux perspectives, car comment sonder la conscience d'une personne qui pratique ce rite ? Quelle est la part de la volonté et de l'expérience spirituelles, et celle de la pression sociale ?

Bibliographie

IBN 'ARABÎ, *Al-Futûhât al-makkiyya*, éd. Othman Yahia, Le Caire, Organisation égyptienne générale du livre, 1985.

IMAM AL GHAZALI, *Les secrets du jeûne et du pèlerinage*. Introduit, annoté et traduit par Maurice Gloton, Lyon, Editions Tawhid, 2004.

GLOTON M., *Le Ramadan et les vertus du jeûne*, Paris, Albouraq, 2009.

PEW RESEARCH CENTER, « Religious Commitment », http://www.pewforum.org/2012/08/09/the-worlds-muslims-unity-and-diversity-2-religious-commitment/ [consulté le 12/09/2018]

PASCHUAL J., « Le ramadan en France, une 'pratique identitaire et affective' », https://mobile.lemonde.fr/religions/article/2015/06/18/le-ramadan-en-france-une-pratique-identitaire-et-affective_4656475_1653130.html ?xtref = https://www.google.com/ [consulté le 12/09/2018]

FRÉDÉRIC ROGNON

Jeûne et protestantisme

Contrairement à certaines idées reçues, les relations entre jeûne et protestantisme sont tout sauf univoques. L'absence d'une entrée « Jeûne » dans l'*Encyclopédie du protestantisme*[1], qui compte 1 700 pages et comprend 1 300 articles, laisserait à penser que l'ascèse alimentaire a été abolie par la Réforme du XVIe siècle, et que les protestants n'y ont plus guère recours. La réalité n'est pas si simple.

Chez les Réformateurs

Il est avéré que les pratiques de jeûne au sein de la confession protestante ont pâti de la disqualification des œuvres méritoires dans la sotériologie des Réformateurs. Car le jeûne a été compris comme l'une de ces œuvres accomplies en vue d'acquérir le salut.

Luther

L'affirmation de la vanité des œuvres dans l'économie du salut s'enracine dans l'expérience monastique de Martin Luther, moine zélé pendant douze ans, qui multiplie les veilles et les jeûnes sans trouver l'apaisement escompté de sa conscience. Par un geste de retour à l'Écriture, et notamment aux épîtres pauliniennes, il redécouvre le motif du salut par la grâce à travers la foi, et récuse donc le jeûne et les autres exercices spirituels comme moyens de salut. Cependant – première inflexion par rapport aux lieux communs véhiculés au sujet de notre thématique –, Luther ne renonce pas au jeûne : il le considère comme *adiaphoron*, c'est-à-dire comme une pratique qui peut être utile ou nuisible selon les circonstances, mais qui n'est pas porteuse en elle-même de positivité ni de négativité. Dans un fameux texte de 1522, intitulé *Sincère admonestation à tous les chrétiens pour qu'ils se gardent de la révolte et de*

1 Cf. P. Gisel (dir.), *Encyclopédie du protestantisme*, Paris / Genève, Éditions du Cerf / Éditions Labor et Fides, 1995[1] ; Paris, Presses Universitaires de France, 2006[2].

Frédéric Rognon • Université de Strasbourg

Religions et alimentation, éd. par Rémi Gounelle, Anne-Laure Zwilling et Yves Lehmann, Turnhout : Brepols, 2020 (Homo Religiosus, 20), p. 41-47
BREPOLS PUBLISHERS 10.1484/M.HR-EB.5.117405

la sédition[2], Luther s'inscrit d'emblée sur un registre pastoral. Il exhorte ses lecteurs, passés à la Réforme, à prêter attention aux personnes auxquelles ils s'adressent, à ne pas bousculer ni rudoyer celles qui sont disposées à les écouter, mais au contraire à faire preuve à leur égard de douceur, de respect et de patience. Et en guise d'exemple, il leur propose de s'exprimer ainsi : « Cher ami, jeûner, manger des œufs, de la viande, du poisson, ne sont pas des choses desquelles le salut dépend ; on peut les pratiquer ou s'en abstenir en bien comme en mal. Seule la foi sauve »[3].

Calvin

Une génération plus tard, le Réformateur Jean Calvin franchit un pas de plus dans la réhabilitation du jeûne, mis à mal par les principes exclusivistes du *Sola gratia* et du *Sola fide*. Et il le fait paradoxalement – et ce sera une seconde inflexion – au nom du troisième principe exclusiviste de la Réforme : le *Sola Scriptura*. En effet, force est bien de reconnaître la récurrence de la thématique du jeûne tout au long de la Bible, et même une accroche pour la justification de la pratique du jeûne chez les chrétiens dans une péricope bien connue de l'évangile de Marc[4]. Calvin va donc s'appuyer sur le donné scripturaire pour asseoir l'insigne valeur du jeûne, reconsidéré dans la perspective du salut par grâce. Ce sont donc de profondes mutations conceptuelles qu'il va faire subir au jeûne et aux pratiques qui lui sont afférentes, grevées par leurs compréhensions médiévales et notamment monastiques, au nom du retour à l'Écriture. Dans son *Institution pour la religion chrétienne* (dont la première édition date de 1536), Calvin cite trois occasions de jeûne public et trois occasions de jeûne privé. Le jeûne public et solennel est opportun : premièrement, en signe d'humilité et de repentance de la part du peuple ; deuxièmement, lorsqu'il advient quelque affaire difficile ou de grande importance dans l'Église, par exemple un différend à traiter ou un ministre à élire ; et enfin, troisièmement, quand il apparaît quelque signe de la colère de Dieu, tels que peste, guerre ou famine. Quant au jeûne privé, il s'impose : premièrement, comme moyen de dompter la chair, afin qu'elle ne s'égare pas trop ; deuxièmement, pour disposer le croyant à des prières, oraisons et méditations saintes ; et enfin, troisièmement, en cas de faute particulière, pour être, comme dans le premier cas de jeûne public, un témoignage d'humilité et de repentance de la part de l'homme qui confesse son péché devant Dieu[5]. Calvin précise que la vie du chrétien doit être

---

2 Cf. M. Luther, « Sincère admonestation à tous les chrétiens pour qu'ils se gardent de la révolte et de la sédition », in M. Luther, *Œuvres 1*, Édition publiée sous la direction de M. Lienhard et de M. Arnold, Paris, Nrf Gallimard (Bibliothèque de la Pléiade), 1999, p. 1129-1145.

3 *Ibid.*, p. 1143.

4 Cf. Mc 2, 18-20 : « Les disciples de Jean et les pharisiens jeûnaient. Ils vinrent dire à Jésus : "Pourquoi les disciples de Jean et ceux des pharisiens jeûnent-ils, tandis que tes disciples ne jeûnent point ?" Jésus leur répondit : "Les amis de l'époux peuvent-ils jeûner pendant que l'époux est avec eux ? Aussi longtemps qu'ils ont avec eux l'époux, ils ne peuvent jeûner. Les jours viendront où l'époux leur sera enlevé, et alors ils jeûneront en ce jour-là" ».

5 Cf. J. Calvin, *L'Institution chrétienne – Livre quatrième*, Marne-la-Vallée / Aix-en-Provence, Éditions Farel / Éditions Kerygma, 1995, chapitre XII, § 14-19, p. 228-233.

tempérée et sobre, afin qu'elle apparaisse depuis le commencement jusqu'à la fin « comme une espèce de jeûne perpétuel »[6]. Cette formule tend paradoxalement à la fois à valoriser (ou revaloriser) le jeûne, et à le relativiser en le réduisant à une sobriété de vie. Mais en regard de ce « jeûne perpétuel », le jeûne proprement dit est défini comme une pratique ponctuelle de tempérance plus étroite que d'ordinaire, en se contentant de mets simples, communs et vulgaires, afin de ne pas provoquer le palais à manger : il s'agit de s'alimenter légèrement pour la nécessité et non point par plaisir et volupté. Calvin insiste pour arracher le jeûne à l'économie du salut par les œuvres : le jeûne n'est pas méritoire, affirme-t-il ; il n'est pas non plus une vertu et à ce titre il n'est digne d'aucune louange particulière ; enfin, il ne doit pas se pratiquer avec hypocrisie, c'est-à-dire avec ostentation et manifestation de tristesse afférente aux privations[7]. Ces trois tentations du jeûneur sont qualifiées par Calvin de « superstitions »[8]. Cependant, le jeûne authentique, dégagé de ces superstitions, est non seulement légitime mais indispensable à la vie chrétienne. Calvin stigmatise ceux qui « ne pensent pas que le jeûne soit nécessaire », mais surtout ceux qui, « qui pis est », précise-t-il, « le rejettent comme tout à fait superflu »[9]. Il appert donc sans conteste que, dans une perspective calvinienne, le jeûne n'est pas un *adiaphoron*.

Identité négative, et résurgences

La question qui se pose à présent est celle de la tension paradoxale entre la position des Réformateurs à l'endroit du jeûne (avec les différences que nous avons relevées entre Luther et Calvin) et l'indigence des pratiques d'ascèse alimentaire dans le protestantisme. Tout se passe comme si, à l'instar d'autres marqueurs identitaires (l'absence de signe de croix, l'appellation « temple » pour les lieux de culte protestants en Vieille France…), l'identité protestante s'était construite en réaction aux marqueurs catholiques, plutôt qu'en positivité : il s'agit bien souvent d'une identité négative, réactive. Et le jeûne a été disqualifié au cours de l'histoire, en protestantisme, du fait de ses connotations trop romaines, et notamment de ses affinités avec les pratiques catholiques de Carême. Des discours symptomatiques de cette relativisation du jeûne, plus calviniste que calvinienne, se retrouvent jusqu'aujourd'hui, par exemple dans l'ouvrage d'Olivier Bauer : *Le protestantisme à table*[10]. En reprenant la tension

---

6 J. Calvin, *L'Institution chrétienne – Livre troisième*, Marne-la-Vallée / Aix-en-Provence, Éditions Farel / Éditions Kerygma, 1995, chapitre III, § 17, p. 87.

7 Cf. Matthieu 6, 16-18 : « Lorsque vous jeûnez, ne prenez pas un air triste, comme les hypocrites, qui se rendent le visage tout défait, pour montrer aux hommes qu'ils jeûnent. Je vous le dis en vérité, ils reçoivent leur récompense. Mais quand tu jeûnes, parfume ta tête et lave ton visage, afin de ne pas montrer aux hommes que tu jeûnes, mais à ton Père qui est là dans le lieu secret ; et ton Père, qui voit dans le secret, te le rendra ».

8 Cf. J. Calvin, *L'Institution chrétienne – Livre quatrième*, *op. cit.*, p. 231-233.

9 *Ibid.*, p. 228.

10 Cf. O. Bauer, *Le protestantisme à table. Les plaisirs de la foi*, Genève, Labor et Fides (Protestantismes), 2000.

classique entre Jean-Baptiste l'ascète et Jésus le bon-vivant, voire le glouton[11], l'auteur défend l'idée de ne jeûner que lorsque l'on n'a plus faim, par nécessité, comme Jésus qui aurait jeûné quarante jours dans le désert[12] par absence d'appétit[13]...

Plus sérieusement, nous pouvons relever des résurgences de la pratique du jeûne tout au long de l'histoire du protestantisme, lors d'événements tragiques comme la peste ou les persécutions, dans les mouvements de Réveils religieux, ou au sein de certains groupes rigoristes tels que les darbystes ou les pentecôtistes. En 1619, à l'issue du Synode de Dordrecht, les cantons suisses protestants ont adopté le principe d'une journée de jeûne public et civique qui contribua puissamment à l'instauration d'un esprit consensuel et à la construction de l'État fédéral.

Plus proche de nous, et plus connu, le film de Karen Blixen, *Le festin de Babette* (1987), a mis en scène l'extrême sobriété de villageois danois du XIXe siècle, qui, quoique luthériens, semblent plutôt calviniens, plus calviniens en tout cas que calvinistes.

En 1950, lors du déclenchement de la guerre de Corée, l'avancée irrésistible des troupes nord-coréennes, qui envahissent la quasi-totalité de la péninsule, incite les Églises presbytériennes (c'est-à-dire calviniennes) à décréter un jeûne général à Pusan, la dernière enclave qui échappe encore à l'occupation. Les protestants coréens affirment encore aujourd'hui que c'est cette initiative qui a renversé la situation militaire, en provoquant les États-Unis à entrer en guerre.

Du jeûne à la grève de la faim

On peut ainsi se demander si, en régime protestant, nous n'assistons pas à un transfert du jeûne spirituel vers la grève de la faim, d'acception plus politique. Nous prendrons trois exemples de personnalités protestantes engagées dans un combat militant : Martin Luther King, Théodore Monod et Solange Fernex.

Paradoxalement, Martin Luther King n'a jamais organisé de jeûne public au cours de ses campagnes non-violentes en faveur de l'égalité des droits civiques ou économiques : c'est le seul type d'action qu'il n'a pas emprunté à Gandhi. Mais il pratiquait un jeûne privé, notamment lorsqu'il était incarcéré, pour puiser des forces spirituelles en vue de son engagement politique.

Théodore Monod, le célèbre naturaliste, jeûnait chaque année du 6 au 9 août, dates anniversaires des explosions atomiques d'Hiroshima et de Nagasaki, devant le poste de commandement de l'armement nucléaire français, à Taverny dans le Val d'Oise, en signe de protestation contre la poursuite de la course aux armements[14].

11 Cf. Matthieu 11, 18-19 ; Luc 7, 33-34 : « Car Jean est venu, ne mangeant ni ne buvant, et ils disent : "Il a un démon". Le Fils de l'homme est venu, mangeant et buvant, et ils disent : "C'est un glouton et un buveur, un ami des publicains et des gens de mauvaise vie" ».

12 Cf. Matthieu 4, 1-2 ; Luc 4, 1-2 : « Alors Jésus fut emmené par l'Esprit dans le désert, pour être tenté par le diable. Après avoir jeûné quarante jours et quarante nuits, il eut faim ».

13 Cf. O. Bauer, *Le protestantisme à table. Les plaisirs de la foi*, *op. cit.*, p. 19-20.

14 Cf. T. Monod, *Révérence à la vie. Conversations avec Jean-Philippe de Tonnac*, Paris, Grasset, 1999, p. 11-29.

Quant à Solange Fernex, figure de proue du mouvement écologiste alsacien, elle a démarré une grève de la faim illimitée, en 1983, avec douze autres militants, pour demander le gel de l'armement atomique de la part des cinq grandes puissances nucléaires. Le mouvement a cessé après trente-huit jours de jeûne à l'eau, sans rien avoir obtenu d'autre que de vagues promesses[15].

On voit bien la différence entre ces trois initiatives : de Martin Luther King à Solange Fernex, en passant par Théodore Monod, il semble bien que nous assistions à une sécularisation du jeûne, d'abord soutien spirituel privé à l'action politique, puis protestation publique limitée dans le temps, donc encore mâtinée de travail intérieur sur les consciences davantage que stratégie politique, enfin engagement total dans un rapport de forces destiné à faire pression de manière efficace sur la décision des instances de pouvoir. L'hypothèse d'une sécularisation toute protestante du jeûne en grève de la faim, quoique séduisante au premier abord, doit néanmoins être questionnée et sans doute au final infirmée.

Il faudrait tout d'abord préciser la distinction entre jeûne et grève de la faim[16] ; dans la taxinomie gandhienne, il ne s'agit pas strictement d'une tension établie sur le critère spirituel ou politique, ni d'ailleurs sur le critère de la durée limitée ou illimitée. C'est la cible de l'action qui discrimine ces deux catégories : le jeûne est orienté vers son propre camp (pour l'inciter à renoncer à toute violence et à tout abus), la grève de la faim est orientée vers l'adversaire (pour influer sur sa décision). Jeûne et grève de la faim, limités et illimités, tous deux à la fois spirituels et politiques, entrent en dialectique dans l'arsenal des stratégies d'action non-violente[17]. Mais surtout, le caractère éminemment sacrificiel de la grève de la faim illimitée nous retient de n'y discerner qu'une action politique sécularisée. Le « Jeûne pour le climat », relayé par la Fédération protestante de France, un jour par mois tout au long de l'année 2015 jusqu'à la conférence de Paris en décembre (COP 21), conjuguait bien la démarche spirituelle de repentance, la prise de conscience des enjeux du dérèglement climatique, et l'action proprement politique de lobbying.

Retour au jeûne spirituel

Nous devons enfin constater une revalorisation du jeûne spirituel au sein du protestantisme français le plus contemporain. Les sessions de jeûne, silence et prière, ne désemplissent pas, drainées par la vague d'aspiration au développement personnel, à la redécouverte de son corps, de la religiosité expérientielle, concrète et émotionnelle. La figure incontournable de cette version protestante du jeûne

---

15 Cf. S. Fernex, *La vie pour la vie*, Lacajunte, Utovie, 1985 ; Élisabeth Schulthess, *Solange Fernex. Écologie, féminisme, non-violence*, Barret-sur-Méouge, Éditions Yves Michel, 2004, p. 53-56.

16 Cf. F. Rognon, « Les sens de la grève de la faim et du jeûne politique », in *Foi & Vie*, volume CVI, n°1, avril 2008 (numéro thématique : « Le jeûne, arme politique ou spirituelle ? »), p. 23-30.

17 Cf. J.-M. Muller, *Stratégie de l'action non-violente*, Paris, Éditions du Seuil (Points politique), 1981², p. 130-132, 153-158 ; *Dictionnaire de la non-violence*, Gordes, Les Éditions du Relié (Le Relié Poche), 2005, p. 151-157.

postmoderne est Daniel Bourguet : pasteur, ancien professeur d'Ancien Testament à l'Institut protestant de théologie de Montpellier, et aujourd'hui ermite protestant près de Saint-Jean-du-Gard dans les Cévennes.

Le succès de ses stages, de ses retraites et de ses ouvrages, à l'échelle du microcosme protestant français, est un véritable phénomène social. Dans un livre intitulé : *Un chemin de liberté, l'ascèse*[18], Daniel Bourguet réhabilite la pratique du jeûne en protestantisme, en la dépouillant de toute connotation méritoire : si l'hébreu de l'Ancien Testament dit « humilier son âme » pour exprimer le sens du verbe « jeûner », c'est à ses yeux que le jeûne est une discipline destinée à combattre l'orgueil, et par conséquent l'antidote d'une prétention au mérite[19]. C'est une perversion du jeûne qui en a fait un chemin d'orgueil. Les Pères du désert, auxquels Daniel Bourguet, ultime paradoxe pour un protestant, se réfère très fréquemment pour l'herméneutique comme pour la liturgie, auront à lutter contre la tentation de l'ascèse méritoire, en se rappelant sans cesse que toute victoire dans l'ascèse vient de Dieu et non de l'ascète[20]. Daniel Bourguet ne propose pas la même lecture qu'Olivier Bauer du jeûne de quarante jours de Jésus au désert : c'était une préparation au combat spirituel[21], d'autant que le même Jésus indique le jeûne, associé à la prière, comme le moyen nécessaire pour chasser les démons[22].

Après une longue éclipse du jeûne chez les héritiers des Réformateurs – éclipse partielle, jamais totale –, la redécouverte du jeûne dans le protestantisme d'aujourd'hui n'est finalement qu'une modalité de la déclinaison de ce principe, énoncé par Jodocus von Lodenstein au XVIIe siècle : *Ecclesia reformata, semper reformanda* (« Église réformée, toujours à réformer »). Le jeûne participe de ce double mouvement propre au protestantisme, de retour aux sources (notamment aux sources scripturaires) et d'actualisation permanente : d'actualisation permanente *par* le retour aux sources, au prix d'une profonde recomposition conceptuelle et empirique du jeûne, pour l'intégrer aux mutations des modes de vie et de production symbolique à l'œuvre chez nos contemporains.

Bibliographie

Jean Calvin, *L'Institution chrétienne*, Marne-la-Vallée / Aix-en-Provence, Éditions Farel / Éditions Kerygma, 1995.

Martin Luther, *Sincère admonestation à tous les chrétiens pour qu'ils se gardent de la révolte et de la sédition*, dans Martin Luther, *Œuvres 1*, Édition publiée sous la direction de Marc Lienhard et de Matthieu Arnold, Paris, Nrf Gallimard, 1999, p. 1129-1145.

Bauer O., *Le protestantisme à table. Les plaisirs de la foi*, Genève, Labor et Fides, 2000.

18 Cf. D. Bourguet, *Un chemin de liberté, l'ascèse*, Lyon, Éditions Olivétan (Veillez et priez), 2004.

19 Cf. *Ibid.*, p. 11-12.

20 Cf. *Ibid.*, p. 45-46.

21 Cf. *Ibid.*, p. 30.

22 Cf. Matthieu 17, 21 : « Cette sorte de démon ne sort que par la prière et par le jeûne ».

BOURGUET D., *Le monachisme intériorisé = Les Cahiers des Veilleurs* 1992/1.
BOURGUET D., *Un chemin de liberté, l'ascèse*, Lyon, Éditions Olivétan, 2004.
CLÉMENT M., « L'ascèse est-elle un chemin de liberté ? La question du jeûne aujourd'hui », *Foi & Vie*, 106/1 (avril 2008), p. 5-21.
DESEILLE P., « Jeûne », dans *Dictionnaire de spiritualité ascétique et mystique*, VIII, Paris, Beauchesne, 1974, col. 1164-1175.
FERNEX S., *La vie pour la vie*, Lacajunte, Utovie, 1985.
DE LESTRADE T., *Le jeûne, une nouvelle thérapie ?*, Paris, La Découverte, 2015.
DEL VASTO L., *Principes et préceptes du retour à l'évidence. Éloge de la vie simple*, Paris, Denoël/Gonthier, 1945.
DEL VASTO L., *Approches de la vie intérieure*, Paris, Denoël/Gonthier, 1962.
DEL VASTO L., *Technique de la non-violence*, Paris, Denoël, 1971.
DEL VASTO L., *L'Arche avait pour voilure une vigne*, Paris, Denoël/Gonthier, 1978.
HORT B., « Ascèse », dans P. GISEL – L. KAENNEL, *Encyclopédie du protestantisme*, Paris / Genève, Éditions du Cerf / Labor et Fides, 1995, p. 62.
LEPLAY M., « Jeûne ou grève eucharistique ? », *Foi & Vie*, CVI/1, (avril 2008), p. 31-44.
MONOD T., *Révérence à la vie. Conversations avec Jean-Philippe de Tonnac*, Paris, Grasset, 1999.
MULLER J.-M., *Stratégie de l'action non-violente*, Paris, Éditions du Seuil, 1981[2].
MULLER J.-M., *Dictionnaire de la non-violence*, Gordes, Les Éditions du Relié, 2005, p. 151-157.
ROGNON F., « Les sens de la grève de la faim et du jeûne politique », *Foi & Vie*, CVI/1 (avril 2008), p. 23-30.
SCHULTHESS E., *Solange Fernex. Écologie, féminisme, non-violence*, Barret-sur-Méouge, Éditions Yves Michel, 2004.
SIEBEN H.-J., « Appendice : Dossier patristique sur le jeûne », dans *Dictionnaire de spiritualité ascétique et mystique*, VIII, Paris, Beauchesne, 1974, col. 1175-1179.
SŒUR ÉVANGÉLINE, « Voici ces plats et ces coupes : aujourd'hui ils sont vides », *Foi & Vie*, CVI/1 (avril 2008), p. 45-50.

MICHELLE M. LELWICA

Depriving the Body to Save the Soul

*Women, Weight Loss, and the Religion of Thinness**

"This Is Somebody Who Likes to Eat"

I don't know if you followed the 2016 U.S. presidential campaign – and I can't blame you if you didn't, given what a circus it was! Among the multiple fiascos surrounding Trump's candidacy, there was the debacle involving his comments about former Miss Universe winner, Alecia Machado, who he referred to as "Miss Piggy." The insult was a reference to Machado's weight gain after winning the pageant in 1996. Trump further shamed Machado by calling her "an eating machine" and referring to her as "Miss Housekeeping" – an allusion to her Latin origins (God forbid you should be not only curvy but brown!). As the executive producer of the pageant at the time, Trump insisted that Machado go on a strict diet and exercise regimen. He was so worried that her weight gain would tarnish the Miss Universe crown that he showed up to monitor her workout, along with reporters and cameramen he'd hired to publicize the fallen beauty queen's aerobic-atonement for the sin of consuming too many calories. To justify this spectacle of punishment, Trump identified the crime that necessitated such public humiliation. Referring to Machado, he sternly explained: "This is somebody who likes to eat."[1]

Let's be clear: this comment was not meant as a compliment. And even if it's just one of countless absurd things Trump has said before and during his time in office, this accusation deserves our attention because it articulates a confluence of cultural and religious norms and narratives relating to food, appetite, and female

* This essay draws on material published in "Losing Their Way to Salvation: Women, Weight-loss, and the Religion of Thinness," in B. Forbes and J. Mahan (ed.), *Religion and Popular Culture in America*, Third Edition, Berkeley, University of California Press, 2017, p. 262-286.

1 M. Barbaro et M. Twohey, "Shamed and Angry: Alicia Machado, a Miss Universe Mocked by Donald Trump", *New York Time*, Sept. 27, 2016, accessed May 17 at https://www.nytimes.com/2016/09/28/us/politics/alicia-machado-donald-trump.html?_r = 0; L. Graves, "Alecia Machado, Miss Universe Weight-Shamed by Trump, Speaks Out for Clinton," *The Guardian*, Sept. 28, 2016, accessed May 17, 2017 at https://www.theguardian.com/us-news/2016/sep/27/alicia-machado-miss-universe-weight-shame-trump-speaks-out-clinton.

Michelle M. Lelwica • Concordia College, Moorhead, MN, USA

Religions et alimentation, éd. par Rémi Gounelle, Anne-Laure Zwilling et Yves Lehmann, Turnhout : Brepols, 2020 (Homo Religiosus, 20), p. 49-68
BREPOLS PUBLISHERS 10.1484/M.HR-EB.5.117406

bodies that have shaped the lives of women for centuries. According to these norms and narratives, women's appetite for food is suspect, if not dangerous; female bodies that appear to have transcended the pleasure of eating are desired and venerated, and those that have given into that temptation are berated. Ultimately, *This is somebody who likes to eat* is a shaming indictment in a culture where females' self-imposed food deprivation is seen as virtuous, if not salvific, and where many women pursue the goal of thinness with religious-like devotion.

The "Religion of Thinness"

To better understand this devotion, I coined the term *religion of thinness*.[2] This concept is based on five distinct but overlapping observations:

First, in developed Western societies today (perhaps especially in the U.S.), women's quest for a slender body serves what has historically been a religious *function*: providing a sense of purpose that orients and gives meaning to their lives.

Second, this quest has several *features* in common with traditional religions, especially Christianity, which has had the most power to influence Western norms and attitudes regarding appetite for food. Popular beliefs, rituals, images, and moral codes that circulate in commercial and medical discourses encourage women to find "salvation" (i.e., happiness, health, success, and fulfillment) through the pursuit of a fat-free body.

Third, some traditional Christian narratives tacitly affirm women's devotion to thinness, invisibly supporting cultural norms that regulate body size. These narratives recycle the misogynist, anti-body, other-worldly, and exclusivist aspects of patriarchal religion.

Fourth, bodies have a mind of their own when it comes to weight-loss (and various other ways people try to tame their flesh); our bodies' intelligence – their refusal to dutifully obey our supposedly sovereign will – exposes the intimate and sometimes fraught dance between nature and nurture, how affective/somatic energies become bound up in systems of power.[3]

The final observation that frames my analysis is that the seemingly secular faith in thinness draws so many adherents largely because it appeals to what might be referred to as *spiritual* or *existential* needs – including the needs for a sense of purpose, agency, belonging, and well-being – even though the quest for salvation through weight loss shortchanges these needs, and, in the long run, fails to deliver the redemption it promises.

---

2 See M. M. Lelwica, *The Religion of Thinness: Satisfying the Spiritual Hungers behind Women's Obsession with Food and Weigh,* Carlsbad (CA), Gurze, 2009. *The Religion of Thinness* is written for a more-than-academic audience, though it draws on work I did for my dissertation, which I revised and published as *Starving for Salvation: The Spiritual Dimensions of Eating Problems among American Girls and Women,* New York, Oxford University Press, 1999.

3 See D. Schaefer, *Religious Affects: Animality, Evolution, and Power,* Durham (NC), Duke University Press, 2015.

Now, I realize that the religion of thinness is not exactly a religion. But this raises the question of what, in fact, *is* religion: "what gets called religion?"[4] I like the way Womanist scholar Monica Miller poses this question by asking: What is "religious" about religion?[5] My analysis assumes a fluid, non-essentialist concept of religion that highlights its embodied origins, its meaning-making functions, and its political consequences. This approach allows me to investigate "*things* that may or may not be considered religious,"[6] like women's relationship to food and their bodies. By deliberately causing confusion about the distinction between "religious" and "secular" meanings and motivations, the "religion of thinness" concept disrupts deeply entrenched assumptions in and beyond the academic study of religion.

Sacred/Secular Food Renunciation Rituals: Complicating the Distinction

In his classic essay, *Religion As a Cultural System*, Clifford Geertz discusses the difference between ascetic fasting and dieting to illustrate the distinction between "religious" and "secular" behavior. According to Geertz, this distinction is based on the divergent purposes of dieting and fasting, and the varying frames of meaning and dispositions they foster. Whereas dieting is tied to worldly values and aims to achieve a "conditioned" goal (presumably health and beauty), religious fasting is motivated by otherworldly ideals and is "directed toward an unconditioned end."[7]

On the surface, Geertz's distinction makes sense. You only have to watch TV for a few hours, page through a popular women's magazine, listen to a schoolgirl insist she's "too fat," or a doctor warning you to "watch what you eat" to witness the this-worldly, "secular" nature of the pursuit of thinness. Yet a closer reading of these weight-reduction discourses suggests that something more, something of vast importance, is being negotiated in this pursuit, especially among its female participants. The more one probes this "something," the more the distinction between "sacred" and "profane" behavior blurs, and the more it seems evident that for many women, weight loss is a matter of all-pervading significance, a goal whose achievement feels tantamount to salvation. Marya Hornbacher captures this feeling in her memoir of her struggle with anorexia and bulimia: "At school we were hungry and lost and scared and young and we needed religion, salvation, something to fill the anxious hollow in our chests. Many of us sought it in food and in thinness."[8]

---

4 This is how Schaefer frames the question in *Religious Affects*, p. 213.

5 Womanist scholar Monica Miller poses this question in *Religion and Hip Hop*, New York, Routledge, 2012.

6 A. Taves, *Religious Experience Reconsidered: A Building-Block Approach to the Study of Religion and Other Special Things*, Princeton (NJ), Princeton University Press, p. 123.

7 C. Geertz, "Religion as a Cultural System", in *The Interpretation of Cultures*, New York, Basic Books, 1973, p. 87-125, quotations from p. 98, 89.

8 M. Hornbacher, *Wasted: A Memoir of Anorexia and Bulimia*, New York, Harper-Flamingo, 1998, p. 118.

In her studies of symbols and rituals, Mary Douglas noted both the constitutive role of the body in the creation of religious meanings, and the permeable line distinguishing religious from nonreligious behavior.[9] Building on Douglas's insights, Catherine Bell highlighted the role of the "ritualized body" in the creation of such distinctions – the "ritualized body" is a body that's been socialized to look, feel, and act in culturally and religiously sanctioned ways. Bell suggested that the meaning of religious rituals rests not in their essential difference from ordinary behavior, but in their capacity to constitute themselves as *holier than* more mundane ways of acting by referencing both dominant social norms and "realities thought to transcend the power of human actors."[10] Bell's theory of ritual helps explain how a gesture as mundane as refusing dessert, or an activity as ordinary as walking, can become intensely meaningful insofar as these behaviors are linked to a more ultimate purpose: the salvation of thinness.

Part of what makes weight-loss rituals so compelling is the opportunity they present for women to exercise agency – to feel as though they're "in control." By deciding what, how much, or whether to eat, a woman exercises a kind of self-determination that's historically been the prerogative of men. Such decisions generate feelings of power she may not experience in the rest of her life. Looking back on her struggle with weight and eating, one woman recalls: "Food was power and control. Food was making my own decisions about what I would eat, when I would eat, how much I would eat. Food was taking control over what I looked like."[11] In addition to generating a sense of agency, slimming rituals can boost a woman's feeling of self-worth. For women, weight loss elicits the praise of others. A former anorexic explains, "The more the clothes hung, the more the compliments grew, 'What kind of diet are you on; you haven't looked this good in ages.'"[12]

That some of the primary rituals our culture proffers girls and women for cultivating a sense of agency and worth require obedience to narrowly defined body norms suggests the limits of the empowerment that dieting produces. Weight-loss practices reward women with a sense of control and self-esteem by rendering them more obedient to dominant cultural body norms.[13] Although such rituals can foster a sense of confidence and purpose, they do so by reproducing the classic scenario of patriarchal religion, in which a woman's salvation depends on her sacrifice, self-denial, and submission.

Understanding female dieting as a popular cultural ritual illuminates both its meaning-making function and the multiple levels on which the goal of thinness

---

9 M. Douglas, *Natural Symbols: Explorations in Cosmology*, New York, Pantheon, 1982 [1970]; *Purity and Danger: An Analysis of the Concept of Pollution and Taboo*, 1966; reprint, New York, Routledge, 1991.

10 C. Bell, *Ritual Theory, Ritual Practice*, New York, Oxford, 2009, p. 48-49; 83-90.

11 B. Katz,"Weighing the Cost," in L. Newman (ed.), *Eating Our Hearts Out: Personal Accounts of Women's Relationship to Food*, Freedom (CA), The Crossing Press, 1993, p. 189-193, quotation from p. 189.

12 P. Gross, "A Separation of Self," in L. Newman (ed.), *Eating Our Hearts Out*, 63-67, quotation from p. 65.

13 S. Bordo, *Unbearable Weight: Feminism, Western Culture and the Body*, Berkeley, University of California Press, 1993, p. 27.

catalyzes a sense of purpose. As part of a broader system of cultural norms, narratives, and practices, weight-loss rituals don't simply "improve" a woman's body; they incarnate a worldview, an embodied sense of self-definition, and an accessible – if precarious – method for coping with the stresses, yearnings, expectations, and uncertainties of contemporary life. A woman who dieted compulsively explained:

> After a time, the number on the scale became my totem, more important than my experience – it was layered, metaphorical, metaphysical, and it had bewitching power. I thought if I could change that number I could change my life.[14]

The meaning-giving function of weight loss is evident in another woman's description of her pursuit of thinness as "a replacement religion ... with its own set of commandments and rituals." This woman says she was so devoted to this "replacement religion," she "was practically ready to give up [her] life for it."[15]

Pro-Ana Religion and the Continuum of Faith in Thinness

Like some traditional religious adherents, some women who worship at the altar of thinness become fanatical about their faith. This is evident in an on-line subculture known as "pro-Ana." Disciples of "Ana" (short for anorexia) see anorexia and bulimia as lifestyle choices, rather than dangerous illnesses. They believe that those who risk their lives for the sake of slenderness surpass the mediocre standards of unbelievers, who lack the willpower to be supernaturally skinny. To motivate their crusade for thinness, pro-Anas look to an iconography of "thinspirational" images – internet pictures of emaciated young women displaying their protruding bones and sickly appearances – which are described as "beautiful."

Some websites explicitly describe pro-Ana as a "religion" and offer various tools to support the anorexic's devotion to thinness. These are some of the "Thin Commandments":

- If you aren't thin you aren't attractive
- Being thin is more important than being healthy
- Thou shall not eat without feeling guilty
- Thou shall not eat fattening food without punishing oneself afterwards
- You can never EVER be too thin[16]

---

14 S. Tisdale, "A Weight that Women Carry: The Compulsion to Diet in a Starved Culture," in P. Foster [ed.], *Minding the Body: Women Writers on Body and Soul*, New York, Doubleday, 1994, p. 15-31, quotation from p. 17.

15 M. Kelly, "Hunger Striking," in K. Taylor (ed.), *Going Hungry: Writers on Desire, Self-Denial, and Overcoming Anorexia*, New York, Anchor Books, 2008, p. 3-29, quotation from p. 9.

16 "Ana Lifestyle & Religion," accessed April 2, 2018, https://proanagoddess.wordpress.com/ana-lifestyle-religion-2/. Googling "Pro-Ana" yields numerous "thinspirational" images and other web pages devoted to promoting this subculture. In addition to these "primary texts" (i.e., Pro-Ana websites), my discussion of pro-Ana draws on G. Lynell, "Nurturing an Anorexia Obsession: 'Pro-Ana' Web Sites Tout the Eating Disorder as a Choice, Not an Illness, to the Horror of Experts," *Los*

In case these "Commandments" are not enough to inspire weight loss, there are also "Ana's Laws," such as:

- Thin is beauty; therefore, I must be thin, and remain thin, If I wish to be loved.
- Food is my ultimate enemy. I may look and I may smell, but I may not touch!
- I must think about food every second of every minute of every hour of every day…
- And ways to avoid eating it.
- I must weigh myself, first thing, every morning, and keep that number in mind throughout the remainder of that day. Should that number be greater than it was the day before, I must fast the entire day.[17]

There's also "Ana's Psalm," the first lines of which read: "Strict is my diet/I must nog [*sic*] want/It maketh me lie down at night hungry/It leadeth me past the confectioners/It trieth my will power…"[18]

Pro-Ana's continuity with traditional religious idioms and tropes is further evident in "Ana's Creed," which begins with the seemingly bold, but ultimately desperate, assertion: "I believe in Control, the only force mighty enough to bring order to the chaos that is my world." The "Creed" continues with a litany of declarations that blend self-loathing with self-assertion: "I believe that I am the most vile, worthless and useless person ever to have existed on this planet," and "I believe that other people who tell me differently must be idiots."[19] In case these examples are not enough to underscore the echoes of traditional religious forms of devotion in the Pro-Ana subculture, consider the first few lines of "Ana's Prayer":

> Beloved Ana,
> I come before you tonight to beg your acceptance and forgiveness for my wretchedness and to ask you to accept me with the understanding that I want to be yours wholly and entirely,
> My Ana, I need your strength when temptation comes my way, your love when my bones begin to protrude, and my heart fails at the profound emptiness I feel…[20]

However disturbing and bizarre the pro-Ana subculture may seem, it's just an extreme expression of white Western culture's veneration of thinness. Pro-Ana represents the far end of a *continuum* of troubled eating and body image in countries like the U.S., where many females who don't have eating disorders identify with the

Angeles Times (February 12, 2002); J. Barcum, "The Struggle with 'Ana,'" *Minneapolis Star Tribune* (May 1, 2005); and M. Irvine, "Worshipping 'Ana': Eating Disorders Take on a Life of Their Own for Sufferers," *Brainerd Daily Dispatch* (May 31, 2005).

17 "Ana Lifestyle & Religion," accessed April 2, 2018, https://proanagoddess.wordpress.com/ana-lifestyle-religion-2/.

18 *Ibid.*

19 "Thin for Ana," accessed April 2, 2018, http://thinforana.blogspot.com/2013/06/anas-creed.html.

20 *Ibid.*

beliefs and behaviors of those who do.[21] While only a fraction of America's female population is zealously pro-Ana, many – if not most – honestly believe they'd be happier if they lost weight. The perspectives and practices of Ana's disciples differ in *degree*, not in *kind*, from the mentality and habits of many "normal" girls and women, who regularly deprive their bodies in the hopes of finding salvation through thinness.[22]

Historical Attitudes toward Food and Appetite

How did we get to this point in history where countless women (and an increasing number of men) measure their happiness and self-worth in pounds, stones, or kilos?

To understand any religious movement – whether "cultural" or "traditional" – we need to examine the historical and social contexts in which it evolved.

Concerns about appetite have a long history in the Christian tradition,[23] whose leaders encouraged control of carnal desires as a way to cultivate holiness, while condemning excessive eating ("gluttony") as sinful. Historically, these leaders (the vast majority of whom were men) also associated women with the unruly flesh, which meant that females in particular needed to contain their urge to eat in order to be virtuous. Moreover, traditional Christian eschatology envisioned a heavenly afterlife in which physical

---

21 Studies show that as many as 80 percent of ten-year-old girls in the U.S. have dieted, and the same percentage of women in their mid-fifties say they want to be thinner. More than three-quarters of healthy-weight adult women believe they are "too fat," and nearly two-thirds of high school girls are dieting (compared to 16 percent of boys). The percentage for fourth-grade girls is based on a study conducted in the Chicago and San Francisco areas, cited in J. J. Brumberg, *Fasting Girls: The History of Anorexia Nervosa*, New York, Random House, 1988, p. 32; percentage for women in their fifties appears in L. McLaren and D. Kuh, "Body Dissatisfaction in Midlife Women," *Journal of Women and Aging* 16, 2004, p. 35-55; figures for healthy-weight adult women and high school girls are from J. Kilbourne, *Deadly Persuasion: Why Women and Girls Must Fight the Addictive Power of Advertising*, New York, The Free Press, 1999, p. 125, 134. A recent study in Holland found that 54% of Dutch women surveyed expressed fear of gaining weight (compared with 26% of men), and that while this fear peaked in their teens and twenties, it remained an abiding source of worry throughout their lifespan. "Fear of Weight Gain and Dieting Affect Many Women throughout Life," *Eating Disorders Review* Vol. 28/No. 2 (May 15, 2017) accessed May 15: http://eatingdisordersreview.com/fear-weight-gain-dieting-affect-many-women-throughout-life/.

22 Susan Bordo makes this point throughout *Unbearable Weight*, and in "The Empire of Images in Our World of Bodies", *Chronicle of Higher Education* 50, December 19, 2003, B6–B10.

23 For an extended overview of this history, see chapter 6 of my book, *Shameful Bodies*. For detailed discussions of historical attitudes toward food and appetite, see S. Hill, *Eating to Excess: The Meaning of Gluttony and the Fat Body in the Ancient World*, Westport, CT, Praeger, 2011; T. Shaw, *The Burden of the Flesh: Fasting and Sexuality in Early Christianity*, Minneapolis, Augsburg Fortress, 1998; C. W. Bynum, *Holy Feast and Holy Fast: The Religious Significance of Food for Medieval Women*, Berkeley, University of California Press, 1987; L. Fraser, "The Inner Corset: A Brief History of Fat in the United States," in Rothblum and Solovay (eds.), *The Fat Studies Reader*, New York, New York University Press, 2009, p. 11-14; C. Lee, "Reluctant Appetites: Anglo-Saxon Attitudes towards Fasting", in S. McWilliams (ed.), *Saints and Scholars: New Perspectives on Anglo-Saxon Literature and Culture in Honour of Hugh Magennis*, Cambridge, D.S. Brewer, 2012; R. M. Griffith, *Born Again Bodies: Flesh and Spirit in American Christianity*, Berkeley, University of California Press, 2004.

desires and defects would be eliminated: saved souls would be freed of the burden of their corporeal cravings, and their heavenly bodies would be anatomically "perfect."[24]

Elements of these three Christian narratives – the body's pivotal role in salvation, women's association with the sin-prone flesh, and the anticipated perfection of bodies – were recycled for centuries. In the early third century, Tertullian suggested that emaciated flesh would have an easier time getting through the narrow gates to heaven, and that only light-weight bodies could be resurrected.[25] By the fourth and fifth centuries, ascetic Christians fasted as a means for restoring their bodies to the innocence of Eden, while preparing themselves for the incorruptible perfection of the flesh they hoped to enjoy in the heavenly hereafter.[26] During the late Middle Ages, restricted eating became a popular method for cultivating holiness among pious women, like Catherine of Siena, who refused food as a means for identifying with the suffering of Christ – *and* for exercising some semblance of autonomy in a male-dominated church and society.[27]

In the modern period, fasting as a religious discipline was reinvented to include more-than-spiritual goals – especially physical health.[28] Bryan S. Turner observes that the rise of a mechanistic worldview in this era involved a "secularization of the body," whereby the body as the site of sin and salvation became the object of medical scrutiny.[29] With the rise of scientific authority, the Christian view of the soul as tethered to the flesh and dependent on God gave way to a view of the person as comprised of a machine-like body inhabited by a rational, autonomous will. Yet traditional Christian views of the flesh as disobedient, unpredictable, and in need of taming did not disappear with the rise of the modern "fantasy of personal autonomy."[30] In the narratives of modern science, Christianity's moralizing approach to appetite merged with a Cartesian view of the "self" as sovereign individual, creating a fantasy of the ideal body as not just desirable, but achievable *in this life*. Today's popular belief that "you can control your body" – a bedrock belief in the religion of thinness – is the fruit of this marriage of Christian moralizing discourses on carnal appetites and modern/Cartesian notions of the sovereign self.

Emergence and Consolidation of the Slender Ideal

In *Fat Shame*, historian Amy Erdman Farrell shows how a confluence of cultural changes made slenderness a key feature of the fantasy of self-mastery during the

24 I discuss these three traditional Christian narratives more extensively, with historical references, in chapter 2 of *Shameful Bodies*.

25 C. Less, "Reluctant Appetites", p. 170; L. Isherwood, *The Fat Jesus: Christianity and Body Image*, New York, Seabury Books, 2008, p. 47.

26 Shaw, *The Burden of the Flesh*, p. 25, 163; 174-176; 223-224.

27 Bynum, *Holy Feast and Holy Fast*.

28 B. Turner, *The Body and Society: Explorations in Social Theory*, New York, Basil Blackwell, 1984 and *Regulating Bodies: Essays in Medical Sociology*, New York, Routledge, 1992. See also Griffith, *Born Again Bodies*, p. 23-68.

29 Turner, *Body and Society*, p. 36-37.

30 Theresa Brennan refers to this as the "foundational fantasy" of Western thought in *The Transmission of Affect*, Ithaca (NY), Cornell University Press, 2004.

latter half of the nineteenth century and early decades of the twentieth century. The overlapping processes of urbanization, industrialization, and the rise of a consumer-based economy (with advertising as its central artery) made lifestyles more sedentary, food more available, and body norms more visible for all but the poorest Americans. In this context, the Protestant mandate to work hard, control desire, and delay gratification clashed with market imperatives to buy more and to gratify the senses.[31] A growing disdain for fat flesh/preference for thinness coalesced at the junction of these competing values.

Erdman Farrell's work also illuminates how dominant views on race, evolution, and civilization in the late nineteenth century contributed to the fat-phobic culture we inhabit today. Based on taxonomies that positioned lean, able-bodied, elite males of northern European descent at the apex of human evolution, men of science identified corpulence as a common physical feature of "primitive" people – a trait that exposed their "uncivilized" lack of controlled eating and proved their inferiority.[32] In the U.S., race, gender, cultural, religious, economic, and body size hierarchies intersected as the slender physique became associated with bourgeois, Anglo-Saxon, Protestant privilege, and the plump form was identified with poor, working-class, and/or ethnic immigrants (especially Jewish and Catholic women) from eastern and southern Europe or from Ireland. As historian Hillel Schwartz points out, the same slender form that had been associated with sickness, poverty, and ethnic "otherness" for much of the nineteenth century, came to symbolize health, as well as economic, racial, and cultural/religious privilege by the end of World War I.[33]

Throughout the twentieth century, the same web of superiority complexes that generated the white-Western, Protestant preference for thinness fueled the demonization of fat flesh, which became associated with a broader range of moral evils (beyond gluttony), such as laziness, greed, ugliness, stupidity, criminality, animality.[34] During this time, a variety of mainstream ideologies and institutions converged to strengthen the link between slenderness and social privilege, while promoting weight-loss as the key to happiness, health, and beauty, and creating the impression that thinness is a natural, universal, God-given ideal.

---

31 A. Erdman Farrell, *Fat Shame: Stigma and the Fat Body in American Culture*, New York, New York University Press, 2011. Erdman Farrell's account builds on previous work on the history of dieting, especially H. Schwartz, *Never Satisfied: A Cultural History of Diets, Fantasies, and Fat*, New York, Free Press, 1986, and P. Stearns, *Fat History: Bodies and Beauty in the Modern West*, New York, New York University Press, 1997, whose arguments she summarizes on p. 44.

32 *Ibid.*, p. 59-81, especially p. 62-63, 68-72.

33 H. Schwartz, *Never Satisfied*, p. 142-143. On the "Americanization" of ethnic minority and working-class cultures through monitoring body size and eating habits, see Schwartz, *Never Satisfied*, p. 248-249; R. Pollack Seid, *Never Too Thin: Why Women Are at War with Their Bodies*, New York, Prentice Hall, 1989, p. 91, 226; and H. Levenstein, *Revolution at the Table: The Transformation of the American Diet*, New York, Oxford University Press, 1988, p. 104. Griffith describes the form of Christianity that most influenced Americans' pursuit of physical perfectibility as "white, middle-class Protestantism," noting that many of the "somatic disciplines and devotions" that characterize this pursuit "draw their source and momentum from specific Protestant patterns." *Born Again Bodies*, p. 4, 8-9.

34 E. Farrell, *Fat Shame*, p. 4.

The Iconography of Flawless Female Bodies

Starting in the late 1960s, images supporting this theology of thinness featured ultra-skinny models, who made their average-sized predecessors look pudgy. Like the images of saints to which historical Christians looked for inspiration, commercial icons of femininity function as role models in the eyes of millions of young women, who are socialized to cultivate virtue through beauty. But unlike our historical foresisters, who looked to images of exemplary holy women with the *conscious intention* of imitating their admirable qualities, most females today view idealized pictures of models and movie stars as *entertainment*, unaware of the lessons these photoshopped prototypes quietly inculcate.[35]

Part of what makes media images so effective as tools of indoctrination is the potent combination of their homogeny (model women are *uniformly* trim) and their ubiquity (pictures of this narrow ideal are *everywhere*). But the images' power to attract our attention and admiration also stems from visual cues and conventions that associate thinness with social privilege. Idealized slender bodies are young, able-bodied, and affluent-looking – e.g., wearing expensive clothing, enjoying a beach front vacation. Have you ever noticed that in economically *impoverished* bodies, hunger is seen as pitiful, if not shameful, while in economically *privileged* bodies, hunger is seen as glamorous, if not virtuous? In commercial iconography, these slender/privileged bodies are disproportionately white, cis-gender, and they quietly sanction heteronormativity. Those with darker skin often have Caucasian-looking features (thin lips and nose), suggesting the need to assimilate to an Anglo-Saxon norm, and/or they are sexualized in ways that reinforce racist stereotypes of black or brown women as more animalistic and exotic.[36] Implicitly, today's media fantasies of white femininity continue the colonial legacy of the "White Lady," whose Victorian image promoted the supposed superiority of racially-economically-religiously-culturally privileged women.[37] This legacy continued well beyond the colonial era. For example, black women were not allowed to participate in the Miss America Pageant until the early 1960s![38]

Through their homogeny and omnipresence, commercial images of slender bodies establish a *universal* standard for female body size – though this norm represents a very *specific* ideal. Thanks to the media's missionizing role, this White-Western fantasy now colonizes the imaginations of women in cultures that have traditionally

---

35 M. Miles, *Image as Insight: Visual Understanding in Western Christianity and Secular Culture*, New York, Wipf & Stock Publishers, 2006 [reprint edition], p. 7-9, 128.

36 bell hooks, *Black Looks: Race and Representation*, Boston, South End, 1992, p. 63-72, 21; D. Williams, "A Womanist Perspective on Sin", in E. Townes (ed.), *A Troubling in My Soul: Womanist Perspectives on Evil and Suffering*, Maryknoll (NY), Orbis, 1993, p. 143.

37 E. Schüssler Fiorenza, *Wisdom Ways: Introducing Feminist Biblical Interpretation*, Maryknoll (NY), Orbis, 2001, p. 26, 108; K. Pui-lan, "Unbinding Our Feet: Saving Brown Women and Feminist Religious Discourse," in L. Donaldson and K. Pui-lan (eds), *Postcolonialism, Feminist, and Religious Discourse*, New York, Routledge, 2002, p. 63.

38 C. Townsend Gilkes, "The 'Loves' and 'Troubles' of African-American Women's Bodies: A Womanist Challenge to Cultural Humiliation and Community Ambivalence" in Townes (ed.), *A Troubling in My Soul*, p. 241.

affirmed a diversity of body types. A well-known study of this colonial dynamic was conducted in Fiji, where, prior to the introduction of Western TV in 1995, there were no signs of body dissatisfaction among females, and fat women were deemed attractive. Just three years after U.S. and British programs started broadcasting there, more than two-thirds of Fijian girls surveyed said they had tried to lose weight, and three-quarters reported feeling "too fat."[39] Promoted through popular pictures that link slenderness to various forms of social privilege, the religion of thinness has become a neocolonial vehicle for spreading white-Western "civilizing" values.[40]

The Morality of the Religion of Thinness: Creating a *Good* Body

Both the rituals and images of the religion of thinness draw support from the moral codes this faith engenders and enforces. According to these rules, food is not primarily a nourishing and pleasurable source of life energy. Food is *temptation*. Consequently, abstaining from eating produces feelings of virtue. Consuming "too much" generates feelings of shame – and, for some, the need for penance, e.g., "atoning" for the "sin" of overindulging by starving the body or purging it with laxatives, vomiting, or excessive exercise. Though damaging to your health, these sacrificial rituals may be deemed necessary for the sake of a *good* body.

The phrase, *good body*, points to the *moral* underpinnings of women's devotion to thinness. These underpinnings are most obvious in Christian-based dieting. Comprised primarily of evangelical weight-loss programs, books, and products, this multi-billion dollar crusade promises to help the faithful transfigure their flesh to the one-and-only size God allegedly intended it to be: skinny. Titles like *Help Lord! The Devil Wants Me Fat!*, *More of Jesus, Less of Me*, and (more recently) *The Jesus Diet* preach that eating is the devil's playground, and that being fat manifests an idolatrous relationship with food.[41] Some evangelical weight-loss gurus emphasize the importance for Christian women in particular to be thin, since female attractiveness is good publicity for God. Founder of the popular Weigh-Down Workshop, Gwen Shamblin, says a lithe, delicate form proves that a woman has submitted herself to the Lord by overcoming the urge to overeat.[42]

The same moralizing theology that supports Christian dieting underwrites secular weight-loss rhetoric, rituals, and industries. Recognizably religious language is common in commercials that associate low-fat or low-calorie foods with purity (e.g., a low-fat

---

39 A. BECKER, *et al.*, "Eating Behaviors and Attitudes Following Prolonged Exposure to Television among Ethnic Fijian and Adolescent Girls," *British Journal of Psychiatry* 180, 2002, p. 509-514.

40 I discuss the neocolonial dynamics of the religion of thinness in depth in "Spreading the Religion of Thinness from California to Calcutta: A Postcolonial Feminist Analysis," *The Journal of Feminist Studies in Religion* 25, 1, April 2009, p. 19-42.

41 My discussion of evangelical dieting draws heavily on Marie Griffith's analysis in *Born Again Bodies*, 160-250. See also L. GERBER, *Seeking the Straight and Narrow: Weight Loss and Sexual Reorientation in Evangelical America*, Chicago, University of Chicago, 2011.

42 L. ISHERWOOD, *The Fat Jesus*, p. 77; GRIFFITH, *Born Again Bodies*, p. 180, 212-214, 222.

dessert is described as "sinfully delicious," fat-free cream cheese is described as "heavenly," etc.). According to Emily Contois, weight-loss regimens as secular-seeming as the Atkins Diet and the South Beach Diet are rife with Protestant ideas and idioms. The books promoting these low-carb salvation plans use guilt, confession, and conversion tactics to motivate sacrifice and conviction in the minds and bodies of believers in thinness.[43] In the U.S., a popular example of the "born-again" storyline of weight-loss redemption is the "reality" TV show, *The Biggest Loser,* on which fat contestants compete to win cash prizes and, of course, the blessings of thinness. Unfortunately, behind-the-scenes research reveals that some *Biggest Loser* contestants jeopardize their health in their effort to reduce (e.g., starving and/or dehydrating their bodies and exercising excessively), and many regain much of the weight they sacrificed their health to lose.[44]

Notice that the moral imperative for every*body* to be thin ignores people's uneven access to the resources that creating a "good" body requires. In the U.S., fresh fruits and vegetables are more expensive to produce and purchase than processed products. The same U.S. government that has declared war on obesity (a point I'll get to shortly), subsidizes earth-destroying/industrial agricultural practices used to produce food that is fast, cheap, and high in calories. Meanwhile, neither the time nor tools through which bourgeois bodies are tightened and distinguished (e.g., home work-out equipment, gym memberships, weight-loss spas) are affordable to low-income people. Even exercise that seems to be free (e.g., walking or jogging) is a limited option for those living in neighborhoods where even a stroll around the block can be unsafe.[45] The religion of thinness fosters complicity with these injustices. By encouraging us to devote our moral energy to the project of slimming, this secular faith sanctions a social/symbolic system that privileges some bodies at the expense of others.

The Economic Underpinnings of the Quest to Reduce

The same moral rules and sensibilities that cast food as temptation have enabled entrepreneurs to capitalize on our anxious yearnings to achieve a "good" body. Despite signs that the profit margins of America's weight-loss industries have been mildly contracting,[46] the $66-billion-a-year business remains robust, feeding on

---

43 E. Contois, "Guilt-Free and Sinfully Delicious: A Contemporary Theology of Weight Loss Dieting," in *Fat Studies: An Interdisciplinary Journal of Body Weight and Society,* Special Issue edited by L. Gerber, S. Hill, and L. Manigault-Bryant 4, 2015, p. 112-125.

44 E. Wyatt, "On '*The Biggest Loser*,' Health Can Take Back Seat," *New York Times,* November 24, 2009, accessed October 25, 2015, http://www.nytimes.com/ 2009/ 11/ 25/ business/ media/ 25loser.html?_r= 0; S. J. Evans, "'We Are All Fat Again!' Former Biggest Loser Contestants Admit 'Almost All of Them' Have Regained Their Weight," *Dailymail.com,* January 26, 2015, accessed October 29, 2015, http://www.dailymail.co.uk/femail/article-2927207/We-fat-Former-Biggest-Loser-contestants-admit-controversial-regained-weight-endure-lasting-health-issues.html.

45 Rosemary Bray makes these points in "Heavy Burden," *Essence,* October 1989, p. 53-54.

46 John Kell notes the recent slowdown in the diet industry's profits in "Lean Times for the Diet Industry," *Fortune,* May 22, 2015, accessed March 22, 2016, http://fortune.com/2015/05/22/lean-times-for-the-diet-industry/.

the dysfunctional eating habits a profit-driven food system encourages. On the one hand, marketers urge us to indulge our appetites and satisfy our cravings. In the U.S., sales for highly processed edible products – i.e., foods loaded with the sugar-fat-salt combination that pushes your evolutionary buttons and makes you want to eat more – have drastically increased in recent decades, contributing to Americans' growing girth.[47] On the other hand, health officials advise us to restrict caloric intake and avoid fast, convenient, junky foods. Diet industries cash in on this instruction by selling us more processed products and programs that promise to help us repent and reduce.[48]

Sometimes these schizoid messages – *indulge* and *refrain* – appear side-by-side. For example, the February 2016 cover of *Woman's World* promises to help you "LOSE 46 LBS *in 3 weeks!*" by sharing a "secret ingredient that CURES SUGAR CRAVINGS!" – even as it features yummy-looking, sugar-filled cookies and brownies next to the slender young white woman, smiling at the camera as she stands on the scale. However contradictory they seem, the requirement to shed pounds and the encouragement to enjoy cookies are deeply connected: both are rooted in the bulimic-like imperatives of consumer capitalism.[49]

Despite the "help" we receive from weight-loss companies, many people's bodies refuse to cooperate with the dominant cultural mandate for thinness. "I've tried everything" is a recurring theme in the anguished testimonials of countless unsuccessful dieters. Studies indicate that most people who shed pounds dieting regain what they lost within four-to-five years, leading some scientists to suggest that the phrase "permanent weight loss" is oxymoronic.[50] Of course, the failure of commercial slimming products and programs to help full-figured consumers stay permanently thin is crucial to the success of the dieting business. Though weight-loss companies' *rhetoric* supports salvation through thinness, in *reality*, fulfilling their promises would devastate their bottom line.

America's "War on Obesity"

This same bottom line got a hefty boost when, around the turn of the century, U.S. government officials declared war on obesity. This campaign enlisted mainstream medicine to foster a sense of urgency in the crusade to conquer soft, adipose tissue.

47 D. Kessler, *The End of Overeating: Taking Control of the Insatiable American Appetite*, New York, Rodale, 2009.

48 In its most recent bi-annual report on the revenues of weight-loss industries, entitled "The U.S. Weight Loss & Diet Control Market, 14th Edition," Marketdata Enterprises, Inc. reports that the U.S. weight loss market is worth about $66 billion. See *Cision*, "U.S. Weight Loss Market Worth $66 Billion," MarketResearch.com, December 20, 2017, accessed April 2, 2018, https://www.prnewswire.com/news-releases/us-weight-loss-market-worth-66-billion-300573968.html.

49 S. Orbach, *Bodies*, New York, Picador, 2009, p. 126.

50 G. Gaesser, "Is 'Permanent Weight Loss' an Oxymoron? The Statistics on Weight Loss and the National Weight Control Registry," in Rothblum and Solovay (eds.), *The Fat Studies Reader*, p. 37-39.

The popular news media supported this mission, rallying public support for the battle with thousands of stories warning Americans of the dangers of the "obesity epidemic."[51] In the wake of 9/11, when public anxiety was at an all-time high, the war's leaders galvanized citizens to get back in control by getting fit. Just months after the 9/11 terrorist attacks, U.S. government officials urged every American to lose ten pounds "as a patriotic gesture." In the years that followed, government officials likened childhood "obesity" to the perils posed by "weapons of mass destruction" and the "terrorist threat."[52]

However hyperbolic, this comparison reveals the war's basic premise: the belief that fat is a killer – that being "obese," or even "overweight," will ruin your health. This belief is so basic to the religion of thinness, that questioning it is tantamount to heresy. Yet a growing corpus of peer-reviewed research supports a more nuanced, unorthodox view. In *Body Respect,* nutrition researchers Linda Bacon and Lucy Aphramor discuss this evidence, including studies indicating that "overweight" people do not die sooner than their average-size peers, that shedding pounds does not prolong life, that fat individuals do not necessarily consume more calories than their slender peers, and that *fitness* is more important than *body size* in determining health and longevity. This research demonstrates that weight is not the best barometer of health, and that while heavier weights are clearly *associated* with increased risk for some diseases (e.g., diabetes), being fat does not *cause* diseases.[53]

Despite scientific evidence that calls for more complicated understandings of the relationship between weight and wellness, the war's leaders and their propaganda insist that health = thinness. Public health officials promote this "truth" by advocating faith in the Body Mass Index (BMI) as a reliable measure of health. BMI is calculated using a weight-to-height ratio. Scores are correlated with physical wellbeing: e.g., a "normal" BMI is considered "healthy." This formula seems straightforward. But the BMI disregards variances in somatic composition (muscle, bone, fat), which explains why successful athletes are sometimes diagnosed as "overweight."[54] The BMI also ignores racial, ethnic, gender, metabolic, and hereditary diversity, as well as other environmental factors (such as economic or education levels) that even the government admits have a bigger impact on health than personal lifestyle choices.[55] Though many health-care professionals treat the BMI as dogma, its calculations and classifications are neither infallible, nor timeless, nor objective. For example,

---

51 E. Oliver, *Fat Politics: The Real Story Behind America's Obesity Epidemic,* New York, Oxford University Press, 2006, p. 37.

52 C. Biltekoff, in "The Terror Within: Obesity in Post 9/11 U.S. Life," *American Studies,* 48, 3, Fall 2007, p. 29, 34; S. Greenhalgh, *Fat-Talk Nation: The Human Costs of America's War on Fat,* Ithaca (NY), Cornell University Press, 2015, p. 8; L. Bacon and L. Aphramor, *Body Respect: What Conventional Health Books Get Wrong, Leave Out, and Just Plain Fail to Understand about Weight,* Dallas, BenBella Books, 2014, p. 11; L. Bacon, *Health at Every Size: The Surprising Truth about Your Weight,* Dallas, Benbella Books, 2010 [2008], p. xxiii.

53 Bacon and Aphramor, *Body Respect,* p. 12-26; Bacon, *Health at Every Size,* p. 68, 124, 129-130, 137-140; Wann, *Fat! So?* p. 41, 52.

54 Greenhalgh, *Fat-Talk Nation,* p. 125-126, 282-284.

55 Bacon and Aphramor, *Body Respect,* p. 22-23.

seven of the nine scientists who decided in 1998 to lower the BMI cutoff for defining "overweight" and "obese" – a decision that overnight re-categorized millions of people as fat and presumably unhealthy – (7 of the 9) had financial ties to the diet industry.[56]

The power of BMI numbers and categories to distort self-perception is exemplified in the story of a young woman, who recalled how at age 12, a school nurse informed her that her BMI was too high, and that she needed to lose weight. Though she was a strong athlete at the time, she said: "I basically believed that BMI was the word of God." For years, her above-average score remained a source of shame, anxiety, and self-loathing.[57] Another female athlete remembers the dread she felt when a doctor warned her that, at age 5, she was "nearing the 'red zone'" on the BMI chart. She didn't understand the science of counting and burning calories at that age, she says. "I only understood the concept that food made you fat."[58]

In *Fat-Talk Nation*, medical anthropologist Susan Greenhalgh explores the unseen costs of America's "war on obesity" by asking: "How do heavy people feel being the object of such visceral hatred, verbal abuse, and outright discrimination?" To investigate this question, Greenhalgh had her college students write "auto-ethnographies" in which they reflect on the ways food and weight issues have affected their lives.[59] Their stories reveal the damage the anti-fat crusade inflicts in heart-breaking detail. Fat students of various colors, classes, and cultural backgrounds tell of parents warning them that they'll never find love, success, or happiness unless they trim down.[60] They recount incidents of vicious bullying at school, and seek refuge from such cruelty by socially withdrawing – a strategy that often results in anxiety and/or depression. Students of all sizes report agonizing daily over food and body image; many resort to dangerous weight-reducing methods in their desperation to be thinner (e.g., drugs, starvation, compulsive exercising, vomiting, smoking). One heavy-set young woman's remarks epitomize the sense of shame that pervades fat students' narratives: "It was hard for me to communicate effectively with boys or prettier girls, since I felt I was too ugly to speak to them… Overall, I felt that I was inferior to everyone and that I would disgust people because I was fat."[61]

While critics of America's "war on obesity" have insightfully exposed its financial underpinnings,[62] this woman's comments point to its spiritual costs, including self-hatred. Her use of the term "disgust" also exposes the *moral* overtones and functions of the anti-fat crusade: how it identifies a common enemy and thereby

---

56 L. Bacon, *Health at Every Size*, p. 151.

57 A. Marie, Quoted in Greenhalgh, *Fat-Talk Nation*, p. 116.

58 Alexis, Quoted in *Ibid.*, p. 113-114.

59 Greenhalgh, *Fat-Talk Nation*, p. 289.

60 *Ibid.*, p. 79.

61 *Ibid.*, p. 109, 102, 174, 241.

62 Oliver, *Fat Politics*; K. LeBesco, *Revolting Bodies: The Struggle to Redefine Fat Identity*, Amherst, University of Massachusetts Press, 2004; P. Campos, *The Obesity Myth: Why America's Obsession with Weight Is Hazardous to Your Health*, New York, Gotham Books, 2004; G. A Gaesser, *Big Fat Lies: The Truth About Your Weight and Your Health*, Carlsbad (CA), Gurze, 2002; M. Gard and J. Wright, *The Obesity Epidemic: Science, Morality and Ideology*, London and New York, Routledge, 2005.

creates a shared sense of purpose, and how it gives ordinary citizens a way to feel in control, to belong, to be good. Ultimately, the "war on obesity" is the flip side of the religion of thinness. Both deploy beliefs, images, rituals, and moral codes to support the pursuit of salvation through food deprivation. Both promote a one-size-fits-all mentality and mission that make happiness, health, beauty, and success contingent on being skinny. Both tap our existential needs for a sense of purpose, agency, and belonging even though they shortchange those needs and exacerbate the insecurities and shame they promise to cure.

Conclusion

In their book, *Love the Sin*, Ann Pelligrini and Janet Jakobsen discuss "the 'afterlife' of religion in modernity," suggesting that Christianity, and Protestantism in particular, continues to inhabit secular laws in the form of morality: "moral proclamations can be a means of invoking religion without directly naming it."[63] Although their analysis focuses on formal laws regulating marriage, I think Pelligrini and Jakobsen's insight applies to *informal laws* as well, including popular body norms that require women to control their appetites. Beneath the veneer of commercial culture, under the guise of secular health and beauty discourses, embedded in self-help promises of happiness through thinness, certain Christian attitudes toward the body and its appetites are alive and well. Recycled through a modern view of the self as a sovereign individual, these attitudes perpetuate a cultural narrative in which depriving the body is essential for the soul's salvation. This narrative influences how many of us feel about our own bodies – and how we relate to food and to the flesh of others – *whether or not we are religious.*

By exposing the line between "culture" and "religion" to be fluid rather than fixed, my analysis implies that there is no essential "religious" substance and that religious truths do not come from on high. Rather, such truths are *produced from below* through the somatic-psychic-social processes whereby humans generate an embodied sense of what's most important. Precisely this insight equips us to recognize that some "ultimate purposes" are simply too thin to be worthy of our devotion.

A final thought: if, as my analysis suggests, religion is rooted in bodies, and if it is the case that bodies are sourced by food, then on some level it must also be true that *food* – that edible, energizing, pleasure-giving substance – is the source of religion. In other words, religion itself originates in food. What a fascinating thought! – especially if you are, like Alecia Machado, "somebody who likes to eat."

---

63 A. PELLEGRINI and J. JAKOBSEN, *Love the Sin: Religious Regulation and the Limits of Religious Tolerance*, Boston, Beacon Press, 2004, p. 21.

Bibliography

"Ana Lifestyle & Religion," accessed April 2, 2018, https://proanagoddess.wordpress.com/ana-lifestyle-religion-2/.

Bacon L., *Health at Every Size: The Surprising Truth about Your Weight,* Dallas, Benbella Books, 2010, 2008).

Bacon L., and Aphramor L., *Body Respect: What Conventional Health Books Get Wrong, Leave Out, and Just Plain Fail to Understand about Weight,* Dallas, BenBella Books, 2014.

Barbaro M., and Twohey M., "Shamed and Angry: Alicia Machado, a Miss Universe Mocked by Donald Trump" *The New York Times,* Sept, 27, 2016) accessed May 17, 2017 at https://www.nytimes.com/2016/09/28/us/politics/alicia-machado-donald-trump.html?_r = 0.

Becker A. et al, "Eating Behaviors and Attitudes Following Prolonged Exposure to Television among Ethnic Fijian and Adolescent Girls." *British Journal of Psychiatry* 180, 2002, p. 509-514.

Bell C., *Ritual Theory, Ritual Practice,* New York, Oxford, 2009.

Biltekoff C., "The Terror Within: Obesity in Post 9/11 U.S, Life." *American Studies* 48 no 3, Fall 2007, p. 29-48

Bordo S., *Unbearable Weight: Feminism, Western Culture, and the Body,* Berkeley, University of California Press, 1993.

———, "The Empire of Images in Our World of Bodies." *Chronicle of Higher Education* 50, December 19, 2003, p. B6–B10.

Bray R., "Heavy Burden." *Essence,* October 1989, p. 53-54

Brennan T., *The Transmission of Affect,* Ithaca (NY), Cornell University Press, 2004.

Brown P., *The Body and Society: Men, Women, and Sexual Renunciation in Early Christianity,* New York, Columbia University Press, 1988.

Brumberg J. J., *Fasting Girls: The History of Anorexia Nervosa,* New York, Plume Books, 1988.

Bynum Walker C., *Holy Feast and Holy Fast: The Religious Significance of Food for Medieval Women,* Berkeley, University of California Press, 1987.

Campos P., *The Obesity Myth: Why America's Obsession with Weight Is Hazardous to Your Health,* New York, Gotham Books, 2004.

Contois E., "Guilt-Free and Sinfully Delicious: A Contemporary Theology of Weight Loss Dieting." in Lynn Gerber, Susan Hill, and LeRhonda Manigault-Bryant, guest editors of *Fat Studies: An interdisciplinary Journal of Body Weight and Society* 4, 2015, p. 112-125.

Douglas M., *Purity and Danger: An Analysis of Concepts of Pollution and Taboo,* New York, Routledge, 1992, 1966.

———, *Natural Symbols: Explorations in Cosmology,* New York, Routledge, 2003, 1970.

Eating Disorders Review, "Fear of Weight Gain and Dieting Affect Many Women throughout

Life." 28 no, 2, May 15, 2017) accessed May 15:http://eatingdisordersreview.com/fear-weight-gain-dieting-affect-many-women-throughout-life/

Erdman F. A., *Fat Shame: Stigma and the Fat Body in American Culture*, New York, New York University Press, 2011.

Evans S. J., "'We Are All Fat Again!' Former Biggest Loser Contestants Admit 'Almost All of Them' Have Regained Their Weight." *Dailymail.com*, January 26, 2015, accessed October 29, 2015, http://www.dailymail.co.uk/femail/article-2927207/We-fat-Former-Biggest-Loser-contestants-admit-controversial-regained-weight-endure-lasting-health-issues.html

Fraser L., "The inner Corset: A Brief History of Fat in the United States." in Rothblum and Solovay (eds.), *The Fat Studies Reader*, New York, New York University Press, 2009, p. 11-14.

Gaesser G. A, *Big Fat Lies: The Truth About Your Weight and Your Health*, Carlsbad (CA), Gurze, 2002.

———, "Is 'Permanent Weight Loss' an Oxymoron? The Statistics on Weight Loss and the National Weight Control Registry." in Rothblum and Solovay (eds.), *The Fat Studies Reader*, New York, New York University Press, 2009, p. 37-41.

Gard M., and Wright J., *The Obesity Epidemic: Science, Morality and Ideology*, London and New York, Routledge, 2005.

Geertz. C., *The interpretation of Cultures*, New York: Basic Books, 1973.

Gerber L., *Seeking the Straight and Narrow: Weight Loss and Sexual Reorientation in Evangelical America*, Chicago, University of Chicago, 2011.

Gilkes C. T., "The 'Loves' and 'Troubles' of African American Women's Bodies: A Womanist Challenge to Cultural Humiliation and Community Ambivalence" in Emilie Townes (ed.), *A Troubling in My Soul: Womanist Perspectives on Evil and Suffering*, Maryknoll (NY), Orbis Books, 1995, p. 323-349.

Graves L., "Alecia Machado, Miss Universe Weight-Shamed by Trump, Speaks Out for Clinton." *The Guardian*, Sept, 28, 2016, accessed May 17, 2017 at https://www.theguardian.com/us-news/2016/sep/27/alicia-machado-miss-universe-weight-shame-trump-speaks-out-clinton

Greenhalgh S., *Fat-Talk Nation: The Human Costs of America's War on Fat*, Ithaca, Cornell University Press, 2015.

Griffith, R. M., *Born Again Bodies: Flesh and Spirit in American Christianity*, Berkeley, University of California, 2004.

Gross P., "A Separation of Self", in Leslie Newman (ed.), *Eating Our Hearts Out: Personal Accounts of Women's Relationship to Food*, Freedom (CA), The Crossing Press, 1993. p. 63-67.

Hill S. E., *Eating to Excess: The Meaning of Gluttony and the Fat Body in the Ancient World*, Santa Barbara (CA), Praeger, 2011.

hooks B., *Black Looks: Race and Representation*, Boston, South End, 1992.

Hornbacher M., *Wasted: A Memoir of Anorexia and Bulimia*, New York, Harper-Flamingo, 1998.

Isherwood L., *The Fat Jesus: Christianity and Body Image*, New York, Seabury Books, 2008.

Katz B., "Weighing the Cost", in Leslie Newman(ed.) *Eating Our Hearts Out: Personal Accounts of Women's Relationship to Food*, Freedom (CA), The Crossing Press, 1993, p. 189-193.

Kell J., "Lean Times for the Diet industry", *Fortune*, May 22, 2015, accessed March 22, 2016, http://fortune.com/2015/05/22/lean-times-for-the-diet-industry/.
Kelly M., "Hunger Striking", in Kate Taylor(ed.) *Going Hungry: Writers on Desire, Self-Denial, and Overcoming Anorexia*, New York, Anchor Books, 2008, p. 3-29.
Kessler D., *The End of Overeating: Taking Control of the insatiable American Appetite*, New York, Rodale, 2009.
Kilbourne J., *Deadly Persuasion: Why Women and Girls Must Fight the Addictive Power of Advertising*, New York, The Free Press, 1999.
Kwok P.-l., "Unbinding Our Feet: Saving Brown Women and Feminist Religious Discourse", in Laura Donaldson and Kwok Pui-lan (eds.), *Postcolonialism, Feminist, and Religious Discourse*, New York, Routledge, 2002, p. 62-81.
LeBesco K., *Revolting Bodies: The Struggle to Redefine Fat Identity*, Amherst, University of Massachusetts Press, 2004.
Lee C., "Reluctant Appetites: Anglo-Saxon Attitudes towards Fasting" in Stuart McWilliams (ed.), *Saints and Scholars: New Perspectives on Anglo-Saxon Literature and Culture in Honour of Hugh Magennis*, Cambridge (DS), Brewer, 2012, p. 164-186.
Lelwica M., *Shameful Bodies: Religion and the Culture of Physical Improvement*, London, Bloomsbury Academic Press, 2017.
———, *The Religion of Thinness: Satisfying the Spiritual Hungers behind Women's Obsession with Food and Weight*, Carlsbad (CA), Gurze, 2009.
———, "Spreading the Religion of Thinness from California to Calcutta: A Postcolonial Feminist Analysis." in *The Journal of Feminist Studies in Religion* 25 no, 1, April 2009, p. 19-42.
———, *Starving for Salvation: The Spiritual Dimensions of Eating Problems among American Girls and Women*, New York, Oxford University Press, 1999.
Levenstein H., *Revolution at the Table: The Transformation of the American Diet*, New York, Oxford University Press, 1988.
Lynell G., "Nurturing an Anorexia Obsession: 'Pro-Ana' Web Sites Tout the Eating Disorder as a Choice, Not an Illness, to the Horror of Experts," *Los Angeles Times*, February 12, 2002.
McLaren L. and Kuh D., "Body Dissatisfaction in Midlife Women." in *Journal of Women and Aging* 16, 2004, p. 35-55.
Miles M., *Image as insight: Visual Understanding in Western Christianity and Secular Culture*, New York, Wipf & Stock Publishers, 2006, reprint edition.
Miller M., *Religion and Hip Hop*, New York, Routledge, 2012.
Moss C. R, "Heavenly Healing: Eschatological Cleansing and the Resurrection of the Dead in the Early Church" in *Journal of the American Academy of Religion* 79 no, 4, December 2011, p. 991-1017.
Oliver E., *Fat Politics: The Real Story Behind America's Obesity Epidemic*, New York, Oxford University Press, 2006.
Orbach S., *Bodies*, New York, Picador, 2009.
Pellegrini A. and Jakobsen J., *Love the Sin: Religious Regulation and the Limits of Religious Tolerance*, Boston, Beacon Press, 2004.

Schaefer D., *Religious Affects: Animality, Evolution, and Power,* Durham (NC), Duke University Press, 2015.

Schüssler F., Elisabeth, *Wisdom Ways: Introducing Feminist Biblical Interpretation* Maryknoll (NY), Orbis, 2001.

Schwartz H., *Never Satisfied: A Cultural History of Diets, Fantasies and Fat,* New York, Free Press, 1986,

Seid R. P., *Never Too Thin: Why Women Are at War with Their Bodies,* New York, Prentice Hall, 1989.

Shaw T. M, *The Burden of the Flesh: Fasting and Sexuality in Early Christianity,* Minneapolis, Fortress, 1998.

Stearns, P., *Fat History: Bodies and Beauty in the Modern West,* New York, New York University Press, 1997.

Taves A., *Religious Experience Reconsidered: A Building-Block Approach to the Study of Religion and Other Special Things,* Princeton (NJ), Princeton University Press, 2011.

Turner B., *Regulating Bodies: Essays in Medical Sociology,* New York, Routledge, 1992.

———, *The Body and Society: Explorations in Social Theory,* New York, Basil Blackwell, 1984.

Tisdale S., "A Weight that Women Carry: The Compulsion to Diet in a Starved Culture", in Patricia Foster (ed.) *Minding the Body: Women Writers on Body and Soul,* New York, Doubleday, 1994, p. 15-32.

Williams D., "A Womanist Perspective on Sin." P. 130-149 in Emilie Townes (ed.), *A Troubling in My Soul: Womanist Perspectives on Evil and Suffering,* Maryknoll (NY), Orbis, 1993.

Wyatt E., "On '*The Biggest Loser,*' Health Can Take Back Seat," *New York Times,* November 24, 2009, accessed April 2, 2018, https://www.nytimes.com/2009/11/25/business/media/25loser.html.

Que peut-on manger?

MARIE-CLAUDE MAHIAS

Le végétarisme des Jains

De l'ascétisme à un art de vivre

Les Jains (environ 5 millions de personnes en Inde) sont dans leur quasi-totalité des citadins, qui se rencontrent dans le commerce, l'industrie, les professions libérales et intellectuelles, la fonction publique ; toutes professions lucratives qui leur assurent un pouvoir économique certain et un niveau de vie confortable. C'est dire aussi qu'ils vivent pleinement dans le monde moderne globalisé. Ils mangent fort bien, deux ou trois repas par jour, des produits chers (fruits frais et secs), nourrissants (laitages, légumineuses), et sont tous plutôt replets. De nos jours, c'est plus la crainte du diabète que les principes religieux qui les conduit à réduire les fritures, le beurre ou les sucreries dans leur alimentation.

Ils sont caractérisés, dans le regard de leurs concitoyens, par l'association entre des activités professionnelles, une alimentation strictement végétarienne et un comportement très sourcilleux en matière de nourriture. D'emblée, est établie une relation entre religion, activités économiques et code alimentaire. Cela est relativement commun en Inde. Ce qui l'est moins est de mettre en exergue le végétarisme, alors qu'il est reconnu comme la forme supérieure d'alimentation par tous les hindous.

Les Jains en Inde[1]

Les Jains sont les fidèles d'une religion qui s'est constituée à partir du VIe siècle avant notre ère, à la même époque et dans la même région que le bouddhisme. Pour saisir la rupture qu'elle impliquait, il faut évoquer le contexte religieux dans lequel elle s'est développée.

L'Inde dite « védique » en référence à ses textes fondateurs, les Veda, avait élaboré une religion polythéiste, centrée sur les sacrifices animaux. Dans le brahmanisme ancien, le sacrifice tisse les liens entre le monde visible et invisible, garantit la mise

1 Au XIXe siècle, dans un contexte de questionnements et de reformulations identitaires en réaction aux recensements et au revivalisme hindouiste de l'Ārya samāj, un mouvement de réforme les conduisit à s'affirmer comme groupe religieux distinct. Un certain nombre de castes des États du Nord changèrent alors de patronyme, substituant Jain à leur nom de caste ou de clan.

Marie-Claude Mahias • CNRS, Paris

Religions et alimentation, éd. par Rémi GOUNELLE, Anne-Laure ZWILLING et Yves LEHMANN, Turnhout : Brepols, 2020 (Homo Religiosus, 20), p. 71-89
BREPOLS PUBLISHERS 10.1484/M.HR-EB.5.117407

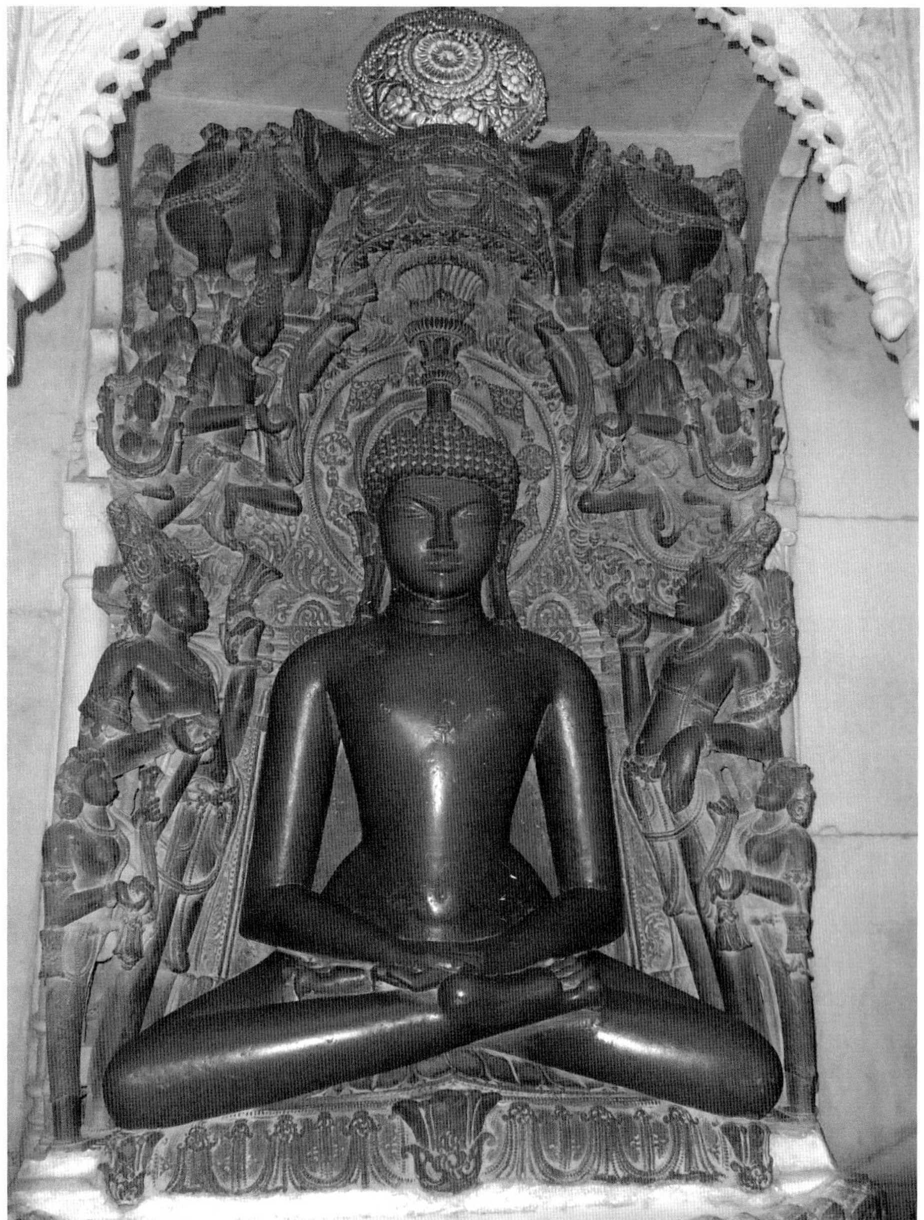

Figure 1: Ādināth, premier des 24 tīrthankar mythiques (cliché Marie-Claude Mahias).

en ordre et le fonctionnement parfait du cosmos. Il justifie aussi l'organisation de la société des hommes en quatre classes fonctionnelles (brahmanes, *kṣatriya, vaiśya* et *śūdra*) et la reconnaissance du brahmane comme responsable de l'ordre socio-cosmique. La prospérité de la famille, de la société et l'ordre du monde dépendent de l'accomplissement correct des sacrifices, qui sont autant d'occasions de repas de viande partagés par les officiants[2].

À côté de ces prêtres-brahmanes, mariés et enrichis, existaient des ascètes-renonçants (*śramaṇ*) voués au célibat, vivants d'aumônes, préoccupés de la connaissance méditative et de mettre fin au cycle des renaissances. Pour eux, tous les actes, y compris les actes rituels, condamnent l'homme à renaître indéfiniment. C'est de ces milieux que sont proches les réformateurs et fondateurs de nouvelles religions, Siddhārta Gautama et Vardhamān Mahāvīra, qui, nés de familles princières, renoncent à la vie familiale, au pouvoir et à toute possession pour mener une vie errante. C'est sous leur influence que le brahmanisme se transforma en intégrant les valeurs du renoncement, l'aspiration à la délivrance, et en développant la notion d'*ahimsā*, que l'on connaît sous le nom de non-violence depuis que Gandhi l'a utilisée comme arme politique. Les rituels brahmaniques sont devenus essentiellement des offrandes végétales, et les brahmanes les principaux tenants de la non-violence et du végétarisme.

L'adoption du végétarisme fut à la fois :

– une attitude religieuse : Bouddhistes et Jains rejettent l'autorité des textes védiques et le panthéon brahmanique. Ils ont des divinités, des temples et des formes de culte qui leur sont particulières. Ainsi les Jains vénèrent-ils vingt-quatre héros mythiques, appelés *arhant* « bienheureux », *tīrthankar* « faiseurs de gué » ou *jina* « victorieux », dont le dernier, Mahāvīra, est un personnage historique qui vécut au VIe siècle avant notre ère[3]. Ce sont des humains qui, à force d'ascèse et de méditation, ont atteint la connaissance suprême et sont délivrés du cycle des renaissances.

–une attitude socio-politique : refuser de consommer de la viande, c'était s'opposer aux sacrifices sanglants et à la suprématie des prêtres brahmanes. C'est pourquoi on peut dire que les Jains furent les véritables Pythagoriciens de l'Inde, au sens politique que leur attribue Marcel Détienne (1970) : par-delà les différences portant sur la classification et la sélection des nourritures, se trouve le même refus d'un ordre socio-politique dominant, fondé sur le sacrifice, et la recherche d'un autre mode de relation au divin.

*

Deux distinctions sont importantes pour préciser les limites de cette étude. Dès le Ve siècle de notre ère, une scission se produisit entre śvetāmbar, « vêtus de blanc », dont les ascètes portent des vêtements blancs et un voile buccal, et digambar, « vêtus d'espace », qui considèrent que la nudité est nécessaire sur la voie de la délivrance. Cet article concerne parfois les deux sectes, plus souvent les seuls digambar.

Plus important pour notre propos, la communauté des Jains se divise en deux ordres : ascètes et laïcs.

---

2 Selon les Lois de Manu (V, 27 sq.), le code orthodoxe de l'hindouisme, la consommation de viande était licite, sous réserve que la bête ait été offerte en sacrifice.

3 L'hypothèse émise par certains philologues que le véritable initiateur du jainisme serait le 23e *tīrthankar*, Pārśva, fait remonter ce courant religieux de deux cent cinquante ans, soit vers le IXe siècle avant notre ère (Schubring 1966 : 250).

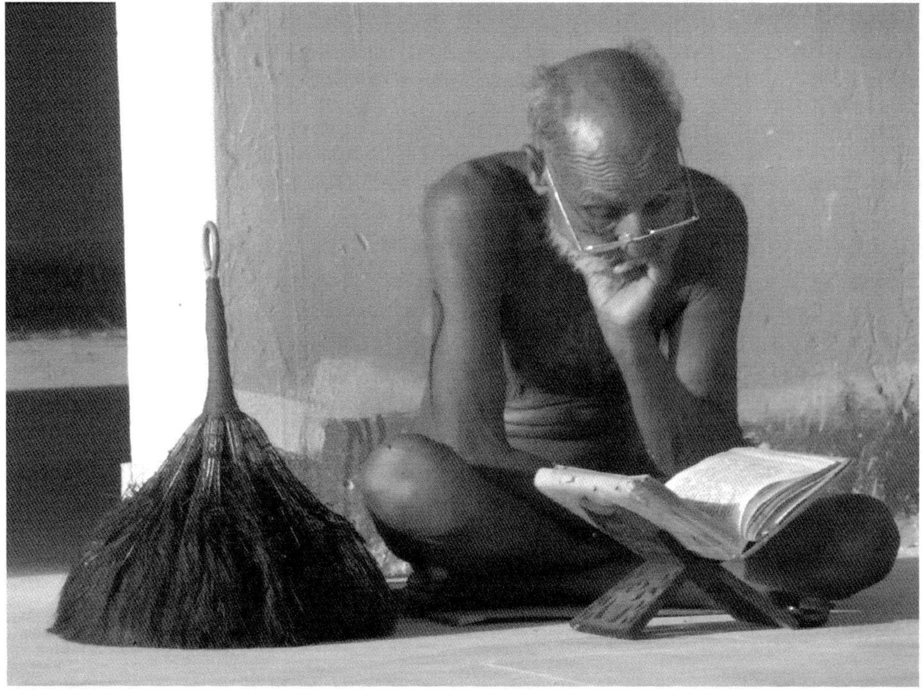

Figure 2 : L'étude fait partie des obligations quotidiennes des ascètes digambar. Muniśrī Anukampasāgarjī, 2008 (cliché Marie-Claude Mahias).

Les ascètes, qu'on les nomme renonçants, religieux ou moines[4], ont reçu une initiation lors d'un rite qui façonne une nouvelle personne, inscrivant dans le corps et ses attributs (cheveux, vêtements, nourriture, gestuelle) le renoncement à la vie des laïcs et l'entrée dans le monde des ascètes, sous un nouveau nom. Le nouvel ascète reçoit alors un balai de plumes de paon, un pot à eau et un livre, instruments nécessaires à son état. Il mène ensuite une vie de pérégrination sous la conduite d'un maître, ne restant jamais plus de quelques jours en un même lieu, sauf durant les quatre mois sédentaires de la saison des pluies.

Les laïcs, littéralement « auditeurs » et « auditrices » (*śrāvak* et *śrāvikā*), désignent les fidèles assidus à l'écoute de la « Voix des Jina », la doctrine transmise par les ascètes. Une interprétation plus moderne (et plus sociologique) y inclut tous ceux qui sont nés dans cette religion, mariés et pourvus de famille. Eux aussi peuvent être experts en matière de pratiques ascétiques, même si tous ne le sont pas.

Précisons la place de chacun et la relation qui les unit. Les ascètes incarnent le modèle religieux et sont, pour les laïcs, un guide sur le chemin du développement

4 Je parle d'ascètes ou renonçants, suivant en cela N. Shântâ (1985 : 59), pour la raison que « les ascètes jains sont les héritiers d'une forme d'ascèse qui remonte à une époque antérieure à notre ère ».

spirituel. La forme minimale de culte est la récitation d'une formule d'hommage à cinq catégories d'êtres souverains : Bienheureux (*arhant*) ou « faiseurs de gué » (*tīrthankar*), Parfaits (*siddha*), Maîtres (*ācārya*), Précepteurs (*upādhyāy*) et tous les ascètes (*sādhu*). *Tīrthankar* et Parfaits sont libérés du cycle des renaissances, et c'est devant leur image que les humains effectuent les cultes dans les temples. Les trois autres catégories de ces êtres vénérables sont les ascètes de trois rangs : maîtres, précepteurs et les autres, qui sont des personnes vivantes.

Selon les pratiques cultuelles de cette religion, les dieux ne s'opposent pas aux humains, les ascètes étant interposés comme médiateurs entre les uns et les autres, à l'instar des chamanes, devins ou prêtres d'autres religions. D'un côté, se trouvent des héros mythiques et les ascètes-renonçants humains ; d'un autre côté, dans une relation de dévotion et de culte, les laïcs, ainsi que d'innombrables dieux et déesses qui sont aussi dans le cycle des renaissances et devront renaître sous forme humaine pour travailler à leur délivrance. En effet, seuls les humains, qui ont un corps, peuvent, grâce aux exercices ascétiques, travailler au détachement du corps et cheminer vers la délivrance. Étant plus avancés que les dieux dans cette voie, les humains leur sont supérieurs.

Singularité du végétarisme des Jains

L'étude des menus, des aliments prohibés ou évités, et des jeûnes, fait apparaître un certain nombre de règles qui figurent aussi dans les codes de conduite des laïcs, rédigés du ve siècle à nos jours[5].

Les principales restrictions alimentaires portent sur les produits suivants :

–la chair animale, qui implique le meurtre ; les boissons alcooliques, la fermentation étant conçue comme la multiplication et la destruction de substances vivantes, et l'enivrement incompatible avec le contrôle de soi ; le miel dont la récolte entraîne la destruction de nombreux insectes ; les fruits de cinq figuiers. On l'énonce aussi comme l'interdit des trois ou cinq *makār* ou *ma* car leur nom commence par la syllabe *ma* : chair (*māṃs*), alcool (*madya*), miel (*madhu*), ainsi que poisson (*machlī*) et beurre frais (*makkhan*) ; à quoi s'ajoutent les fruits de cinq figuiers (*udumbar phal*).

–les fruits à multiples graines (*bahu-bīja-phal*), dont l'aubergine est emblématique alors que c'est une plante indigène et un légume très apprécié des autres végétariens indiens.

–« tout ce qui pousse dans la terre » (*mūlkand*) : racines, bulbes, tubercules.

Bien que consignée dans des traités, la liste des aliments à ne pas consommer peut évoluer puisqu'elle a intégré des végétaux introduits par les Européens, comme la pomme de terre ou les choux, en particulier le chou-fleur.

À côté des aliments à éviter, il convient aussi de :

---

5 Le plus ancien étant le *Ratnakaraṇḍa śrāvakācāra* de Samantabhadra, ve siècle.

–boire de l'eau « pure »[6], c'est-à-dire filtrée, en respectant des limites temporelles, à savoir la durée pendant laquelle elle peut être bue sans causer de nuisance. Ces limites temporelles (*maryādā*) s'appliquent aussi au lait et au yogourt, ainsi qu'aux farines et aux aromates, qui doivent être moulus et pilées à la maison.

–ne pas prendre de repas après le coucher du soleil (*a-ratrī-bhojan*).

D'un point de vue doctrinal, ces prescriptions constituent les huit « qualités fondamentales » (*mūlguṇa*) qui définissent la nourriture « pure » et qui, avec le culte effectué au temple chaque matin, sont énoncées comme des marqueurs de l'identité jaine. Elles constituent le premier pas dans la pratique religieuse en ce qu'elles sont indispensables à l'acquisition de la « vision juste ».

Les jeûnes, qui prolongent les interdits alimentaires, sont de plusieurs sortes et degrés : sans eau (*upavās*), avec de l'eau pure (*anupavās*), en prenant un seul repas avant midi (*ekāsan*). Certains jours, on supprime fruits frais et « légumes verts », à moins qu'ils n'aient été préalablement séchés au soleil. Sous ses diverses formes, le jeûne constitue l'exercice le plus commun de contrôle de soi et de purification de l'âme. Il convient ces jours-là d'abandonner toute activité mondaine, tout ce qui flatte les sens, au profit de la méditation et de la connaissance spirituelle.

Les interdits alimentaires n'ont pas tous la même force, ni leur infraction la même gravité. On ne transige pas avec la chair animale. Les autres sont davantage suivis à mesure que l'on avance en âge, et à certaines dates et périodes de l'année : les huitième et quatorzième jours de chaque quinzaine lunaire, durant trois huitaines annuelles[7], au cours des quatre mois de la saison des pluies (début juillet à fin octobre), durant le mois de *bhādon* (août-septembre), et surtout les dix jours de la « célébration des dix vertus »[8] (*daślakṣaṇ parv*), du 5 au 14 de ce même mois.

La présence de plusieurs générations sous un même toit manifeste comment des conduites différentes se côtoient, laissant une place à chacune et s'influençant réciproquement. Mais respecter les prescriptions alimentaires à la lettre conduit rapidement à installer une cuisine séparée et à ne plus partager de repas communs. On reconnaît vite une maison jaine à la pluralité des cuisines, à la présence d'une meule à grains (autrefois manuelle, aujourd'hui électrique), d'un filtre de tissu noué sur les robinets, ou même d'un robinet branché sur un puits.

Une conception du monde

Pour saisir la logique sous-jacente à ces pratiques, revenons un instant sur quelques notions fondamentales que partagent plusieurs religions d'Asie du sud.

---

6 Est qualifiée de pure de l'eau de puits, filtrée sur une double couche de gaze, qui reste pure pendant 48 minutes. Colorée de clous de girofle ou de safran, végétaux qui ne génèrent aucun élément vivant, elle le reste durant 6 heures, et jusqu'à 12h si elle a été chauffée (Mahias 2006, p. 434).

7 Du 8 au 15 de la quinzaine claire de *phālgun* (février-mars), *aṣārh* (juin-juillet) et *kārtik* (octobre-novembre).

8 Ces dix vertus sont pardon, compassion, humilité, vérité, pureté, tempérance, austérité, renoncement, non-attachement et chasteté.

Dans un monde éternel, se trouve une infinité d'âmes ou êtres animés (*jīva*), tous semblables. Chacun de leurs actes produit du *karma*, bon ou mauvais, qui, par l'effet des passions, adhère à l'âme, l'emprisonne dans un corps matériel et l'embarque dans le cycle des renaissances successives. C'est cela qui explique la différence de condition entre les hommes (beaux ou laids, riches ou pauvres), mais aussi entre humains, dieux et animaux. La pratique religieuse vise à purifier l'âme, naturellement brillante et heureuse, effacer la matière karmique, faire provision de mérites (*puṇya*) afin d'obtenir une meilleure renaissance, ou mieux, atteindre l'état d'omniscience et ne plus renaître. Ce cheminement vers ce qu'on appelle la délivrance (*mokṣa*) passe par l'acquisition de « trois joyaux » : la vision juste, la connaissance juste et la conduite juste. La conduite juste, ou d'un autre point de vue une conduite moralement et socialement valorisée, exige l'observance de règles de vie, notamment de règles alimentaires, qui ont pour fondement une stricte observance de la non-nuisance ou in-nocence[9], sens originel de la non-violence, et de compassion envers tous les êtres vivants. Cette « innocence » a un sens très large puisqu'elle désigne l'abstention de tout acte, parole ou pensée qui pourrait blesser un être vivant quel qu'il soit.

Cela conduit à poser la question : qu'est-ce qu'un être vivant ? La réponse a été élaborée dans une classification spécifique aux Jains[10].

Classification des êtres vivants

Les âmes (*jīva*) ne sont perceptibles qu'à travers le corps de matière dans lequel elles sont incarnées. Elles sont réparties en cinq (ou neuf) grandes classes, caractérisées par le nombre de sens. Les êtres animés des cinq premières classes n'ont qu'un seul sens (le toucher) et se trouvent dans la terre, l'eau, le feu, le vent, les végétaux. Au-dessus, ceux à deux sens (toucher et goût) existent dans les vers, coquillages, etc. ; ceux à trois sens (plus l'odorat) dans certains insectes, fourmis, etc. ; ceux à quatre sens (plus la vue) dans les gros insectes comme les mouches et les papillons ; ceux à cinq sens (plus l'ouïe (et la pensée) dans les animaux (gros et domestiques), les humains, les dieux et les démons. Une distinction seconde est introduite dans le règne végétal, c'est-à-dire au sein des êtres à un seul sens. Alors que la plupart des végétaux ne contiennent qu'une seule âme, d'autres en renferment une multitude « qui partagent le même corps ». Ce sont les végétaux qui poussent dans la terre, ainsi que les bourgeons, pousses et fruits de figuiers. Pour compléter cette classification, les êtres à cinq sens et doués de pensée sont répartis selon quatre conditions ou « espèces » : divine, humaine, animale et infernale. Comme cela a déjà été noté, seule la condition humaine ouvre la possibilité d'être délivré.

---

9 In-nocence a la même étymologie que *ahimsā*, définie par Gandhi comme « absence de malveillance à l'encontre de tout ce qui vit » (cité par Muller 1997 : 16-17).

10 Élaborée dans des textes comme l'*Uttarādhyayana*, elle fait partie des connaissances fondamentales, transmises aux enfants et à toutes les personnes pieuses. Elle peut aussi être reconstruite à partir des pratiques culinaires et des justifications qui en sont données.

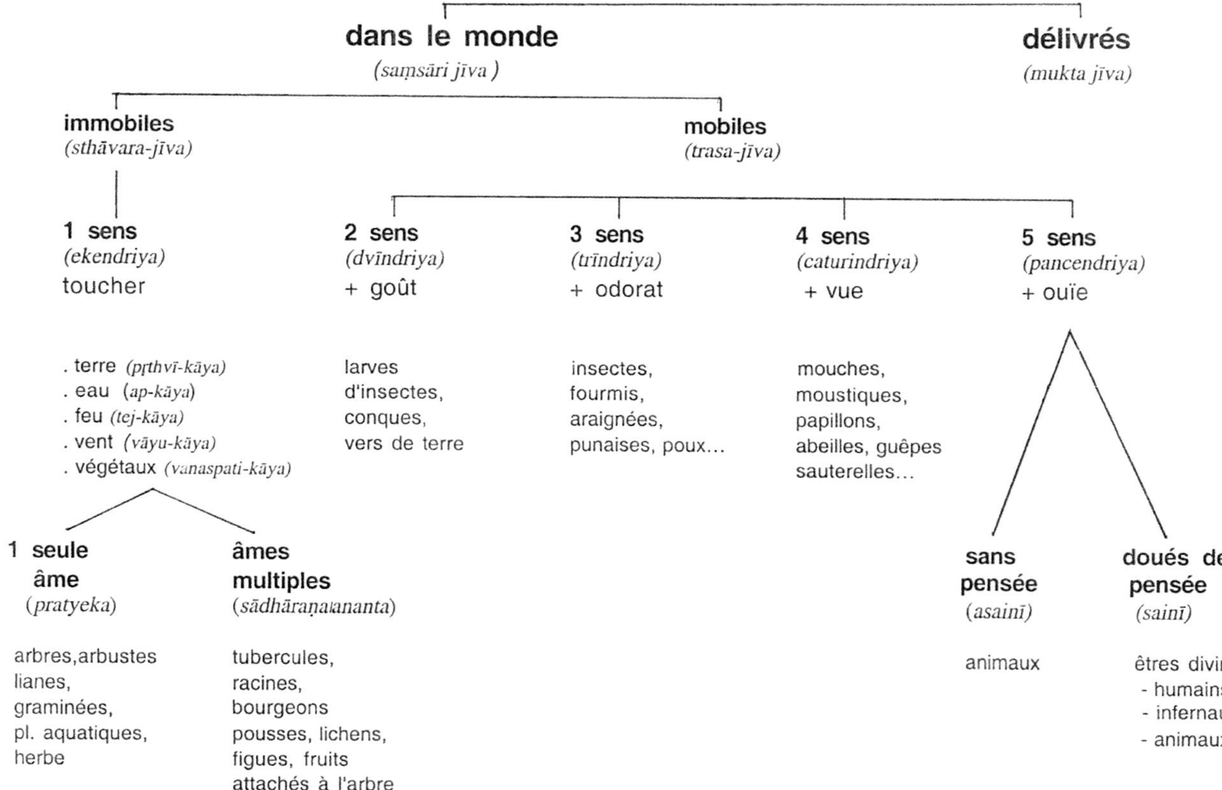

***Figure 3*:** Tableau : Classification des êtres vivants.

Dans cette conception, il n'y a pas de rupture absolue entre le règne végétal, animal-humain et même minéral et divin, quant à leur nature profonde. La croyance à la transmigration de l'âme à travers les renaissances successives, et à son incarnation possible dans des corps matériels différents, renforce le sentiment de la continuité des espèces et de l'unité du monde vivant. Les distinctions essentielles sont :

1) La mobilité, qui sépare les êtres à un sens des autres.
2) Le nombre de sens, de un à cinq, auxquels s'ajoute l'organe mental (*manas*) qui permet la pensée, la discrimination. Le nombre de sens est crucial puisque chacun contribue à l'acquisition de la connaissance, notamment l'audition qui permet l'écoute et la compréhension des sermons. Il est donc le moyen et l'indice de l'avancement sur la voie de la délivrance.
3) Le nombre d'âmes, qui scinde le monde végétal en deux, rangeant les graminées avec le vent, et les tubercules avec les animaux.
4) Le mode de génération, puisque la réunion de semences dans un embryon est celui des êtres doués de pensée, et donne la capacité et la responsabilité de conduire son destin.

La conduite droite

La sélection des aliments repose, on le voit, sur une biologie classificatoire qui explique le monde vivant, enchâssée dans une cosmologie qui organise l'univers. Elle s'articule avec une morale, qui répond à la question de la place de l'homme dans ce monde et de ses rapports avec les autres êtres vivants. Elle implique une diététique, c'est-à-dire une conception de la nourriture comme médiateur des rapports de la personne à la société et à l'univers, et une conception de la personne liée, physiquement et mentalement, à ce qu'elle mange, puisque les propriétés des aliments modèlent le tempérament, les pensées et le comportement.

Plusieurs règles de conduite, à la fois alimentaires, culinaires et morales, prennent sens au regard de la classification ci-dessus et du devoir fondamental d'innocence. Les laïcs ne doivent pas détruire les êtres vivants de plus de deux sens. Ils peuvent donc se nourrir en utilisant l'eau, le feu, l'air, les végétaux, à condition qu'aucun élément des classes supérieures n'y soit mêlé. De cette règle découlent un régime alimentaire exclusivement végétal (auquel s'ajoutent toutefois les laitages), des opérations culinaires comme filtrer l'eau, nettoyer soigneusement grains et épices avant de les moudre ou de les piler, le faire soi-même, ne pas croquer un fruit entier, faire sécher les végétaux verts, ainsi que respecter des limites temporelles et ne pas manger après le coucher du soleil. Une deuxième règle porte sur les végétaux : en raison du foisonnement de vies qui habitent les plantes qui croissent sous terre, celles-ci ne doivent pas être consommées. Quant aux ascètes, ils ne doivent détruire aucune forme d'être vivant, même ceux dotés d'un seul sens. Ayant renoncé à toute possession et pris le grand vœu d'innocence, ils ne peuvent pas cuisiner, un ensemble d'actes inévitablement source de nuisance. Comme il leur faut néanmoins se nourrir et se maintenir en bonne santé, car le corps est le moyen d'étudier, de méditer et d'accomplir les exercices ascétiques prescrits, il revient aux laïcs de cuisiner pour eux et de les nourrir, d'aumônes, chez les śvetāmbar, ou de repas pris d'une manière très ritualisée que l'on appelle le « don de nourriture » (*āhārdān*), chez les digambar.

Nourrir les ascètes

Les ascètes digambar mangent une fois par jour, lorsqu'ils ne jeûnent pas, et le repas pris debout, dans les mains, est le symbole de l'état ascétique[11]. C'est pourquoi, lorsque, âgé ou malade, l'ascète ne peut plus manger de cette façon, c'est-à-dire suivre les règles de son état, il prend le dernier vœu (*sallekhanā* ou *samādhi vrat*) et s'abstient graduellement de toute nourriture solide, puis d'eau, jusqu'à son dernier souffle. Il ne s'agit nullement de mort volontaire mais de fidélité à tous ses vœux antérieurs, afin de se trouver dans les meilleures dispositions possibles au moment de trépasser, puisque celles-ci sont déterminantes pour les renaissances futures. Tous les ascètes digambar terminent leur vie de cette manière, et la date de leur dernier repas et de la dernière prise d'eau constitue une étape cruciale inscrite dans leur biographie. De nombreux laïcs s'efforcent de suivre ce modèle. Cette décision ultime indique l'aboutissement logique de la doctrine : l'abstention des actes et le respect total de la vie, dans un monde entièrement animé, conduisent à l'effacement de l'être humain.

Du côté des laïcs, il peut sembler paradoxal de cuisiner pour les ascètes que l'on peut, en empruntant l'expression de Max Weber, qualifier de « virtuoses du jeûne ». Ce repas est pourtant un événement structurant de l'organisation religieuse. Il est tout d'abord nécessaire à l'existence même des ascètes. Surtout, c'est un moment d'interaction intense où se construit une relation personnelle entre des laïcs et des ascètes. C'est également un acte qui opère une progression dans un cheminement religieux personnel.

On se souvient que la prière fondamentale (*ṇamokar mantra*) rend hommage à cinq catégories d'êtres : Bienheureux et Parfaits, libérés de la succession des renaissances ; Maîtres, Précepteurs et Ascètes de rang inférieur, qui sont des personnes vivantes. Nourrir les ascètes, c'est traduire cette invocation dans les actes. Le « don de nourriture » aux ascètes doit être fait avec « neuf sortes de dévotion » (*navdhābhakti*) : accueil, siège élevé, lavage des pieds, culte, salutation, quadruple pureté de l'esprit, de la parole, du corps et de la nourriture. Le repas des ascètes et le culte accompli chaque jour au temple présentent de nombreux points communs : la même pureté et la même dévotion sont exigées de celui qui nourrit un ascète et de celui qui va au temple ; la triple circumambulation, le culte des huit substances, l'offrande de lumière, les formules rituelles sont identiques, devant des ascètes comme devant des images de *tīrthankar*. Il est donc parfaitement justifié de considérer le repas des ascètes comme l'équivalent du culte effectué au temple devant les deux premiers destinataires de la formule d'hommage.

Le « don de nourriture » oblige à avancer dans un cheminement religieux personnel, puisque il est l'occasion de prendre publiquement des « vœux » ou engagements, pour une période déterminée ou pour toujours, comme s'abstenir de

11 Une étude approfondie de cet événement a été publiée dans Mahias 2006.

Figure 4: Le don de nourriture à muniśrī Amitsāgarjī, 2001 (cliché Marie-Claude Mahias).

pommes de terre ou d'autres végétaux souterrains, ne pas boire après le coucher du soleil, ne plus prendre de nourriture cuisinée du marché, limiter le nombre de ses biens matériels. Le don étant le premier devoir des laïcs, et le « don de nourriture » aux ascètes le modèle du don, c'est un acte particulièrement méritoire qu'il convient d'accomplir dès lors qu'on se soucie du salut de son âme.

C'est aussi un acte qui contribue à la renommée sociale de ceux qui l'effectuent. Nourrir les ascètes, c'est mettre en œuvre des connaissances, des gestes, qui sont à la fois culinaires et religieux, et participent de manière très concrète à la construction de la personne et de la société. C'est démontrer sa connaissance des règles, sa pratique de l'innocence et sa dévotion, ainsi que la reconnaissance accordée par les ascètes.

Toutes ces prescriptions et ces attentes ont pour effet que, parmi les laïcs qui entourent les ascètes, on parle constamment de nourriture. Même s'il est commun d'opposer les laïcs, qui mangent pour la satisfaction du goût, et les ascètes, pour qui manger est un exercice ascétique, la nourriture demeure une préoccupation constante, entraînant un travail et une dépense considérables.

Les limites de la doctrine

L'analyse des logiques qui sous-tendent les pratiques et les représentations reliant l'alimentation et la pensée religieuse met en lumière une vision du monde qui tend à englober le plus grand nombre d'éléments et vise à la complétude, un univers de sens dans lequel tout est justifié. L'inscription dans des textes, la traduction dans des normes, des interdits et des conduites ritualisées contraignent à une discipline que l'on tend à croire intangible et immuable. Ce serait une erreur, tant du point de vue épistémologique que du point de vue de l'expérience sensible, laissant de côté toute la dimension humaine et sociale des phénomènes étudiés. Si l'on considère la religion comme l'ensemble des croyances et des pratiques de ceux qui s'en revendiquent, on ne saurait la réduire à un ensemble de textes doctrinaux. Les principes religieux sont insuffisants à rendre compte par eux-mêmes des situations vécues, à moins de chercher à définir des normes ou décider d'une orthopraxie. Par conséquent, une approche sociologique, historicisée, de phénomènes qui ne sont jamais entièrement religieux, s'impose et révèle leurs capacités de changement et d'évolution.

L'éclipse de la cuisine

Les règles religieuses disent, expliquent, justifient ce qu'il ne faut pas manger. Des textes enseignent comment se laisser mourir, « sécher », d'inanition. Ils ne disent rien de ce que l'on peut manger, ni avec qui, ni comment. Ils laissent les fidèles se débrouiller avec ce que la société offre en matière de légumes, de recettes, de voisins ou de cousins, pour manger comme pour se marier. Or, de même que la religion ne se résume pas à des prescriptions alimentaires, l'alimentation ne se limite pas à des interdits religieux. Présenter la nourriture des Jains aurait été très différent. Il aurait alors fallu entrer dans les recettes de cuisine, la composition des repas, les mets, les couleurs et saveurs appropriés aux fêtes calendaires et cérémonies du cycle de vie, les cadeaux de nourriture, sans doute aussi la gourmandise, les excès, l'alcool bu en cachette.

La cuisine peut d'ailleurs éclairer des aspects occultés de la religion. C'est par un questionnement d'ethnologue, en ne séparant pas les doctrines et les pratiques, les classifications et les casseroles, que j'en suis venue à étudier le repas des ascètes, qui n'est prévu dans aucun texte doctrinal (sinon de manière si elliptique qu'il avait échappé à l'attention des philologues), et qui s'est révélé crucial dans la relation entre ascètes et laïcs digambar, c'est-à-dire dans la transmission et la diffusion de leur religion. La cuisine questionne aussi la notion de « communauté religieuse ». Alors que les prescriptions religieuses concernent tous les Jains mais eux seuls, et peuvent laisser croire à l'existence d'une telle communauté, la cuisine les inscrit dans des espaces géographiques, historiques et sociaux particuliers, où la caste importe au moins autant que la religion. La cuisson des seules galettes, qui constituent la base des repas, laisse voir les apports, emprunts et transformations qui ont traversé les frontières de caste et de religion (Mahias 2015). De fait, l'alimentation des Jains s'est diversifiée selon les régions, les castes et les époques. Elle révèle un parallèle entre les pratiques alimentaires et la situation des Jains dans la société globale, mettant en lumière leur "diglossie". Les interdits alimentaires reposent sur une classification spécifique aux Jains et s'articulent avec des pratiques rituelles exclusives, tandis que la cuisine classe les aliments en catégories liées à la structure des repas, et partagées avec d'autres Indiens. On peut échanger et partager des recettes de cuisine entre voisins jains ou non.

Variantes et flexibilité des règles

Tout en restant dans le champ des règles religieuses, il convient de souligner la flexibilité du cadre doctrinal qui permet, et même prévoit, des degrés d'observance, et par conséquent des variantes selon les personnes et les circonstances.

Complémentarité entre laïcs et ascètes

Les ascètes incarnent le modèle à suivre mais ce sont des êtres d'exception qui visent exclusivement leur propre délivrance. Les fidèles laïcs sont des maîtres de maison qui doivent d'abord ou aussi remplir des obligations sociales : avoir des enfants, les éduquer et les marier, manger, s'enrichir pour faire des dons et construire des temples. Les devoirs religieux varient donc selon qu'ils s'imposent aux uns ou aux autres. Même lorsque les laïcs prennent des vœux[12] qui portent le même nom que ceux pris par les religieux, c'est sous une forme mineure qui permet des aménagements, pour une durée limitée, comme un exercice justement. On a vu que la règle d'innocence était interprétée différemment pour les ascètes et pour les

12 C'est le cas des cinq vœux fondamentaux : non-nuisance (*ahimsā*), vérité (*satya*), ne pas prendre ce qui n'a pas été donné (*asteya*), chasteté hors mariage (*brahmcarya*), absence de possession (*aparigraha*).

laïcs. L'absence de toute possession exigée des premiers devient pour les seconds une limite posée à la quantité de biens possédés. Par conséquent, s'ouvre un espace de négociation possible entre les laïcs qui apportent constamment des éléments de modernité, par exemple en matière de denrées alimentaires ou de modes de cuisson, tandis que les ascètes tentent de maintenir de véritables archaïsmes en les faisant passer pour des règles doctrinales.

Degrés internes à chaque ordre

Il existe toute une hiérarchie au sein des religieux comme au sein des laïcs[13]. Les premiers se répartissent en trois rangs pour les hommes et deux pour les femmes. Seuls les *muni* sont véritablement digambar, « vêtus d'espace », nus. Ayant pris les cinq grands vœux et abandonné tout vêtement, ils arrachent cheveux et barbe, ne prennent plus de bain, dorment sur la terre, la roche ou une planche en bois, prennent un seul repas par jour, debout, dans les mains. Ils peuvent poursuivre leur progression monastique et accéder au rang de précepteurs, qui enseignent la doctrine et les textes, et de maîtres, les seuls à pouvoir initier les humains et consacrer les images de culte. Mais on peut aussi entrer dans l'ordre des religieux à deux niveaux inférieurs (*kṣullak et ailak*), ce qui permet de garder une ou deux pièces de vêtement, de manger assis et dans un récipient, de se couper les cheveux ou de prendre un véhicule. Même le *Mūlācāra*, traité fondamental de la discipline monastique, daté du IIe siècle de notre ère, prévoit trois degrés dans l'observance de chaque règle : supérieur, moyen et inférieur, laissant la possibilité de choix personnels. Enfin, les capacités personnelles et l'inclination des maîtres pour le travail intellectuel ou la rigueur ascétique suscitent d'autres divergences, et confèrent à chaque groupe d'ascètes une ambiance particulière.

Les laïcs connaissent eux aussi des degrés dans la voie du renoncement. Le chemin qui conduit à l'initiation dans l'ordre des ascètes est une série de onze « étapes spirituelles » (*pratimā*), constituées de vœux à adopter en nombre croissant. On peut les franchir en quelques années ou ne jamais parvenir à leur terme. Des accommodements sont longtemps possibles entre des devoirs contradictoires, entre les exigences religieuses et les obligations sociales, entre la purification de l'âme et les désirs humains. Dans l'espace habité, le nombre de cuisines traduit matériellement les valeurs d'ascétisme et de pureté, la religiosité des aînés, comme la présence de plusieurs générations sous le même toit et la relative liberté des enfants et adolescents. Lors des jours et des mois indiqués pour les abstinences, tous les degrés de privation se rencontrent, de la plus austère à la plus légère. Les plus dévots s'astreignent à un jeûne complet, sans eau, tandis que d'autres font un seul repas avant midi, de plus tièdes s'abstiennent de légumes verts et ne prennent pas de repas après la nuit tombée ; d'autres encore vont manger à l'extérieur ! Le but n'est pas de réaliser une prouesse mais de s'en tenir, quoi qu'il arrive, à une décision prise devant une image de *tīrthankar* ou devant un maître. Cette pluralité des pratiques correspond à une religion dont le projet sotériologique est individuel.

---

13 Pour une étude détaillée de cette organisation, voir Mahias 2009.

Variations contemporaines

Une religion n'existe pas dans un vide social. Elle se constitue et se maintient dans des processus d'interactions avec un contexte particulier, qui lui donne une forme unique et néanmoins susceptible de changer.

Souvenons-nous que, dès l'origine, l'adoption de la non-nuisance et du végétarisme fut stimulée par un environnement religieux et social spécifique. Même si le végétarisme est devenu, à l'époque médiévale, le régime alimentaire adopté par les hautes castes hindoues et considéré supérieur en matière de pureté rituelle, il demeure le résultat de volontés individuelles et collectives. À toutes les époques, cet idéal végétarien a côtoyé et autorisé d'autres modèles alimentaires. Les dominants politiques, des princes et chefs locaux aux Britanniques en passant par les dignitaires moghols, ont toujours mangé de la viande et bu de l'alcool. Les cours princières de Jaipur, Lucknow, Hyderabad, ont élaboré de véritables gastronomies où trônent les plats carnés. Les traités médicaux, datés du début de l'ère chrétienne, accordent une place importante à la viande et au sang cru, le modèle des bouillons étant le bouillon de viande, et même de viande de carnassiers (Zimmermann 1982). Chaque régime alimentaire existe et évolue en relation avec d'autres, ce qui ouvre une dimension sociologique et dynamique. Les mangeurs de viande sont aussi coutumiers de repas végétariens. À l'inverse, les jeunes gens de famille jaine se régalent volontiers de salades épicées (*cāṭ*) qui mêlent fruits crus et légumes cuits parmi lesquels figurent oignon, patate douce, pomme de terre, qu'ils vont déguster à la nuit tombée à l'extérieur de la maison, ou en tout cas hors de la vue des grands parents.

Comme tous les systèmes religieux, celui des Jains s'est trouvé confronté au christianisme, puis à la pensée scientifique occidentale qui s'est imposée avec la colonisation et qui cherche à expliquer le monde indépendamment de toute conception religieuse. Dès le XIXe siècle, des penseurs ont recherché ce qui, dans leur religion, pouvait passer pour scientifique ou préfigurer les vérités des sciences naturelles, de la physique ou des mathématiques. Présenter le jainisme comme une « religion scientifique » est devenu un poncif du prosélytisme jain. Cependant, la question de la modernisation d'une doctrine traditionnelle se pose à tous, ascètes et laïcs, femmes et hommes, puisque les Jains ont plutôt une bonne éducation. Chacun doit affronter et résoudre les désaccords entre la construction religieuse et celle des sciences dont tous apprennent les rudiments à l'école. Des médecins contribuent à présenter ce qui était lié à une conception du monde et à une morale comme une hygiène de vie rationnelle et scientifique. L'un des plus actifs, chef du service de neurologie dans un grand hôpital de la capitale, qui est de tous les combats contre les abattoirs, s'appuie sur son autorité professionnelle pour affirmer que l'alimentation non-végétarienne est à l'origine de plus d'une centaine de maladies parmi lesquelles maladies cardiaques, paralysies et cancers. Alors qu'une part de plus en plus importante de la population indienne mange des œufs et que l'omelette est courante au petit-déjeuner dans les cantines universitaires, il énumère les méfaits de cette consommation en termes économiques, nutritionnels et écologiques (Jain 1986).

Cette tendance se combine avec un mouvement plus global, qualifié de néo-orthodoxie par Markus Banks (1991). Le jainisme néo-orthodoxe n'est plus un système sotériologique pour parvenir à la réalisation de l'âme dans sa pureté originelle, mais « une science pour l'individu », ici et maintenant ; les règles alimentaires, la méditation et les autres pratiques ascétiques deviennent importantes pour la santé. On le présente même comme un art de vivre, si l'on en croit le titre d'un congrès organisé par la *Federation of Jain Associations in North America* (JAINA), à Cincinnati en 2003 : « Jainism : The Art of Living ». En Inde même, un ascète digambar aussi érudit et réputé que ācāryaśrī Vidyānandjī présenta le végétarisme comme un moyen pour maintenir le corps et l'esprit forts et en bonne santé, lors du *World Vegetarianism and Animal Protection Day* à New Delhi.

Ce jainisme néo-orthodoxe témoigne d'une transformation profonde. Des thèmes de la doctrine, choisis en fonction de l'inclination ou de la compétence personnelle, sont réinterprétés et reformulés à la lumière de préoccupations contemporaines à vocation plus universelle. Les Jains ne manquent pas d'arguments tirés de leur tradition religieuse pour se promouvoir comme les champions de la non-nuisance, de l'écologie (loin de la démarche scientifique du même nom) ou de la protection animale. En réponse à une demande que toutes les religions apportent leur contribution, Dr L. M. Singhvi, ancien président du Haut Comité de la diaspora indienne, présenta à Son Altesse Royale le prince Philip, président du *World Wide Fund for Nature* (WWF), un court texte intitulé *The Jain Declaration on Nature*. Cet événement, qui eut lieu le 23 octobre 1990 à Buckingham Palace, marqua l'entrée officielle du jainisme dans le *Network on Conservation and Religion* et plus tard dans la *Alliance for Religions and Conservation* (ARC). Ce texte présente la tradition et la cosmologie jaines comme une « philosophie de l'harmonie écologique » ou « philosophie écologique ». Il met en exergue les cinq principes fondamentaux que sont la non-violence (*ahimsā*), l'interdépendance de tous les êtres vivants, la pluralité des perspectives (*anekānta-vāda*), l'équanimité d'esprit (*sāmāyik*) et la compassion pour tous les êtres vivants (*dayā*). La position des humains dans la catégorie supérieure des êtres vivants doués de rationalité et d'intuition (*manas*) leur donne la responsabilité morale de leurs relations avec le reste de l'univers et de la protection de l'environnement. Enfin, cinq principes de conduite – la non-violence, la tendresse envers les animaux, le végétarisme, la modération et la charité – constituent un guide pour la protection de l'environnement, la paix et l'harmonie dans l'univers. Ce texte se positionne clairement par rapport à des valeurs qui ont le vent en poupe en Occident pour faire reconnaître le jainisme comme un modèle d'écologie.

Diaspora et globalisation des végétariens

Cela conduit à évoquer la diaspora[14] où le jainisme néo-orthodoxe trouve des conditions particulièrement favorables à son développement.

---

14 On évalue à environ 100.000 les Jains émigrés en Grande Bretagne, aux États-Unis et au Canada.

L'émigration de commerçants indiens vers les pays d'Afrique orientale, qui faisaient alors partie de l'empire britannique, remonte au début du XXe siècle. Leur expulsion d'Ouganda en 1972, suscitée par leur domination économique, conduisit ces commerçants, anglophones et en possession de passeports britanniques, à émigrer dans tous les pays du Commonwealth où ils rejoignirent les Indiens qui émigraient d'Asie du Sud depuis les années 1960. Coupés de l'Inde pendant plusieurs générations, même s'ils maintenaient des liens pour les mariages, ces Indiens avaient une bonne éducation moyenne mais une faible connaissance des langues indiennes écrites et de leur religion, réduite à quelques fêtes célébrées conjointement par jains et hindous.

Dans les nouveaux pays d'accueil, leur croissance démographique et leur montée en puissance économique, ainsi que l'organisation communautaire comme support d'activités culturelles et pour la recherche de conjoints, conduisirent à la redécouverte d'une identité religieuse spécifiquement « jaine », en opposition à celle de baniya (c'est-à-dire commerçants) ou gujarati (Sanghrajka 2008 : 56). Dans les pays anglo-saxons, la promotion des Jains comme communauté religieuse est d'abord une conséquence du fait que la notion de caste y est très mal acceptée, alors que celle de communauté (*community*) y est légitime. De plus, elle apporte reconnaissance et respect, tandis que, si l'on écoute les écrivains indiens de ces pays, se revendiquer « indien » reste dévalorisant, renvoyant à la situation coloniale passée. Le groupe religieux peut donc y devenir groupe de pression officiel, et la construction d'un temple un motif de fierté (Banks 1991). Ils font appel à des religieux indiens pour célébrer des cérémonies annuelles ou pour des séjours de longue durée afin d'enseigner les valeurs du jainisme, et même à des spécialistes académiques pour retrouver leur religion « originelle ». Ces pays sont ainsi devenus terre de mission pour de jeunes moines et moniales jains, qui obtiennent la permission de voyager et de séjourner en terre étrangère. La réussite financière a aussi conduit les Jains émigrés à construire de grands temples sur le modèle des sites anciens les plus prestigieux en Inde, à organiser et participer à des célébrations religieuses fastueuses, aussi bien dans leur pays d'origine, où le rôle de la diaspora est stimulé par des mesures économiques en leur faveur, que dans celui d'adoption. Le développement de cet aspect religieux est spectaculaire depuis les années 1980, conduisant à l'invention d'un jainisme pour le temps présent. Cela leur a permis d'être reconnus comme acteurs politiques au niveau national et international, d'être consultés sur les questions d'émigration, d'éducation et d'organisation multiculturelle, ce qu'ils réussissent aussi très bien. Notons qu'ils renouent ainsi avec une tradition très ancienne, puisque l'histoire indienne fait connaître de nombreux Jains, laïcs et religieux, qui se firent conseillers ou financiers des princes.

Des tendances diverses se font jour au sein de ces diasporas. Les uns, en quête d'identité et de racines, se tournent vers leur pays d'origine en organisant des voyages de pèlerinages, des sessions d'études pour les jeunes, et en finançant des célébrations religieuses. D'autres entendent prendre leurs distances par rapport à l'Inde et vivre leur foi en accord avec les valeurs de la société d'accueil. Aux États-Unis, ils s'affirment comme « global Jains », certes jains mais différents de ceux de l'Inde. Peut-être ont-ils pris conscience du décalage entre les valeurs prônées par les ascètes jains et la violence des relations sociales dont des Jains sont partie prenante en Inde.

Dans les années 1970, le végétarisme était une nouveauté dans les pays occidentaux et la majorité des Jains ignoraient ou avaient oublié les conceptions particulières du végétarisme jain, notamment ce qui concerne les végétaux. Ils ont su développer toutes sortes de commerces et de restaurants leur permettant de bien se nourrir tout en banalisant le régime végétarien dans les sociétés d'accueil. Le végétarisme n'est plus signe d'ascétisme, de privation ou de respect de toute vie, mais devient promesse de nourriture savoureuse, de nostalgie du pays d'origine et de plaisir de manger. Lorsqu'on réside en Grande Bretagne ou aux États-Unis, s'abstenir de chair animale suffit à se définir comme strict végétarien et à s'affirmer comme fidèle jain.

Cependant des végétariens occidentaux et plus récemment des végétaliens (*vegan*) anglo-saxons se font de plus en plus entendre, prônant un régime alimentaire sans laitages. Il existe à Mumbay au moins une entreprise de restauration collective qui fournit des repas végétaliens, à base de produits de culture biologique. Elle est fréquentée par une clientèle anglophone et occidentalisée, soucieuse de sa santé, qui y trouve une nourriture onéreuse et élitiste. La directrice, une universitaire passionnée de diététique, a découvert cette approche alimentaire lors d'une formation en nutrition au Texas (Quien 2007 : 96). Si la suppression du lait relève en Occident d'une certaine logique, elle heurte de front une logique fondamentale des cuisines indiennes, qui découle de la représentation des laitages comme des aliments bénéfiques, doués de pureté intrinsèque et résistants à la pollution. Le lait, c'est aussi le beurre comme milieu de cuisson et la friture, le mode de cuisson privilégié de la cuisine festive ; ce sont aussi les sucreries, qu'elles soient à base de lait bouilli, de lait condensé, caillé, égoutté et pressé ; ce sont encore toutes les sauces confectionnées avec du yogourt. Tous ces mets constituent autant de signes des repas de fête, des réjouissances, du bon augure, du partage le plus large possible, de l'honneur rendu aux convives.

Les Jains qui passaient, il y a peu, pour des extrémistes tatillons en matière d'abstinences et de précautions alimentaires se voient maintenant dépassés sur leur propre terrain. Nul ne peut prédire comment ils relèveront ce nouveau défi.

Bibliographie

Banks M., « Orthodoxy and Dissent : Varieties of Religious Belief among Immigrant Gujarati Jains in Britain », *in* M. Carrithers et C. Humphrey (éd.), *The Assembly of Listeners. Jains in Society*, Cambridge, Cambridge University Press, 1991, p. 241-259.

Détienne M., « La cuisine de Pythagore », *Archives de Sociologie des Religions* 29, 1970, p. 141-162.

Jain D. C., « Egg, food source of energy : a myth. », *Gommatavani*, 1986, p. 12-14.

Mahias M.-C., *Délivrance et Convivialité. Le système culinaire des Jaina*. Paris, Éditions de la Maison des sciences de l'homme, 1985.

Mahias M.-C., « Le don de nourriture aux ascètes jains digambar : dynamique sociale et évolution », *in* G. Colas et G. Tarabout (éd.), *Rites hindous. Transferts et transformations*, Paris, EHESS, 2006 (*Purushârtha*), p. 423-462.

Mahias M.-C., « 'Vêtus d'espace' : Dénouer les liens chez les Jains digambar (Inde) », *in* A. Herrou et G. Krauskopff (éd.), *Moines et moniales de par le monde. La vie *monastique au miroir de la parenté*, Paris, L'Harmattan, 2009 (*Religion et Sciences Humaines*), p. 189-208.

Mahias M.-C., « La cuisson des galettes et des pains en Inde du Nord. Un aperçu de l'histoire du sous-continent », *in* J.-P. Williot (dir.), *Du feu originel aux nouvelles cuissons. Pratiques, techniques, rôles sociaux*. Bruxelles, P.I.E. Peter Lang, 2015 (*Europe alimentaire 7*), p. 277-289.

Mānava-dharma-śāstra ou Lois de Manu, comprenant les institutions religieuses et civiles des Indiens, traduites du sanskrit par A. Loiseleur Deslongchamps, Paris, Librairie Garnier, 1939.

Muller J.-M., *Gandhi l'insurgé. L'épopée de la marche du sel*. Paris, Albin Michel, 1997.

Quien A., *Dans les cuisines de Bombay. Travail au féminin et nouvelles sociabilités en Inde aujourd'hui*. Paris, Karthala, 2007.

Samantabhadra (śrī svāmī Samantabhadra ācārya), *Srī Ratnakaranda śrāvakācāra*. Commentaire hindi de P. Sadāsukhdāsjī Kāslīvāl, Ajmer, Sadāsukha Granthamālā, 1996.

Sanghrajka M., « Les jaïns de la diaspora : l'exemple britannique », *Religions et Histoire* n° 21, juillet-août 2008, p. 55-57.

Schubring W., « Le jaïnisme » *in Les Religions de l'Inde*, vol. 3, Paris, Payot, 1966, p. 25-276.

Shântâ N., *La voie jaina. Histoire, spiritualité, vie des ascètes pèlerines de l'Inde*, Paris, O.E.I.L., 1995.

Singhvi L. M., *The Jain Declaration on Nature*, 1990, p. 14.

The Uttarādhyayana-sūtra, translated by H. Jacobi in *Jainas Sutrās*, vol. II. Delhi, Motilal Banarsidas, 1973 (1895), p. 1-232.

Zimmermann F., *La Jungle et le fumet des viandes. Un thème écologique dans la médecine hindoue*, Paris, Gallimard/Le Seuil, 1982.

GÉRARD FREYBURGER

Le végétarisme pythagoricien dans la Rome antique

L'abstinence de viande est une exigence fondamentale du pythagorisme. Ovide dit de Pythagore, au livre XV de ses *Métamorphoses,* « Le premier, il fit grief aux hommes de servir sur les tables la des animaux »[1].

Fondements religieux du végétarisme antique

La pratique du végétarisme se fondait sur une aspiration à la pureté, manger de la viande étant senti comme une souillure, mais plus encore sur la croyance en la métempsycose, à la migration des âmes.

Ainsi Platon, très influencé par le pythagorisme, écrit dans *La République*[2] : « Proclamation de la vierge Lachésis, fille de la Nécessité : Âmes éphémères, vous allez commencer une nouvelle vie et renaître à la condition mortelle ». Virgile, également marqué par l'enseignement pythagoricien, lui fait écho, dans un contexte semblable, celui du chant VI de *l'Énéide*. Alors qu'Énée, descendu aux Enfers et parvenu aux Champs Élysées, voit une troupe d'âmes assemblées, Anchise lui explique : « Ce sont les âmes à qui les destins doivent d'autres corps : aux bords des eaux du fleuve Léthé, elles boivent les philtres apaisants, les longs oublis »[3].

Hostilité envers le végétarisme pythagoricien

La pratique végétarienne des pythagoriciens s'est heurtée à une hostilité générale dans l'Antiquité, en Grèce et plus encore à Rome. En effet, l'abstinence de viande avait une conséquence grave pour la célébration du culte antique : c'est que tout

1 Vers 72-73.
2 X, 617 d.
3 Vers 713-715.

Gérard Freyburger • Université de Strasbourg

Religions et alimentation, éd. par Rémi Gounelle, Anne-Laure Zwilling et Yves Lehmann, Turnhout : Brepols, 2020 (Homo Religiosus, 20), p. 91-93
BREPOLS PUBLISHERS 10.1484/M.HR-EB.5.117408

sacrifice était suivi de la consommation par les assistants à la cérémonie des viandes sacrificielles. Les végétariens, en refusant de participer au banquet sacrificiel, étaient jugés contester le sacrifice lui-même, acte civique et religieux fondamental dans les sociétés antiques. Ovide, attiré par le pythagorisme, a eu l'audace de justifier cette attitude : il fait dire à Pythagore dans le livre XV des *Métamorphoses* que les hommes font preuve, en sacrifiant un bœuf, de cruauté, car ils lui enlèvent la vie, puis le dépècent pour lire l'avenir dans ses entrailles

> et après –s'indigne-t-il – (tel est l'appétit de l'homme pour les aliments défendus !) vous osez, ô mortels, en faire votre nourriture ! Arrêtez, je vous en supplie, écoutez mes avis ; quand vous donnerez en pâture à votre palais les membres des bœufs égorgés, sachez bien, comprenez, que vous mangez vos cultivateurs[4].

On sait qu'Ovide fut exilé et n'eut jamais le droit de rentrer à Rome : son audace dans la contestation du sacrifice fut peut-être une raison de la sévérité impériale.

Nous disposons d'un certain nombre de témoignages sur l'hostilité que rencontrait la pratique végétarienne dans le peuple. Ainsi Sénèque rapporte dans la lettre 108 à Lucilius qu'il fit dans sa jeunesse une expérience de végétarisme à l'instigation du philosophe pythagoricien : « Je m'abstins de nourriture animale. Un an de ce régime me rendit facile, agréable même »[5]. Mais il y renonça en définitive sur les instances de son père. C'est que : « L'abstinence de certaines viandes passait pour marque de superstition »[6]. Le pythagorisme avait, d'une manière générale, mauvaise presse : ils étaient, dit ailleurs Sénèque, « détestée de la foule »[7].

Plutarque rapporte de son côté un épisode parlant, correspondant à un fait vécu. Il revint à Rome – raconte-t-il – après une longue absence et un dîner fut organisé en son honneur. Or deux convives étaient pythagoriciens et s'abstenaient donc de toute nourriture animale. De ce fait, une conversation générale s'éleva sur les raisons qui avaient pu pousser Pythagore à émettre d'étranges prescriptions. Or pendant tout ce temps, un des deux pythagoriciens se figea, garda les yeux baissés et se mura dans un silence total. L'atmosphère du dîner devint lourde et il fallut changer de conversation[8]. L'épisode est certes un événement mineur, mais il illustre bien la marginalité que connaissaient les végétariens. On pourrait encore donner d'autres cas significatifs comme celui du récit qui circulait à propos de la cité d'Amycla, en Campanie : on racontait qu'on avait un jour décidé là d'épargner la vie de tous les animaux ; on laissa donc aussi se développer les serpents et ceux-ci finirent par exterminer les habitants de ce lieu[9].

---

4 Vers 137-142.

5 § 22.

6 *Ibid.*

7 *Questions naturelles* VII, 32, 2 : *secta turbae odiosa.*

8 *Propos de Table,* VIII, 7.

9 Servius, Commentaire à *Enéide.* X, 664.

Faveur du pythagorisme à la fin de l'Empire

Pourtant, paradoxalement, le pythagorisme connut une certaine faveur à la fin de l'Empire. Cela non pas directement du fait du végétarisme, mais par le fait induit de la contestation du sacrifice sanglant. En effet, celui-ci fut l'objet de critiques nombreuses à cette époque, de la part des chrétiens, bien sûr, mais aussi de la part de philosophes païens. Le sacrifice non sanglant, préconisé par les pythagoriciens, apparut donc comme une démarche religieuse plus pure. Ainsi Censorinus, auteur d'un *De die natali* composé en 238 ap. J.-C., estimait que la simple libation était agréable aux dieux et qu'elle avait été pratiquée par

> les hommes très religieux du passé. Ceux-ci en effet, considérant leurs aliments, leur patrie, la lumière et jusqu'à leur propre personne comme des dons des dieux, leur consacraient de toute chose une partie, plus pour se montrer reconnaissants envers eux que par croyance que les dieux avaient besoin de cela. Aussi établirent-ils l'usage, après une récolte et avant d'en consommer les produits, de leur faire une libation[10].

L'offrande aux dieux de produits végétaux fut donc considérée comme le sacrifice le plus pur à leurs yeux. A propos du Genius, divinité de la naissance, il précise :

> Nos ancêtres ont observé la coutume et l'usage de s'abstenir, en s'acquittant de leur offrande annuelle envers le Génie au jour de leur anniversaire, du meurtre et du sang afin d'éviter que, le jour où eux-mêmes avaient vu la lumière, ils n'en privent une autre créature[11].

Ainsi Censorinus, comme avant lui Philostrate dans sa *Vie d'Apollonios de Tyane,* exprimait une opinion très favorable à la doctrine et aux usages pythagoriciennes. En fait, certains païens ont vu dans le pythagorisme un moyen de réformer et de purifier le paganisme et en particulier sa pratique sacrificielle.

Bibliographie

Détienne M. et Vernant J.-P., *La cuisine du sacrifice en pays grec,* Paris, Gallimard, 1979, 336 p.

Ferrero L., *Storia del pitagorismo nel mondo romano (dalle origini alla fine della Repubblica),* Turin, 1955, 452 p.

Freyburger G., Freyburger M.-L. et Tautil J.-C., *Sectes religieuses en Grèce et à Rome dans l'Antiquité païenne,* Paris, Les Belles Lettres, 2006².

Freyburger G., « Pratique végétarienne et marginalité à Rome », dans B. Amiri (éd.), *Religion sous contrôle,* Besançon, Presses Universitaires de Franche Comté, 2017, p. 41-47.

10 1, 9-10.

11 *Ibid.* 2, 2.

GÜNTER STEMBERGER

Les normes alimentaires dans la tradition juive au-delà de la Bible*

Dans la Bible, les restrictions alimentaires sont assez peu nombreuses. Gn 9, 3-4 autorise la consommation de viande, imposant pour seule restriction : « Seulement, vous ne mangerez aucune viande avec sa vie, avec son sang[1] ». Pour cette raison, un animal qui n'a pas été abattu selon le rite, mais a été trouvé mort ou déchiqueté dans les champs, ne doit pas être consommé. De même certains animaux, énumérés en Lévitique 11, sont interdits à la consommation humaine. Ils sont considérés comme impurs et portent pour cette raison atteinte à la sainteté du peuple élu, comme cela est clairement souligné en Lv 11, 45-47, en conclusion de la liste des animaux interdits à la consommation :

> En effet, je suis l'Éternel, qui vous ai fait sortir d'Égypte pour être votre Dieu, et vous serez saints car je suis saint. Telle est la loi concernant les animaux, les oiseaux, tous les êtres qui vivent dans l'eau et tous ceux qui rampent sur la terre, afin que vous distinguiez ce qui est impur et ce qui est pur, l'animal qui se mange et celui qui ne se mange pas.

Certaines parties de la graisse de l'animal ne sont pas permises car dans les rites sacrificiels elles appartiennent à l'autel, à Dieu. Hormis cela, seul le nerf sciatique est impropre à la consommation, comme on le déduit de la lutte de Jacob avec l'ange : « Le soleil se levait lorsqu'il passa Péniel. Il boitait de la hanche. Voilà pourquoi, aujourd'hui encore, les Israélites ne mangent pas le tendon qui est à l'emboîture de la hanche : parce que Dieu frappa Jacob à l'emboîture de la hanche, au tendon » (Gn 32, 32-33). L'interdiction d'Exode 23, 19 : « Tu ne feras pas cuire un chevreau dans le lait de sa mère » (cf. 34, 26 et Dt 14, 21) semble, à l'origine, interdire un rite magique ; seulement, elle deviendra par la suite une loi centrale de la législation alimentaire. On pourrait compléter ce tableau avec l'interdiction de consommer les fruits d'un arbre dans ses trois premières années (il est considéré comme incirconcis) ou du blé nouveau avant l'offrande de la première gerbe de la moisson dans le Temple. Ce qui est remarquable, c'est le fait qu'aucune de ces interdictions ne sert à séparer le

* Je remercie Mme. Claudine Haefele et M. Thibault Foulon pour la révision de mon texte français.

1 Tous les textes bibliques sont cités selon la Segond 21.

Günter Stemberger • Université de Vienne

Religions et alimentation, éd. par Rémi Gounelle, Anne-Laure Zwilling et Yves Lehmann, Turnhout : Brepols, 2020 (Homo Religiosus, 20), p. 95-104
BREPOLS PUBLISHERS 10.1484/M.HR-EB.5.117409

peuple d'Israël des peuples qui l'environnent (sauf dans un contexte sacrificiel ou lors du repas solennel de *Pessa'h*). Tant que les Israélites s'en tiennent à ces règles, les textes bibliques ne voient aucun problème à ce qu'un Israélite reçoive des aliments d'un étranger, pas plus qu'ils ne voient un problème dans la commensalité avec des étrangers ou dans l'éventualité qu'un étranger prépare le repas ou abatte l'animal.

La période du Second Temple

Cette situation va changer au cours de l'époque du Second Temple, plus particulièrement sous le règne séleucide et dans le contexte de la révolte maccabéenne. Le judaïsme du Second Temple a considérablement élargi les interdictions alimentaires de la Bible, et cela, afin de renforcer son identité et de se démarquer des autres peuples à un moment où son existence religieuse était en jeu, comme le démontre clairement le livre de Daniel. Ce changement résultait principalement du fait que désormais la population palestinienne était mixte ; il y avait beaucoup de non-juifs dans le pays – non seulement le personnel administratif et militaire des royaumes auxquels la Palestine était soumise, mais aussi les Samaritains qui, souvent, n'étaient plus reconnus comme juifs, et de nombreuses autres personnes. Le deuxième facteur important était la constitution d'une diaspora de plus en plus importante, dans laquelle les juifs étaient contraints de vivre avec une population majoritairement non-juive. Voici l'exemple de Daniel et de ses compagnons qui refusaient les plats de la table du roi :

> Daniel prit la ferme décision de ne pas se souiller en consommant les plats servis à la table du roi et le vin de ses banquets. Il demanda alors au chef des eunuques de ne pas l'obliger à se souiller. Celui-ci avait peur de désobéir le roi, mais Daniel le pria : « Fais donc un essai avec tes serviteurs pendant 10 jours : qu'on nous donne des légumes à manger et de l'eau à boire [...] Au bout de 10 jours, ils avaient meilleure apparence et avaient pris plus de poids que tous les jeunes gens qui mangeaient les plats servis à la table du roi. L'intendant retira donc les plats et le vin qui leur étaient destinés, et il leur donna des légumes à la place (Dn 1, 8.12.15-16).

On pourrait penser que Daniel craignait que les interdictions bibliques ne fussent pas observées dans la cuisine du roi. En revanche, Daniel ne voyait pas d'inconvénients à ce que les légumes fussent préparés dans une cuisine païenne. Paradoxalement, Daniel refusait de boire le vin qui lui était proposé à la table du roi, alors que dans la Bible le vin n'était pas un problème en soi. On perçoit pour la première fois la préoccupation que le vin d'un païen pourrait être l'objet d'une libation faite aux dieux[2].

Dans le livre d'Esther (ch. 1, 7-8), on peut lire au sujet d'un banquet donné par le roi à tous ces serviteurs :

> On servait à boire dans des récipients en or, tous différents les uns des autres, et il y avait du vin royal dans une abondance qui reflétait la puissance du roi.

2 Cf. D Kraemer, *Jewish Eating and Identity Through the Ages*, New York, Routledge, 2007, p. 27.

Cependant, conformément au décret, on ne forçait personne à boire. En effet, le roi avait ordonné à tous ses serviteurs de se conformer à la volonté de chacun ».

Selon l'interprétation rabbinique, les juifs étaient aussi invités au banquet – Mardochée était un personnage important dans la cour royale – et on leur servait du vin casher.

D'autres textes juifs de la période du Second Temple nous renseignent sur l'extension post-biblique des interdictions alimentaires. Dans le livre des Jubilés (ch. 22, 16), il est interdit de manger avec des païens pour ne pas contracter une impureté. De même, on lit dans le livre de Tobit que ce dernier refusait de manger des plats de provenances païennes (Tb 1, 11). Quand Judith partit pour la tente d'Holoferne, « elle confia à sa servante une outre de vin, un vase d'huile, de la farine, des figues sèches, du pain et du fromage » (Jdt 10, 5). Elle prit avec elle sa nourriture afin d'éviter de se souiller à une table païenne. Les éléments énumérés – vin, huile, pain et fromage – tiennent une place centrale dans toute législation rabbinique postérieure.

Dans le cas de Judith, on pourrait penser à une piété personnelle, et dans les textes de Qumrân à l'interprétation extrêmement stricte des lois de pureté et de sainteté de tous les produits du pays d'Israël, interprétation répandue dans les groupes à l'origine de ces écrits, qui excluent la convivialité même avec d'autres juifs.

Dans la lettre d'Aristée, chez Philon et dans d'autres textes, une attitude plus universaliste est perceptible : un contact plus étroit avec des non-juifs effrayait moins. Cependant la perception non-juive montre que la séparation des juifs avec des non-juifs lors des repas devait être assez répandue. Diodore de Sicile (Ier siècle avant notre ère), par exemple, écrit que les juifs, dans leur haine de la race humaine, ont introduit des lois étranges comme le refus de la commensalité avec tout autre peuple (το μηδενι αλλω εθνει τραπεζης κοινωνειν : Bibl. hist. XXXIV 1 :2). Près d'un siècle plus tard, Tacite décrit les juifs de la même façon : « séparés dans les repas » (*separati epulis* : hist. 5 :2). Ces textes ne précisent pas les raisons de cette séparation. Est-elle fondée sur des lois alimentaires, sur la crainte de la contamination rituelle ou encore sur un refus catégorique de convivialité ? Pour une réponse plus précise, mais qui n'est pas partagée par tous les juifs, il faut attendre les textes rabbiniques.

Le développement des lois alimentaires dans le judaïsme rabbinique

Le repas devient un acte religieux

Ce n'est pas le lieu de présenter ici les lois alimentaires rabbiniques en détail[3]. Nombre d'entre elles sont des interprétations et des spécifications de lois bibliques. Mais tout d'abord il faut souligner un développement général qui aura une influence

3 Pour plus de détails voir D. M. Freidenreich, *Foreigners and Their Food : Constructing Otherness in Jewish, Christian, and Islamic Law*, Berkeley, University of California Press, 2011 ; J. Rosenblum, *Food and Identity in Early Rabbinic Judaism*, Cambridge, Cambridge University Press, 2010 ;

importante dans la vie quotidienne : Que peut-on manger et avec qui peut-on manger ? Jacob Neusner attribue ce développement aux pharisiens qui, déjà avant la destruction du Temple, auraient cherché à assimiler la table familiale à l'autel du Temple, à transférer sa sainteté à la maison privée et, par conséquent, à appliquer tant de normes de pureté rituelle à la vie quotidienne[4]. Les évangiles rapportent les débats de Jésus avec les pharisiens sur la nécessité de se laver les mains avant un repas (Mc 7, 1-5 ; Mt 15, 1-20 ; Lc 11, 37-40). On pourrait penser à la reprise d'une coutume hellénistique, à l'origine purement hygiénique et seulement après coup dotée d'une signification religieuse. Il est évident que plus tard l'acte de se laver les mains avant un repas devenait un rite religieux, la *netilat yadayim* – on ne se lave pas simplement les mains sous le robinet, mais en versant de l'eau avec une cruche dans un ordre précis et accompagné d'une bénédiction. Les rabbins introduisent aussi la bénédiction de grâce après le repas à la condition qu'un quorum de dix hommes, un *minyan*, y participe (*birkat ha-zimmun* ; déjà à Qumrân on rencontre de traces de cette pratique). De cette manière, le repas devient un acte religieux.

Le lavement des mains mis à part, toutes nos informations dérivent des textes rabbiniques ; même si ces textes attribuent certaines pratiques à des personnes ou groupes qui vivaient avant la destruction du Temple, le lien avec les pharisiens n'est pas évident. Dans la littérature rabbinique, et plus précisément dans le traité Demay – comment se comporter avec des fruits, dont la dîme sacerdotale et, le cas échéant, la seconde dîme n'ont pas été prélevées de façon certaine – on parle de *haverim* qui s'astreignent à un comportement particulièrement rigoureux et scrupuleux :

> Celui qui prend l'engagement de mériter la confiance de tous (en prélevant les parts légalement dues) doit avoir soin, non seulement de donner la dîme sur ce qu'il consomme, mais même sur ce qu'il vend ou qu'il achète (pour d'autres), et ne doit pas accepter l'hospitalité chez un ignorant[...]Celui qui prend l'engagement d'adopter la conduite pure et scrupuleuse du compagnon des savants ne doit pas vendre à l'ignorant des fruits humides (susceptibles d'impureté), ni même des secs ; il ne lui en achète pas de verts (par cette même crainte) ; il n'accepte pas l'hospitalité chez un ignorant (pour ne rien manger qui soit douteux), et il n'accueille pas chez lui comme hôte (à cause de son impureté contagieuse). (Mishna Demai 2 :2-3, trad. M. Schwab)[5]

Malgré la destruction du Temple, on cherche à maintenir, au moins pour un certain temps, les impôts reversés aux prêtres, et à observer les normes de pureté rituelle que les textes bibliques ont prescrit uniquement pour le Temple.

G. Stemberger, « Forbidden Gentile Food in Early Rabbinic Writings », in B. Eckhardt (éd.), *Jewish Identity and Politics between the Maccabees and Bar Kokhba. Groups, Normativity and Rituals*, Leiden, Brill, 2012 (coll. JSJ.Supp 155), p. 209-224.

4 J. Neusner, *From Politics to Piety. The Emergence of Pharisaic Judaism*, Englewood Cliffs, Prentice Hall, 1973.

5 M. Schwab, *Le Talmud de Jérusalem traduit. pour la première fois en français*, 11 volumes, Paris, 1871-1889, réimprimé en 6 volumes, Paris, Maisonneuve et Larose, 1998.

La viande

L'origine des règles concernant la consommation de viande, tout particulièrement l'interdiction de consommer du sang, est biblique. Les rabbins précisent les règles d'abattage des animaux pour garantir que tout le sang s'écoule. L'acte d'abattre un animal est devenu un rite religieux ; le traité rabbinique qui en parle se trouve dans l'ordre *Qodashim*, Choses Saintes, dédié aux lois sacrificielles. En principe, tout abattage est un sacrifice. Le traité *Hullin*, Choses Profanes, fait exception en matière d'abattages profanes – la qualification de l'abatteur (en théorie, aussi un non-juif, s'il est surveillé par un juif), la qualité du couteau, la procédure précise et aussi la manière dont on dispose du sang sans qu'il puisse être considéré comme offert aux idoles ou aux démons. Les rabbins discutent aussi le cas des poissons : ont-ils du sang, dans le sens biblique du terme et faut-il, par conséquent, les abattre de façon rituelle ? Les rabbins décident que non ; mais plus tard les Karaïtes ont repris ce discours et ont décidé dans un sens positif.

L'interdiction biblique de consommer la viande d'un animal déchiqueté par une bête sauvage fut l'objet d'une préoccupation spéciale. Elle s'étendit à tout animal mort d'une blessure visible ou même intérieure ; il fallait donc examiner l'animal abattu, surtout son estomac, ses poumons et son cœur, avec un soin minutieux. Si une blessure pouvant conduire à la mort naturelle de l'animal était découverte (plus tard on précise, en 24 heures), sa viande était considérée *trefe*, « déchirée », et n'était plus permise pour la consommation humaine (plus exactement, juive). La viande provenant d'un non-juif est évidemment interdite ; nul ne peut pas savoir si toutes les lois d'abattage rituel ont été observées. Dans le monde ancien, toutes ces interdictions ayant trait à la viande n'étaient pas tellement graves pour la vie quotidienne, puisque la plupart des gens du peuple ne consommaient de la viande que très rarement.

L'interdiction de cuire de la viande dans du lait (et, par extension, de consommer de la viande et du lait ou du fromage, dans le même repas) est déduite d'Exode 23, 19 : « Tu ne feras pas cuire un chevreau dans le lait de sa mère » (cf. 34, 26 et Dt 14, 21). Dans une société où la plupart de gens ne consomment plus uniquement ce qu'eux-mêmes ont produit, mais achètent tout au marché sans connaître la provenance des produits, l'interdiction est généralisée pour éviter le moindre risque de la violer. Il ne s'agit plus seulement de cuire, mais d'éviter toute combinaison de produits laitiers avec de la viande, même la seule proximité des deux choses sur la même table ; on discute aussi le cas d'une auberge dans laquelle plusieurs personnes qui ne se connaissent pas et sont assises à la même table. On étend l'interdiction jusqu'aux volailles pour ne pas créer de précédent et pour ne pas induire les ignorants à croire qu'au moins dans certains cas la combinaison de viande et de lait soit permise (Mishna *Ḥullin* 8 :1). Dans un développement postérieur on définit aussi l'écart minimum entre la consommation de viande et, par exemple, un café au lait ; certains possèdent de la vaisselle, des couverts et même des réfrigérateurs réservés pour les produits laitiers et pour la viande ; d'autres renoncent chez eux à tout produit carné. On pourrait regarder ces extensions d'une norme biblique jusqu'aux dernières limites pensables comme une exagération ridicule. En réalité, c'est une application conséquente du principe rabbinique « d'ériger un rempart autour de la Tora[6] », d'ajouter aux interdictions de la Bible pour garantir l'observance minutieuse de la loi biblique elle-même. Si l'on regarde le texte biblique comme révélation et règle de vie pour toujours, il va de soi qu'une abrogation des normes bibliques est impensable.

Huile, vin, lait, fromage et pain

D'autres lois alimentaires n'ont pas une origine biblique directe, mais proviennent de la préoccupation des rabbins de se tenir loin des non-juifs – ces règles se trouvent surtout dans le traité *Avoda Zara,* « Idolâtrie », de la Mishna et de la Tosefta et dans les deux Talmudim :

> Ces choses des païens sont interdites, y inclue l'interdiction d'en tirer du profit : Le vin et le vinaigre des païens qui a d'abord été du vin […] La viande qui entre dans (un lieu) d'idolâtrie est permise, mais celle qui en sort, est interdite parce qu'elles sont 'des sacrifices offerts à des morts' (Ps 106, 28 זבחי מתים) » (Mishna *Avoda Zara* 2, 3).

C'est la même préoccupation que celle que nous voyons dans le Nouveau Testament : ne pas consommer de la viande provenant d'un sacrifice païen.

Par la suite, le texte interdit aussi « la saumure (מורייס – pour la conservation de poissons ; elle pourrait contenir un peu de vin) et le fromage » des païens (2, 4) – ce dernier parce que le ferment pourrait être considéré comme de la viande, peut-être même provenant d'un cadavre. D'autres aliments des païens sont aussi interdits, mais on peut en tirer du profit :

> Le lait trait par des païens, sans qu'un israélite l'ait vu, leur pain et leur huile ; toutefois Rabbi et son tribunal permettent d'user leur huile[…] tout aliment bouilli par eux ou confit, pour lequel la sauce contient du vin ou du vinaigre » (etc. : 2, 6, trad. Schwab).

Quant au lait, on soupçonne qu'il pourrait être mélangé avec du lait d'animaux interdits. Pour le pain, on a aussi peur d'ingrédients non permis (aujourd'hui encore, dans certaines régions, on met du saindoux dans la pâte à pain). Sans entrer dans les détails, on pourrait dire que les produits crus des païens sont permis, mais que tous les aliments travaillés ou cuisinés sont interdits ; pour tout liquide il y existe une raison supplémentaire : un risque potentiel à l'impureté rituelle.

Très importante est l'interdiction du pain, du vin et de l'huile des païens, les éléments de base de toute nourriture méditerranéenne. L'ensemble de ces interdictions signifie qu'un juif qui se tient strictement à ces règles, peut inviter des non-juifs dans sa maison ou accepter l'invitation d'un païen, à condition qu'il apporte sa propre nourriture. En réalité, les lois de pureté rendent cette commensalité pratiquement impossible.

6 Pirkei Avot 1 :1.

C'est précisément l'intention des rabbins, surtout si l'on accepte l'interprétation historique traditionnelle des dix-huit *halakhot* décidées par la chambre supérieure de Hanania ben Hiskia Garon quand l'école de Shammaï était majoritaire par rapport à celle de Hillel (Mishna *Shabbat* 1:4). La Mishna n'énumère pas ces règles, mais dans le Talmud de Jérusalem on en trouve plusieurs propositions. Une première liste énumère huit règles : Ils interdirent « le pain des païens, leur fromage, leur huile, leurs filles, leur sperme, leur urine, (et ils définirent) les règles concernant une émission nocturne et les pays des païens » (Yerushalmi Shabbat 1:7, 3c). Mais cette liste est difficile à compléter. Par la suite, on propose une deuxième liste, présentée comme une tradition ancienne, une baraïta, au nom de R. Simon bar Yoḥaï :

> Ce jour, ils ont émis un décret contre leur pain, leur fromage, leur vin, leur vinaigre, leur sauce de poisson, leur saumure, contre ce qu'ils brassent, cuisent et salent, contre leur friture de petits poissons, leur fusion de légumineux et leur purée de blé, contre leur langue et leur témoignage, contre leur présents [donnés pour le Temple], contre [le mariage avec] leurs fils et leur filles, [et qu'on n'accepte pas] leur prémices » (trad. de quelques termes selon Schwab).

Déjà le Yerushalmi dit de ce jour quand, exceptionnellement, l'école de Shammaï obtenait la majorité et non pas celle de Hillel, que cela devenait possible parce que des disciples de Shammaï bloquaient, par les armes, l'accès aux disciples de Hillel et en tuaient un grand nombre. Des auteurs qui acceptent ce texte comme source historique (comme, par exemple, Martin Hengel[7]), voient ici une scène au début de la guerre juive contre Rome, quand le parti zélote s'imposait sur les forces plus modérées et proclamait une séparation totale avec des non-juifs. Le fait que leurs présents ne soient plus acceptés, est interprété comme la cessation du sacrifice quotidien pour le salut de l'empereur romain.

Cette reconstruction historique est très problématique et je ne peux l'accepter[8]. La liste offerte au nom de R. Simon bar Yoḥaï est néanmoins de grand intérêt parce qu'elle rassemble une quantité de règles, attestées en partie déjà dans la Mishna, qui visent clairement à séparer les juifs des non-juifs et qui s'insère ou qui cadre bien dans la situation historique de la première moitié du deuxième siècle après les deux révoltes catastrophiques contre Rome. Qu'on prenne position contre des mariages mixtes, n'est pas nouveau ; l'interdiction de présents offerts par des païens n'est certainement pas limitée au Temple, mais concerne toutes les fêtes religieuses ou privées des païens : le soupçon permanent d'entrer en contact avec des pratiques idolâtres en est la motivation. L'interdiction de leur « langue » a un parallèle dans la Mishna (*Sota* 9:14) : « Dans la guerre de Quiétus on interdisait[...] qu'on enseigne à son fils le Grec », une mesure bien sûr totalement impraticable dans un pays où le

7 M. Hengel, *Die Zeloten. Untersuchungen zur jüdischen Freiheitsbewegung in der Zeit von Herodes I. bis 70 n.Chr.*, Leiden, Brill, 1961 (coll. AGJU 1), p. 204-211.

8 Cf. G. Stemberger, « Hananiah ben Hezekiah ben Garon, the Eighteen Decrees and the Outbreak of the War against Rome », in A. Hilhorst, É. Puech et E. Tigchelaar (éd.), *Flores Florentino. Dead Sea Scrolls and Other Early Jewish Studies in Honour of Florentino García Martínez*, Leiden, Brill, 2007 (coll. JSJSup, 122), p. 691-703.

grec était la langue commune[9]. Mais l'intention est claire : éviter autant que possible tout contact avec des non-juifs.

Cela vaut aussi pour la liste des aliments produits par des non-juifs, plus centrale dans la liste attribuée à R. Simon que dans la liste précédente (ce qui est frappant c'est que la première liste omette le vin, la seconde, l'huile) : on n'accepte pas le pain, le vin, l'huile et le fromage des païens, c'est-à-dire les aliments de base, auxquels on ajoute d'autres produits qui peuvent nous paraître très secondaires mais qui sont tous transformés et ne sont plus des produits crus ou naturels.

On s'étonne alors de lire dans la Mishna et dans d'autres textes rabbiniques que l'on permette la coopération des païens dans la cuisine et dans la production du vin dès lors qu'un juif les surveille. Tant que le juif est le chef, presque tout semble permis[10]. Ici nous sommes sur le terrain pratique, la coopération presque inévitable avec des non-juifs en Palestine ou la présence d'esclaves païens auprès de juifs aisés, et non plus sur le terrain idéologique.

La discussion de cette liste dans la continuation du texte talmudique est d'un grand intérêt. Pour plusieurs détails de la liste, on insiste sur le fait qu'ils sont antérieurs à la scène mentionnée dans la Mishna ; on n'accepte pas le contexte historique pour l'introduction des interdictions – on sait bien qu'elles ne dérivent pas d'un moment précis dans l'histoire, mais sont le résultat d'un développement beaucoup plus long. Nous avons déjà vu le cas de Judith qui prend avec soi son propre vin et son huile, et aussi son pain.

Pour le vin, nous avons déjà souligné ses liens avec l'idolâtrie – *yen nesekh*, vin de libation, est une préoccupation permanente des rabbins. Dans le développement ultérieur de ce sacrifice aux dieux, il peut devenir un rite purement symbolique – au lieu de verser du vin, il suffit simplement de secouer le verre ou tout récipient contenant du vin. Pour cette raison, les rabbins considèrent tout vin *yen nesekh* si un non-juif a touché son récipient pas parfaitement fermé, sans qu'un juif puisse l'observer. Dans l'antiquité, cela posait un problème presque insurmontable si l'on voulait employer un esclave ou un serviteur non-juif dans la maison. Aujourd'hui encore on observe cette règle bien que l'on sache que la pratique ancienne de libation n'existe plus. Cela est dû à la persistance de la tradition halachique, mais aussi à des motivations ultérieures dont je parlerai tout de suite.

Quant à l'huile des païens, quelques juifs la refusaient depuis longtemps, comme on peut l'apprendre des *Antiquités Juives* de Flavius Josèphe. Il cite un ordre de Séleucus 1er Nicator (312-281 av. J.-C.) « que les juifs qui ne voulaient pas employer de l'huile étrangère (ἀλλοφύλῳ ἐλαίῳ) reçoivent des gymnasiarches une somme fixe d'argent pour payer pour sa propre huile » (*Ant.* 12.120). C'est dans le contexte de jeux athlétiques, c'est à dire pour s'oindre et se faire masser. Ces jeux avaient toujours une connotation idolâtre à laquelle les juifs traditionnels s'y opposaient. Ainsi lit-on en 2 M 4, 18-19 que pour les jeux quinquennaux à Tyr :

---

9 Voir A. Tropper, « Banning Greek : A Rabbinic History », *Journal for the Study of Judaism*, 49, 2018, p. 108-141.

10 J. Rosenblum, Food and Identity, p. 11-12.83-89.

> Jason envoya de Jérusalem des spectateurs, qui étaient citoyens d'Antioche, porteurs de trois cents drachmes d'argent pour le sacrifice d'Hercule ; mais ceux-là même qui les portaient demandèrent que cet argent fût employé, non à des sacrifices, ce qui ne convenait pas, mais à couvrir d'autres dépenses.

Plus tard on oubliait ce contexte du refus de l'huile non-juive et il entrait dans le contexte des interdictions alimentaires ; mais cette interdiction n'était pas acceptée par tous les rabbins (Mishna *Avoda Zara* 2 :6)[11]. On ne connaissait plus la motivation derrière ces interdictions, comme en témoigne la discussion du Talmud. Après avoir offert l'un ou l'autre motif possible, le Talmud Babylonien arrive à la conclusion : « Le décret contre leur pain et leur huile était en raison de leur vin. Et le décret contre leur vin était en raison de leur filles » (*Avoda Zara* 36b). Si l'on considère toutes ces règles alimentaires qui ne sont pas fondées sur des textes bibliques, on arrive toujours à un seul principe de base : pour éviter les mariages mixtes, il faut éviter toute commensalité[12]. C'est l'unique voie pour garantir la survie du peuple juif.

Même aujourd'hui les interdictions alimentaires ont une motivation assez complexe. D'un côté – et c'est bien sûr la motivation élémentaire – on se voit toujours tenu aux normes de la Tora dans leur interprétation rabbinique. De l'autre côté, on est aussi conscient de l'importance de ces lois pour la survie de l'identité juive. Les pratiques alimentaires jouent toujours un rôle décisif dans la construction de l'identité de groupes sociaux ou religieux. Pour une minorité comme le peuple juif sa survie en dépend, et cela même si la grande majorité des juifs modernes n'observent qu'une petite partie de ces lois.

Bibliographie

Freidenreich D. M., *Foreigners and Their Food : Constructing Otherness in Jewish, Christian, and Islamic Law*, Berkeley, University of California Press, 2011.

Goodman M., « Kosher Olive Oil in Antiquity », in Ph. R. Davies et R. T. White (éd.), *A Tribute to Geza Vermes. Essays on Jewish and Christian Literature and History*, Sheffield, JSOT Press, coll. JSOTSup 100, 1990.

Hengel M., *Die Zeloten. Untersuchungen zur jüdischen Freiheitsbewegung in der Zeit von Herodes I. bis 70 n.Chr.*, Leiden, Brill, coll. AGJU 1, 1961.

Kraemer D., *Jewish Eating and Identity Through the Ages*, New York, Routledge, 2007.

Neusner J., *From Politics to Piety. The Emergence of Pharisaic Judaism*, Englewood Cliffs, Prentice Hall, 1973.

Rosenblum J. D., « Kosher Olive Oil in Antiquity Reconsidered », *Journal for the Study of Judaism*, 40, 2009.

11 M. Goodman, « Kosher Olive Oil in Antiquity », in Ph. R. Davies et R. T. White (éd.), *A Tribute to Geza Vermes. Essays on Jewish and Christian Literature and History*, Sheffield, JSOT Press, 1990 (coll. JSOTSup 100), p. 227-245 ; J. D. Rosenblum, « Kosher Olive Oil in Antiquity Reconsidered », *Journal for the Study of Judaism*, 40, 2009, p. 356-365.

12 J. D. Rosenblum, « From Their Bread to their Bed : Commensality, Intermarriage, and Idolatry in Tannaitic Literature », *Journal for the Study of Judaism*, 41, 2010, 18-29.

——— « From Their Bread to their Bed : Commensality, Intermarriage, and Idolatry in Tannaitic Literature », *Journal for the Study of Judaism*, 41, 2010.

——— *Food and Identity in Early Rabbinic Judaism*, Cambridge, Cambridge University Press, 2010.

Schwab M., *Le Talmud de Jérusalem traduit. pour la première fois en français*, 11 volumes, Paris, 1871-1889, réimprimé en 6 volumes, Paris, Maisonneuve et Larose, 1998.

Stemberger G., « Hananiah ben Hezekiah ben Garon, the Eighteen Decrees and the Outbreak of the War against Rome », in A. Hilhorst, É. Puech et E. Tigchelaar (éd.), *Flores Florentino. Dead Sea Scrolls and Other Early Jewish Studies in Honour of Florentino García Martínez*, Leiden, Brill, coll. JSJSup, 122, 2007.

——— « Forbidden Gentile Food in Early Rabbinic Writings », in B. Eckhardt (éd.), *Jewish Identity and Politics between the Maccabees and Bar Kokhba. Groups, Normativity and Rituals*, Leiden, Brill, coll. JSJ.Supp 155, 2012.

Tropper A., « Banning Greek : A Rabbinic History », *Journal for the Study of Judaism*, 49, 2018.

DAVID LEMLER

Le problème de l'alimentation carnée dans la tradition rabbinique*

Loin d'y voir un droit dérivant de la nature humaine, la tradition rabbinique présente l'alimentation carnée comme un problème et en fait le lieu d'une tension structurelle. La consommation de la chair animale, présentée comme une concession à la nature fondamentalement violente de l'homme, n'engage pas moins le défi de l'humain. Car, au-delà de l'exutoire de la violence meurtrière, s'y joue le mode d'inscription des hommes parmi les vivants.

Nous nous proposons de mettre au jour cette tension à travers un parcours de quelques textes bibliques présentés à la lumière de leur interprétation rabbinique, dans les sources classiques du Midrash et du Talmud. La thèse qui en ressort s'avère plus subtile que le spécisme dogmatique que l'on prête souvent à la tradition biblique ou judéo-chrétienne, à travers la lecture « despotique » que l'on fait du récit de la création. D'après cette lecture, la Bible institue l'homme en maître d'une nature créée à son usage[1].

Cette lecture se retrouve jusque dans l'une des références majeures pour penser la question des rapports de l'homme et de l'animal aujourd'hui, dans la généalogie magistrale de Philippe Descola du « naturalisme » ou du « grand partage » entre nature et culture. Descola lit dans le récit biblique de la genèse, en particulier de Gn 1, l'affirmation d'une « autonomie de la création », l'idée d'une hétérogénéité radicale de l'homme et de ce qui n'est pas lui. Les hommes y sont décrits comme « *extérieurs* et *supérieurs* à la nature ». « L'homme n'a pas sa place dans la nature comme un élément parmi d'autres, il n'est pas "par nature" comme les plantes et les animaux, il est devenu transcendant au monde physique ; son essence et son devenir relèvent désormais de la grâce[2] ». Le Moyen Âge chrétien, dans cette perspective, poursuit la voie ouverte par la Bible, théorisant la « transcendance divine, [la] singularité de l'homme et [l']

---

* Ce texte doit beaucoup à une étude menée avec Emmanuel Bonamy.

1 Voir, pour une présentation de cette lecture, J. B. Callicott, *Genèse*, trad. Dominique Bellec, Marseille, Éditions Wildproject, 2009, p. 9-19.

2 P. Descola, *Par-delà nature et culture*, Paris, Gallimard, 2015, p. 129.

David Lemler • Université de Strasbourg

Religions et alimentation, éd. par Rémi Gounelle, Anne-Laure Zwilling et Yves Lehmann, Turnhout : Brepols, 2020 (Homo Religiosus, 20), p. 105-117
BREPOLS PUBLISHERS 10.1484/M.HR-EB.5.117410

extériorité du monde », et prépare la voie à l'invention de la nature à l'âge classique[3]. De toute évidence, la tradition biblique et particulièrement sa réception médiévale en Occident chrétien a joué un rôle dans la genèse du naturalisme moderne. Mais une lecture attentive du texte biblique et de son interprétation rabbinique y révèle des éléments d'une pensée du rapport homme-animal en des termes moins binaires que ceux d'une supériorité et d'une transcendance naturelles.

Une concession à la nature humaine

S'agissant d'une étude de la réception rabbinique de la Bible, nous l'envisagerons, et particulièrement le Pentateuque, comme une unité textuelle. Dans le texte biblique ainsi abordé, le statut légal de la consommation de la chair animale joue un rôle fondamental et articule les différentes étapes de l'histoire de l'humanité. Une création initialement végétarienne – étape adamique – aboutit à un déchaînement de violence, à la génération du déluge. Un nouveau départ est donné à l'humanité, désormais autorisée à manger de la viande. La consommation de la viande est ensuite limitée par une série de règles données à Israël au Sinaï, notamment relatives au rituel sacrificiel. Des textes messianiques, tirés des livres prophétiques semblent enfin annoncer un retour, à la fin de l'histoire, à l'idéal végétarien des origines. *Le loup habitera avec l'agneau, la panthère se couchera avec le chevreau. Le veau, le lionceau et la bête grasse iront ensemble, conduits par un petit garçon. La vache et l'ourse paîtront, ensemble se coucheront leurs petits. Le lion comme le bœuf mangera de la paille* (Is 11, 6)[4].

L'alimentation carnée, dans cette optique, est rendue nécessaire par la violence inhérente à la nature humaine pour rendre possible la perpétuation de l'espère humaine dans un monde minimalement pacifié. La consommation de viande est en soi entièrement négative, car elle suppose l'exercice d'une violence meurtrière ou, du moins, que les vivants se nourrissent de la mort d'autres vivants. Elle aurait vocation à disparaître dans un monde idéal[5].

La création de l'homme « à l'image et à la ressemblance »

C'est à la lumière d'une lecture du récit de la création de l'homme que s'inscrit l'ensemble de la lecture rabbinique de la question de l'alimentation carnée. Car le texte biblique lui-même, mais surtout sa lecture par les Sages, met en tension l'idée d'une humanité transcendant le reste de la création. Dans le premier récit de la

3 *Ibid.*, p. 132.

4 Nous utilisons la traduction de la Bible de Jérusalem en la modifiant au besoin pour l'accorder avec les interprétations rabbiniques.

5 Cette optique messianique est particulièrement développée par le Rav Abraham Kook, rare partisan dans le monde orthodoxe du végétarisme comme horizon éthique au sein du judaïsme rabbinique au XXe siècle. Voir A. I. Kook, *Ḥazon ha-Ṣimḥonut we-ha-Šalom* (*Vision de végétarisme et de paix*), recueil de textes établi par David Cohen, Jérusalem, Nezer David, 1983.

création, au premier chapitre de la Genèse, l'homme est certes la seule créature dont il est dit qu'elle a été créée à « *l'image et à la ressemblance* » (Gn 1, 26-27) de Dieu. Cependant, il ne lui est pas assigné une distinction ontologique radicale : il est créé le sixième jour, en même temps que les autres animaux terrestres. À l'homme est accordée une « bénédiction » : *Soyez féconds, multipliez, emplissez la terre* (Gn 1, 28) qui résonne avec celle qui avait précédemment été accordée aux poissons (Gn 1, 22). Ceux-ci représentent, dans l'imaginaire biblico-rabbinique, le grouillement de la vie, la vie comme multiplicité pure et flux informe[6]. L'homme assimilé aux poissons participe de cet élan de perpétuation de la vie.

La « bénédiction » se poursuit pourtant dans le sens de l'assignation à l'homme d'une supériorité vis-à-vis des autres créatures : *emplissez la terre et conquérez-la ; dominez (u-redu) sur les poissons de la mer, les oiseaux du ciel et tous les animaux qui rampent sur la terre* (Gn 1, 28). Mais cette transcendance de l'homme est immédiatement nuancée, aux versets suivants, par l'instauration divine d'un régime alimentaire végétarien s'appliquant à tous les animaux. Il existe certes une différence entre l'alimentation de l'homme constituée par les « *arbres portant semence* » (Gn 1, 29) et celles des autres animaux, y compris les animaux sauvages (*ḥayyot*) qui se voient attribuer « *toute la verdure des plantes* » (Gn 1, 30). Il n'en demeure pas moins que l'homme partage avec tous les animaux une alimentation strictement végétale[7].

Le texte du premier récit de la création présente ainsi une tension entre, d'une part, une distinction radicale par rapport aux autres créatures donnée d'emblée d'un homme créé à l'image de Dieu et, d'autre part, une parenté de l'homme vis-à-vis des autres animaux, vivant parmi les vivants, herbivore parmi les herbivores. Le « deuxième » récit de la création dans l'ordre du texte, en Gn 2, incline plus nettement dans le sens d'une transcendance de l'homme. Le récit est plus anthropocentré, il ne détaille que la création de l'homme et décrit un homme faisant l'objet d'une opération de façonnage spécifique, avant d'être déposé dans l'Éden, métonymie d'un monde achevé et à sa disposition. L'homme reçoit toutefois comme tâche non pas de « dominer », mais de « garder » le jardin[8]. Au lieu de reconstruire une cohérence entre les deux récits, en effaçant les ambiguïtés du « premier » récit quant à la question de la distinction de l'homme et de l'animal, le *midrash* souligne au contraire ces ambiguïtés et fait ressortir des points ambigus dans le « second » récit également.

---

6 Voir par exemple *Gn Rabba*, XCVII, 3.

7 Alfred Marx voit dans ce végétarisme originaire une utopie que reflètera par la suite le système des offrandes végétales, A. MARX, *Les offrandes végétales dans l'Ancien Testament : du tribut d'hommage au repas eschatologique*, Leyde, Brill, 1994, p. 140-141.

8 Ceci a donné lieu à l'interprétation de « l'intendance », opposée à l'interprétation despotique, qui fait de l'homme un gardien bienveillant du monde (voir J. B. CALLICOTT, *Genèse*, p. 20-25). Callicott propose une troisième lecture « citoyenne », qui insiste sur la parenté de l'homme avec le reste de la création. Cette lecture repose uniquement sur le second récit de la Genèse (le plus ancien) et fait l'économie de penser la tension que la succession des deux récits produit. Or, comme nous l'avons vu, la lecture rabbinique du premier récit (le plus récent) en fait également ressortir les ambiguïtés quant à la place de l'homme dans la création.

À propos de Gn 1, le motif de l'écart entre le projet de la création de l'homme « *à notre image et à notre ressemblance* » (Gn 1, 26) et sa création effective est récurrent dans la tradition rabbinique[9]. L'homme n'est pas créé immédiatement conforme au projet divin. Un *midrash*, jouant sur la proximité des verbes hébraïques *radah*, « dominer », et *yarad*, « descendre », retrouve cet écart entre création projetée et création effective dans le rapport entre l'homme et l'animal.

> *Ils domineront* (*u-redu*) *sur le poisson de la mer* (Gn 1, 28). Rabbi Hanina dit : S'il est méritant, « *ils domineront* (*u-redu*) », s'il ne l'est pas, « *ils seront abaissés* (*yeradu*) » (Gn 1, 26). Rabbi Yaakov de Kefar Hanin dit : que celui qui est « *à notre image selon notre ressemblance* » « *domine* », mais que celui qui ne l'est pas « *soit abaissé* »[10].

Le *midrash* propose une vocalisation alternative du mot *yirdu* en Gn 1, 26, « *ils domineront* (sur les animaux) », autorisée par le texte consonantique : *yeradu*, « *ils seront abaissés* (sous les autres animaux) ». « L'image et la ressemblance » n'est ainsi pas un donné naturel, c'est au contraire la tâche de l'humain de s'en rendre digne. Le signe de sa réussite ou de son échec, en même temps que le lieu où s'éprouve la ressemblance et la dissemblance de l'humain avec le divin, se trouve dans son rapport avec les animaux. S'y joue la conquête par l'homme de son humanité, non pas en *s'arrachant à* son animalité, mais *depuis* son animalité même.

La création de la femme ou la découverte de la singularité humaine

Quant au « deuxième » récit de la création, c'est à propos de la création de la femme que le *midrash* introduit au cœur du projet de l'humanité le thème d'une parenté essentielle avec l'animal, tandis que l'humanité advient à partir de la découverte d'une singularité humaine du sein de l'animalité. Le récit de la création de la femme est enchâssé avec celui de la nomination des animaux. En Gn 2, 18, le dieu créateur constate qu'il « *n'est pas bon que l'homme soit seul* ». Puis le verset 19, rappelle la création des autres animaux et raconte que Dieu les a amenés devant l'homme pour voir comment il les appellerait. Le verset 20 énonce qu'ayant nommé tous les animaux, l'homme ne trouva pas « *d'aide qui lui fût assortie* ». S'ensuit la création de la femme à partir de la côte (ou du côté) d'Adam. La femme ayant été « amenée » devant lui, comme l'avaient été les autres animaux, il s'écrit : *Cette fois-ci, c'est l'os de mes os et la chair de ma chair* (*basar mi-besari*) *!* (Gn 2, 23). Une *aggada* talmudique glose cette expression : « *Cette fois-ci* (Gn 2, 23), cela nous enseigne qu'Adam s'est uni à tous les animaux domestiques et sauvages, mais qu'il n'a trouvé d'épanouissement (*nitqarera daʿato*) que par son union avec Ève »[11].

---

9 Talmud de Babylone (= TB), *Ketubbot*, 8a.
10 *Gn Rabba*, VIII, 12, trad. Bernard Maruani, Lagrasse, Verdier, 1987, p. 113.
11 TB, *Yevamot*, 63a.

Le procédé de nomination est ainsi interprété comme une relation sexuelle qu'Adam aurait eue avec un représentant de chaque espèce animale. Il aura donc fallu que l'homme fasse l'épreuve d'une insatisfaction, d'une désunion avec les autres animaux, pour découvrir qu'il ne peut se reconnaître que dans un autre humain. Cette expérience de l'étrangeté de l'animal aboutit au fait que les animaux sont tous fondus pour lui dans des espèces, désignées par un nom commun. La rencontre de la femme aboutit quant à elle à la découverte simultanée du nom de l'homme (*iš*) et du nom apparenté de la femme (*iša*). Seule la femme sera également par la suite dotée, comme Adam, d'un nom propre. En y reconnaissant ses os et sa chair, l'homme fait en la femme la découverte de la singularité humaine, de la sienne comme de celle de sa partenaire. Dans le contexte d'une création entièrement végétarienne, la découverte de l'humanité s'opère ainsi à travers la singularisation de la chair.

Le récit de la création de la femme comprend la première occurrence du terme *basar*, central pour notre sujet. Tandis qu'il charrie ici une connotation sexuelle, il désigne, dans d'autres contextes, tout autant la chair animale que la viande. À travers la polysémie de *basar*, la viande se trouve associée à l'eros, comme tout à la fois le lieu du désir le plus puissant et celui d'une reconnaissance de la spécificité humaine.

Le déluge et le retour à « l'anonymat de la chair »

Le terme *basar* est au cœur des passages particulièrement obscurs annonçant le déluge. « *Dieu vit la terre : elle était pervertie, car toute chair* (*kol basar*) *avait une conduite perverse sur la terre* » (Gn 6, 12). Une *aggada* commente :

> *Car toute chair avait une conduite perverse sur la terre* (Gn 6, 12). R. Yohanan a dit : Il faut entendre que l'on accouplait l'animal domestique à la bête sauvage, la bête sauvage à la domestique, et l'une et l'autre à l'homme et l'homme à elles[12].

La « génération du déluge », qui conduira le créateur à regretter d'avoir créé l'homme, est marquée selon la tradition par une violence généralisée et une débauche sexuelle, qui impliquent non seulement l'homme mais aussi les animaux[13]. Dans la logique du principe selon lequel le châtiment correspond à la faute et par conséquent la révèle (*midda ke-neged midda*), les eaux effaçant toute forme distincte de la surface de la terre (inversant le processus de création)[14] sont le miroir de la confusion qui régnait déjà parmi les hommes de la génération du déluge. Alors qu'Adam découvrait l'humanité en singularisant la chair, la génération du déluge se montre incapable d'une telle

---

12 TB, *Sanhedrin*, 108a, trad. A. Elkaïm-Sartre, *Aggadoth du Talmud de Babylone*, Lagrasse, Verdier, 1982, p. 1157.

13 Pour un aperçu général des interprétations midrashiques, voir J. DANAN, « Noé et le déluge dans la *aggada* rabbinique », *Revue de l'histoire des religions*, vol. 232, n° 4, 2015, p. 567-584.

14 Le grand commentateur médiéval Abraham Ibn Ezra (XIIe siècle) considère ainsi que la création décrite en Gn 1 consiste en un processus d'émergence d'une terre habitable au sein d'un océan primordial (le « tohu bohu »), voir son *Com. courant* Gn 1, 2 (reproduit dans toutes les bibles rabbiniques).

singularisation, si bien que la chair devient l'objet d'un désir indistinct d'appropriation et parfois de destruction. Inversant le processus de nomination décrit en Gn 2, la chair est redevenue « anonyme » pour reprendre une expression de Marc Israël[15].

L'alliance avec Noé : autorisation de la viande et interdit du meurtre

Ainsi, ce premier projet de création entièrement végétarienne donne lieu à une dialectique paradoxale de la violence[16]. L'existence est instituée d'une façon telle que sa préservation exclut toute cruauté et toute violence, si tant est que l'on refuse toute affectivité aux végétaux. Il faut certes détruire pour entretenir la vie mais, dans la création primordiale, l'économie de la consommation n'implique aucune souffrance infligée et subie. Or cette création voulue sans aucune cruauté produit son contraire : un monde de violence diffuse et indistincte, tendant à sa propre destruction au lieu d'assurer sa perpétuation.

Si le projet humain doit se poursuivre malgré la découverte divine que le « *penchant du cœur de l'homme est mauvais depuis son jeune âge* » (Gn 8, 21), ce sera nécessairement sur de nouvelles fondations. C'est ainsi qu'une alliance est scellée entre Dieu et Noé au sortir de l'arche, qui reprend en la modifiant la « bénédiction » de l'humain de Gn 1. *Dieu bénit Noé et ses fils et il leur dit : « Soyez féconds, multipliez, emplissez la terre. Soyez la crainte et l'effroi de tous les animaux de la terre [...]. Tout ce qui se meut et possède la vie vous servira de nourriture, je vous donne tout cela au même titre que la verdure des plantes. »* (Gn 8, 1-3). La réponse au déluge est ainsi l'introduction d'un régime alimentaire carnivore ou, à tout le moins, l'autorisation faite à l'homme de consommer un être vivant quel qu'il soit. L'absence de distinction qui caractérisait la génération du déluge et qui conduisait à l'oubli de la singularité humaine est alors restreinte à la chair animale qu'il est possible à l'homme de consommer sans que soit introduite une distinction entre espèces permises et interdites[17].

Deux limitations associées à cette autorisation permettent de mieux cerner sa signification. D'une part, il sera interdit de manger la « *chair avec son âme, son sang* » (Gn 8, 4). Selon l'interprétation rabbinique, il s'agit de l'interdiction de consommer le membre d'un animal vivant. La nouvelle histoire de l'humanité s'inaugure par la prise en compte d'une violence intrinsèque à la perpétuation de la vie animale en général (les animaux deviennent eux aussi pour partie carnivores) et de la vie humaine en particulier. Mais cette violence admise ne signifie pas une autorisation

---

15 M. Israël, *Philosopher avec la Torah*, Paris, Eyrolles, 2014, p. 67.

16 Cette « dialectique de la violence » est au cœur d'un chapitre que Joseph Albo (xve siècle) consacre à notre question dans son *Livre des Principes*, ouvrage classique du rationalisme juif médiéval. Le meurtre d'Abel y est en outre expliqué comme la conséquence du végétarisme des origines (*Sefer ha-'Iqqarim*, III, 15).

17 La distinction « sacerdotale » entre animaux « purs » et « impurs » est certes introduite dès le récit du déluge (Gn 7, 2). Mais cette distinction qui anticipe sur la législation sacrificielle (voir le *Com.* de Rashi *ad. loc*) n'implique, à ce stade de l'histoire biblique, aucune limitation alimentaire.

de la cruauté. D'autre part, s'il est permis de tuer un vivant pour s'en nourrir, la vie de l'homme n'est pas incluse dans cette permission. Le premier énoncé explicite de l'interdit du meurtre apparaît ici à la suite de l'autorisation de toute viande. Il s'agit donc de faire ressortir de la chair animale indistinctement permise, la singularité de chaque vie humaine, sur laquelle il sera demandé des comptes à l'homme comme aux animaux (Gn 8, 5-6).

La loi du Sinaï : le sacrifice et la ritualisation de la mise à mort

Alors que l'autorisation de la consommation de la viande était universelle au moment de l'alliance avec Noé, exception faite de la consommation cruelle d'un membre encore vivant, la loi du Sinaï l'insère dans une série de règles, liées plus ou moins directement au rite sacrificiel. Dans le cadre sacrificiel, la consommation de la chair de certaines offrandes est investie d'une signification nouvelle, celle de permettre un « rapprochement » de l'homme et de son créateur, selon l'étymologie du mot *qorban* (sacrifice). La concession faite à la violence humaine par l'autorisation de la viande se trouve quant à elle limitée et ritualisée.

Le couple du pur et de l'impur lié à la liturgie du Temple est employé pour distinguer les espèces permises et interdites (Lv 11 et *passim*), tandis que la législation sacrificielle introduit, notamment, l'obligation d'un type spécifique de mise à mort, « l'immolation » désignée par verbe *šaḥaṭ* (Lv 1, 5). Ce terme générique recouvre pour la tradition rabbinique une manière extrêmement précise d'égorger la victime, incluant entre autres des règles relatives aux qualités de l'égorgeur, à son geste ou à son instrument. Si certains sacrifices, les holocaustes (*ʿola*), sont entièrement brûlés, d'autres, les sacrifices dits de « communion » (*šelamim*), sont en partie consommés par l'offrant, si bien que le repas sacrificiel pourra servir de paradigme à la consommation de la viande.

C'est en effet en référence à la législation sacrificielle qu'un texte du Deutéronome autorise la consommation de viande en dehors du Temple. Au cœur des passages « deutéronomiques », insistant sur l'interdiction de pratiquer des sacrifices en dehors du « lieu choisi par l'Éternel », une nouvelle concession est faite, dans le cadre de la loi d'Israël, au désir irrémissible de viande. *Lorsque YHWH ton Dieu aura agrandi ton territoire, comme il te l'a dit, et que tu t'écrieras : « Je voudrais manger de la viande (basar) », si tu désires manger de la viande, tu pourras le faire autant que tu voudras. Si le lieu choisi par YHWH ton Dieu pour y placer son nom est trop loin de toi, tu pourras immoler parmi ton gros et ton petit bétail que t'aura donné YHWH, comme je te l'ai ordonné ; tu en mangeras dans tes villes autant que tu le désireras* (Dt 12, 20-21). L'épisode des cailles présentait déjà le désir de viande comme une cause d'insatisfaction du peuple (Nb 22, 4), aux yeux de qui la *manne* – pourtant supposée selon le *midrash* pouvoir prendre tous les goûts que l'on souhaite[18] – paraît insipide. Dans cet épisode

18 Voir TB, *Yoma*, 75a, trad. dans *Aggadoth du Talmud de Babylone*, p. 378.

comme dans le passage du Deutéronome, la consommation de la chair animale est associée au terme de *ta'awa* qui désigne la modalité la plus intense du désir.

Le Talmud désignera ainsi cette consommation profane de la viande par l'expression « chair du désir » (*besar ta'awa*)[19]. Ce vocable souligne que la logique de concession que constituait l'autorisation même de consommer de la viande faite à Noé et ses fils se trouve reconduite dans la loi du Sinaï. Parce que l'unicité du lieu des sacrifices interdirait la consommation de la viande à ceux qui se trouvent trop loin du Temple de Jérusalem, la loi biblique autorise, après la conquête du pays, de faire des repas carnés où que l'on se trouve. Toutefois, le mode sacrificiel de la mise à mort de l'animal s'appliquera également dans le cadre de ces repas profanes. Ainsi, la concession faite à Israël au violent désir de s'accaparer le vivant est assortie d'une attention accrue faite à la mise à mort. Puisque, par ailleurs, la consommation des cadavres est devenue interdite (Dt 14, 21), aucune viande ne pourra être consommée sans qu'une attention soit portée au fait qu'en manger suppose de faire couler le sang.

Tout mangeur de viande est un chasseur

Ce motif d'une assomption de la violence nécessaire pour assouvir le désir de viande apparaît notamment dans les conditions qu'un passage du Talmud pose à sa consommation. Le passage propose tout d'abord une lecture du verset relatif à l'obligation de recouvrir le sang des animaux chassés : « *Un homme, parmi les enfants d'Israël et l'étranger qui séjourne parmi eux, qui chasserait une chasse (yaṣud ṣeyd) d'animal sauvage ou d'oiseau, qui se mange, il en versera le sang et le recouvrira dans la poussière* » (Lv 17, 13).

> Nos maîtres ont enseigné : les termes « *qui chasserait* » n'incluent que les animaux [sauvages ou oiseaux] qu'il faut chasser [pour les consommer]. Ceux qui restent passifs et se laissent chasser, comme l'oie ou la poule, comment sait-on [qu'ils sont aussi concernés par l'obligation d'en verser le sang] ? C'est ce que vient enseigner le terme redondant « [qui chasserait] *une chasse* » : toute forme de chasse est concernée. Dès lors, que viennent enseigner les mots « *qui chasserait* » ? La Tora enseigne comment il convient de se comporter dans le monde (*derekh ereṣ*) : *un homme ne doit manger de viande qu'avec une telle préparation* (*hazmana*)[20].

L'obligation de recouvrir le sang de l'animal tué pour le consommer est conditionnée, dans le verset, par deux critères qui peuvent entrer en contradiction. D'un côté, l'obligation ne s'applique qu'à l'animal chassé, à l'exclusion du bétail (*behema*). De l'autre, elle ne s'applique qu'à l'animal « sauvage » (*ḥayya*) – l'animal non-domestique, mais appartenant à une espèce permise (le cerf par exemple) – et à l'oiseau, qui incluent également des espèces dont la consommation ne requiert en réalité nullement de se mettre en chasse. Le redoublement du sémantème « chasse » est compris comme

19 TB, *Hullin*, 16b-17a.
20 TB, *Ḥullin*, 84a (nous soulignons).

incluant aussi bien la chasse effective que la chasse « métaphorique » des animaux qui ont les attributs du gibier, par exemple des ailes pour fuir hors de portée des hommes, mais ne s'en servent pas. Cette métaphorisation s'étend par un autre biais aux animaux qui sont pourtant exclus explicitement du champ d'application de l'obligation de recouvrir le sang. Toute consommation de viande, même du bétail, est incluse dans l'imaginaire de la chasse, sur le mode du comme si. Toute bête devra être consommée comme s'il avait fallu la chasser pour la consommer.

La signification pratique en est une limitation de la fréquence de la consommation de viande, qui doit toujours être envisagée comme nécessitant du temps et des efforts, fût-elle en réalité facile. L'assimilation de toute consommation de viande au résultat d'une chasse a surtout une signification éthique, rapportée au regard de la tradition biblico-rabbinique sur la chasse. La chasse est l'attribut d'Esaü, le double monstrueux de Jacob, qui « *séjourne dans les tentes* » (Gn 25, 27). Selon le *midrash*, il faut lire ici l'opposition de la brutalité idolâtre et de l'étude patiente de la Tora[21]. Un *responsum* sur la question de la chasse d'un décisionnaire important du XVIIIe siècle, R. Ezekiel Landau, statue que la chasse, tant qu'elle est entreprise pour se nourrir, est permise, mais qu'elle relève d'un *ethos* contraire à ce que l'on est en droit d'attendre d'un enfant d'Israël[22]. La logique de la concession apparaît ainsi de manière exemplaire dans cette assimilation de la consommation de la viande à la chasse. Le Rav Abraham Kook[23] explique ainsi l'obligation de couvrir le sang comme l'aveu d'une culpabilité de celui qui n'aura su se retenir de chasser. À travers l'imaginaire de la chasse, tout repas carné se trouve ainsi hanté par la culpabilité.

Les restrictions à la consommation de la viande

Le même texte talmudique se poursuit par la lecture de deux versets du Deutéronome précédemment cités, y puisant d'importantes restrictions à la consommation de la viande.

> *Lorsque YHWH ton Dieu aura agrandi ton territoire… [si tu désires manger de la viande, tu pourras le faire]* (Dt 12, 20). La Tora enseigne comment il convient de se comporter dans le monde : un homme ne doit manger de viande que s'il en a l'appétit (*le-te'avon*). Se pourrait-il qu'il aille s'en procurer au marché ? C'est ce que vient exclure l'expression « *tu égorgeras parmi ton gros et ton petit bétail* » (Dt 12, 21). Se pourrait-il qu'il puisse égorger *tout* son gros bétail pour le manger, *tout* son petit bétail pour le manger ? C'est ce que vient exclure l'expression « *parmi ton gros et ton petit bétail* » (*Ibid.*)[24].

Plus que des interdits formels, l'enseignement que le Talmud tire des versets est à nouveau du registre de l'*ethos*. Si la loi permet la consommation de la viande, la

21 *Gn Rabba*, LXIII, 10. Voir Rashi, *ad loc.*

22 E. Landau, *Responsa « Noda' bi-Yehuda », Mahadura Tenina, Yoreh De'a*, 10.

23 A. I. Kook, *Ḥazon ha-Ṣimḥonut we-ha-Šalom*, § 14, p. 23-24.

24 TB, *Ḥullin*, 84a (nous soulignons).

manière dont elle est consommée revêt une portée morale. De ce passage, le Rav Kook va toutefois jusqu'à déduire qu'il serait même interdit de consommer de la viande sans en avoir réellement envie[25]. L'autorisation de manger de la viande devient dans cette perspective une exception de circonstance à un interdit fondamental.

Par ailleurs, la consommation de la viande est conditionnée au fait d'avoir une communauté de vie avec les animaux. Impossible selon ce passage d'aller s'approvisionner à la boucherie. Il faut se nourrir de ses propres bêtes et l'on ne peut manger de viande que pour autant que l'on vit avec des animaux. S'il est permis de consommer de la chair animale comme il était permis à Adam de manger des végétaux, il est interdit de consommer de la viande comme on consomme d'autres aliments. L'animal ne peut être consommé que comme tel, en tant qu'un vivant dont on s'approprie la chair et que l'on prive de la vie, avec une pleine conscience de le faire. Le passage précité suggère d'ailleurs qu'il faudrait soi-même faire l'épreuve de la mise à mort. Et si les conditions qu'il induit à la consommation de la viande ne correspondent en rien à l'économie et la pratique modernes de l'alimentation carnée, du moins faut-il y entendre qu'acheter de la viande chez le boucher n'est permis qu'à condition de l'envisager non pas comme une transaction commerciale, mais comme le fait d'avoir délégué à un tiers l'abattage de sa propre bête.

Une affirmation joyeuse de l'existence charnelle

Exutoire de la violence des hommes, la consommation de viande ne semble, selon les développements précédents, pourvue d'aucune justification intrinsèque. Il ne s'agit que d'un mal nécessaire à la préservation d'une socialité relativement pacifiée, constituant une parenthèse de l'histoire tendue entre l'Éden et les temps messianiques.

Toutefois, certains enseignements ne s'intègrent pas à cette présentation, conférant une valeur positive à l'alimentation carnée. Dans le récit des débuts de l'humanité tel que nous l'avons présenté en suivant le texte biblique, l'alimentation carnée est le facteur qui différencie l'humanité anté- et postdiluvienne. Les animaux que l'on tue pour s'en nourrir après le déluge se substituent aux hommes dont le versement du sang est proscrit. Selon une *aggada* talmudique néanmoins, « Adam était attablé dans le Jardin d'Éden ; les anges du service divin lui rôtissaient de la viande et lui rafraîchissaient du vin »[26]. S'il était interdit à Adam de tuer pour manger de la viande ou de se nourrir de la viande d'un cadavre[27], il consommait, selon cet enseignement, de la « viande qui descendait du ciel ». Ce repas édénique participe d'une représentation d'un état idéal de l'humanité, sous la figure d'une pure jouissance, d'une consommation qui n'induit aucune destruction et qui n'est le résultat d'aucun effort. Il y va d'une

25 *Ibid.*, § 4, p. 11.

26 TB, *Sanhedrin*, 59b, trad. dans *Aggadoth du Talmud de Babylone*, p. 1053.

27 Cf. Tossefot, *Sanhedrin*, 56b, s.v. *akhol tokhel*. Les Tossafistes sont d'avis qu'Adam pouvait manger de la viande tant qu'il ne tuait pas pour le faire.

affirmation de l'existence sans aucun reste. Or cette affirmation s'exprime à travers un repas composé de viande et de vin.

Viande et vin constituent dans la tradition rabbinique l'expression la plus adéquate de la joie.

> *Tu te réjouiras pendant ta fête* (Dt 16, 11) : [...] Rabbi Yehuda ben Batira dit : lorsque le Temple est établi, il n'y a de joie que par la viande (*basar*), comme il est dit : *tu immoleras des sacrifices de communion, que tu mangeras sur place, et tu te réjouiras en présence de YHWH ton Dieu* (Dt 27, 7). Aujourd'hui où le Temple ne l'est pas, il n'y a de joie que par le vin, comme il est dit : *le vin réjouit le cœur de l'humain* (Ps 104, 15).

Le commandement de « se réjouir » lors d'une fête est ainsi accompli par la consommation d'un repas carné. Plus précisément, ce verset enseigne selon les Sages l'obligation d'apporter lors de chaque fête de pèlerinage un sacrifice de communion qui matérialise la joie (*šalmei simḥa*). À défaut du Temple où il est seul possible de sacrifier, le vin tient lieu de réjouissance lors des repas de fête. Si la réjouissance produite par le vin ne présuppose pas le cadre sacrificiel, c'est peut-être qu'elle n'implique ni violence, ni morbidité. À l'inverse, le rituel sacrificiel garantit la jouissance sans reste de la chair. La culpabilité que nous avons mise au jour, s'agissant de la consommation de la chair dans un repas profane, se trouve compensée par la saturation de sens qu'y introduit le contexte sacral. À l'instar de la « viande qui descend du ciel » de l'Éden, le repas carné devient l'affirmation pure de la joie d'exister. C'est, du reste, dans les textes bibliques et rabbiniques, que le rabbin et philosophe espagnol Ḥasday Crescas (XIVᵉ-XVᵉ siècle) tirait une conception de la joie comme passion de l'existence elle-même qui anticipait sur celle de Spinoza[28]. Contre une conception intellectualiste aristotélicienne, selon laquelle elle est le plaisir qui accompagne l'accroissement de la connaissance, Crescas fait de la joie de Dieu « l'épanchement du bien », la production permanente de l'existence, tandis que celle des hommes consiste à recevoir cet épanchement[29].

En ce sens, si la consommation de la chair est l'expression de la joie, c'est qu'elle est affirmation pure de la vie. Se nourrissant de la chair, la vie humaine affirme que la chair constitue la substance de son existence. La « viande venant du ciel », comme celle du sacrifice festif, permet cette affirmation joyeuse de l'existence charnelle, soit en faisant l'économie de la violence de la mise à mort qu'elle suppose, soit en la dédiant au créateur.

La logique de la concession voudrait par ailleurs que la viande fût prioritairement permise aux hommes en proie à la violence, tandis que les sages sauraient s'en dispenser. Un enseignement, attribué au compilateur de la *mishna* (R. Yehuda ha-Nassi ou « Rabbi »), énonce à l'inverse :

---

28 B. Spinoza, *Éthique*, III, Prop. 11.

29 Ḥ. Crescas, *Lumière de l'Éternel*, trad. Éric Smilévitch, Paris et Strasbourg, Hermann et Ruben Éditions, 2010, I, 3, 5, p. 521-528.

> Il est interdit à l'ignorant de manger de la chair, car il est dit : *Voici la loi* (*tora*) *relative à l'animal domestique et de l'oiseau* (Lv 11, 46). Cela signifie que quiconque étudie la Tora, il lui est permis (*muttar*) de manger de la chair de l'animal domestique et de l'oiseau et que quiconque n'étudie pas la Tora, il lui est interdit (*asur*) de manger de la chair de l'animal domestique et de l'oiseau.

Le *midrash* relève dans le verset du Lévitique l'emploi du mot *tora* pour désigner les lois relatives à la distinction des espèces dont la consommation est permise et interdite. Il en déduit que cette consommation est un enseignement, dont la compréhension suppose une fréquentation de l'étude de la Tora. La figure de la brutalité que représente dans l'anthropologie talmudique l'ignorant se voit donc interdire la consommation de la viande, réservée à ceux qui vouent leur existence à l'étude de la Tora. Il semblerait alors que la manducation de la chair, concédée à la violence des hommes, soit en même temps le lieu où se mesure l'accès aux potentialités les plus élevées de l'humain. *A contrario*, c'est dans sa manière particulièrement bestiale de consommer de la viande et de boire du vin, que la tradition repère les symptômes d'un « fils rebelle » rétif à entendre la « voix » de ses parents, et à travers eux celle de la Tora. Au point qu'un tel fils, qui n'aura fait que se goinfrer de viande et s'enivrer de vin, est considéré comme incarnant une antithèse dangereuse de la subjectivité juive, qu'il conviendrait en droit de détruire[30].

Conclusion : éthique carnivore talmudique

Manger de la viande apparaît, au terme de ce parcours, comme un acte à la fois éminemment signifiant et ambigu. La consommation de la chair animale est l'expression par excellence d'une pulsion de meurtre et d'appropriation. Elle est aussi l'épreuve même de la vie, l'affirmation joyeuse de l'existence humaine comme existence charnelle. Parce qu'elle est ce qui caractérise l'humanité historique, ni adamique ni messianique, elle est le lieu où se mesure l'humanité de l'homme à travers sa capacité à consommer humainement l'animal.

À partir de tout autres considérations, Dominique Lestel affirme une valeur éthique à l'alimentation carnivore. Il combat les « végétariens éthiques » qui posent en impératif le fait de s'abstenir de manger de la viande au nom d'une morale utilitariste. Diminuer autant que possible la quantité de souffrance des êtres sensibles impose de s'abstenir de toute consommation carnée, puisque manger de la viande suppose nécessairement de tuer un animal. Or, comme le relève Lestel, le végétarien éthique se défend d'autant plus de sa propre animalité qu'il refuse de manger de la viande, tenant à distance la nature et le vivant qu'il entend pourtant protéger et défendre. Le carnivore, en ingérant de la chair, s'expose au contraire à sa propre cruauté qui le constitue précisément comme animal vivant[31]. Ce point éclaire le paradoxe qui

30 Voir Dt 21, 18-22 et TB, *Sanhedrin*, 68b-72a.

31 D. Lestel, *Apologie du carnivore*, Paris, Fayard, 2011.

ressort de la lecture des textes rabbiniques : c'est précisément là où la loi concède à sa violence « bestiale » que se joue l'humanité de l'homme. L'humanité ne relève pas d'un donné naturel qui la poserait comme une espèce transcendant les autres, elle advient à partir de la découverte de la singularité humaine *du sein* de l'animalité.

Il faut, du reste, absolument disjoindre la question de l'enjeu de la consommation de la chair animale de celle des conditions de sa production. Nous avons pu observer à quel point « l'éthique du carnivore », s'il en est, déployée dans les sources rabbiniques est incompatible avec la production industrielle de la viande. L'interdit d'infliger une souffrance inutile à l'animal est unanimement reconnu par les Sages[32]. Le Talmud rapporte que Rabbi a été frappé de douleurs physiques pour avoir manqué de pitié envers un veau que l'on menait à l'abattoir[33]. Pourtant, dans l'ensemble, les sources rabbiniques dissocient cette problématique de la question de l'alimentation carnivore, suggérant que l'impératif de limiter la souffrance des animaux n'est pas contradictoire avec le fait qu'il soit permis de les tuer pour les manger. Du scandale de la condition animale en régime d'industrialisation de la viande à la condamnation de l'alimentation carnivore, la conséquence n'est peut-être pas bonne.

Bibliographie

Callicott J. B., *Genèse*, trad. Dominique Bellec, Marseille, Éditions Wildproject, 2009.

Crescas Ḥ., *Lumière de l'Éternel*, trad. Éric Smilévitch, Paris et Strasbourg, Hermann et Ruben Éditions, 2010.

Danan J., « Noé et le déluge dans la *aggada* rabbinique », *Revue de l'histoire des religions*, vol. 232, n° 4, 2015, p. 567–584.

Descola P., *Par-delà nature et culture*, Paris, Gallimard, 2015.

Israël M., *Philosopher avec la Torah*, Paris, Eyrolles, 2014.

Kook A. I., *Ḥazon ha-Ṣimḥonut we-ha-Šalom (Vision de végétarisme et de paix)*, recueil de textes établi par David Cohen, Jérusalem, Nezer David, 1983.

Lestel D., *Apologie du carnivore*, Paris, Fayard, 2011.

Marx A., *Les offrandes végétales dans l'Ancien Testament : du tribut d'hommage au repas eschatologique*, Leyde, Brill, 1994

32 TB, *Baba Meṣiʿa*, 32a, à partir d'Ex 23, 5.

33 TB, *Baba Meṣiʿa*, 85a.

GALINA KABAKOVA

Aliments interdits, aliments sacrés chez les Slaves de l'Est

Dans son ouvrage récent *La chère et l'esprit* Massimo Montanari[1] a démontré que le modèle alimentaire chrétien n'avait jamais existé. En revanche, il existe des modèles et des options « élaborés à des fins précises et pour des objectifs spécifiques ». On peut aller plus loin et démontrer que le modèle alimentaire d'une aire culturelle, en l'occurrence slave oriental, est composé d'un faisceau d'options collectives et individuelles. Ces options font référence aux textes écrits ou oraux afin d'élaborer un répertoire de critères permettant de classer les aliments disponibles comme aptes ou impropres à la consommation.

Nous allons comparer ce système avec la Loi de Moïse et nous pencher tout particulièrement sur les critères de comestibilité et sur les arguments, en faveur ou en défaveur de produits, qui se réfèrent à la Bible et à la tradition parabiblique, très vivace. Précisons que nos sources ethnographiques vont de la deuxième moitié du XIXe siècle jusqu'au début du XXIe siècle.

Les interdits alimentaires

La Loi de Moïse et l'alimentation en Russie

En principe, le rapport des Russes à l'alimentation suivait la loi du Lévitique, sans l'appliquer intégralement. Dans cette perspective, la consommation du porc que l'on va développer dans la deuxième partie est assez révélatrice.

Le cheval est exclu de l'alimentation depuis le Moyen Âge. Si le cheval apparaît dans les sources du XIIe siècle comme aliment de consommation et au XIVe siècle dans les instructions pour les confessions, une question se pose au sujet de sa viande : le

1 M. Montanari, *La chère et l'esprit : Histoire de la culture alimentaire chrétienne*, Paris, Alma éditeur, 2017.

Galina Kabakova • Sorbonne Université

Religions et alimentation, éd. par Rémi Gounelle, Anne-Laure Zwilling et Yves Lehmann, Turnhout : Brepols, 2020 (Homo Religiosus, 20), p. 119-134
BREPOLS PUBLISHERS 10.1484/M.HR-EB.5.117411

pénitent avait-il consommé du cheval lors d'un séjour chez les païens ? Cette question disparaîtra par la suite des questionnaires[2].

Le cas du veau est particulier. Les voyageurs occidentaux des XVIe-XVIIe siècle (par exemple, La Neuville et Olearius) sont intrigués par le refus absolu des Russes de manger du veau, et cela, même dans le contexte de la pénurie alimentaire. Les étrangers rapportent que ceux qui, tiraillés de faim, par exemple sur les chantiers de forteresses, passent outre l'interdit et consomment du veau sont immolés sur l'ordre du prince ou du tsar (Petrei, Reitenfels). S'il s'agit plutôt de légendes, il est avéré qu'en 1606 les boïars réussirent à dénoncer le Faux Dimitri en affirmant qu'il mangeait du veau, ce qui poussa la foule à envahir le Kremlin[3].

Cet interdit n'a pas encore trouvé d'explication satisfaisante. L'une des hypothèses évoque des arguments économiques. Ainsi, trouvait-on inappropriée la consommation du veau et du bœuf, ce dernier étant destiné à la vente ; les paysans n'en mangeaient que lorsque les prix chutaient. Une autre hypothèse est d'ordre nutritionnelle : on considérait la viande de veau « faible », autrement dit peu calorique, voire nocive[4]. Enfin, une troisième explication relève de la sphère religieuse : comme le colostrum était frappé d'interdit et que le veau en consommait, sa chair était considérée comme impure[5].

Tout aussi ambigu est le statut du lapin, frappé d'interdit par la Bible car, bien que faisant partie des mammifères ruminants, il n'a pas de sabots fendus. De nos jours encore, les vieux-croyants ou leurs descendants refusent d'en manger. Souvent leur argumentation évoque l'apparence de la bête, qui a soi-disant la tête de chat, un animal de compagnie interdit à la consommation[6]. Les vieux-croyants pouvaient introduire d'autres critères pour juger de la comestibilité d'un animal : le fait d'être né aveugle l'excluait d'office. Ainsi, à côté du lapin, on excluait du menu le lièvre et le ragondin[7].

Dans la catégorie des animaux sauvages, on se réfère encore au critère du sabot fendu. Ainsi, dans le Nord, l'élan est un animal apte à la consommation, à la différence du cheval, à cause de son sabot[8]. En Russie on ne mangeait ni écureuils, ni blaireaux,

---

2 M. Korogodina, *Ispoved' v Rossii v XIV-XIX vekax*, Saint-Pétersbourg, Dmitrij Bulanin, 2006, p. 259-260.

3 N. Karamzin, *Istorija gosudarstva rossijskogo*, Moscou, A. Smirdin, 1853, vol. 11-12, p. 214.

4 *Russkie krest'jane, Žizn, byt, nravy*, vol. 1 : *Kostromskaja i Tverskaja gubernii*, Saint-Pétersbourg, 2004, p. 459 ; N. Ivanickij, « Materialy po ètnografii Vologodskoj gubernii », *Izvestija Imperatorskogo obščestva ljubitelej estestvoznanija, antropologii i ètnografii pri Imperatroskom Moskovskom universitete*, 69, 1890, p. 27.

5 D'ailleurs, on trouve d'autres échos de l'interdit lévitique de mélanger la viande et le lait. En Podolie, une région de l'Ukraine centrale avec une forte proportion de la population juive, les orthodoxes considéraient comme péché de mélanger le lait et la viande, en expliquant que le lait purifiait le corps humain et la viande le polluait (L. Artjux, « Iža ta xarčuvannja », *Podill'ja. Istoriko-etnografične doslidžennja*, Kiev, 1994, p. 294).

6 *Russkie krest'jane*, vol. 3, p. 303 ; D. Zelenin, *Opisanie rukopisej Učenogo arxiva Imperatorskogo Geografičeskogo obščestva*, Petrograd, 1914-1916, vol. 1, p. 478 ; vol. 3, p. 1180.

7 N. Ivanova, « Zaprety staroverov Latgalii », *Almanax komparativistiki*, 4 (33), 2014, p. 183.

8 Fichier de *Arxangel'skij oblastnoj slovar'*, Université Lomonosov, Moscou.

ni castors dans le passé[9] ; en revanche, en Ukraine, on appréciait le blaireau pour son lard[10].

Les Actes des Apôtres recommandent de s'« abstenir des viandes offertes aux idoles, du sang, des viandes étouffées » (15, 29). Et le Lévitique rappelle :

> Et quiconque des fils d'Israël et des étrangers qui séjournent au milieu d'eux prendra, à la chasse, une bête ou un oiseau qui se mange, en versera le sang et le recouvrira de poussière ; car, quant à la vie de toute chair, son sang est sa vie en elle ; et j'ai dit aux fils d'Israël : Vous ne mangerez le sang d'aucune chair ; car l'âme de toute chair est son sang ; quiconque en mangera sera retranché (17, 13-14).

Les instructions seront réitérées dans le chapitre 91 du *Stoglav* (1551) qui fait référence à la règle 67 du *concile in Trullo.* En premier lieu, sont visés le lièvre et les oiseaux sauvages. Les communautés des vieux-croyants n'ont pas oublié l'interdit biblique de manger du gibier « étouffé », et elles s'abstiennent de manger des animaux et des oiseaux tombés dans des pièges ou morts avant d'être vidés de leur sang ; à moins qu'elles ne renoncent au gibier dans son ensemble[11].

La volaille était autorisée mais les paysans ne consommaient que des poulets, mais pas partout, ainsi que des oies. Les vieux-croyants, de leur côté, se méfiaient aussi des poules et ne mangeaient que les œufs, s'interdisant la viande qu'ils considéraient impure[12]. Ailleurs, dans le Nord russe, on ne consommait pas de poulet pour des raisons opposées : le coq était vénéré comme un oiseau « divin » qui, par son chant, faisait fuir les forces du mal[13].

Tous les oiseaux impurs mentionnés dans la Bible sont considérés comme tels par les Russes. Néanmoins cette liste est sujette à des ajustements. Certaines espèces en sont exclues localement (mouette, pluvier, corbeau, vautour)[14] et d'autres ajoutées : pie, grue, alouette, canari, bec-croisé, caille, grèbe, tourterelle, grive, étourneau, bécasse des bois, bécassine, grand tétras[15].

L'argumentation des interdits évoque autant le critère d'impureté que celui de pureté. Ainsi, dans leur grande majorité, les Russes évitaient de manger des pigeons en les désignant comme l'incarnation du Saint-Esprit. Les Biélorusses supposaient également que le pigeon fût doté d'une âme[16]. Les Ukrainiens, en revanche, en consommaient tout en tenant compte de la sainteté de l'oiseau : ils l'étouffaient pour

---

9 Province de Pskov. D. Zelenin, *op. cit.*, vol. 3, p. 1149.

10 N. Zaglada, « Xarčuvann'ja v s. Starosilli na Černigivščini », *Materijaly do etnologii*, 3, 1931, p. 154.

11 A. Bobrecova, « Nekotorye osobennosti pitanija staroobrjadčeskogo naselenija Nižnej Pečory (ust'cilemov) v XX veke », *Tradicionnaja pišča kak vyraženie ètničeskogo samosoznanija*, Moscou, Nauka, 2001, p. 92.

12 *Frazeologičeskij slovar' russkix govorov Nizovoj Pečory*, vol. 2, Saint-Pétersbourg, 2008.

13 Province d'Olonec. N. Xaruzin, *Iz materialov, sobrannyx sredi krest'an Pudožskogo uezda Oloneckoj gubernii*, Moscou, 1889, p. 44.

14 *Ibid*, p. 48.

15 *Frazeologičeskij slovar' russkix govorov Nizovoj Pečory*, vol. 2 ; D. Zelenin, *op. cit.*, vol. 1, p. 29, vol. 2, p. 721, vol. 3, p. 1149 ; A. Balov, « Očerki Pošexon'ja », *Ètnografičeskoe obozrenie*, 40-41, 1-2, 1899, p. 212 ; *Russkie krest'jane*, vol. 5, part 1, p. 58.

16 *Mifalogija belarusou*, Minsk, 2011, p. 121.

ne pas verser son « sang sacré », ce qui entre en contradiction patente avec l'interdit de manger la viande étouffée[17].

En expliquant l'interdit du pigeon, les Russes évoquaient également un autre critère qui rendait cet oiseau impur : le pigeon, comme le cygne, naît aveugle, et « ce qui est aveugle est impropre à la consommation »[18]. Le tétras lyre, de son côté, était exclu de l'alimentation, puisqu'il était du fait de sa surdité puni par le Créateur. Le statut des moineaux est plus contradictoire : dans certaines régions, on en mangeait, en particulier à l'occasion des fêtes de Noël, dans d'autres, manger du moineau était considéré comme un péché grave. De même, la consommation des rapaces était prohibée car ils se nourrissent de charogne[19].

Les poissons munis d'écailles sont jugés aptes à la consommation, tandis que les poissons « nus », c'est-à-dire dépourvus d'écailles ou munis d'écailles minuscules, sont inaptes à la consommation. Ainsi, les paysans russes ne mangeaient ni le silure, ni la lotte, ni l'anguille, qualifiées de nourriture préférée de l'esprit des eaux[20]. Le sterlet, le meilleur de tous les poissons russes selon les voyageurs étrangers, pouvait également être classé, au même titre que l'écrevisse, parmi les « grenouilles », c'est-à-dire parmi les reptiles et les poissons impurs[21].

Parmi les critères de comestibilité évoqués, outre les écailles, on trouve le régime alimentaire des poissons : les poissons qui mangent d'autres poissons (lotte, brochet, silure) sont rejetés avec dégoût[22]. La ressemblance avec des animaux interdits peut également faire basculer un poisson dans la catégorie de produits interdits. C'est le cas de l'anguille dont la forme fait penser au serpent, d'où sa dénomination le *frère du serpent* attestée dans le parler de Pskov[23]. Les critères de comestibilité des poissons sont nombreux : le poisson qui descend le courant est bon à manger tandis que celui qui le remonte ne l'est pas[24]. Tout comme le sabot fourchu est un critère de pureté, la queue fourchue l'est également pour le poisson[25]. Et la meilleure preuve de la comestibilité reste l'arête cruciforme que l'on trouve dans la tête du brochet et de l'ide mélanote[26].

Si le Lévitique n'évoque pas de plantes interdites, la tradition russe en reconnaît plusieurs. Comme partout en Europe, la pomme de terre s'est difficilement imposée en Russie et les vieux-croyants persistaient à la rejeter jusqu'à la fin du XXe siècle. Sporadiquement certaines communautés, notamment dans le Nord, pouvaient

17 D. Zelenin, *op. cit.*, vol. 3, p. 1118.

18 *Ibid*, p. 1149 ; G. Potanin, « Jugo-zapadnaja čast' Tomskoj gubernii v ètnografičeskom otnošenii », *Ètnografičeskij sbornik*, 6, 1864, p. 124.

19 D. Zelenin, *op. cit.*, vol. 1, p. 117 ; vol. 3, p. 1193 ; A. Gura, *Simvolika životnyx v slavjanskoj narodnoj tradicii*, Moscou, Indrik, 1997, p. 588.

20 A. Gura, *op. cit.*, p. 370.

21 N.A Ivanickij, *op. cit.*, p. 28 ; D. Zelenin, *Čerty byta usen'-ivanovskix staroverov*, Kazan, 1905, p. 32.

22 A. Bobrecova, *op. cit.*, p. 92-93 ; I. Podukov, *Karagajskaja storona : narodnaja tradicija v obrjadnosti, fol'klore i jazyke*, Kudymkar, Komi-Permjackoe knižnoe izdatel'stvo, 2004, p. 185.

23 *Pskovskij oblastnoj slovar' s istoričeskimi dannymi*, Leningrad, Izdatel'stvo Leningradskogo Universiteta, 1973, vol. 2, p. 145.

24 V. Bondarenko, « Pover'ja krest'jan Tambovskoj gubernii », *Živaja starina*, 1, 1890, p. 119.

25 Fichier de *Arxangel'skij oblastnoj slovar'*.

26 A. Bobrecova, *op. cit.*, p. 93.

blâmer les tomates, les fèves, et même des légumes-racines connus depuis des siècles comme la carotte, la betterave, le raifort, tandis que la secte des molokanes évitait de manger les oignons et l'ail[27].

Parmi les « innovations » rejetées massivement, on trouve également le thé et le café ainsi que le tabac et même le sucre. Une des raisons évoquées par ceux qui les fustigeaient était l'origine étrangère de ces aliments[28].

Explications étiologiques

Parmi les témoignages ethnographiques, on trouve souvent des explications à caractère étiologique. Par exemple, le motif de la métamorphose exprime le sentiment d'affinité entre l'homme et l'animal et met en doute le droit de manger son semblable. En effet, plusieurs récits mythologiques slaves racontent que l'ours fut un homme métamorphosé à cause de ses péchés. Dans plusieurs régions russes, on évoque également l'histoire des cortèges de noce ensorcelés et transformés en ours ou en loups[29]. En Ukraine, l'origine humaine est attribuée à plusieurs oiseaux : les hommes et les femmes, toujours punis à cause de leurs péchés, seraient transformés en cygne, huppe, pic vert, héron, cochevis huppé, ce qui excluait ces oiseaux de la consommation (Podolie)[30].

Le cygne n'est pas comestible non seulement parce qu'il est cité comme tel par le Lévitique, mais aussi parce que sa physiologie est proche d'un être humain (il a des écoulements menstruels)[31].

À propos de certains animaux, l'origine diabolique est évoquée. C'est le cas de l'écrevisse, du bouc et du lapin. Dans les textes parabibliques leur création peut être aussi dualiste. Dans ce cas-là, la participation divine à l'acte de création rend la bête comestible. Ainsi, on mange le bouc même si sa paternité est attribuée au diable : car c'est Dieu qui l'anima. De même, on peut consommer les écrevisses, car Dieu trouva un nom pour cette créature diabolique[32].

La paternité diabolique est attribuée également aux pommes de terre. Le diable voulut contrefaire les pommes créées par Dieu ; Dieu les maudit, elles s'enfoncèrent dans la terre et devinrent noires comme Satan, d'où leur dénomination les *pommes du diable*[33]. C'est aussi le diable qui créa le thé, le tabac et le houblon[34], dès lors le buveur de thé est tenu pour complice du diable et ne pourra espérer le salut[35].

---

27 *Ibid*, p. 96 ; T. Dronova, *Russkie starovery-bespopovcy Ust'-Cil'my*, Syktyvkar, 2002, p. 50 ; G. Zavojko, « Verovanija, obrjady i obyčai velikorossov Vladimirskoj gub. », *Ètnografičeskoe obozrenie*, 103-104, 1914, p. 116 ; D. Zelenin, *Opisanie rukopisej*, vol. 3, p. 1213.

28 G. Zavojko, *op. cit.*, p. 116.

29 O. Belova, G. Kabakova, *U istokov mira : russkie etiologičeskie skazki i legendy*, Moscou, Forum ; Neolit, 2014, p. 104-116. Trad. : G. Kabakova, *Contes et légendes de Russie*, Paris, Flies France, 2005, p. 50-55.

30 D. Zelenin, *Opisanie rukopisej*, vol. 3, p. 1071.

31 N. Xaruzin, *op. cit.*, p. 46-47 ; Potanin, *op. cit.*, p. 124.

32 O. Belova, G. Kabakova, *op. cit.*, p. 141, 150-151.

33 *Ibid*, p. 213.

34 *Ibid*, p. 204 ; trad. : G. Kabakova, *op. cit.*, p. 119-120.

35 D. Zelenin, *Opisanie rukopisej*, vol. 2, p. 742.

Un autre motif étiologique qui peut avoir une incidence sur l'appréciation d'un aliment est celui du comportement d'un animal ou d'une plante à l'égard du Christ lors de la Nativité ou de la crucifixion. La comestibilité apparaît alors comme un honneur mérité couronnant un comportement pieux. En revanche, l'interdit frappe les traîtres et ceux qui manquent de respect à Jésus. Ainsi, on considère l'anguille propre à la consommation car elle sauva Jésus ou la Vierge avec l'Enfant Jésus en bouchant avec sa queue le trou percé dans leur bateau par le diable (Russes de Lituanie et de Lettonie)[36]. En Biélorussie, l'anguille devint comestible car le Christ fut obligé de la manger lorsqu'il était sur la croix et il lui offrit en guise de bénédiction deux nageoires[37].

Dans le milieu vieux-croyant, l'interdit alimentaire qui frappe certaines plantes fait référence à leur origine « contre nature ». Ainsi, les pommes de terre comme le tabac résultent de l'union entre une princesse et un chien, d'où les noms méprisants donnés aux pommes de terre : *pommes de chien, testicules de chien*[38]. On raconte également que cette plante maudite poussa du corps d'un magicien, d'Hérode ou de la salive de Satan, tandis que le café fut né des entrailles de Judas[39].

Le régime alimentaire évolue avec le temps. On sait que certains produits bannis faisaient partie de l'alimentation d'autrefois. Ainsi, les fouilles archéologiques prouvent que le cheval était largement consommé par les Slaves, comme par d'autres peuples, avant leur conversion au christianisme. De même, les lettres sur écorce de bouleau datant du XIIe siècle trouvées dans les fouilles à Novgorod attestent de la consommation de la viande chevaline, au même titre que de la viande porcine, des lièvres et de tétras lyres[40]. Les annales évoquent les Drevlianes qui s'acquittent de leur tribut à la princesse Olga en fournissant chacun trois pigeons et trois moineaux[41]. Les sources historiques attestent aussi la présence de cygnes au menu des mariages des boyards au XVIIe siècle.

Une grande partie des interdits évoqués ne sont plus respectés de nos jours. En même temps, ils peuvent refaire surface dans des situations particulières, et notamment lors du repas mortuaire.

Le cas du cochon

Le porc attire l'attention des chercheurs qui étudient les représentations symboliques, de l'Antiquité à nos jours. Les travaux de Claudine Fabre-Vassas, consacrés à la place et

36 O. BELOVA, G. KABAKOVA, *op. cit.*, p. 140, 148-149.

37 O. BELOVA, « *Narodnaja Biblija* » : *vostočnoslavjanskie ètiologičeskie legendy,* Moscou, Indrik, 2002, p. 157.

38 T. VORONINA, « Pitanie russkix krest'jan konca XIX v. vo vremja postov », *Tradicionnoe russkoe zastol'e,* Moscou, Gos. respublikanskij centr russkogo folklora, 2008, p. 138 ; A. BALOV, *op. cit.*, p. 224.

39 O. BELOVA, G. KABAKOVA, *op. cit.*, p. 211-212, 411-412 ; trad. : G. KABAKOVA, *op. cit.*, p. 114-115 ; P. EFIMENKO, « Materialy po ètnografii Arxangel'skoj gubernii », *Trudy ètnografičeskogo otdela Obščestva ljubitelej estestvoznanija, antropologii i ètnografii pri Moskovskom universitete,* 5, 1899, p. 73.

40 V. JANIN, A. ZALIZNJAK et A. GIPPIUS, *Novgorodskie gramoty ne bereste (iz raskopok 1997-2000 gg.),* Moscou, Russkie slovari, 2004, p. 57-58, 125.

41 Cité dans A. GURA, *op. cit.*, p. 588.

au symbolisme du cochon en Europe occidentale, ont démontré l'instrumentalisation de la nourriture dans le discours sur l'altérité, en l'occurrence dans la construction de l'antisémitisme. Un aperçu général du rôle de l'animal dans les différentes civilisations indo-européennes fut proposé par Bernard Sergent qui constata que la place de cet animal, si importante dans le monde celte, diminuait à mesure qu'on se dirigeait vers l'est, jusqu'à l'Inde ancienne. Plus récemment, le médiéviste Michel Pastoureau proposa sa lecture des significations contradictoires dont l'Occident investit la bête[42]. Les données slaves ne sont pas prises en compte dans ces études, malgré le fait que le porc constitue une part importante de l'alimentation. Il importe donc de définir la place que l'animal occupe dans la consommation et dans l'imaginaire des Russes, Ukrainiens et Biélorusses.

Alimentation quotidienne et festive

Le modèle alimentaire des Slaves était constitué de céréales, principalement seigle et blé, complétées de légumes-racines et de choux. Le lait et les produits laitiers agrémentaient le menu hors des jours de jeûne (quatre carêmes, mercredis et vendredis). Le poisson était autorisé à la consommation pendant presque toute la durée des carêmes. Dans certaines régions, notamment dans le nord de la Russie, il palliait la carence en protéines végétales. La viande apparaissait comme le marqueur de la nourriture festive et d'une certaine aisance matérielle. Le bœuf était présent sur l'ensemble du territoire investi par les Slaves orientaux, le mouton n'était élevé que dans les régions montagneuses et le cerf dans le Nord.

Attestés déjà chez les anciens Slaves, le porc et ses produits dérivés faisaient partie de l'alimentation quotidienne, dans la mesure des moyens dont disposaient les familles, et surtout il figurait parmi les plats de prestige à l'occasion des fêtes familiales ou annuelles, comme c'était le cas dans les campagnes françaises au XVIIIe siècle. Néanmoins, sa consommation était inégale. Il était très apprécié par les Ukrainiens : ceux-ci privilégiaient la graisse de porc (le lard) qui servait de nourriture de base tout au long de l'année. En automne, en prévision des fêtes de fin d'année, on tuait des cochons pour fabriquer des andouilles de courte conservation et des boudins noirs à base de sang de porc et de bouillie. La viande était salée pour la consommation familiale ou congelée pour être cuisinée lors des fêtes. Mais les familles moins aisées étaient obligées de vendre la viande[43]. La situation était un peu différente en Russie : si dans le Sud, la viande porcine était tout aussi répandue qu'en Ukraine et en Biélorussie, ailleurs elle était moins consommée que la viande bovine ou même ovine. Elle occupait néanmoins une place de choix lors des grandes fêtes. Ainsi, on pouvait retrouver la hure de porc au banquet de noces qui portait le

---

42 C. Fabre-Vassas, « L'enfant, le four et le cochon », *Le monde alpin et rhodanien*, 1/4, 1982, p. 155-179 ; –, *La Bête singulière : les juifs, les chrétiens et le cochon*, Paris, Gallimard, 1994 ; B. Sergent, « Le porc indo-européen. D'Ouest en Est », *Actes du colloque de Saint-Antoine l'Abbaye, Isère, 4-5 avril 1998*, P. Walter (éd.), Grenoble, J. Millon, 1999, p. 9-40 ; M. Pastoureau, *Le Cochon. Histoire d'un cousin mal aimé*, Paris, Gallimard, 2009.

43 L. Artjux, *Ukrains'ka narodna kulinarija*, Kiev, 1977, p. 25-26, 75-76.

nom d'« honneur »[44]. Le cochon figure également à côté d'autres viandes pour créer une impression d'abondance censée porter chance au jeune couple (Vologda)[45]. L'abondance est associée directement à la très grande fertilité du porc, l'une de ses principales qualités dans l'imaginaire slave. Ce symbolisme est évoqué dans les vœux adressés lors d'une fête à une femme mariée : « Sois riche comme la terre et féconde comme la truie »[46].

L'animal sacrificiel, divinatoire et apotropaïque

Le porc tient le haut du pavé en tant que plat principal du premier de l'an, de Pâques, et des fêtes votives. De manière générale, le porc comme plat rituel est apprécié également par les Slaves du Sud et par d'autres peuples des Balkans[47]. Le premier janvier est dédié chez les orthodoxes à saint Basile de Césarée, et le nom du saint se voit attribué métonymiquement au cochon rituel, qui devient *césaréen*. Le saint, à son tour, est considéré comme le patron des porcs, et son jour est désigné comme la *fête porcine* (nord de la Russie)[48]. Le rapprochement entre le saint chrétien et l'animal de réputation douteuse pouvait, dans le passé, donner lieu à des sanctions. Ainsi, apprend-on qu'en 1660 l'archevêque de Souzdal, Stéphane, fut dénoncé pour avoir appelé l'icône de saint Basile « dieu porcin ». On ignore la tournure que l'affaire prendra par la suite[49].

Plusieurs rituels accompagnent la distribution du porc entre les convives, dont celui attesté dans le gouvernement d'Orel : le maître de maison prend un cochon de six mois, rôti en entier, en sépare la tête qu'il garde pour lui et déchire le reste en morceaux. Cette façon de dépecer la viande jure avec la façon habituelle et souligne le caractère exceptionnel du festin. Cela se dit *casser* ou *prier le césaréen*. Les morceaux sont ensuite distribués en fonction de l'âge de chaque convive. La distribution du plat symbolique traduit dans son agencement spatial et temporel l'organisation de toute la structure familiale. À la fin du repas, la maîtresse de maison rassemble les os et les jette dans la porcherie[50].

Dans la province de Vologda, le porc n'était pas uniquement mangé en famille. Des repas communs étaient organisés par des villages entiers : les carcasses de porc étaient données au profit du clergé, tandis que les têtes servaient à préparer une soupe consommée par les villageois. Le sens de l'offrande était évident pour les participants :

---

44 Province de Vologda. G. Kabakova, *L'hospitalité, le repas, le mangeur dans la civilisation russe*, Paris, Montréal, L'Harmattan, 2013, p. 162.

45 *Ibid*, p. 100, 167-168.

46 G. Kabakova, *Russkie tradicii gostepriimstva i zastol'ja*, Moscou, Neolit, Forum, 2015, p. 173.

47 V. Zajkovskij, « Svin'ja v obrjadax i obyčajax jugo-vostočnoj Evropy : obščee i osobennoe », *Etno-kulturološki zbornik za proučavanje kulture istočne Srbije i susednih oblasti*, vol. 3. Svrljig, 1997, p. 177-181 ; V. et T. Zajkovskie, « Nourriture de passage. Pogranično-perexodnye funkcii pišči v narodnyx kul'turax balkano-vostočnoslavjanskogo regiona », *Kodovi slovenskih kultura*, 2, 1997, p. 71-75.

48 G. Kabakova, *Russkie tradicii*, p. 232.

49 B. Uspenskij, *Filologičeskie razyskanija v oblasti slavjanskix drevnostej. Relikty jazyčestva v vostočnoslavjanskom kul'te Nikolaja Mirlikijskogo*, Moscou, MGU, 1982, p. 118.

50 G. Kabakova, *L'hospitalité*, p. 188.

elle était destinée à remercier le Seigneur de la bonne santé des animaux pour l'année qui venait de s'achever et à demander sa protection pour l'année qui commençait[51].

La météorologie constitue une des préoccupations majeures du monde rural, et les paysans profitaient des dates importantes du calendrier pour la prédire et pour l'« influencer ». Le porc a une longue histoire d'animal divinatoire, dont les survivances sont attestées jusqu'à une époque récente[52]. Au XIXe siècle, le 30 décembre, en découpant la carcasse, les paysans russes et ukrainiens examinaient attentivement les abats : la forme du foie et de la rate les renseignait sur les froids à venir[53].

Le porc était également interrogé par les jeunes filles qui voulaient connaître leur future situation matrimoniale, et ce type de divination était pratiqué encore au siècle dernier. En Ukraine, la nuit du premier de l'an, les jeunes filles allaient dans la porcherie pour savoir quelle serait l'ambiance qu'elles découvriraient dans leur future belle-famille : si l'animal restait silencieux, le calme règnerait dans la famille, mais s'il grognait, il fallait s'attendre à des scènes de ménage (Jitomir)[54]. Ailleurs en Ukraine, le couinement était interprété différemment : il signifiait que la fille qui interrogeait son destin allait se marier dans l'année[55].

Le cochon était également cuisiné à Pâques, surtout en Ukraine et en Biélorussie et, dans une moindre mesure, en Russie, au même titre qu'en Europe occidentale. Sa dimension sacrificielle est parfois soulignée : pour la mise à mort, on choisissait le Jeudi saint, car disait-on, c'est ce jour-là que le sang du Christ crucifié coula. « Et le Seigneur ordonna : comme mon sang coula que vous fassiez de même le Jeudi saint » (Krasnoïarsk)[56]. Cette fois-ci, il n'est plus question de la santé de l'animal ni des divinations, mais de la fonction propitiatoire de l'animal. La veille, presque partout en Ukraine et en Biélorussie, on portait un jambon ou un porcelet entier à l'église, à côté des œufs et du gâteau de Pâques, pour les bénir avant de les consommer le dimanche de Pâques.

Les os de l'animal devenaient à leur tour des offrandes : on les enterrait dans les champs pour les protéger contre la grêle, et avoir une bonne récolte. Pour assurer l'efficacité de cet acte magique, on privilégiait une date importante du calendrier agricole, la Saint-Georges (Jitomir). Ce sacrifice à la terre rappelle les fêtes antiques de Thesmophories, consacrées à Déméter : on précipitait les porcs dans des gouffres et leurs restes putrides étaient mélangés aux semences pour la bonne récolte. Chez les Slaves, les os « sacrés » servaient aussi d'offrande aux « mauvais morts » : on les jetait dans l'eau si un membre de la famille s'était noyé (Gomel) ou on les attachait au plafond en mémoire des suicidés (Koursk). Ailleurs, on gardait les restes du repas

51 V. et T. Zajkovskie, *op. cit.*, p. 73.

52 Les premières mentions du porc dans les divinations datent de 1068.

53 *Russkij narodnyj kalendar'. Etnolingvističeskij slovar'*, Moscou, Ast-Press, 2015, p. 34 ; S. Verxrats'kyj, « Nedugy žyvota v pobutovij medycyni sučasnogo ukrain'skogo sila », *Pobut*, 4/5, 1929, p. 15.

54 V. Kravčenko, *Zibrannja tvoriv ta materialy z arxivnoj spadščiny*, t. 2, Kiev, IMFE, 2009, p. 348.

55 La divination se faisait plus tôt, à la Saint-André (30 novembre) (O. Belova, « Svin'ja », *Slavjanskie drevnosti*, vol. 5, p. 575).

56 G. Afanas'eva-Medvedeva, *Slovar' govorov russkix starožilov Bajkal'skoj Sibiri*, Irkutsk, 2014, t. 16, p. 61.

pascal au grenier, et cela, dans le souci de protéger la maison contre les intempéries et la foudre (Tchernigiv)[57].

Un statut ambigu

Le porc jouit d'une réputation ambiguë, chez les Ukrainiens comme chez les Russes. Ainsi, à la fin du XIXe siècle, un ethnographe de Yaroslavl fait état de la méfiance des paysans à l'égard du porc, même si sa consommation, écrit-il, ne cesse de progresser[58]. Cette méfiance est toujours sensible dans certaines communautés de vieux-croyants, attachées à la préservation des traditions[59]. Ceux qui refusent d'en manger se réfèrent à l'épisode du Nouveau Testament des démons qui entrent dans le troupeau de pourceaux (Mt 8, 28-32 ; Mc 5, 1-20, Lc 8, 27-38). De même, les vieux-croyants insistent sur l'impureté de cet animal capable de dévorer un bébé et de manger la charogne (nord de la Russie)[60]. La réminiscence biblique réaffirme le statut impur, voire « diabolique » du porc. On s'en souvient, par exemple, lorsqu'on prépare le repas pascal. Dans certaines régions d'Ukraine, où la consommation du cochon est habituelle, on s'abstient de le bénir à l'église (Soumy)[61].

On croit également que le diable peut prendre l'apparence du porc pour égarer un passant, d'où l'un des noms euphémistiques qui lui est donné en ukrainien : « celui à la tête de cochon ». Une sorcière en est bien capable aussi : sous l'apparence d'une truie, elle s'introduit dans les étables et les porcheries pour jeter un sort au bétail[62].

La justification de la consommation du porc

Ce tiraillement entre animal sacré et animal diabolique trouve sa justification dans la représentation qui domine le corpus étiologique riche et vivace. Une légende houtsoule (Ukraine carpatique) raconte la création particulière, dualiste, de l'animal. Pour embarrasser Dieu le créateur, le diable fabrique le premier loup, mais celui-ci est tellement grand que l'adversaire demande à Dieu de le réduire. Dieu le rabote, et des copeaux tombés par terre sortent toutes sortes d'animaux, dont le porc, des oiseaux et des insectes. Ainsi le cochon est-il, par volonté divine, un produit dérivé de la créature diabolique[63].

---

57 T. AGAPKINA, *Mifologičeskie osnovy slavjanskogo narodnogo kalendarja*, Moscou, Indrik, 2002, p. 313 ; V. SOKOLOVA, *Vesenne-letnie obrjady russkix, ukraincev i belorusov*, Moscou, Nauka, 1979, p. 111, 151, 172-173 ; Tolstaya 2005, 97, 165.

58 *Russkie krest'jane*, vol. 2, part 1, p. 381.

59 A. BOBRECOVA, *op. cit.*, p. 92.

60 P. BOGATYREV, « Neskol'ko legend Šenkurskogo uezda Arxangel'skoj gubernii », *Etnografičeskoe obozrenie*, 25, 1916, p. 67-68 ; D. ZELENIN, *Vostočnoslavjanskaja etnografija*, Moscou, Nauka, 1991, p. 147.

61 L. ARTJUX, « Zvyčaevi zaborony pov'jazani z xlibom : tradycii i sučasne pobutuvannja », *Narodna tvorčist' ta etnologija*, 2012, n° 6, p. 12.

62 O. BELOVA, « Svin'ja », p. 575.

63 O. BELOVA, « *Narodnaja Biblija* », p. 107. En revanche, les Biélorusses pensent que le porc fut créé par Dieu avec de l'argile.

Mais la plus grande ambiguïté du statut du porc tient au modèle alimentaire des Russes. En principe, comme nous l'avons déjà dit, pendant des siècles ils suivaient la Loi de Moïse. L'interdit de consommer le porc figure dans les traductions grecques, comme *l'Anthologie (Izbornik) de Sviatoslav* de 1073. En même temps, d'autres textes recommandent la consommation du porc, en particulier les poèmes d'un médecin et poète byzantin, Nicolas Calliclès (1080 ?-1150 ?), dont la traduction russe date de la fin du XVe jusqu'au milieu du XVIe siècle.

Les distances prises avec le modèle traditionnel hérité de la Loi mosaïque s'étalent sur des siècles, à des rythmes différents selon les régions et les courants religieux. Les commandements bibliques sont également connus en Ukraine et en Biélorussie, où les fidèles citent la Loi mosaïque, tout en l'accommodant, car ils omettent la moitié de la prescription : selon eux, le pied fendu rendrait les porcs comestibles. Mais ils oublient aisément que la Loi condamne ces animaux parce qu'ils ne ruminent pas[64].

Dans un conte ukrainien, les apôtres, encore sous l'emprise de la Loi, dissertent sur l'opportunité de manger du porc. Saint Pierre évoque l'impureté de la bête, mais Dieu donne l'exemple et saint Paul le suit (Ekaterinoslavl)[65]. En Biélorussie, on va plus loin et on raconte que l'Enfant Jésus gardait les cochons, en bon fils de paysan (Gomel)[66], ce qui représente une rupture significative avec l'image biblique négative de l'animal et du porcher.

Dans les étiologies expliquant l'origine des usages culinaires, on trouve un récit qui oppose le porc, la vache, l'agneau, d'une part, et le cheval ou la poule, d'autre part, au moment de la Nativité. Le porc sauve l'Enfant Jésus, recherché par les soldats d'Hérode, en l'enfouissant dans la paille, alors que le cheval mange la paille, et dévoile ainsi la présence de Jésus. En conséquence, le porc (parfois l'agneau aussi) est autorisé aux chrétiens et le cheval uniquement aux Tatars[67]. Les récits citent encore d'autres effets : les porcs sont récompensés par une bonne nourriture et par le fait qu'ils n'ont pas à travailler, à la différence des chevaux (Russie du Nord-Est) ; ils mangent à leur faim, tandis que les chevaux ne sont jamais rassasiés (Caucase du Nord), ils ne sentent pas la douleur au moment de la mise à mort et leur viande est la plus gouteuse de toutes (Kouban)[68].

Le geste pieux du cochon peut aussi avoir lieu à la fin de la vie de Jésus, lorsque ce dernier fuit ses persécuteurs. Dans une version russe, le porc interrogé par les soldats, nie l'avoir vu, ce qui transforme radicalement son statut d'animal, considéré auparavant comme impur. Jésus ordonne aux chrétiens de manger du cochon, mais

---

64 O. BELOVA, « Evrejskie piščevye zaprety v folklornoj interpretacii slavjan », *Pir – trapeza – zastol'e v slavjanskoj i evrejskoj kulturnoj tradicii*, Moscou, 2005, p. 113 ; A. BOGANEVA, *Belaruskaja narodnaja biblija u sučasnyx zapisax*, Minsk, 2010, p. 111.

65 *Skazki, poslovicy i t.p., zapisannye v Ekaterinoslavskoj i Xar'kovskoj gub I. I. Manžuroju*, Kharkiv, 1890, p. 149-150.

66 O. BELOVA, « *Narodnaja Biblija* », p. 26.

67 *Ibid.*, p. 320-322 ; O. BELOVA, G. KABAKOVA, *op. cit.*, p. 139-140.

68 O. BELOVA, G. KABAKOVA, *op. cit.*, p. 178, A. ZUDIN, « Legendy nekrasovskix kazakov », *Kazaki-nekrasovcy : jazyk, istorija, kul'tura*, Rostov-sur-le-Don, JUNC RAN, 2012, p. 339.

seulement trois fois par an : à Pâques, à Noël et à l'Epiphanie[69]. Une légende russe, récemment recueillie dans la région de Perm, explique que l'interdit de manger du cochon fut levé après que le porc eut déterré le Christ mort, contribuant ainsi à sa résurrection[70].

L'interdit du porc comme le marqueur de l'autre

La question de la consommation du porc prend une place centrale dans la construction identitaire, surtout en regard d'autres systèmes alimentaires, comme ceux des juifs et des musulmans. Les choix alimentaires apparaissent comme des marqueurs identitaires qui tracent des frontières infranchissables entre les peuples, et entre les religions.

Dans les récits historiques médiévaux, ce sont les arguments alimentaires qui sont présentés comme essentiels lors des choix religieux. D'après les chroniques médiévales russes, *Récit des temps passés,* le prince Vladimir, pensant renoncer au paganisme et adopter une nouvelle religion, reçoit en 986 les ambassadeurs de différentes obédiences, mais aucune religion ne trouve grâce à ses yeux. Il désapprouve notamment l'interdit du porc et de l'alcool tout comme la circoncision, dans la foi musulmane.

Ces palabres « théologiques » se poursuivent, et à la fin du XIXe siècle les ethnographes assistent au débat suivant entre un paysan russe et un Tatar dans la province de Kostroma :

- Pourquoi ne manges-tu pas de porc ?
- Et toi, pourquoi ne manges-tu pas de cheval ?
- Mais parce que le cheval est impur et interdit par Dieu, qui a imposé le porc.
- Notre Dieu a interdit le porc et imposé le cheval.
- Alors votre Dieu est idiot, s'il dit du mal du porc. Tu ne donnes pas à manger au porc en été ! Et le porc portera huit porcelets ! Qu'est-ce que tu vas manger après ? Si votre Dieu était intelligent, il ne l'aurait pas interdit, et tu n'aurais pas à faire la manche[71].

Précisons que tous les textes folkloriques connus concernant les coutumes étrangères se rapportent à la cacherout. Les Ukrainiens, à la recherche des origines de l'interdit du porc chez les Juifs, citent l'épisode où Jésus expulse les démons d'un possédé et les fait entrer dans les pourceaux. Il arrive qu'il reçoive une autre interprétation : Jésus procède ainsi pour faire comprendre aux Juifs qui vendaient des porcs le caractère illicite de leur activité (Volhynie)[72].

Un autre texte ukrainien raconte le dégoût des Juifs pour cet animal qui remonte à la création du monde. Adam devait garder les porcs dans le jardin d'Éden mais il préféra s'amuser avec Ève et les porcs dévastèrent le jardin divin. Dans ce récit,

---

69 Province de Vladimir. O. BELOVA, « *Narodnaja Biblija* », p. 348-349.

70 A. ČERNYX, *Russkij narodnyj kalendar v Prikam'e,* part 1, Perm, Puška, 2006, p. 125.

71 *Russkie krest'jane,* vol. 1, p. 134.

72 O. BELOVA, « *Narodnaja Biblija* », p. 327-328.

l'interdit aurait été imposé aux Juifs non pas par Moïse mais par Adam, qui voulait se venger des porcs : c'est à cause de leurs méfaits qu'il fut chassé du paradis. Et le conteur ukrainien de conclure : « Nos aïeux, lorsqu'ils se sont rendu compte que le porc était une bonne viande, n'ont plus fait attention à cette interdiction et ils en mangent aujourd'hui encore » (Podolie)[73].

On affirme également que le changement d'habitudes alimentaires chez les Juifs se produisit après la résurrection. S'ils aiment bien la poule, méprisée quoique consommée par les orthodoxes, ils renoncèrent à manger du lard à partir du moment où une truie avait indiqué au peuple indigné la cachette des organisateurs de la crucifixion (Jitomir)[74].

La version la plus connue de l'interdit, et la plus largement diffusée en Europe, fit l'objet d'une analyse détaillée par Claudine Fabre-Vassas. Selon elle, la légende tire son origine de l'apocryphe « Évangile arabe de l'Enfance » (ch. 40). D'après cette légende, les Juifs cachent l'une des leurs (mère, tante, femme enceinte ou femme avec enfant) sous le cuveau (tonneau) ou dans la cheminée, et mettent Jésus à l'épreuve en lui demandant qui est caché dedans. Jésus répond : « La truie avec ses porcelets » et en effet, à la place de la Juive on découvre une truie. Depuis, conclut une légende ukrainienne, « on appelle la truie « tante juive » et les Juifs ne mangent pas de porc car c'est leur propre chair »[75]. Dans une version biélorusse, cette légende comporte un motif supplémentaire : Jésus, arrêté, jette des regards assassins sur ses bourreaux qui perdent l'usage de leurs bras. Effrayés par la truie qui les attaque et leur infirmité soudaine, ils renoncent à leur foi et font allégeance au Christ[76]. Ainsi, l'émanation du corps juif, le porc, qui se retourne contre ses « parents », et l'effroi provoqué par le regard de Jésus ébranlent la foi séculaire, jugée par les Slaves comme fausse.

Évoquer l'origine humaine d'une bête revient à actualiser le principe d'incorporation (on est ce qu'on mange) et donc à transformer le mangeur potentiel en cannibale. Le discours identitaire sur les interdits israélites, attesté sur les territoires de la cohabitation des populations slave et juive, aboutit à une distinction intéressante : les juifs ne mangent pas le cochon car ils ont peur de devenir cannibales, pire, endo-cannibales. Si l'on entre dans cette logique, l'éventualité de manger de la chair humaine métamorphosée et, en version exo-cannibale de surcroît, ne rebute pas les Slaves. L'explication réside peut-être dans le rapprochement du porc et du Christ. On avait déjà évoqué l'injonction qui lui était attribuée de faire couler le sang de la bête le Jeudi saint. Le porc est ainsi pensé comme une émanation divine, et sa mise à mort comme une représentation de l'immolation du Sauveur.

Pour conclure, on retiendra de ces us et récits l'ambivalence du porc, aussi bien dans leur modèle alimentaire que dans l'imaginaire des Slaves orientaux. Ce dernier

73 G. Kabakova, *Contes et légendes d'Ukraine,* Paris, Flies France, 2009, p. 47.

74 O. Belova, « *Narodnaja Biblija* », p. 349.

75 G. Kabakova, *Contes et légendes d'Ukraine,* p. 120-123. Dans l' « Evangile arabe de l'enfance », ce sont les enfants qui se cachent dans le four et leurs mères affirment que ce sont des chevreaux. Mais, à la différence de la tradition orale, Jésus accepte de rendre l'aspect initial aux enfants transformés en chevreaux.

76 O. Belova, « *Narodnaja Biblija* », p. 173.

investit l'animal de qualités à la fois proches et opposées : fécondité et concupiscence, nature sauvage et proximité avec l'homme, dimension profane et dimension sacrée. Claudine Fabre-Vassas a démontré avec beaucoup de finesse comment, en Europe, le porc se retrouve au centre de l'organisation sociale par le biais du partage. Jeunes et vieux, membres de la famille et de la communauté, trouvent leur place autour de l'animal au moment de sa consommation. Mais ce partage ne peut se faire qu'à travers l'acte sacrificiel lorsqu'une part de l'animal est offerte à l'invisible. Les Slaves vont plus loin en chargeant l'animal de valeurs morales, tel que l'honneur.

L'ambivalence concerne également la place de l'animal dans le régime alimentaire des Slaves, où le porc ne fait pas l'objet d'une adhésion inconditionnelle. Le rapport complexe au cochon reflète l'évolution de l'orthodoxie slave-orientale dans ses rapports à l'héritage biblique, étalée sur plusieurs siècles. Cette évolution est d'autant plus difficile à observer que ses traces écrites sont rares et se laisse saisir plutôt à travers les pratiques et les commentaires qui appartiennent à l'oralité. En même temps, pour la population qui avait pris ses distances avec la Loi de Moïse, la consommation du porc est perçue comme trait saillant qui distingue l'alimentation des orthodoxes de celle d'autres confessions. Cette distinction n'est pas neutre, elle est pensée par les chrétiens comme un avantage sur les adeptes d'autres religions, jugés conservateurs. Comme le rappelle C. Fabre-Vassas, à chaque mise à mort, à travers la théâtralisation extrême de la purification sacrificielle se joue le passage de la vieille religion d'Israël à la « juvénile chrétienté », libérant les convives de la Loi contraignante[77].

Bibliographie

Afanas'eva-Medvedeva G., *Slovar' govorov russkix starožilov Bajkal'skoj Sibiri*, t. 16, Irkutsk, 2014.

Agapkina T., *Mifologičeskie osnovy slavjanskogo narodnogo kalendarja*, Moscou, Indrik, 2002.

Artjux L., « Iža ta xarčuvannja », *Podill'ja. Istoriko-etnografične doslidžennja*, Kiev, 1994, p. 288-313.

———, *Ukrains'ka narodna kulinarija*, Kiev, 1977.

———, « Zvyčaevi zaborony pov'jazani z xlibom : tradycii i sučasne pobutuvannja », *Narodna tvorčist' ta etnologija*, 6, 2012, p. 7-14.

Balov A., « Očerki Pošexon'ja », *Ètnografičeskoe obozrenie*, 40-41, 1-2, 1899, p. 193-224.

Belova O., « *Narodnaja Biblija* » *: vostočnoslavjanskie ètiologičeskie legendy*, Moscou, Indrik, 2002.

———, « Evrejskie piščevye zaprety v folklornoj interpretacii slavjan », *Pir – trapeza – zastol'e v slavjanskoj i evrejskoj kulturnoj tradicii*, Moscou, 2005, p. 106-124.

———, « Svin'ja », *Slavjanskie drevnosti*, vol. 4, Moscou, Meždunarodnye otnošenija, 2009, p. 573-578.

77 C. Fabre-Vassas, *La Bête singulière*, p. 364.

BELOVA O., KABAKOVA G., *U istokov mira : russkie etiologičeskie skazki i legendy*, Moscou, Forum – Neolit, 2014.

BOBRECOVA A., « Nekotorye osobennosti pitanija staroobrjadčeskogo naselenija Nižnej Pečory (ust'cilemov) v XX veke », *Tradicionnaja pišča kak vyraženie ètničeskogo samosoznanija*, Moscou, Nauka, 2001, p. 87-98.

———, *Belaruskaja narodnaja biblija u sučasnyx zapisax*, Minsk, 2010.

BOGATYREV P., « Neskol'ko legend Šenkurskogo uezda Arxangel'skoj gubernii », *Ètnografičeskoe obozrenie*, 25, 1916, p. 71-76

BONDARENKO V., « Pover'ja krest'jan Tambovskoj gubernii », *Živaja starina*, 1, 1890, p. 115-121.

ČERNYX A., *Russkij narodnyj kalendar v Prikam'e*, part 1, Perm, Puška, 2006.

EFIMENKO P. S., « Materialy po ètnografii Arxangel'skoj gubernii », *Trudy ètnografičeskogo otdela Obščestva ljubitelej estestvoznanija, antropologii i ètnografii pri Moskovskom universitete*, 5, 1899.

FABRE-VASSAS C., « L'enfant, le four et le cochon », *Le monde alpin et et rhodanien*, 4, 1982, p. 155-179.

———, *La Bête singulière : les juifs, les chrétiens et le cochon*, Paris, Gallimard, 1994.

Fichier de *Arxangel'skij oblastnoj slovar'*, Université Lomonosov, Moscou.

Frazeologičeskij slovar' russkix govorov Nizovoj Pečory, vol. 2, Saint-Pétersbourg, 2008.

GURA A., *Simvolika životnyx v slavjanskoj narodnoj tradicii*, Moscou, Indrik, 1997.

IVANICKIJ N. A., « Materialy po ètnografii Vologodskoj gubernii », *Izvestija Imperatorskogo obščestva ljubitelej estestvoznanija, antropologii i ètnografii pri Imperatroskom Moskovskom universitete*, 69, 1890.

IVANOVA N., « Zaprety staroverov Latgalii », *Almanax komparativistiki*, 4 (33), 2014, p. 182-197.

JANIN V. L., ZALIZNJAK A. A., GIPPIUS A. A., *Novgorodskie gramoty ne bereste (iz raskopok 1997-2000 gg.)*, Moscou, Russkie slovari, 2004.

KABAKOVA G., *Contes et légendes de Russie*, Paris, Flies France, 2005.

———, *Contes et légendes d'Ukraine*, 2e éd., Paris, Flies France, 2009.

———, *L'hospitalité, le repas, le mangeur dans la civilisation russe*, Paris, L'Harmattan, 2013.

———, *Russkie tradicii gostepriimstva i zastol'ja*, Moscou, Forum-Neolit, 2015.

KARAMZIN N. M., *Istorija gosudarstva rossijskogo*, Moscou, A. Smirdin, 1853, vol. 11-12.

KOROGODINA M. V., *Ispoved' v Rossii v XIV-XIX vekax*, Saint-Pétersbourg, Dmitrij Bulanin, 2006.

KRAVČENKO V., *Zibrannja tvoriv ta materialy z arxivnoj spadščiny*, t. 2, Kiev, IMFE, 2009.

Mifalogija belarusou, Minsk, 2011.

MONTANARI M., *La chère et l'esprit : Histoire de la culture alimentaire chrétienne*, Paris, Alma éditeur, 2017.

PASTOUREAU M., *Le Cochon. Histoire d'un cousin mal aimé*, Paris, Gallimard, 2009.

PODUKOV I., *Karagajskaja storona : narodnaja tradicija v obrjadnosti, fol'klore i jazyke*, Kudymkar, Komi-Permjackoe knižnoe izdatel'stvo, 2004.

POTANIN G. N., « Jugo-zapadnaja čast' Tomskoj gubernii v ètnografičeskom otnošenii », *Ètnografičeskij sbornik*, 6, 1864, p. 1-154.

Pskovskij oblastnoj slovar' s istoričeskimi dannymi, vol. 2, Leningrad, Izdatel'stvo Leningradskogo Universiteta, 1973.

Russkie krest'jane, Žizn, byt, nravy, vol. 1 : *Kostromskaja i Tverskaja gubernii*, Saint-Pétersbourg, 2004 ; vol. 3. *Kalužskaja gubernija*, Saint-Pétersbourg, 2006 ; vol. 5 : *Vologodskaja gubernija*, Saint-Pétersbourg, 2007-2008.

Russkij narodnyj kalendar'. Ètnolingvističeskij slovar', Moscou, Ast-Press, 2015.

Sergent B., « Le porc indo-européen. D'Ouest en Est », *Actes du colloque de Saint-Antoine l'Abbaye, Isère, 4-5 avril 1998*, Grenoble, J. Millon, 1999, p. 9-40.

Skazki, poslovicy i t.p., zapisannye v Ekaterinoslavskoj i Xar'kovskoj gub I. I. Manžuroju, Kharkiv, 1890.

Sokolova V., *Vesenne-letnie obrjady russkix, ukraincev i belorusov*, Moscou, Nauka, 1979.

Uspenskij B. A., *Filologičeskie razyskanija v oblasti slavjanskix drevnostej. Relikty jazyčestva v vostočnoslavjanskom kul'te Nikolaja Mirlikijskogo*, Moscou, MGU, 1982.

Verxrats'kyj S., « Nedugy žyvota v pobutovij medycyni sučasnogo ukrain'skogo sila », *Pobut*, 4/5, 1929.

Voronina T. A., « Pitanie russkix krest'jan konca XIX v. vo vremja postov », *Tradicionnoe russkoe zastol'e*, Moscou, Gos. respublikanskij centr russkogo folklora, 2008.

Xaruzin N., *Iz materialov, sobrannyx sredi krest'an Pudožskogo uezda Oloneckoj gubernii*, Moscou, 1889.

Zaglada N., « Xarčuvann'ja v s. Starosilli na Černigivščini », *Materijaly do etnologii*, 3, 1931, p. 83-196.

Zajkovskie V. & T., « Nourriture de passage. Pogranično-perexodnye funkcii pišči v narodnyx kul'turax balkano-vostočnoslavjanskogo regiona », *Kodovi slovenskih kultura*, 2, 1997, p. 68-89.

Zajkovskij V., « Svin'ja v obrjadax i obyčajax jugo-vostočnoj Evropy : obščee i osobennoe », *Etno-kulturološki zbornik za proučavanje kulture istočne Srbije i susednih oblasti*, 3, Svrljig, 1997, p. 177-182.

Zavojko G. K., « Verovanija, obrjady i obyčai velikorossov Vladimirskoj gub. », *Ètnografičeskoe obozrenie*, 103-104, 1914, p. 81-178.

Zelenin D., *Čerty byta usen'-ivanovskix staroverov*, Kazan, 1905.

———, *Opisanie rukopisej Učenogo arxiva Imperatorskogo Geografičeskogo obščestva*, Petrograd, 1914-1916. 3 vol.

———, *Vostočnoslavjanskaja etnografija*, Moscou, Nauka, 1991.

Zudin A., « Legendy nekrasovskix kazakov », *Kazaki-nekrasovcy : jazyk, istorija, kul'tura*, Rostov-sur-le-Don, JUNC RAN, 2012, p. 331-347.

OGUZ ALYANAK

Fais de ton mieux, Allah s'occupe du reste

*Les Turcs musulmans négocient le halal à Strasbourg**

Le marché des produits *halal* (*autorisé* selon la religion islamique) en Europe, qui inclut la viande rouge et la volaille, les boissons sans alcool, les produits laitiers, les céréales et les confiseries, le poisson et les fruits de mer, les produits transformés, les suppléments alimentaires ainsi que les produits de beauté et les médicaments, est un marché à la croissance rapide. Chaque année, de plus en plus d'entreprises européennes font une priorité de la production de produits correspondant aux habitudes alimentaires des musulmans. On notera parmi les exemples récents de l'industrie alimentaire les chaînes Subway et KFC qui, depuis 2007, proposent des viandes halal dans leurs établissements en Grande-Bretagne, ainsi que Quick, la seconde chaîne française de hamburgers, qui a ouvert en 2010 plusieurs restaurants aux produits intégralement certifiés halal.

La croissance rapide du marché halal offre des opportunités commerciales nouvelles et innovantes, mais elle ouvre également des espaces de débats critiques. Alors que de plus en plus de commerces proposent des produits halal, certains avancent que le halal va envahir le marché alimentaire européen, créant ainsi une discrimination envers les non-consommateurs de halal. D'autres affirment que la plupart des produits estampillés halal sont en réalité faussement halal, sont du « faux halal ». Mais ces discours alarmistes ne laissent pas la parole aux principaux intéressés du débat : les consommateurs musulmans. Dans cet article, j'examine la manière dont les représentants des consommateurs et des fournisseurs musulmans se positionnent face à ces discours alarmistes dans l'un des marchés halal européens les plus florissants, la France[1]. J'y montre la façon dont la recherche du halal existe au-delà du label, et comment la notion de halal se définit à travers des relations personnelles construites

* Cet article a été originellement publié dans la *International Review of Social Research* 2016 ; 6(1) : 15-25. Traduit de l'anglais par Maurane Mazars, avec l'autorisation des éditeurs de cette revue.

1 Lorsque le halal était au centre du débat à l'occasion des présidentielles de 2012, sa part de marché était estimé à environ 5, 5 milliards d'euros, avec une croissance annuelle de 10 pour-cent (Heneghan, 2012).

Oguz Alyanak • Université Washington de St. Louis, Doctorant en anthropologie sociale et culturelle

Religions et alimentation, éd. par Rémi GOUNELLE, Anne-Laure ZWILLING et Yves LEHMANN, Turnhout : Brepols, 2020 (Homo Religiosus, 20), p. 135-153
BREPOLS PUBLISHERS 10.1484/M.HR-EB.5.117412

sur la confiance, et qui, inversement, contribuent à l'instaurer. J'avance que c'est ce rapport de confiance, et non le label, qui fait d'un produit un produit halal.

Afin de définir ce qu'est une conception du halal fondée sur un rapport de confiance, je m'appuie sur plusieurs témoignages recueillis auprès de membres de la communauté turque de Strasbourg, et j'examine le processus de prise de décision par lequel mes informateurs jugent de la qualité halal d'un produit. Bien qu'il existe des études sur le halal (Bergeaud-Blackler, 2007 ; Id Yassine, 2014 ; Lever et Miele, 2012), l'accent y est mis soit sur l'industrie halal, les chercheurs se concentrant alors sur les problèmes d'institutionnalisation – comme le manque de certification et de contrôles – soit sur la production intellectuelle de la connaissance du halal, les différentes interprétations du halal étant alors problématisées par les chercheurs (Hoffman, 1995 ; Riaz et Chaudry, 2004). La littérature pourrait également bénéficier d'une clarification du sujet du point de vue du consommateur (Brisebarre 1993 ; Bergeaud-Blackler, 2004 ; Bowen, 2010 : p. 169-173). Cet article répond à ce besoin en puisant dans le matériau ethnographique collecté durant l'été 2013 lors d'une observation participante au sein d'associations turques liées aux mosquées, de supermarchés, bouchers, restaurants et vendeurs de kebabs/snack döners, lors d'entretiens semi-dirigés avec les personnes en charge de ces lieux, d'imams, et de consommateurs turcs, ainsi que dans le matériau collecté lors du travail de terrain effectué pour l'écriture en cours de ma thèse (2016), à Strasbourg[2]. Néanmoins, avant d'entrer dans le vif du sujet, il me semble nécessaire de décrire dans un premier temps les discours adverses au halal en France contre lesquels j'écris cet article : que le halal est partout ou qu'il n'est en réalité nulle part.

Un panorama des débats publics au sujet du halal

En France, un grand nombre de discours façonnent la perception de l'Islam par le grand public. Deux d'entre eux sont particulièrement significatifs quant au halal. Le premier, que je définis comme « halalisation » en m'inspirant de la terminologie de Zemmour (2014), est construit sur le principe de la laïcité et interprète la part croissante du halal dans l'espace public français comme une menace pour les valeurs françaises. La deuxième, que je nommerai « halalgate » d'après al-Kanz, reste sceptique par rapport à la supposée prévalence du halal en France et remet en question son authenticité. Alors que ces deux discours contribuent à façonner l'opinion publique, je soutiens qu'ils échouent à décrire la façon dont la plupart des musulmans perçoivent le halal.

2 Le travail sur le terrain à Strasbourg a pu être mené grâce aux généreux financement de l'Université Washington de St Louis, *Department of Anthropology Summer Research Travel Grant* 2013 (bourse de recherche) et la Fondation Wenner-Gren, *Dissertation Fieldwork Grant 2016 (bourse de recherche sur le terrain)*. Une précédente version de cet article fut présentée à l'*Anthropology of Religion Group and Religion and Migration Group* (Association pour l'Anthropologie des Religions et le Groupement Religion et Migration) lors de la *2014 American Academy of Religion Annual Meeting à San Diego* (Rencontre Annuelle de l'Académie Américaine de Religion).

« Halalisation »

En France, l'un des scandales qui a marqué l'année 2012 fut de savoir si les français mangeaient halal à leur insu. Considérant que la laïcité n'est pas seulement un principe déterminant les frontières de l'espace public français, mais également le principe par lequel l'État garantit la liberté de conscience individuelle (Baubérot, 2004 ; Asad, 2006 ; Bowen, 2007), des critiques ont soutenu que l'expansion du halal se faisait aux dépens des autres, autrement dit, des consommateurs non-halal. Selon ces critiques, la pratique islamique du halal dans sa forme institutionnalisée (par exemple les restaurants strictement halal) aurait limité les libertés des personnes non-musulmans et leur accès à des produits non-halal.

Peut-on légitimement considérer que le halal s'est immiscé dans la vie quotidienne des citoyens français de manière à menacer les mœurs et les valeurs de la République Française ? Une enquête réalisée en 2012 par des journalistes de la chaîne publique française *France 2* apporte un début de réponse à cette question. En se basant sur un rapport de la Cour des comptes (2008) dans lequel les enquêteurs ont affirmé que 41% des abattoirs français n'étaient ni conformes aux régulations, ni proprement inspectés, les journalistes ont voulu déterminer si ces lacunes quant à la production de viande persistaient à ce jour. Ce fut la première étape de l'enquête. La seconde étape, qui se concentrait sur l'abattage religieux, devint le fer de lance des détracteurs du halal comme Marine Le Pen, présidente du Front National[3]. Lors d'une entrevue avec un responsable de la maison de l'élevage d'Île-de-France, un journaliste a découvert que tous les abattoirs de la région appliquaient les pratiques d'abattage rituel – produisant donc de la viande halal. Ajoutant à l'inquiétude, il fut avéré que la viande issue de ces abattoirs n'était pas nécessairement estampillée halal : les vendeurs n'étaient pas légalement tenus de le faire.

Lors d'un entretien ultérieur, l'un des éditeurs a précisé que la viande consommée à Paris provenait d'abattoirs situés non seulement en Île-de-France, mais également – et majoritairement – dans d'autres régions. Les Parisiens ne mangeaient donc pas tous halal (Hasan, 2012a), un élément que les détracteurs du halal ont choisi d'ignorer. Marine Le Pen a par exemple maintenu que l'intégralité de la viande consommée par les Parisiens étaient halal, le plus inquiétant étant que ces derniers la consommaient sans le savoir : exemple probant de l'atteinte portée par l'islam aux libertés individuelles, et une violation du principe de laïcité.

Les échos des débats de 2012 résonnent encore à ce jour. Prenons l'exemple de l'essai *Le Suicide français*, best-seller de 2014. Selon son auteur Éric Zemmour, être limité à une consommation halal est plus qu'une violation des libertés alimentaires de chacun : la présence grandissante du halal en France représente une atteinte au droit d'exister en tant que natif Français en France. Percevant cette présence comme l'invasion d'une force étrangère, Zemmour considère le halal comme une menace majeure pour la grandeur française. La présence du halal dans la sphère publique, que Zemmour nomme « halalisation », précipite la déchéance française. Pour lui,

3 Aujourd'hui Rassemblement National.

la « halalisation » de la France est au cœur de l'angoisse existentielle française. Comme d'autres penseurs critiques français, il voit en l'existence des immigrés une menace pour la francité. Leur incapacité à se conformer au mode de vie français, qui comprend la gastronomie française de réputation internationale, serait inquiétante en ce qu'elle façonnerait, avec le temps, les goûts des Français, sans que la réciproque ne se produise – le « Français de souche » se retrouvant ainsi en minorité.

Pour les penseurs critiques français, les mesures prises par l'État sont insuffisantes pour préserver la francité face à l'invasion islamique. Selon eux, l'État a peut-être gagné quelques batailles contre des symboles islamiques comme le voile, mais l'offensive de l'islam « permit la conquête, par la voie de la "halalisation", de territoires disséminés mais nombreux où tous les actes de l'existence des populations, nourriture, amis, relations sexuelles, mariage, vêtements, sociabilité, furent peu à peu soumis au contrôle vétilleux de la loi religieuse, forgeant la naissance balbutiante mais vigoureuse et redoutable d'une *Dar el-islam* française » (Zemmour 2014, p. 493).

« Halalgate »

Le « *halalgate* », mot-valise combinant le terme halal et le scandale du Watergate, désigne la découverte d'un scandale en France. Il propose une réponse aux discours alarmistes qui dénoncent la « consommation insoupçonnée de halal ». Selon les tenants du *halalgate*, la majorité des abattages n'appliquent même pas les règles les plus basiques de la certification halal. Le problème n'est pas qu'il y ait trop de halal en France, mais trop peu.

Cette idée fut avancée pour la première fois dans un émission diffusée par *Canal+* en 2010, au cours de laquelle des journalistes équipés de caméras cachées visitaient des abattoirs. Ils découvrirent que la plupart de ces derniers ne respectaient pas les normes sanitaires en vigueur et n'étaient pas inspectés régulièrement. En raison du manque d'inspecteurs, ces établissements n'étaient pas dûment supervisés et les animaux n'étaient pas abattus selon le rituel religieux musulman. Dans certains cas, l'abattage était réalisé de façon cruelle, bien loin de l'égorgement rapide qui, d'après les défenseurs du halal, rend l'animal inconscient en quelques secondes. Certains abattoirs tuaient des animaux malades, et le label halal était apposé au petit bonheur.

Les journalistes ont enquêté sur la façon dont les viandes faussement labellisées halal s'étaient retrouvées parmi les aliments produits en masse distribués par certains des plus grands noms de l'industrie alimentaire française, comme le géant de la volaille Doux, principal fournisseur de KFC. Les produits portaient un label halal approuvé par l'AFCAI, un organisme de certification halal opérant depuis 1988. Néanmoins, personne ne connaissait les méthodes de l'AFCAI, le nombre de ses employés ou la fréquence des inspections de ses abattoirs et ses usines. L'AFCAI refusa de faire un commentaire.

Un entretien avec un référent halal indépendant, qui modère le site internet *al-Kanz*, a confirmé ces révélations. *Al-Kanz* tentait d'alerter et de sensibiliser les consommateurs à ce problème depuis 1996. Le lendemain de la diffusion de l'émission sur Canal+, *al-Kanz* publia :

> [L]a viande non halal vendue au marché de Rungis, où de très nombreux bouchers musulmans vont acheter leur viande faussement halal. [...] Flunch, Domino's Pizza et Quick prétendent aussi faire du halal. Oui, ils le prétendent. Et il paraît même que de nombreux musulmans y mangent, comme ils ont longtemps mangé chez KFC. Jusqu'au prochain reportage ? (*al-Kanz* 2010).

L'émission de *Canal+* n'était pas la première à éveiller les soupçons autour du halal. Une vidéo datant de 2009, filmée par le journaliste Jean-Charles Doria, s'était aussi attaquée à KFC et Doux. La vidéo montrait que, contrairement à ce qu'avançaient les représentants des grandes mosquées françaises (Paris, Évry et Lyon), à savoir que la volaille était abattue à la main, les représentants de Doux affirmaient que l'abattage était mécanique. Doux abattait ainsi plus de 380 000 poulets par jour. Pour tirer au clair cette contradiction, Jean-Charles Doria a visité les établissements de l'AFCAI, soit deux employés de secrétariat dans un petit bureau, qui lui affirmèrent que l'abattage mécanique était licite. Il a ensuite visité KFC, et a demandé à l'un de ses représentants si la chaîne était absolument certaine que son poulet était halal. « Absolument certaine », fut la réponse. La vidéo de Jean-Charles Doria devait être diffusée durant l'émission *Zone Interdite* sur *M6* en septembre 2009. Elle fut cependant annulée pour des raisons légales.

Un an plus tard, l'émission de *Canal+* s'est appuyée sur le travail de Doria. Elle fut cette fois-ci diffusée à la télévision, décuplant les soupçons déjà existant des consommateurs concernant les produits halal. Les mois suivants, les organismes de protection du consommateur jetèrent le doute sur d'autres producteurs halal, comme Herta halal (l'un des plus grands producteurs français de charcuterie) qui finit par retirer le label halal sur ses produits après la découverte de porc dans ses saucisses halal (Delvallée 2012). Les supermarchés proposant les produits Herta halal, comme Casino, durent déclarer publiquement qu'ils retiraient les produits de la marque de leurs étalages.

De façon étonnante, les plus touchés par le « *halalgate* » furent les trois grandes mosquées françaises responsables d'avoir dispensé des certifications halal aux géants de l'alimentaire, ainsi que des licences (carte d'habilitation de sacrificateur) aux individus en charge de l'abattage rituel. Les musulmans jugeaient ces trois mosquées, contrairement à d'autres organismes, dignes de confiance quant au soin apporté aux certifications halal. Pourtant, l'émission de *Canal+* démontra que la plupart de ces mosquées n'employaient même pas d'inspecteurs. La découverte fut faite lors d'une enquête menée par ASIDCOM en 2009, où les associations de protection des consommateurs musulmans composèrent une liste des organismes européens en mesure de dispenser des certifications halal, comprenant les trois grandes mosquées. L'enquête révéla également qu'en plus de ne pas employer d'inspecteurs, ces mosquées toléraient des méthodes d'abattage que nombre de musulmans jugent douteuses, comme l'électronarcose. Alors que certaines entreprises (par exemple AVS) pratiquaient l'étourdissement post-égorgement, les trois mosquées autorisaient l'étourdissement pré-égorgement – tant que l'animal n'était pas mort au moment de l'incision. Après l'émission de *Canal+*, ASIDCOM lança un boycott des produits halal inspectés par les mosquées. La mosquée de Lyon répliqua en dénonçant publiquement le boycott d'ASIDCOM.

L'industrie alimentaire, en France comme partout, fait partie de l'économie de libre marché. Cela signifie certes une mobilité accrue des produits alimentaires et permet de répondre à la demande grandissante, mais cela occasionne également des difficultés pour le suivi des produits. Aujourd'hui, la viande produite dans les abattoirs européens est vendue à des intermédiaires situés dans d'autres pays européens, qui les revendent par la suite à des usines de préparations carnées, elles-mêmes situées dans d'autres pays d'Europe. La viande transformée est distribuée dans des supermarchés internationaux. Pour apaiser l'inquiétude quant aux viandes importées en France depuis d'autres pays d'Europe, certains commerces strasbourgeois précisent dans leurs menus que la viande, en plus d'être halal, est d'origine.

Certains diront que la manière dont l'industrie halal fonctionne ne dépend en rien du comportement individuel des musulmans. Cependant, les musulmans sont exhortés à être des consommateurs consciencieux. Pour les organismes de protection des consommateurs, la solution réside dans l'information. Mais comment accéder à cette information ? Internet est une plateforme accessible, mais comment savoir à qui se fier ? Il est en de même pour les médias. Dans quelle mesure ces rapports alarmistes reflètent-ils la réalité ? Comment peut-on rester serein et se confier à un marché plongé dans le doute ?

Pluralité des discours sur le halal

Selon les théologiens musulmans, de la même manière que le fait d'accomplir la *salat* (prière) (Asad 1993), penser et agir de façon halal est une manière de dompter le *nefs* (ego), de réévaluer ses pensées et ses actes et de se perfectionner en devenant un musulman vertueux et moral (Siddiqui 2012). Les musulmans sont enjoints par la loi (*shari'a*) de rechercher le halal et éviter le haram, notions qui sont décrites dans la majorité des écrits qu'ils doivent suivre. Néanmoins, ces textes sont ouverts à l'interprétation. Souvent, les érudits musulmans ont la responsabilité de fournir une interprétation qui fait autorité, mais celles-ci peuvent varier (Lambek 1990 ; Werbner 1996). De surcroît, la connaissance de l'islam prend des formes différentes selon les contextes locaux (Eickelman 1982 ; Bowen 1998), ce qui engendre de multiples discours sur le halal qui sont par la suite disséminés dans des articles sur internet ou dans la presse.

Différentes sourates du Coran définissent ce qui est halal et haram, et de nombreux recueils de *hadith* proposent une réflexion sur la *Sunna* en décrivant en détail comment Mahomet parlait du halal et le pratiquait dans sa vie quotidienne[4]. Ces textes orientent les prises de décisions des musulmans (Bowen 2012). Par exemple, certains de mes

4 Voir les sourates suivantes du Coran : al-Baqara (La Vache) ; al-Maa'idah (La Table) et al-An'am (Le Bétail), ainsi que des hadiths al-Bukhari et Muslim.

informateurs à Strasbourg se tournaient, en cas de doute, vers ces textes ou vers l'imam de la mosquée locale qui s'appuyait sur ces mêmes textes pour les conseiller.

Dans l'islam sunnite, courant auquel appartient l'essentiel de mes informateurs strasbourgeois, la plupart des *hadiths* proviennent de recueils du IXe siècle établis par six érudits sunnites. Pour les musulmans associés à des *cemaats* (congrégations) suivant des écoles de pensée différentes –comme les branches actives à Strasbourg des confréries Naqshbandiyya : Menzil, Suleymanli, Mevlevi ou Nour – des livrets additionnels écrits par les fondateurs complètent les *hadiths*. Bien que ces textes soient des points de référence pour les musulmans, ils ne permettent pas d'expliquer les raisonnement quotidiens opérés par les musulmans. Premièrement, tous les musulmans ne respectent pas rigoureusement la notion de halal. Certains musulmans boivent de l'alcool et mangent du porc, tout en étant conscients que cela est haram. Pour ceux qui tentent de vivre selon les préceptes halal, le monde moderne présente de nombreux casse-têtes. Plutôt que de se conformer aux textes seuls, les musulmans apprennent donc à s'adapter. Comme le défend judicieusement Bowen, « l'essentiel de ce que les musulmans tirent de la religion n'est pas dans les grands questionnements autour de la théologie ou la jurisprudence, mais plutôt dans des problématiques bien plus immédiates… Des musulmans vivant dans certaines localités ont adopté des traditions islamiques inhérentes aux valeurs et contraintes locales, et ces adaptation ont donné lieu à de vigoureux débats entre musulmans sur ce qui est, ou n'est pas correctement islamique » (2012, p. 5).

Après avoir passé une journée avec un musulman, on ne peut que constater que la majeure partie de ce qui compose la vie quotidienne se situe à la frontière entre le halal et le haram, c'est-à-dire dans une zone d'ambiguïté. Le problème n'est cependant pas intrinsèque au monde moderne, dans la mesure où la question du doute moral se trouve déjà au centre des écrits des premiers érudits musulmans. Par exemple, le savant du XIe siècle al-Ghazâlî plaçait « l'incertain » au centre de ses études (al-Ghazâli 2003). Il existe des pratiques dont l'aspect illicite est difficilement contestable, comme la consommation d'alcool et de porc, le jeu, les rapports sexuels extra-conjugaux ou prémaritaux. Certaines de ces pratiques sont considérées dans le Coran comme l'œuvre du diable alors que d'autres sont listées dans les hadiths parmi les péchés majeurs. D'autres sont cependant laissées à la discrétion des musulmans – comme le débat récurrent sur le fait de manger de la nourriture préparée par un non-musulman ou de fréquenter un établissement servant de l'alcool.

Mes informateurs étaient également mitigés quant à ces questions. À l'exemple des interviews de musulmans en contexte non-musulman réalisées par O'Connor à Hong-Kong (2012), différentes compréhensions du halal étaient avancées. Pour certains, cela signifiait que tout était comestible sauf le porc. Pour d'autres, la préparation était importante – comme le type d'huile utilisé, la présence d'additifs, l'utilisation d'une poêle ou de couteaux précédemment utilisés pour la découpe et/ou la cuisson du porc. Se rendre aux chaînes de burgers McDonald ou Quick était un problème pour certains, pas pour d'autres. Les Turcs de seconde génération préfèrent généralement les lieux de restauration rapide, soit parce que ce sont des espaces de socialisation, soit simplement parce qu'ils aimaient la nourriture. Il y avait ceux qui ne mangeaient que les plats sans viande, type filet de poisson, et ceux qui ne mangeaient rien de

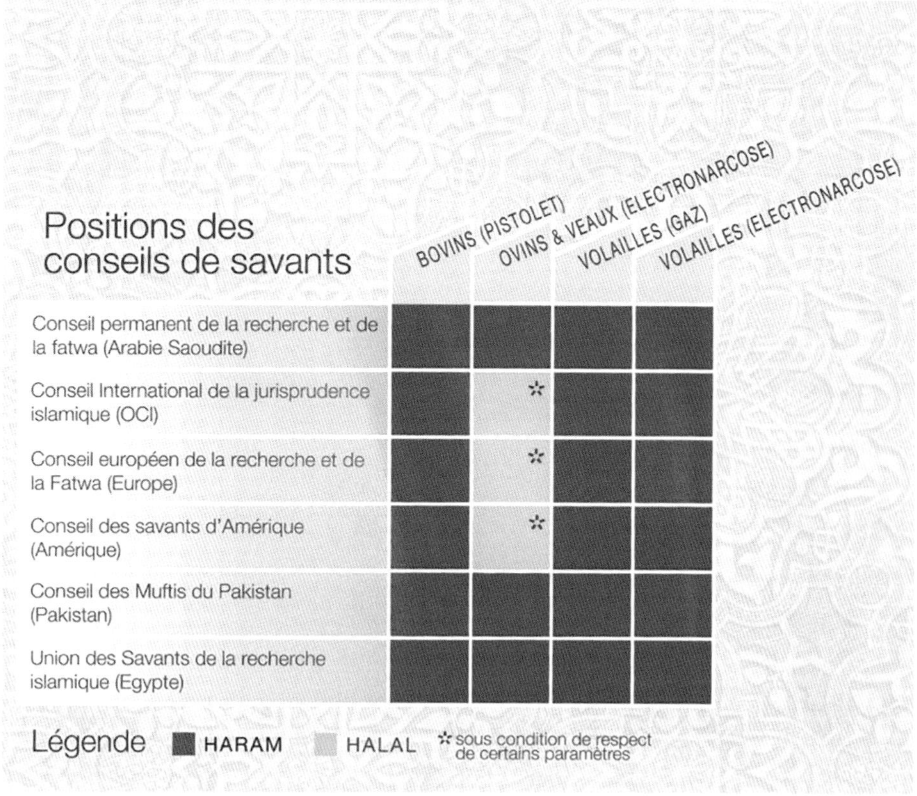

Figure 1: L'assommage avant la saignée, halal ou haram?

peur que même le pain ne soit contaminé par les additifs. Au contraire, un père de première génération venu en France au début des années 1990 m'indiqua qu'il évitait les chaînes de restauration rapide non seulement en France mais également en Turquie, afin de ne pas donner un mauvais exemple à ses enfants. Enfin, l'alcool est une vraie question, et mes contacts étaient en désaccord quant à savoir si la présence d'alcool dans un établissement rendait la nourriture haram.

Alors que la notion de halal comprend plus que la simple consommation, en ce qu'elle comprend les actes et les pensées (al Qaradawi 1999), elle trouve sa forme la plus visuelle – le label – dans les articles de consommation. Bien que ce label représente une certaine autorité car il implique un acte de langage rendant licite la consommation d'un produit, le scepticisme par rapport à son authenticité ne cesse de croître. Il faut préciser que le doute provient également de différentes interprétations des textes qui mènent à des définitions contradictoires du halal. L'interprétation de la jurisprudence islamique varie selon les érudits musulmans. Ces derniers étudient les textes fondateurs et influencent l'opinion publique par l'intermédiaire de publications qui contiennent l'essentiel des interprétations contemporaines.

Les débats savants sur le sacrifice rituel en sont un parfait exemple. En 2013, un diagramme publié sur le net par AVS (À Votre Service 2013), le plus grand organisme de certification halal français, montre les différences d'interprétation du sacrifice rituel dans les différents conseils consultatifs. Alors que les conseils saoudiens, pakistanais et égyptiens soient d'accord sur le fait que l'étourdissement de l'animal pré-abattage (que ce soit par arme à feu, gaz ou électronarcose) constitue une violation du code halal, trois autres conseils (le conseil international, le conseil européen et le conseil américain) autorisent ces méthodes d'étourdissement pour les ovins et les veaux, avec certaines réserves.

Le cœur du débat sur l'étourdissement est de savoir si ce dernier tue l'animal ou bien s'il le rend inconscient. Les savants musulmans sont partagés sur ce problème, ce qui n'est pas surprenant dans la mesure où la production de viande n'est que l'un des très nombreux points qui les divisent. Les politiques nationales ne font que complexifier le problème. Les membres de l'Union européenne respectent la « Convention européenne sur la protection des animaux d'abattage », qui requiert l'étourdissement avant l'abattage, tout en laissant à chaque pays la liberté de proposer des exemptions à cette pratique. Alors que le lien entre étourdissement et halal reste libre d'interprétation, certaines viandes estampillées halal proviennent de bêtes ayant été étourdies, d'autres non. De plus, il n'existe aucun label permettant de savoir si l'animal a été tué avec ou sans étourdissement, un sujet de controverse entre les membres de la Chambre des communes du Royaume-Uni en 2012 (Hasan 2012b). Comme les Français, les Britanniques craignaient de manger à leur insu de la viande provenant d'animaux abattus sans étourdissement préalable.

Le problème de ce manque d'harmonie quant aux frontières conceptuelles du halal imprègne la vie quotidienne. Une visite rapide d'un supermarché français révèle que le halal se présente sous des formes diverses et nombreuses. Les articles provenant de pays hors-UE arborent un label des organismes de certification nationaux, comme l'Institut des standards turcs (TSE) ou le Conseil indonésien des savants (*majlis ulamas*). Beaucoup d'autres organismes privés ou locaux travaillent cependant en Europe. Sous ou autour des lettres arabes écrivant « halal » (حلال), on peut trouver une bande contenant les informations relatives à l'organisme de certification. Cette pratique soulève deux problèmes. Le premier est qu'il n'y a que très peu de surveillance effectuée par les organismes halal afin de certifier l'authenticité du label. Le second est que, bien que les organismes de certification affirment employer des contrôleurs pour visiter les abattoirs et les usines de conditionnement alimentaire, leur influence reste faible. Ainsi, au supermarché, le choix d'un produit « véritablement halal » parmi des dizaines d'autres peut devenir un véritable fardeau, particulièrement pour les consommateurs inquiets de l'état du marché halal.

La question devient alors : comment se repérer au milieu de tous ces différents halal ? Un consommateur musulman qui se trouve dans le rayon halal d'un supermarché fonde sa décision sur ses connaissances de la question. Outre l'éducation religieuse, que la majorité des Turcs musulmans reçoit à la mosquée locale, la décision « sur-le-champ » est largement influencée par le bouche à oreille. Cela peut venir de la télévision, de la radio, du prêche du vendredi ou d'une discussion familiale ou amicale. Les programmes télévisés et les publications en ligne jouent un rôle important dans la propagation des discussions sur le halal. Lorsque j'ai posé mes premières questions à mes informateurs, ils mentionnèrent l'émission de *Canal+*. D'autres me dirent qu'ils évitaient certaines marques pour d'autres raisons. Par exemple, un ami les avaient avertis de la présence de gélatine de porc, comme ce fut le cas pour l'un des grands producteurs de laitages halal en Allemagne ; ou bien le producteur soutenait Israël, comme Coca-Cola ; ou alors il soutenait les séparatistes kurdes, comme ce fut le cas avec l'un des plus grands producteurs européen de döner. Certains, particulièrement les plus jeunes et les férus de technologie, utilisaient des applications sur leur téléphone pour repérer le « vrai » halal parmi les produits halals. Un bon exemple est l'application *justhalal*, l'une des centaines d'applications gratuites que l'on m'a recommandées. Avec une base de données comprenant plus de 50 000 articles, l'application fournit des informations détaillées sur les différents additifs contenus dans la nourriture, les cosmétiques et les médicaments, émettant un verdict après avoir scanné le code-barre : halal, haram, incertain.

Ces méthodes de renseignement n'écartent pourtant pas le doute. Le bouche-à-oreille n'est pas toujours sûr. Les verdicts des applications non plus. Ces dernières peuvent afficher « halal », mais sait-on vraiment qui assemble les bases de données ? Qu'en est-il des centaines d'autres articles compris dans la catégorie « incertain » ? Comment les consommateurs musulmans peuvent-ils rester sereins dans une telle confusion ? Mes entretiens m'ont apporté deux réponses : les relations personnelles et le cœur. Car quand un musulman a le cœur pur, et qu'il a fait tout son possible pour trouver le halal, le reste est à la charge d'Allah.

Négocier le halal

Alors que les débats publics et médiatiques autour du halal présentent les consommateurs comme des entités n'ayant que peu d'influence sur ce qui se trouve dans leurs assiettes, ils jouent en réalité un rôle actif dans la négociation du halal. Étudier l'aspect relationnel du halal peut nous aider à explorer ce concept.

En France, le concept de communautarisme a une connotation négative (Roy 1991). Au début des années 2000, alors que la France débattait sur le port du voile, est apparu une peur du repli communautaire. On a reproché aux musulmans de s'isoler, ce qui fut interprété comme un manque de volonté d'intégration (Bowen *et al.* 2013, p. 106-109). Associé avec la désobéissance et le désordre, le communautarisme était considéré comme une « forme inacceptable de sectarisme » (Fernando 2010). Et pourtant, quand les institutions peinent à pourvoir aux besoins, comme celui de l'accès au halal dans un marché avec de meilleures régulations, les liens communautaires gagnent en importance. Rester solidaires et coopérer dans l'intérêt du halal peut être un acte de résistance (Rouse et Hoskins 2014). Toutefois de nombreux musulmans se rapprochent les uns des autres car ils n'ont aucun autre dispositif de soutien disponible. Si un musulman ne peut pas se fier aux produits halal vendus dans un supermarché français, il ira chercher ces produits dans des établissements tenus par ses « frères » et « sœurs », même si pour cela il doit payer plus cher. Si la nourriture peut être un outil de résistance, ou même une source de conflit (Appadurai 1981) elle est également un rouage dans le maintien de l'ordre social (Douglas 1984), des liens communautaires (Counihan 2000), ainsi qu'un intermédiaire dans la construction identitaire et l'établissement des limites (Freeley-Harnik, 1995 ; Mintz et Dubois, 2002).

Le point de vue des consommateurs halal

Lors de mon séjour à Strasbourg, je fus souvent invité par mes contacts à dîner dehors, une excellente opportunité pour observer la façon dont les Turcs musulmans de Strasbourg parcouraient le paysage alimentaire. L'un de ces dîners eut lieu dans un restaurant turc spécialisé dans les plats à base de viande. Il avait son propre marché/boucher (appelés « exports ») de l'autre côté de la rue, chez qui il se fournissait en viande. Trois jeunes hommes, entre 24 et 28 ans, tous nés à Strasbourg, m'accompagnaient. Nous avons commandé différents types de kebab servis avec du boulgour, du coca et de l'*ayran* [une boisson lactée]. À l'issue du repas, je leur demandais comment – indépendamment du label halal présent – ils pouvaient savoir que la viande était bien halal. L'un me dit qu'il connaissait le propriétaire du restaurant : « C'est le restaurant de l'ami de pèlerinage de mon père. Ils ont fait le *hajj* ensemble, on les connaît d'avant. Mon père m'a parlé de ce restaurant. Il m'a dit 'vas-y, tu peux lui faire confiance, et quand tu iras, salue-le de ma part' ».

En tant qu'établissement familial, le restaurant ne servait pas d'alcool. Cependant, j'ai connu beaucoup d'autres restaurants turcs à Strasbourg qui affirmaient servir de la nourriture halal tout en servant de l'alcool. C'était un problème pour ceux qui ne croyaient pas qu'un restaurant vendant de l'alcool puisse être halal. J'ai demandé à mes hôtes si cela leur posait un problème. Ils s'accordèrent à dire qu'ils préféraient fréquenter des établissements ne servant pas d'alcool. « Mais, intervint l'un deux, s'il est deux heures du matin, s'il n'y a rien d'autre d'ouvert, et qu'on sait qu'il sert de la viande halal, alors on ira même si [le propriétaire] sert de l'alcool ». « Oui », ajouta son ami, « par exemple [nom du snack döner] ».

Les imams produisent le discours définissant le halal et le haram. Pourtant, ils sont aussi consommateurs, et quand il s'agit d'acheter halal ils sont tout autant en proie au doute. J'ai demandé aux imams des mosquées principales de Strasbourg s'ils considéraient que le halal était un problème majeur dans leur ville. Ils avouèrent tous qu'il y avait certes des problèmes, mais aucun d'entre eux ne considérait ces problèmes comme insurmontables. Certains se rappelaient le passé, en rappelant que l'accès au halal s'était amélioré grâce aux efforts de la ville pour mieux répondre aux requêtes des musulmans et aux entrepreneurs privés turcs qui ouvraient de grands supermarchés. Je voulais qu'ils me parlent de leurs propres difficultés à trouver des produits halal. La confiance est apparue comme l'un des éléments principaux de leurs récits. Comme beaucoup de consommateurs musulmans, les imams ont de nombreuses façons de construire cette confiance. L'un d'eux, qui officia dans l'une des plus grandes mosquées turques de Strasbourg pendant plus de 20 ans, m'affirmait qu'il ne se fiait qu'au restaurant de cette mosquée. Il avait déjà fréquenté des restaurants, « mais après, tout ça est devenu hors de contrôle [en référence au scandale du faux-halal] et j'ai arrêté. Je ne mange pas de *döner* à l'extérieur. Je mange à la mosquée parce que c'est mon ami, et je peux voir personnellement comment il les prépare ».

L'imam met l'accent sur la confiance, tout comme les membres de l'une des congrégations naqshbandiya turques de Strasbourg. Le *tekke* [maison] où se réunit la congrégation, de même que l'association de la mosquée évoquée plus haut, a son propre magasin où sont vendus viandes et autres produits. La plupart des membres de la congrégation ne se fournissent qu'au *tekke*. En maintenant la circulation de l'argent dans le circuit clos de la communauté, ils espéraient contribuer à sa subsistance. Ainsi, pour toutes les viandes transformées comme les *sucuk* et *merguez* (saucisses) ainsi que la volaille, le *tekke* et la mosquée d'une autre congrégation turque étaient les deux lieux privilégiés. On m'a dit que cela était dû aux faibles standards d'abattage halal de la volaille en Europe. De surcroît, le fait de plonger les poulets dans l'eau bouillante (afin de mieux les plumer) était considéré comme inapproprié selon l'islam car les animaux étaient plongés dans une eau contenant leurs entrailles. Afin de remédier à ce problème, l'homme en charge de la congrégation demanda à un représentant d'inspecter le sacrifice rituel dans les abattoirs. Malgré la charge de travail que cela représente, les membres de la congrégation jugeaient que c'était le seul moyen de garantir une consommation halal. D'autres, qui n'étaient pas affiliés avec la congrégation mais avaient entendu parler de leur vigilance quant au halal, vinrent également acheter leur volaille au *tekke*. Plutôt que de faire leurs courses en une fois au supermarché, certains de mes contacts faisaient leurs achats en plusieurs magasins : vêtements, gaz et cigarettes dans les centres commerciaux de Kehl en Allemagne (moins onéreux), les articles ménagers et les salades des supermarchés strasbourgeois (plus fraîches, meilleur goût), la viande chez le boucher turc que l'on connait, la volaille au *tekke*, et ainsi de suite. Ainsi, chaque semaine après le prêche du vendredi, les musulmans en quête de halal se rendaient au magasin du *tekke*.

L'achat de volaille était également un problème pour les membres des autres congrégations strasbourgeoises. D'autres bouchers turcs proposaient des poulets halal, abattus et plumés à la main, mais leurs prix étaient bien plus importants que ceux abattus mécaniquement. Et qui pouvait affirmer que les poulets à dix euros étaient sacrifiés, plumés et conditionnés différemment de ceux à trois euros ? Pour l'imam d'une autre mosquée, qui avait précédemment officié dans une autre région de France, la réponse était simple : « De nos jours, il faut qu'on ait confiance parce le halal et le haram sont tellement entremêlés qu'on peut en parler pendant des années sans jamais se mettre d'accord… Ce qu'on fait dans les abattoirs, c'est vérifier si la personne dit bien « *Bismillah* » avant l'abattage, et si le lieu remplit les conditions d'hygiène. Pour nous, c'est halal ».

Alors que la plupart des imams inspectent les abattoirs, la majorité des musulmans ordinaires se rendent chez le boucher ou au marché, géré par d'autres musulmans dont ils savent qu'ils ne vendent que du halal. Selon l'imam, ce questionnement doit trouver son aboutissement : « être trop méfiant sur la question, c'est à dire affirmer que ce qu'on mange est haram… cela même n'est en soi pas vraiment religieux. Il peut y avoir des actes de négligence, mais ce n'est pas correct de les généraliser ». Ce n'était pas la réponse qu'un chercheur curieux et quelque peu sceptique tel que je le suis recherchait. Pour lui, les questions ne font qu'appeler d'autres questions, et si l'on interroge tous les détails, on ne peut jamais être certain de quoi que ce soit. Il est bien entendu nécessaire d'être conscient du danger, et de faire en sorte de le surmonter autant que faire se peut. Et pour le reste… Allah s'en occupe. Une pensée mieux formulée par un senior assis dans la cour d'une mosquée turque : « Ce qu'Allah attend de toi, c'est que tu ne juges pas, c'est que tu ne fourres pas ton nez dans les affaires des autres ». On ne peut que se demander à quoi ressemblerait le domaine de l'anthropologie si nous suivions ce conseil.

Le point de vue des fournisseurs halal

À une époque où les fournisseurs halal font face à des critiques croissantes, que ce soit parce qu'ils « halalisent » la France ou parce qu'ils proposent du faux halal, maintenir une bonne réputation n'est pas chose facile. Le label ou la certification halal est l'une des façons de communiquer aux consommateurs que le produit ou les plats sont halal. Or, tout comme les labels halal des supermarchés, ceux présents sur les vitrines transmettent une pluralité de messages, faisant de « halal » un symbole polysémique ou multivocal (Turner 1975). L'un de mes premiers entretiens du côté des fournisseurs fut dans un snack döner. À l'instar des autres restaurants de ce type, le propriétaire – un trentenaire venu d'une ville d'Anatolie de l'ouest – avait affiché un label halal en français et en arabe sur sa vitrine comme à l'intérieur. Il s'identifiait comme musulman, précisant cependant qu'il ne priait pas cinq fois par jour ni n'assistait au prêche du vendredi. De surcroît, il consommait du porc et de l'alcool. Toutefois, il affirmait vendre halal. De l'alcool – des bières en bouteilles au réfrigérateur et à la pression au comptoir – était visible dans le magasin. Deux autres Turcs travaillaient dans ce restaurant. L'un d'entre eux s'identifiait en tant qu'alévi – une branche du chiisme que la plupart des sunnites considèrent comme hérétique (Dressler 2013).

À Strasbourg, être alévi ne signifie pas être marginal, en raison de l'importance de cette communauté. Et pourtant, certains de mes contacts m'indiquèrent ne pas vouloir manger dans un restaurant alévi, se rappelant une expression turque : « Il ne faut pas manger la viande cuisinée des mains d'un alévi ». À l'évidence, la politesse fait que les gens ne demandent généralement pas si le propriétaire est alévi. Cette information est plutôt communiquée par le bouche-à-oreille ou en faisant attention aux détails. Étant donné que les Kurdes sont souvent associés à la religion alévi, les établissements tenus par des immigrants venus de villes turques à dominance kurde (comme Maraş), ou les lieux présentant des affichettes ou des journaux faisant la promotion d'événements de la communauté kurde sont souvent stigmatisés. Vendre de l'alcool est également un signe interprété comme affirmant que l'établissement est non-musulman et alévi.

Considérant que c'était mon premier contact avec un snack *döner* turc vendant de l'alcool, j'ai voulu savoir si le propriétaire y voyait une contradiction. Il en avait conscience, mais n'y prêtait pas tellement d'importance car il ne « [croyait] pas que quoi que ce soit ici [en France] soit halal ». Il était ainsi sceptique quant à l'idée de conserver son identité musulmane dans un pays comme la France, mais également de suivre la ligne dure de l'islam. Pour appuyer son point de vue, il me raconta l'anecdote suivante :

> Un jour, un arabe est entré. Il m'a demandé si la viande était halal. Il a commandé un sandwich, puis une bière. Halal ou haram, c'est sa décision. Je lui ai apporté sa bière et je lui ai dit, ici même la bière est halal. Il s'est retourné et m'a demandé, vraiment ? J'ai répondu : oui, vraiment… vous savez, pour lui apprendre, un peu.

Le propriétaire était loin d'être le seul sceptique à Strasbourg. Un autre propriétaire de *döner* servant de l'alcool dans son restaurant arborant un label halal sur sa porte me dit que s'il cessait d'en vendre, il ferait faillite : « Certains me voient vendre de l'alcool et n'achètent pas [de kebab]. Si je ne vends pas d'alcool, je perds mon commerce. Certains disent que halal et alcool ne se mélangent pas. C'est une excuse. Ils devraient arrêter d'aller dans les grands magasins alors ». Selon cette logique, si la vente d'alcool contamine les autres produits, il faudrait éviter la majorité des supermarchés français. Il y avait une forme de vérité dans son cynisme, car la majorité des Turcs fréquente les supermarchés français à Strasbourg. Dans ces derniers, on trouve des produits halal avoisinant la viande de porc, à quelques mètres seulement de l'alcool. Bien que la majorité de mes contacts n'achète pas de viande dans ces supermarchés, ils y achetaient d'autres articles.

Si on conceptualise le halal au niveau des intentions (par exemple, faire recette grâce à des produits haram fait de soi une mauvaise personne qui n'est pas digne de confiance pour ce qui est du halal) alors il est logique de refuser tout type de transaction avec ces grandes surfaces. Mais la pratique s'est éloignée de la théorie, suscitant un certain malaise. L'un de mes contacts m'expliqua qu'en achetant dans les supermarchés français, il contribuait peut-être à la « *cause sioniste* », ce qui selon lui déplairait à Allah. Un autre, qui avait travaillé dans une usine de viande kebab et voulait apporter son point de vue d'initié, affirma que l'essentiel des *döners* servis en France étaient haram. Il ajouta : « Tu achètes le pain des mains d'un français, des gens qui sont *abdestsiz* [impurs car ils ne suivent pas le rituel musulman du *wudu*] ». Ces deux hommes devaient vivre avec le malaise émanant de cette auto-critique.

Ces deux premiers fournisseurs apportent un point de vue sceptique. Mais d'autres prenaient toutes les mesures nécessaires pour garantir à leurs clients des produits halal. Cela impliquait d'inspecter les abattoirs ou de renoncer aux produits transformés de certaines marques. Bien que les bouchers n'aient pas l'autorisation d'abattre les animaux (les sacrificateurs doivent posséder une licence à renouveler annuellement), ils peuvent visiter les abattoirs et demander la permission de surveiller le processus. En se rapprochant des abattoirs et en leur achetant de grandes quantités, ou en connaissant certains de leurs employés, les bouchers peuvent ainsi demander des faveurs, par exemple qu'une journée par semaine ou qu'un coin précis de l'abattoir soient dédiés exclusivement au sacrifice halal.

Un meilleur contrôle du processus d'abattage halal permettait de garantir que la viande achetée soit abattue selon les rituels. En outre, quand les clients s'inquiétaient de la provenance de la viande, le boucher était en mesure de leur donner non seulement un nom mais également un témoignage de son inspection. La confiance était établie aussi bien au niveau du fournisseur que du client. L'extrait suivant, issu d'une entrevue avec un boucher, donne une idée de la façon dont il inspire confiance à ces clients :

- OA : Est-ce que les gens vous demandent pourquoi cette viande est halal ?
- Boucher : Bien sûr. Ils me demandent avec qui je travaille, d'où vient la viande, de quel abattoir…
- OA : Comment vous font-ils confiance ?
- Boucher : Avant tout, ça se remarque en *observant* la personne qui vend. Ensuite, on demande un certificat. Ceux qui viennent le font parce qu'on m'a recommandé, ils te connaissent, ont entendu parler de toi, ou bien ils ont vu le label halal. Ils viennent, demandent si la viande est halal. Toi tu dis : voilà c'est écrit ici sur les reçus [fournis par l'abattoir, qui sont également affichés sur la vitrine où l'on peut voir la viande], et ici [un certificat sur le mur] c'est écrit halal. Mais ça ce sont des choses qu'un boucher français peut faire aussi !
- OA : Oui, prendre un stylo et l'écrire soi-même…
- Boucher : Oui, en tant que français je pourrais prendre un stylo comme tu dis, aller au Metro [une chaîne de supermarché], prendre ce cadre [désignant un certificat halal encadré au mur] qui dit halal, acheter ces tampons qui disent halal. Mais les clients observent pour voir les autres choses que le type vend… Est-ce qu'il y a d'autres produits halal ?

Cet extrait met en évidence quelques indices témoignant de la façon dont le client interagit avec le fournisseur. Tout d'abord, le client *observe* – le visage, la gestuelle – de la personne qui leur vend halal. Le visage ne transmet pas que des émotions tangibles (Rosenberg et Ekman 1993) mais également quelque chose de politique, qui définit la relation lors d'une interaction précise (Benson, 2008). Mes informateurs m'ont souvent dit que lorsqu'ils se rendaient dans un magasin, la première chose qu'ils cherchaient du regard était le visage de la personne derrière le comptoir. En analysant ce visage, ils pouvaient dire si la personne était kurde ou alévie, et si elle était sympathisante du mouvement séparatiste kurde en Turquie. Certains testaient les affinités du propriétaire avec l'islam en lançant « *Assalamu alaykum* » [que la paix soit avec vous] plutôt qu'un « Bonjour/Salut » français ou qu'un « *Selam/Merhaba* » en turc laïque. Une réponse autre que « *Wa alaykum assalam* » est interprétée comme un manque d'intérêt pour l'islam de la part du propriétaire, ce qui équivaut pour le client à une proclamation de son alévisme et/ou son soutien de la cause kurde.

Pour les propriétaires, comme le boucher mentionné plus haut, l'importance donnée aux visages impliquait un investissement en et une attention constante à son physique (sa propreté, à quel point sa peau est foncée) et à sa vertu (fait-il partie d'une communauté rattachée à une mosquée ? à quelle fréquence rend-il à cette communauté ? comment sont ses affaires familiales ?). Le boucher avait besoin d'un capital social pour ouvrir boutique, qu'il obtint en travaillant dans un marché turc de renom pendant de longues années. Ses clients connaissaient son histoire. Et, j'imagine, en demandant à d'autres ou en le voyant soi-même à la mosquée, ils savaient que c'était un musulman pratiquant. Mais l'honnêteté d'une personne ne peut pas se savoir à la seule vue de son visage ni à son respect des salutations islamiques. Plus tard dans l'entretien, le boucher m'expliqua qu'un visage pouvait aussi tromper. Ceux qui soignaient leur apparence selon la *sunnah* (avoir une longue barbe, un pantalon large…) n'étaient pas toujours dignes de confiance. Il lui était arrivé d'être dupé par des fournisseurs (qu'il définissait comme « ceux avec la longue barbe ») qui se servaient de l'islam pour l'arnaquer.

De plus, l'expérience d'un client est globale. On entre dans un magasin afin d'y acheter un certain type de produits. Or, il y a d'autres produits en rayon (comme des journaux communautaires, des affichettes, des prospectus), chacun avec son propre visage, qui communiquent au client différentes valeurs sur l'établissement comme sur son/sa propriétaire. À l'instar de l'alcool, il est préférable de ne pas vendre des produits critiquables dans un établissement affirmant rester halal. Pour d'autres produits comme les surgelés, les viandes et volailles préemballées ainsi que les confiseries vendues à leurs côtés, la critique était plus difficile à vérifier. Il aurait fallu que le boucher soit un excellent observateur, qu'il se tienne informé des débats publics sur le halal, qu'il soit attentif aux réactions du public quant à certains produits. Il aurait également fallu qu'il exprime publiquement son avis sur certains produits, pour ou contre. Ainsi, quand le boucher se rendait chez le vendeur en gros, il ne cherchait pas seulement une bonne affaire. Il cherchait des articles qu'il pourrait vendre en toute confiance.

Conclusion

Cet article a examiné la façon dont les Turcs musulmans de Strasbourg maintiennent un respect du halal à une époque où son sens même est un sujet d'investigation. J'ai commencé par évaluer le débat public sur le halal, en démontrant que les rapport polémiques des médias, des intellectuels publics, des politiciens et des inspecteurs musulmans avaient fait du halal un sujet à scandale. J'ai par la suite interrogé les musulmans sur le sens qu'ils donnaient à ce scandale. Le doute, comme je l'ai défendu, fait partie du quotidien des musulmans, et continuera de l'être tant que les savants musulmans ne trouveront pas de point d'entente dans leurs interprétations. Ainsi, pour mes contacts, le « faux halal » était certes préoccupant, mais loin d'être nouveau ou choquant. Cela fait partie de l'expérience musulmane.

J'ai démontré que pour éviter le doute quant à la consommation halal, la plupart de mes contacts n'achetaient pas de viande dans les supermarchés français. La présence de marchés turcs, de bouchers et de restaurants offrait une alternative. Les consommateurs étaient néanmoins conscients que le fait d'être Turc ou musulman ne garantissait pas que les propriétaires n'achètent pas de faux halal. Tous les établissements n'étaient pas dignes de confiance. La certitude se transmettait en grande partie par le bouche-à-oreille. La quête d'établissements et de personnes fiables avait introduit des conflits déjà existants entre sunnites et alévis, Turcs et kurdes ainsi qu'entre « bons » et « mauvais » musulmans. Cette quête impliquait également que le consommateur se renseigne sur le fournisseur et réalise un mini-rapport ethnographique de son magasin. Pour faire face aux consommateurs instruits, le fournisseur devait maintenir une apparence respectable en étant engagé dans la cause halal, en inspectant personnellement les abattoirs, en créant et maintenant des liens avec eux, en restant informé des rumeurs et des conversations sur les produits contaminés et en soignant ses stocks en conséquence.

Les images qui se forment dans l'esprit d'une personne entourée par les scandales sur le halal sont choquantes. Et pourtant, pour les musulmans de Strasbourg, ces débats n'avaient rien de nouveau. « La plupart des chefs religieux musulmans et des experts français s'accordent à dire que pas plus de 5 à 10% de la viande vendue comme halal en France l'est réellement. "Entre 90 et 95% de la viande vendue chez les bouchers musulmans n'est pas halal" a déclaré un représentant du Ministère de l'Agriculture » écrivit un journaliste à la suite de son enquête sur le halal en France (Kutchera, 1996). Ces mots apparurent dans un article écrit en 1996. Ce que cela signifie, c'est que même si la traçabilité, la surveillance et la certification du halal représentent toujours une problématique majeure que l'État français et les institutions islamiques doivent prendre en charge, les musulmans en France vivent quotidiennement ce problème depuis des décennies. Il y a peut-être une leçon à tirer de la façon dont ils s'accommodent de cette situation malgré le doute ambiant, avant de se perdre en discours alarmistes.

Bibliographie

al-Ghazali A., *On the Lawful, the Unlawful and the Doubtful*, Kazi Publications Inc, 2003.

al-Kanz.org, « Visionnez le reportage qui accable Doux, mais aussi KFC », http://www.al-kanz.org/2010/10/12/doux-kfc- reportage/, 2011a.

« Alerte : Casino retire les Herta Knacki halal incriminés de tous ses magasins », http://www.al-kanz.org/2011/01/26/herta-porc- casino/, 2011b.

al-Qaradawi Y., *The Lawful and the Prohibited in Islam*, American Trust Publications, 1999.

Appadurai A., « Gastro-politics in Hindu South Asia », *American Ethnologist* 8 (3), 1981, p. 494-511.

Asad T., *Genealogies of Religion*, Baltimore, Johns Hopkins University Press, 1993.

ASIDCOM, « Survey on the halal certification of agencies – Year 2009 », http://www.asidcom.org/IMG/pdf/Halal_ certification_agencies-ASIDCOM_survey.pdf, 2009.

À Votre Service, « L'assommage avant la saignée : halal ou haram ? », http://avs.fr/2013/04/l-assommage-avant-la-saignee-halal-ou-haram/, 2013.

Baubérot J., *Laïcité 1905-2005 : Entre passion et raison*, Paris, Seuil, 2004.

Bergeaud-Blackler F., « Social Definitions of Halal Quality : The Case of Maghrebi Muslims in France » In M. Harvey, A. McMeeking and W. Alan (éd.) *The Qualities of Food : Alternative Theories and Empirical Approaches*, Manchester : Manchester University Press, 2004, p. 94-107.

——— « New Challenges for Islamic Ritual Slaughter : A European Perspective », *Journal of Ethnic and Migration Studies*, 33(6), 2007, p. 965-980.

Benson P., « EL CAMPO : Faciality and Structural Violence in Farm Labor Camps », *Cultural Anthropology* 23(4), 2008, p. 589-629.

BOWEN J., « What is 'Universal' and 'Local' in Islam », *Ethos* 26(2), 1998, p. 258-261.

——— *Why the French Don't Like Headscarves : Islam, the State and Public Space.* Princeton : Princeton University Press, 2007.

——— *Can Islam Be French ? Pluralism and Pragmatism in a Secularist State.* Princeton : Princeton University Press, 2010.

——— *A New Anthropology of Islam,* Cambridge : Cambridge University Press, 2012.

BOWEN J., BERTOSSI C., DUYVENDAK J. & KROOK M. L., *European States and their Muslim Citizens : The Impact of Institutions on Perceptions and Boundaries,* Cambridge : Cambridge University Press, 2013.

BRISEBARRE A. M., (1993), « The Sacrifice of 'Id al-kabir : Islam in the French Suburbs », *Anthropology Today* 9(1), 1993, p. 9-12.

Canal+ Spécial Investigation : Le dessous du business halal, 2010.

COUNIHAN C. M, « The Social and Cultural Uses of Food », in K. F Kiple, and O. K Conee (éd.) *The Cambridge World History of Food* vol. II, Cambridge : Cambridge University Press, p. 1513-1523, 2000.

DELVALLÉE J., « Herta arrête la production de produits halal. LSA Commerce et Consommation », http://www.lsa-conso. fr/herta-arrete-la-production-de-produits-halal,128573, 2012.

DORIA J. C., « Unpublished Video Clip on Halal », http://www. dailymotion.com/video/xcsrqo_kfc-halal-ou-pas-voici-la- verite_news, 2011.

DOUGLAS M., *Food in the Social Order,* Oxford : Routledge, 1984.

DRESSLER M., *Writing Religion : The Making of Turkish Alévi Islam,* Oxford : Oxford University Press, 2013.

FEELEY-HARNIK G., « Religion and Food : An Anthropological Perspective », *Journal of the American Academy of Religion* 63(3), 1995, p. 565-582.

FERNANDO M., « Reconfiguring Freedom : Muslim Piety and the Limits of Secular Law and Public Discourse in France », *American Ethnologist* 37(1), 2010, p. 19-35.

France 2, « Envoyé Spécial : La viande dans tous ses états », https ://www.youtube.com/watch ?v = qFq2eVlgAvw, 2012.

HASAN M., « Morality of Meat », *New Statesman.* 15.5.2012, 2012a.

——— « Mehdi Hasan on the not-so-hidden fear behind halal hysteria », *New Statesman.* 9.5.2012, 2012b.

HENEGHAN T., « France's Halal Market Grows Despite Political Polemics », http://www.reuters.com/article/2012/04/03/ france-halal-idUSL6E8F373P20120403, 2012.

HOFFMAN V. J., « Eating and Fasting for God in Sufi Tradition », *Journal of the American Academy of Religion* 63(3), 1995, p. 465-484.

ID-YASSINE R., « The Eclectic Usage of Halal and Conflicts of Authority », in N. Göle (éd.) *Islam and Public Controversy in Europe,* Surrey : Ashgate, 2014.

KUTSCHERA C., « Murky Business Behind the 'Halal' Label in France », *The Middle East Magazine,* http://www.chris- kutschera.com/A/Halal.htm, 1996.

LAMBEK M., « Certain Knowledge, Contestable Authority : Power and Practice on the Islamic Periphery », *American Ethnologist* 17(1), 1990, p. 23-40.

LEVER J. & MIELE M., « The Growth of Halal Meat Markets in Europe : An Exploration of the Supple Side Theory of Religion », *Journal of Rural Studies* 28, 2012, p. 528-537.

Mintz S. & Dubois C. M., « Anthropology of Food and Eating », *Annual Review of Anthropology* 31, 2002, p. 99-119.

O'Connor P., *Islam in Hong Kong : Muslims and Everyday Life in China's World City*, Hong Kong : Hong Kong University Press, 2012.

Riaz M. M. &. Chaudry M. M., *Halal Food Production*, CRC Press, 2004.

Rosenberg E. L. & Ekman P., « Facial Expression and Emotion », *Neuroscience Year : Supplement to the Encyclopedia of Neuroscience*, 1993, p. 51-52.

Rouse C. & Hoskins J., « Purity, Soul Food, and Sunni Islam : Explorations at the Intersection of Consumption and Resistance », *Current Anthropology* 19(2), 2004, p. 226-249.

Roy O., « Ethnicité, bandes et communautarisme », *Esprit* 169, 1991, p. 37-47.

Siddiqui M., *The Good Muslim : Reflections on Classical Islamic Law and Theology*, Cambridge : Cambridge University Press, 2012.

Turner V., « Symbolic Studies », *Annual Review of Anthropology* 4, 1975, p. 145-161.

Werbner P., « The Making of Muslim Dissent : Hybridized Discourses, Lay Preachers, and Radical Rhetoric among British Pakistanis », *American Ethnologist* 23(1), 1996, p. 102-122.

Zemmour E., *Le Suicide Français*, Paris, Albin Michel, 2014.

Manger seul ou ensemble ?

NICOLAS QUÉRINI

La maîtrise de soi à l'occasion des banquets chez Platon

Il nous faut commencer par distinguer les repas en commun (*syssities* ; le *sitos* désignant la nourriture, le pain) lors desquels la cité se retrouve tout entière[1], des *symposia*, la pratique des banquets. Uniquement réservée aux hommes, cette dernière correspond au fait de boire ensemble (*pinein*). Dans les deux cas, la cité doit s'efforcer de tendre au partage de la vertu et vérifier, par la même occasion, que celle-ci est bien implantée dans les âmes. C'est toutefois seulement de la seconde pratique que nous traiterons dans ce travail. La raison de ce choix est que le banquet (*symposion*) se déroule dans la soirée, après que les convives ont mangé, et que c'est à ce moment là que l'enjeu éthique est le plus criant. Nous verrons en effet que c'est à cette occasion que la vertu est véritablement éprouvée, et nous nous demanderons donc s'il est bien raisonnable, pour le philosophe, d'y participer.

1 Même les femmes y sont invitées, contrairement à la pratique traditionnelle en Grèce. Ce point est selon Platon impératif pour que la cité se vive véritablement comme une et il n'y a aucune raison valable pour que celle-ci se prive d'ailleurs de la moitié de sa force : « Chez vous, Clinias et Mégillos, les syssities des hommes ont été instituées d'une façon tout à la fois belle et, je le répète, étonnante, par suite d'une nécessité providentielle, mais, contre toute logique, celles des femmes ont été laissées sans lois, et pour elles la pratique des syssities n'est pas venue au monde : cette partie de notre race, déjà naturellement plus dissimulée et plus artificieuse en raison de sa faiblesse, le sexe féminin (λαθραιότερον μᾶλλον καὶ ἐπικλοπώτερον ἔφυ, τὸ θῆλυ, διὰ τὰ ἀσθενές), a été à grand tort, par cette reculade du législateur, abandonné à son désordre. […] Ce n'est pas seulement négliger la moitié de la cité, comme on le croirait, que de laisser les femmes dans la licence (ἀκοσμήτως) ; mais plus nos femmes sont naturellement inférieures aux hommes pour la vertu, plus elles comptent, jusqu'à emporter deux fois autant. Il vaudrait donc mieux, pour le bonheur de la cité, revenir là-dessus, y mettre ordre et régler toutes les coutumes sans distinction d'hommes et de femmes » (PLATON, *Lois*, VI, 790d-781ab et 781a-b, toutes les traductions ont été revues et modifiées par nos soins, ce pourquoi nous omettons de les mentionner dans la suite).

Nicolas Quérini • Université de Strasbourg

Religions et alimentation, éd. par Rémi GOUNELLE, Anne-Laure ZWILLING et Yves LEHMANN, Turnhout : Brepols, 2020 (Homo Religiosus, 20), p. 157-169
BREPOLS PUBLISHERS 10.1484/M.HR-EB.5.117413

Les Lois *et la nécessité des banquets pour garantir l'unité de la cité*

La cité est pensée par Platon sur le modèle de l'âme, dont l'unité fait la force[2]. De même que l'âme est composée de plusieurs parties mais que celles-ci sont susceptibles d'être dirigées dans une même direction (l'âme philosophe est celle qui a su réorienter, au moyen de la raison, son désir vers le bien), de même, la cité est susceptible de s'harmoniser autour de valeurs communes. Cela est rendu possible lorsque les hommes se reconnaissent les uns les autres comme également citoyens d'une même cité et font ainsi l'épreuve d'une certaine identité collective.

C'est dans cette intention que Platon insiste déjà dans la *République* sur l'importance pour la cité d'une « communauté des affections » :

> Socrate – existe-t-il pour une cité un mal plus grand que celui qui la déchire et la morcelle au lieu de l'unifier (Ἔχομεν οὖν τι μεῖζον κακὸν πόλει ἢ ἐκεῖνο ὃ ἂν αὐτὴν διασπᾷ καὶ ποιῇ πολλὰς ἀντὶ μιᾶς) ? Existe-t-il un plus grand bien que ce qui en assure le lien et l'unité (ἢ μεῖζον ἀγαθὸν τοῦ ὃ ἂν ξυνδῇ τε καὶ ποιῇ μίαν) ?
>
> Adimante – Nous n'en connaissons pas (Οὐκ ἔχομεν).
>
> Socrate – Or, la communauté du plaisir et de la peine lie ensemble (Οὐκοῦν ἡ μὲν ἡδονῆς τε καὶ λύπης κοινωνία ξυνδεῖ), lorsque tous les citoyens se réjouissent ou s'affligent autant que possible de la même manière de leurs gains ou de leurs pertes (ὅταν ὅτι μάλιστα πάντες οἱ πολῖται τῶν αὐτῶν γιγνομένων τε καὶ ἀπολλυμένων παραπλησίως χαίρωσι καὶ λυπῶνται)[3].

Voilà un des objectifs qu'a en vue Platon lorsqu'il réalise sa cité parfaite : la tâche du législateur est d'amener les citoyens à se réjouir au même endroit et au même moment, à s'affliger au même endroit et au même moment. Alors que le plus grand mal consiste dans le fait que les citoyens puissent s'opposer dans la cité, au sens où ce qui constituerait le plaisir de l'un ne pourrait s'obtenir sans que l'autre en pâtisse et en soit peiné, il n'y a pas de plus grand bien politique que celui qui permet aux citoyens de prendre le même plaisir, en même temps, puisque c'est ainsi qu'ils s'éprouvent véritablement citoyens d'une même cité.

Dans cette perspective, on comprendra que Platon insiste ensuite dans *Les lois* sur la nécessité de la prise des repas en commun ainsi que de banquets au sein de la cité vertueuse, puisque c'est bien lors de ces occasions que l'on peut véritablement partager du plaisir. Les pratiques du repas en commun (les *syssitia*, institution spartiate que Platon récupère) et des banquets (dont l'innovation platonicienne va consister à les inscrire au cœur de la cité excellente) sont pensées par Platon comme le moment où la cité peut se retrouver elle-même et ainsi vérifier son unité qui est la mesure de son excellence, puisqu'une bonne constitution est marquée par la communauté des affections des citoyens qui la composent. Aussi, ce moment privilégié qu'est le banquet doit permettre aux citoyens de se retrouver autour de vertus communes. Ces réunions

2 Platon, *République* II, 368a-d : la cité est comme une grande âme.

3 Platon, *République* V, 462a-b.

sont alors l'occasion d'en vérifier la présence dans l'âme des citoyens mais également de les affermir. Cette communauté en vue du plaisir a donc un tout autre horizon que le simple agrément, puisqu'il s'agira finalement de leur faire partager la vertu.

Ce passage des *Lois* prend place dans un argument plus vaste sur l'éducation. Platon y définit ainsi celle-ci comme « l'éclosion initiale de la vertu chez l'enfant (Παιδείαν δὴ… τὴν παραγιγνομέμην πρῶτον παισὶν ἀρετήν)[4] », et c'est dans une finalité éducative que les banquets vont être institués. L'idée de ces vieillards qui souhaitent rédiger des lois pour une cité à venir consiste à rassembler une population que l'âge a fini par rendre hétérogène, afin de lui redonner une âme et une vertu communes. L'éducation platonicienne commence au berceau, les nourrices chantent des chansons vertueuses aux nourrissons parce que l'âme est « tendre » à cet âge, c'est-à-dire qu'elle est encore très malléable :

> Je prétends que tous les chœurs, au nombre de trois, doivent adresser leurs incantations aux âmes des enfants tandis qu'elles sont jeunes et tendres (ἔτι νέαις οὔσαις ταῖς ξυχαῖς καὶ ἁπαλαῖς τῶν παίδων)[5].

Mais, aussitôt que commence l'apprentissage de la vertu sous la législation platonicienne, cela ne suffit pas toujours à faire en sorte que l'ἀρετή soit absolument ferme dans l'âme de l'adolescent. Les banquets vont alors être l'occasion de vérifier que ces jeunes gens continuent de bien se tenir même lorsqu'ils boivent. La proposition de Platon peut sembler déconcertante. L'éducation a d'abord visé à rendre les jeunes citoyens tempérants et courageux. Et c'est à ce moment-là que Platon veut les inviter à boire. Cette proposition est d'autant plus étonnante que son auteur est bien conscient des dangers de l'alcool :

> mais y a-t-il un breuvage pour débarrasser de la crainte et pour produire une confiance exagérée et intempestive là où il n'en faut pas (τῆς δὲ ἀφοβίας καὶ τοῦ λίαν θαρρεῖν καὶ ἀκαίρως ἄν μὴ χρὴ πότερον ἔστιν πῶμα)[6] ?

Que l'on veuille débarrasser de la crainte des jeunes gens dont certains deviendront de futurs guerriers, cela peut aisément s'entendre. Que l'on cherche ainsi par un breuvage à les conduire à une confiance exagérée, c'est nettement plus déconcertant, d'autant que Platon écrit dans le même dialogue que l'excès d'amour de soi est le pire des maux en tant qu'il est la cause de toutes nos fautes[7]. Ce breuvage dont il est question, c'est évidemment le vin et, poursuit Platon :

> l'homme qui en a bu devient d'abord et immédiatement plus enjoué qu'il n'était, et plus il en goûte, plus le voilà rempli de beaux espoirs et puissant en imagination

---

4 Platon, *Les Lois* II, 653b.

5 Platon, *Les Lois* II, 664c.

6 Platon, *Les Lois* II, 649a.

7 « Il y a, implanté (ἔμφυτον) dans l'âme de la plupart des hommes, un mal qui est plus grave que tous les autres (μέγιστον κακῶν), celui qui fait que chacun est pour lui-même plein d'indulgence, et auquel personne ne prend les moyens d'échapper : ce mal, on l'appelle "amour de soi (ὡς φίλος αὑτῷ)", en ajoutant que cette indulgence est naturelle à tout homme (πᾶς ἄνθρωπος φύσει) et qu'il est dans l'ordre des choses qu'il en aille ainsi. C'est en réalité pour chacun, en chaque circonstance, la cause de toutes les fautes (πάντων ἁμαρτημάτων), du fait de l'amour excessif de soi-même (τὴν σφόδρα ἑαυτοῦ φιλίαν). » (*Les Lois*, V, 731d-e).

(πιόντα τὸν ἄνθρωπον αὐτὸν αὑτοῦ ποιεῖ πρῶτον ἵλεων εὐθὺς μᾶλλον ἢ πρότερον, καὶ ὁπόσῳ ἂν πλέον αὐτοῦ γεύηται, τοσούτῳ πλειόνων ἐλπίδων ἀγαθῶν πληροῦσθαι καὶ δυνάμεως εἰς δόξαν) ; finalement notre homme, persuadé de sa sagesse, est rempli de franc-parler et de liberté, dépourvu de toute crainte au point de dire et aussi bien de faire n'importe quoi, sans restriction (καὶ τελευτῶν δὴ πάσης ὁ τοιοῦτος παρρησίας ὡς σοφὸς ὢν μεστοῦται καὶ ἐλευθερίας, πάσης δὲ ἀφοβίας, ὥστε εἰπεῖν τε ἀόκνως ὁτιοῦν, ὡσαύτως δὲ καὶ πρᾶξαι)[8].

L'alcool nous rend tout sauf sage, puisqu'il nous donne à croire que nous le sommes, que nous possédons la vérité, quand ce n'est pas le cas. Cette pseudo-sagesse est toujours qualifiée par Platon comme la pire des ignorances, puisqu'elle désigne l'ignorance qui s'ignore[9], et il est difficile de ne pas reconnaître en effet que l'homme qui a trop bu fait trop confiance à son jugement, et se croit ainsi savant là où il ne l'est pas. Dès lors, la boisson va s'avérer être un excellent moyen de connaître l'individu puisque le jeune homme imbibé va se donner à voir pour ce qu'il est réellement, rempli qu'il est de franc-parler (παρρησίας). Est-on vertueux parce que la vertu est correctement implantée dans notre âme ou simplement par peur de la honte que l'on ressentirait en agissant mal devant les autres ? Puisque l'alcool nous désinhibe et que cette honte ne nous fait plus peur, nous montrerons ce que nous sommes vraiment lorsque nous avons bu[10]. La boisson permet ainsi aux législateurs de vérifier le résultat obtenu, à savoir que la vertu est bien présente et exercée chez les jeunes gens :

> C'est lorsque nous éprouvons naturellement une confiance et une hardiesse excessives (Ἃ παθόντες ἄρα πεφύκαμεν διαφερόντως θαρραλέοι τ᾽ εἶναι καὶ θρασεῖς) qu'il faudrait, semble-t-il, nous exercer à fuir de toutes nos forces aussi bien les manifestations d'impudence que les débordements d'effronterie (ἐν τούτοις δέον ἄν, ὡς ἔοικ᾽, εἴη τὸ μελετᾶν ὡς ἥκιστα εἶναι ἀναισχύντους τε καὶ θρασύτητος γέμοντας), pour devenir craintifs au point, en toute occasion, de n'oser dire, subir ou même faire la moindre chose honteuse (φοβεροὺς δὲ εἰς τό τι τολμᾶν ἑκάστοτε λέγειν ἢ πάσχειν ἢ καὶ δρᾶν αἰσχρὸν ὁτιοῦν)[11].

Bien que leur éducation tout entière ait visé à affermir leur vertu, les jeunes gens qui boivent du vin risquent ainsi de retrouver leur naturel fougueux et sans honte. Ces banquets n'ont donc d'autre fonction pour eux que de vérifier la fermeté de leur vertu et de l'affermir si besoin. Le jeune doit rester calme et sobre même lorsqu'il boit. C'est d'ailleurs sans doute la raison de la présence des plus vieux à la même table, ces

8 Platon, *Les Lois* I, 649b.

9 *Charmide*, 169d-e ; *Apologie*, 21d ; *Sophiste* 229c.

10 De ce point de vue, l'alcool joue un rôle similaire à cette fiction de l'anneau de Gygès dans la *République* (II, 360c) : si l'on est sûr de n'être jamais pris puisque l'anneau nous rend invisible, résistera-t-on à commettre les pires injustices ? Il faudrait pour cela que l'on n'agisse pas de manière juste simplement par peur de perdre notre bonne réputation, mais en vue de la justice elle-même, ce qui suppose que notre âme soit réellement juste. Tout comme l'usage de l'alcool dans les *Lois*, l'anneau de Gygès constitue ainsi une fiction qui permet d'avoir une certaine transparence à soi, de connaître le fond de son âme en imaginant ce que l'on ferait dans de telles conditions d'impunité.

11 Platon, *Les Lois* I, 649c-d.

derniers devant servir de modèle de constance aux premiers[12]. Il s'agit donc bien pour les jeunes d'une sorte de test. Mais ce test prête moins à conséquence, selon Platon, que celui de la vie : il vaut mieux révéler au moment d'un banquet « une âme faible devant les plaisirs de l'amour », écrit Platon, plutôt qu'en lui « confiant ses filles, ses fils ou sa femme »[13]. Rappelons que les convives sont appelés à partager une cité. Ce que doit mesurer ce test de la boisson, c'est donc l'identité à soi du jeune homme : est-il capable de rester lui-même, ce lui-même renvoyant ici à la vertu acquise par l'éducation, ou va-t-il devenir tout autre dès qu'il boit au point de constituer un danger pour ces concitoyens ?

À la fin du livre I, le premier point est donc vérifié : les banquets sont l'occasion de « découvrir notre naturel (τὸ καιδεῖν πῶς ἔχομεν τὰς φύσεις)[14] ». Ils ont donc une utilité éminente vis-à-vis de la jeunesse. Pour ce qui est des anciens en revanche, le problème n'est pas le même, mais Platon recourt au même moyen : le fait pour la cité de se retrouver à la même table pour boire. C'est d'une seconde utilité des banquets qu'il est alors question, utilité affirmée par Platon au tout début du livre II :

> Car c'est la sauvegarde de l'éducation, telle est maintenant mon hypothèse, qu'assure cette pratique des banquets lorsqu'elle est bien réglée (Τούτου[15] γάρ, ὥς γε ἐγὼ τοπάζω τὰ νῦν, ἔστιν ἐν τῷ ἐπιτηδεύματι τούτῳ καλῶς κατορθουμένῳ σωτηρία)[16].

Il y a donc selon Platon, un usage réglé du vin, et il ne s'agira pas de boire de manière incontrôlée. Chacun sait que l'ivresse nous conduit à boire toujours plus, et qu'elle est par nature déréglée. Mais les dirigeants des *Lois* sont justement là pour veiller au bon déroulement des banquets[17] : ce qui implique que les jeunes de moins de dix-huit ans ne boivent pas du tout ; mais également de forcer les plus anciens à boire[18]. Et en effet, si l'éducation a permis à la vertu d'éclore et de rendre excellents les jeunes gens, cette excellence peut se perdre par la suite, au fil de la vie, notamment dans le cas où nous exerçons un dur labeur à la campagne, par exemple, sans être au contact de nos semblables[19].

---

12 C'est ainsi que le texte des *Lois* cité plus haut, et qui faisait de l'amour de soi le pire des maux, s'achève par l'injonction à suivre quelqu'un de meilleur, en attendant d'être devenus excellents nous-mêmes : « Aussi tout homme doit-il fuir l'amour excessif qu'il se porte à lui-même (Διὸ πάντα ἄνθρωπον κρὴ φεύγειν τὸ σφόδρα φιλειν αὑτόν) et rechercher toujours quelqu'un qui soit meilleur que lui-même (τὸν δ' ἑαυτοῦ βελτίω διώκειν), sans s'abriter en pareille occasion derrière aucun sentiment de honte (μηδεμίαν αἰσχύνην ἐπὶ τῷ τοιούτιῳ πρόσθεν ποιούμενον) » (732b).

13 Platon, *Les Lois* I, 650a.

14 Tout début du livre II, 652a.

15 Renvoyant à la bonne éducation dans la phrase précédente : « τὴν ὀρθὴν παιδείαν » (652e).

16 Platon, *Les Lois* II, 653a.

17 Les dirigeants connaissent en effet le modèle divin qui doit donner aux hommes la mesure de toutes choses : « C'est donc le dieu qui serait pour nous au plus haut degré la mesure de toutes choses (Ὁ δὴ θεὸς ἡμῖν πάντων χρημάτων μέτρον ἂν εἴη μάλιστα), et beaucoup plus, je pense, que ne l'est, comme on le prétend, l'homme (καὶ πολὺ μᾶλλον ἤ πού τις, ὥς φασιν, ἄνθρωπος) » (*Lois*, 716c).

18 Platon, *Les Lois* II, 666a-b.

19 Pour Platon avant Aristote, l'homme qui vit en dehors de la cité est une bête ou un dieu. Les chœurs sont donc là pour ramener l'homme isolé aux vertus de la cité : « pour que les hommes soient maintenus dans le droit chemin, les dieux nous ont donné, afin de célébrer avec nous ces fêtes, les

Il faut donc que les anciens participent aussi à la vie commune de la cité et se mêlent aux jeunes gens à l'occasion des banquets mais aussi des chœurs. Ces derniers permettent à chacun de chanter son appartenance à la cité, le fait de se reconnaître dans ceux qui chantent avec nous et ainsi de chanter des valeurs communes :

> le législateur doit découvrir tout moyen susceptible de faire que cette communauté tout entière s'exprime à ce propos et tout au long de sa vie, autant que possible, d'une seule et même voix dans ses chants, dans ses mythes et dans ses discours (εὑρίσκειν ὅντινά ποτε τρόπον ἡ τοιαύτη συνοικλια πᾶσα περὶ τούτων ἓν καὶ ταὐτὸν ὅτι μάλιστα φθέγγοιτ' ἀεὶ διὰ βίου παντὸς ἔν τε ᾠδαῖς καὶ μύθοις καὶ λόγοις)[20].

On se retrouve ainsi dans la cité pour chanter ensemble la gloire de celle-ci, on fait des incantations dans le but de faire partager les mêmes émotions à toute la cité. Mais il reste une difficulté : alors que les jeunes aiment chanter et se donner en spectacle, les plus âgés rechignent davantage à la tâche, attendu qu'ils ont désormais l'âme un peu trop ferme :

> Quand il prend de l'âge, tout homme est rempli d'inquiétude à l'idée de chanter (Πᾶς που γιγνόμενος πρεσβύτερος ὄκνου πρὸς τὰς ᾠδὰς μεστός), il éprouve moins le goût de le faire (καὶ χαίρει τε ἧττον πράττων τοῦτο), et, si on l'y forçait, il rougirait davantage, d'autant plus qu'il serait plus âgé et plus réservé (καὶ ἀνάγκης γιγνομένης αἰσχύνοιτ' ἂν μᾶλλον, ὅσῳ πρεσβύτερος καὶ σωφρονέστερος γίγνεται, τόσῳ μᾶλλον)[21].

Et c'est à ce propos que Platon propose un second usage du vin. Autant l'âme du jeune homme a souvent un naturel téméraire et fougueux de sorte qu'il n'attend que l'occasion de se produire en public, autant les anciens redoutent ce moment – eux qui ont appris la pudeur et la retenue. D'où ce nouveau recours au vin qui a cette vertu de combattre une trop grande pudeur, pudeur qui en l'occurrence empêche les anciens de prendre part aux chœurs[22] :

> lorsque, allant sur la quarantaine (τετταράκοντα δὲ ἐπιβαίνοντα ἐτῶν), on se régalera dans les repas en commun (ἐν τοῖς συσσιτίοις εὐωχηθέντα), on appellera les dieux et en particulier on invitera Dionysos (καλεῖν τούς τε ἄλλους θεοὺς καὶ δὴ καὶ Διόνυσον παρακαλεῖν) à ce qui constitue pour les hommes âgés une initiation en même temps qu'un divertissement (εἰς τὴν τῶν πρεσβυτῶν τελετὴν ἅμα καὶ παιδιάν), dont ce dieu a fait don aux hommes comme d'un médicament destiné à prévenir le dessèchement de la vieillesse (ἣν τοῖς ἀνθρώποις ἐπίκουρον τῆς τοῦ γήρως αὐστηρότητος ἐδωρήσατο φάρμακον), pour faire que nous rajeunissions et que, par l'oubli de ce qui lui enlève son ardeur (ὥστε ἀνηβαν ἡμᾶς, καὶ δυσθυμίας λήθῃ), l'âme retrouve une humeur moins rigide et plus souple (γίγνεσθαι

Muses, Apollon qui mène leur chœur, Dionysos et la formation que procurent les fêtes célébrées dans la compagnie des dieux. » (*Lois*, II 653d).

20 Platon, *Les Lois* II, 664a.

21 Platon, *Les Lois* II, 665d-e.

22 Platon, *Les Lois* II, 654a-b.

μαλακώτερον ἐκ σκληροτέρου τὸ τῆς ψυχῆς ἦθος), devenant pareille au fer mis au feu, et qu'elle soit ainsi plus facile à façonner (καθάπερ εἰς πῦρ σίδηρον ἐνθέντα γιγνόμενον, καὶ οὕτως εὐπλαστότερον εἶναι)[23].

Dionysos doit être invité lors des repas en commun. Dionysos est le dieu du vin et sans doute également de la démesure, celui qui va redonner une certaine vie à une âme devenue trop ferme et trop sclérosée. En somme, si la fête et les repas en commun permettent de reconduire l'âme à la vertu qu'elle a dû acquérir dans son enfance, c'est le vin qui sert d'outil au législateur pour rendre leur plasticité à ces âmes que le temps a fini par durcir. Ce second usage du vin permet donc aux anciens de prendre part aux chants pour que la cité soit unie, mais il a également pour fonction de rendre leur âme plus souple afin que le législateur puisse plus facilement la façonner. Ces chants portent sur la Justice, le Bien, le Beau… et sont donc l'occasion pour le législateur de travailler de nouveau ces âmes afin de produire dans l'ensemble du tissu que compose la population des valeurs communes qui sont les garantes de l'unité de la cité.

Cela confirme qu'il est impératif pour les dirigeants de surveiller les jeunes gens en train de boire lors des banquets, afin de les accompagner, pour ainsi dire, dans leurs excès, puisque la présence de Dionysos en eux, par l'intermédiaire du vin, fait vaciller leur tempérance et teste, comme nous l'avons vu, leur mesure. Comme le dira plus tard Nietzsche, dans la *Naissance de la tragédie*, celui qui est saisi par l'extase dionysiaque se sent comme un dieu[24], de sorte qu'il ne respecte plus du tout cette mesure humaine qui doit prendre le dieu pour modèle, mais croit qu'il est lui-même devenu un dieu, et fait en réalité de l'homme ou de lui-même la mesure de toute chose. Contrairement à cette démesure incarnée par Dionysos, la véritable σωφροσύνη (que l'on traduit dans ce cas indifféremment par « tempérance » ou « modération »), désignait dans la *République* une vertu par laquelle on se rend « plus fort que soi-même[25] ». Platon nous invitait alors à distinguer plusieurs parties ou puissances de l'âme qui étaient susceptibles de rentrer en tension. Quand le conflit psychique est gagné par la partie rationnelle ou pensante de l'âme (νοῦς), l'homme peut être dit tempérant, ou plus fort que lui-même, parce qu'il a vaincu la part de lui-même qui ne le constitue qu'à un second degré, cette partie de l'âme qui prend part au plaisir et que la *République* nomme ἐπιθυμία. C'est donc très précisément cette maîtrise de soi que vient mettre à l'épreuve la prise de l'alcool dans cette pratique des banquets puisqu'elle vient renforcer la partie qui prend part au plaisir et la déchaîner tandis qu'elle embrume la partie rationnelle de sorte qu'elle ne voit plus si nettement qu'auparavant où est son bien. L'excellence humaine ne saurait être atteinte sans cette vertu de la tempérance puisqu'elle nous aide à suivre une conduite conforme à celle des dieux, c'est-à-dire à devenir le plus possible égal à soi-même[26], sans que

23 Platon, *Les Lois* II, 666b-c.

24 « *als Gott fühlt er sich* » (Nietzsche, *Naissance la tragédie*, § 1).

25 Platon, *République* IV, 430e, 431b.

26 Désignant le divin, Socrate explique que les choses les meilleures choses sont celles qui sont le moins susceptibles d'être altérées et mises en mouvement par autre chose qu'elles-mêmes (*République* II, 379a).

l'on se prenne injustement pour un dieu. Et c'est bien cette tension que vient animer Dionysos en risquant de nous faire nous prendre pour un dieu alors que l'on ne se maîtrise pas. Mais, au contraire, seul celui qui se maîtrise véritablement lui-même ne sera pas affecté suffisamment par l'alcool pour perdre le contrôle, abandonnant sa conduite réfléchie pour une conduite toute orientée par le plaisir. L'usage du vin met donc en crise la cité en vérifiant que la vertu y est bien implantée, mais il permet également à l'ensemble du tissu social de la contracter de nouveau et de l'affermir.

En résumé, les banquets sont d'un usage social capital pour Platon puisqu'ils permettent à la population de se retrouver autour de valeurs partagées par tous. La cité que conçoit Platon est une cité composée d'amis, dans laquelle les uns peuvent servir de modèle de vertu aux autres, de sorte que la fréquentation de ses banquets nous permet d'affermir l'excellence que la cité a voulu faire éclore dans notre âme par le moyen de l'éducation. Ces banquets sont donc une excellente pratique puisque Platon les conçoit comme un moment indispensable de la vie en commun dans une cité vertueuse.

Il y a toutefois un autre dialogue dans lequel la question de boire du vin en commun est posée. Dans le *Banquet* de Platon, Agathon invite Socrate et des amis chez lui pour fêter l'une de ses victoires en tant que poète. On est alors bien loin de la cité platonicienne qui n'admet en son sein que des personnes ayant suivi une éducation à la vertu. Dès lors, on peut en effet se demander s'il est bien raisonnable, pour le philosophe, de s'y rendre.

Le Banquet *et le danger des mauvaises fréquentations*

Dans le banquet auquel est invité Socrate, le public n'est pas composé de gens vertueux. C'est ici un public diversifié que doit rencontrer le philosophe, puisque y participent en effet tant des poètes que des médecins. Aussi, Socrate s'y rend-il sans doute moins pour partager une boisson entre amis vertueux que pour mener une véritable lutte philosophique. Socrate va ainsi combattre une vision de l'*éros* et par suite de la vertu : il s'agit pour lui de substituer à la vision de l'amour en vogue à Athènes une vision de la transmission de la connaissance, pensée sur le modèle féminin de l'accouchement[27], conformément à la pratique socratique de la philosophie, telle

27 Dans l'Athènes classique qui est aussi bien celle de Socrate et de Platon, l'éducation se fait en grande partie à l'occasion d'une relation érotique instituée que l'on pourrait qualifier de pédérastique. En effet, les amants ne sont pas égaux, ni en rang ni en âge. Le plus âgé échange entre autres contre des faveurs sexuelles des connaissances et permet au plus jeune de nouer des relations politiques. La transmission de la connaissance a donc pu d'abord être perçue à la ressemblance de la relation sexuelle qui rassemble deux amants de sexe masculin, à savoir, dans les termes crus qu'emploie Platon dans le *Banquet*, comme le remplissage d'une outre vide par une outre pleine. Cette relation érotique et asymétrique qui rassemble les deux amants serait ainsi l'occasion d'un partage de connaissance, du plus savant vers le moins savant. Contre une idée reçue, c'est bien à l'opposé de ce modèle que Platon pense la transmission de la connaissance. Il remplace ainsi cette théorie de la transmission empruntée à la sexualité masculine par une image empreinte de féminité, l'accouchement. Le maître n'est pour l'élève que l'occasion d'accoucher d'un savoir qu'il possède déjà, sans en avoir encore conscience.

qu'il la décline dans le *Théétète*[28]. Comme sa mère, Socrate affirme ainsi maîtriser la maïeutique : la technique de la sage-femme, de l'accoucheur, à ceci près que lui accouche des esprits et non des corps. Socrate se compare aux sages-femmes qui sont à la fois des entremetteuses et qui favorisent les naissances puisque lui aussi favorise les unions entre élèves et maîtres et qu'il aide à accoucher les âmes pour qu'elles engendrent de beaux *logoi* (de beaux discours ou de beaux raisonnements).

À la fin du *Banquet*, Socrate fait ainsi parler une femme, Diotime, dont le discours va emporter la conviction générale, ce qui marque sa préférence pour une vision de l'apprentissage empreinte de féminité. Diotime fait de la vision du Beau l'expérience qui donne à la vie le mérite d'être vécue et grâce à laquelle les hommes sont véritablement capables d'enfanter de beaux discours[29]. Par cette pratique de la maïeutique, il s'agit ainsi pour Socrate de délivrer les âmes des douleurs de l'enfantement qu'elles contractent dans la poursuite de la connaissance. L'âme est grosse d'un savoir que le maître va lui permettre de délivrer. Mais si on suit la comparaison jusqu'au bout, comme seules les femmes qui ne pouvaient plus enfanter elles-mêmes en Grèce pouvaient devenir des accoucheuses, cela signifie que Socrate lui-même serait stérile et ne possèderait aucun savoir à dispenser par lui-même. Son rôle n'est donc effectivement que de conduire ses disciples à formuler leur savoir et non de leur transmettre des connaissances de manière active (nous allons y revenir).

Ainsi contextualisée, la question de l'*éros* telle que posée par Platon dans le *Banquet* a donc d'emblée un enjeu éthique. Socrate n'est pas là simplement pour « casser la croûte » entre amis, dirait-on vulgairement, puisque sa présence ressortit à une défense de valeurs différentes. Dès lors, si chez Platon le banquet est bien plus qu'un moment où l'on partage de la nourriture et du vin, il faut bien choisir ses convives. Et sans doute que plus un banquet est restreint, plus grand est le risque, puisque l'on y est davantage confronté à la malice des autres convives, s'ils ne se préoccupent pas de la vertu. Ainsi, peut-on interpréter comme une hésitation l'arrêt marqué par Socrate au début du dialogue devant le vestibule de son hôte qui vient d'être récompensé pour l'une de ses tragédies[30]. Socrate rappelait peu avant à Apollodore qui l'accompagne le proverbe grec :

> Aux festins des gens de bien se rendent sans y avoir été invités les gens de bien[31].

Ironie bien sûr, puisqu'il n'est pas invité chez des gens de bien mais chez le poète Agathon qui méconnaît le véritable *éros*. Cet *éros* sur lequel il se trompe est au cœur de la conception platonicienne de l'amitié, conception qui explique également l'usage que souhaite faire Platon des banquets dans la cité vertueuse. À l'inverse de ce qu'en dira la tradition chrétienne puis kantienne, concevoir l'amitié comme quelque chose d'intéressé ne pose aucun problème pour un Grec. Simplement, Platon explique que c'est la vertu et son excellence personnelle que l'on doit viser dans l'amitié, plutôt

28 Platon, *Théétète*, 149b sqq.
29 Platon, *Banquet*, 209e-212a.
30 Platon, *Banquet*, 175d.
31 Platon, *Banquet*, 174b.

qu'un intérêt matériel[32]. Il faut penser l'amitié comme ayant trois termes : les deux amis et la qualité qui a motivé leur fréquentation. On ne fréquente pas quelqu'un par hasard pour Platon mais parce qu'on perçoit chez lui une qualité qui nous plaît et que l'on respecte, qualité que l'on souhaite acquérir grâce à cette amitié.

Mais, de même que la fréquentation des gens vertueux peut être l'occasion d'assimiler quelque chose de leur excellence, de même la pratique des banquets avec de mauvais convives présente un véritable risque, un danger profond pour notre âme. On s'assimile nécessairement à ceux que l'on fréquente et admire, écrit Platon dans la *République*[33], ce pourquoi il ne peut y avoir de complaisance ni dans l'amitié, ni même dans le partage d'un repas ou plus encore de boissons si cette pratique doit être répétée. Lorsque l'on se fréquente régulièrement, les caractères finissent nécessairement par s'entrecroiser, nos âmes s'influençant réciproquement. Il s'agirait donc d'abord de se réunir autour de valeurs communes, autour de vertus qui sont sans doute la vraie motivation d'une réunion telle qu'un banquet. L'amitié véritable doit être fondée en vertu, de même devrait-il peut-être en aller pour les banquets.

Faut-il nous interdire alors de discuter avec des gens qui n'ont pas les mêmes valeurs que nous, ou plutôt, comme c'est le cas dans le *Banquet*, peut-on même boire avec des personnes qui ont des valeurs contraires aux nôtres ? Sans doute, puisque Socrate le fait, mais à la condition de rester soi-même, de ne pas être complaisant vis-à-vis de la vérité. Le danger étant d'autant plus grand que les convives se sont préoccupés de boire dès le début du banquet[34], ce qui a évidemment pour résultat d'amollir l'âme et de la rendre complaisante.

On ne doit donc accepter de boire avec des gens qui ne sont pas des modèles de vertu que lorsque que l'on est devenu soi-même philosophe et que la vertu est suffisamment enracinée en nous pour qu'elle ne puisse être menacée par la présence du vice. Mais Socrate incarne parfaitement cette constance et cette tempérance puisque, même à la fin de la soirée, il philosophe encore alors que tout le monde est ivre (preuve qu'il se domine même sous l'effet de l'alcool), au point d'en finir par « coucher » tout le monde, comme on le dit aujourd'hui familièrement :

> Des propos tenus, Aristodème déclarait ne pas tout se rappeler, puisqu'il ne les avait pas suivis depuis le commencement et aussi qu'il avait la tête un peu lourde. Mais pourtant l'essentiel était que Socrate les contraignait progressivement à reconnaître qu'il appartient au même homme d'être capable de composer comédie et tragédie, et que celui qui est avec art poète tragique est également poète comique. Eux, ils cédaient à cette contrainte, ne suivant pas très bien et laissant choir leur tête ! Ce fut Aristophane, disait-il, qui s'endormit le premier, puis Agathon alors qu'il faisait jour déjà. Socrate donc, après les avoir amenés tous deux au sommeil, se leva et partit[35].

32 Voir notamment le *Lysis* mais également l'*Alcibiade*.

33 Platon, *République*, 500b-c, voir également *Les Lois*, 731a-b à ce propos.

34 Platon, *Banquet*, 176a.

35 Platon, *Banquet*, 223c-d.

De cette vertu sans faille, on en a encore la preuve dans l'attitude de Socrate face à Alcibiade qui raconte comment Socrate s'est comporté avec lui. Alcibiade, correspond exactement à la fin du *Banquet*, à ce jeune homme des *Lois*, rempli de franc-parler, qui a trop bu et qui ne se maîtrise pas lui-même. Mais, de ce fait, on ne peut que lui faire confiance, puisque, comme il le rappelle lui-même, « dans le vin est la vérité (οἶνος… ἦν ἀληθής) »[36]. Alors qu'Alcibiade multiplie les tentatives pour que Socrate le prenne pour amant, ce dernier nous donne la preuve de sa tempérance en ne cédant jamais, de sorte que ce fut le lendemain comme s'il avait dormi avec un frère ou un père[37] :

> « … Il n'est rien en effet à quoi je sois plus respectueusement attaché qu'à m'améliorer le plus possible (ἐμοὶ μὲν γὰρ οὐδέν ἐστι πρεσβύτερον τοῦ ὡς ὅ τι βέλτιστον ἐμὲ γενέσθαι), et c'est une tâche dans laquelle je ne pense pas pouvoir être, par personne, assisté avec plus de maîtrise que par toi (τούτου δὲ οἶμαί μοι συλλήπτορα οὐδένα κυριώτερον εἶναι σοῦ). Je serais en conséquence infiniment plus honteux, devant des gens intelligents (αἰσχυνοίμην τοὺς φρονίμους), de ne pas avoir de complaisances (χαριζόμενος) pour un pareil homme, que je ne le serais, devant la foule des imbéciles (τούς τε πολλοὺς και ἄφρονας), de les avoir eues ! » Après m'avoir écouté, prenant alors cet air parfaitement naïf qui caractérise si fortement sa personnalité comme sa manière habituelle (μάλα εἰρωνικῶς καὶ σφόδρα ἑαυτοῦ τε καὶ εἰωθότως), il dit : « Il se pourrait bien, cher Alcibiade, que réellement tu ne fusses pas un écervelé, s'il est bien vrai que justement tout ce que tu dis de moi je le possède, et si en moi il existe un pouvoir grâce auquel tu deviendrais, toi, meilleur (εἴπερ ἀληθῆ τυξχάνει ὄντα ἃ λέγεις περὶ ἐμοῦ καί τις ἔστ᾽ ἐν ἐμοι δύναμίς, δι᾽ ἧς ἂν σὺ γένοιο ἀμείνων) ! Oui, c'est cela, tu as dû apercevoir en moi une invraisemblable beauté et qui ne ressemble nullement à la grâce de formes qu'il y a chez toi (Ἀμήχανόν τοι κάλλος ὁριῴης ἂν ἐν ἐμοὶ καὶ τῆς παρὰ σοὶ εὐμορφίας πάμπολυ διαφέρον). Cette beauté, tu l'as découverte : tu te mets dès lors en devoir de la partager avec moi et d'échanger beauté contre beauté (καθορῶν αὐτό, κοινώσασθαί τέ μοι ἐπιχειρεῖς καὶ ἀλλάξασθαι κάλλος ἀντὶ κάλλους) : auquel cas ce n'est pas un petit bénéfice que tu médites à mes dépens (οὐκ ὀλίγῳ μου πλεονεκτεῖν) ! Loin de là : à la place d'une opinion de beauté, c'en est la vérité que tu te mets en devoir de posséder (ἀλλ᾽ ἀντὶ δόξης ἀλήθειαν καλῶν κτᾶσθαι ἐπιχειρεῖς) ; et positivement, troquer *du cuivre contre de l'or*, tel est ton dessein (καὶ τῷ ὄντι χρύσεα χαλκείων διαμείβεσθαι νοεῖς)[38]… »

C'est cette pratique athénienne de la pédérastie que Platon critique ici, en montrant que la sagesse ne saurait s'apprendre ainsi[39], mais qu'il faut que l'on accouche d'un savoir. Alcibiade veut accorder ses faveurs sexuelles à Socrate contre son savoir et accepte donc d'être sexuellement passif (ce qui est considéré comme honteux par les

36 Platon, *Banquet*, 217e.
37 Platon, *Banquet*, 219d.
38 Platon, *Banquet*, 218d-219a.
39 C'est-à-dire par la pénétration.

Grecs à partir d'un certain âge, âge qu'Alcibiade a déjà dépassé). Ce que veut montrer Platon par le refus de Socrate de succomber à ses avances, c'est que la connaissance ne peut être transmise de manière passive, il ne suffirait pas que Socrate pénètre Alcibiade, fût-ce par la pensée, pour faire de lui un savant. Alcibiade ne deviendra pas philosophe même s'il passe sa vie à écouter docilement Socrate lui parler de philosophie. Cette image de la sexualité masculine pour penser la transmission de la connaissance ne parvient pas à rendre compte de la façon dont il y a effectivement transmission. Il va donc falloir lui en substituer une autre, ce sera celle de la maïeutique.

Diotime n'a pas enseigné à Socrate ce qu'est le Beau, elle l'a simplement guidé pour qu'il puisse le percevoir lui-même. La relation particulière de l'amant vers l'aimé doit ainsi permettre d'engendrer quelque chose, de faire naître la vue du Beau dans les âmes, et l'élève pourra à son tour enfanter de beaux discours. Il y a donc bien un lien entre désir du beau et connaissance puisqu'il va falloir passer des beaux corps au Beau lui-même, en comprendre la définition et la nature, afin d'enfanter de beaux discours, de véritables connaissances. Mais Alcibiade ne peut donc devenir sage de manière passive, il doit être actif lui aussi et c'est le maître qui est en quelque sorte passif puisqu'il ne doit être que l'occasion de faire voir au disciple une mesure et une excellence supérieures, afin que celui-ci désire l'acquérir pour lui-même à son tour.

En amitié comme dans les banquets, Socrate accepte donc la compagnie d'êtres qui sont moins bons que lui, sans jamais toutefois être complaisant à leur égard. Mais Socrate est un homme avancé en âge, qui a passé sa vie à philosopher et à se rendre excellent. Nous pouvons donc penser que, comme l'usage du vin est permis à un certain moment de la vie de l'homme excellent sans que cela risque de lui être préjudiciable, une fois la vertu bien installée dans notre âme, les mauvaises fréquentations sont acceptables dans une certaine mesure et dans une visée éducative, tant que l'on reste fidèle à la vertu. À la fin du *Banquet,* Socrate a d'ailleurs fini par convaincre tout le monde de la véritable nature de l'*éros*. Le caractère de Socrate fait que, loin de risquer de se corrompre par la fréquentation de mauvais convives, sa présence aura été pour eux un bien et il est à espérer qu'ils en deviennent quelque peu meilleurs, conformément à l'attente qu'en avait Alcibiade.

Nous avons donc vu que le banquet ne saurait être une pratique indifférente, que la pratique de l'usage du vin ne saurait se faire de manière inconsciente, mais devait être strictement encadrée dans une cité excellente. En revanche, pour nous qui vivons dans des cités bien humaines, dans lesquelles les hommes boivent avec excès et sans souci de la vertu, il est impératif, à la lecture de Platon, de nous interroger sur notre aptitude à boire sans se complaire aux vices d'autrui, et de se demander s'il est bien raisonnable d'amollir ainsi notre âme alors même que celle-ci n'est pas encore ferme dans la vertu.

Bibliographie

NIETZSCHE, *La naissance de la tragédie*, traduction Céline Denat, Paris, Flammarion, 2015.

PLATON, *Alcibiade*, traduction M. Croiset, Paris, Les Belles Lettres, 1925.

PLATON, *Apologie de Socrate*, traduction M. Croiset, Paris, Les Belles Lettres, 1925.

PLATON, *Banquet*, traduction L. Robin, Paris, Les Belles Lettres, 1962.

PLATON, *Charmide*, traduction A. Croiset, Paris, Les Belles Lettres, 1956.

PLATON, *Les Lois*, traduction E. des Places, Paris, Les Belles Lettres, 1976.

PLATON, *Lysis*, traduction A. Croiset, Paris, Les Belles Lettres, 1956.

PLATON, *La République*, traduction E. Chambry, Paris, Les Belles Lettres, 2002.

PLATON, *Sophiste*, traduction A. Diès, Paris, Les Belles Lettres, 1985.

BOYANCÉ P., « Platon et le vin », *Bulletin de l'Association Guillaume Budé : Lettres d'humanité*, 10 (décembre 1951), p. 3-19.

BRISSON L., « Introduction », dans Platon. *Le Banquet. Présentation et traduction par L. Brisson*, Paris, Flammarion, 2007, p. 55-65.

BRISSON L., *Platon, l'écrivain qui inventa la philosophie*, Paris, Cerf, 2017, Paris.

BRISSON L. et Pradeau J.-F., *Les* Lois *de Platon*, Paris, PUF, 2007.

DIXSAULT M., *Platon-Nietzsche, l'autre manière de philosopher*, Paris, Fayard, 2015.

DIXSAULT M., *Platon, le désir de comprendre*, Paris, Vrin, 2003.

DIXSAULT M., *Le naturel philosophe : essai sur les Dialogues de Platon*, Paris, Vrin, 1985.

LAURENT J., *La mesure de l'humain selon Platon*, Paris, Vrin, 2002.

MERKER A., *Une morale pour les mortels*, Paris, Les Belles Lettres, 2011.

PRADEAU J.-F., *La communauté des affections, Études sur la pensée éthique et politique de Platon*, Paris, Vrin, 2008.

PRADEAU J.-F., *Platon et la cité*, Paris, PUF, 1997.

VICAIRE P., « Platon et Dionysos », *Bulletin de l'Association Guillaume Budé*, 3 (1958), p. 15-26.

LAURENCE FAURE

Que manger, où manger et avec qui ? Pratiques et significations de la commensalité dans le judaïsme

Définir ce qui est mangeable, c'est déterminer ce qui dans le règne animal et végétal relève de l'immangeable, non parce que ce ne serait pas comestible[1], mais parce que pour des raisons culturelles, sociales et/ou religieuses, ces aliments sont estimés impropres à la consommation. Or, dans le judaïsme[2], nombre d'aliments sont considérés comme tels, selon un principe d'opposition entre le pur et l'impur, ce qui est ingérable, incorporable et donc appropriable, et ce qui ne l'est pas : ils participent ainsi d'une mise en ordre du monde au sens indissociablement religieux et social.

Dans un intéressant article traitant de la construction et la négociation de l'appartenance à la judéité dans une petite communauté du sud de l'Angleterre, Marie Diemling et Larry Ray[3] observent, combien la nourriture est apparue au fil de leur recherche comme un marqueur privilégié, de cette appartenance. Il suffit de rappeler que, parmi les 613 commandements[4] religieux, une cinquantaine fait référence à la nourriture[5], pour comprendre la place non négligeable qu'occupe l'alimentation dans le judaïsme. En effet, loin de relever du monde profane et de la stricte nécessité de

1 C. Fischler, *L'homnivore*, Paris, Odile Jacob, 2001 ; J.-P. Poulain, *Sociologies de l'alimentation*, Paris, PUF, 2002 ; M. Montanari, *Le manger comme culture*, Bruxelles, Editions de l'université de Bruxelles, 2009.

2 Le terme de judaïsme sera réservé aux pratiques juives directement ou indirectement dérivées et reconnues comme relevant du domaine religieux, comme le respect de la cacherout. La notion de judéité sera employée dans le texte pour référer à l'auto-identification comme juif au sens large, sans renvoyer nécessairement à la dimension religieuse de l'appartenance.

3 M. Diemling – L. Ray, « 'Where Do You Draw the Line ?' Negotiating Kashrut and Jewish Identity in a Small British Reform Community », *Food, Culture & Society* 17/1 (2014), p. 125-142.

4 *Mitsvot* en hébreu.

5 S. Papi, « Islam, laïcité et commensalité dans les cantines scolaires. Ou comment continuer à manger ensemble à la table de la république », *Hommes et migrations*, 1296 (2012), p. 126-135.

Laurence Faure • Université Lumière Lyon 2

Religions et alimentation, éd. par Rémi Gounelle, Anne-Laure Zwilling et Yves Lehmann, Turnhout : Brepols, 2020 (Homo Religiosus, 20), p. 171-195
BREPOLS PUBLISHERS 10.1484/M.HR-EB.5.122941

subsistance, l'alimentation est un moyen d'accès au sacré ayant conduit à la mise en place de règles précises et nombreuses, composant la *cacherout*[6].

Les règles de la *cacherout* rassemblent diverses prescriptions et interdits dont il convient en préambule de rappeler les quelques principes essentiels en lien avec le propos. Premièrement, les interdits portent essentiellement sur le règne animal, c'est-à-dire ce qui dans le vivant, est le plus proche de l'homme. Les végétaux sont considérés dans le judaïsme comme des aliments neutres et peuvent être consommés indifféremment avec des plats à base de viande, de poisson ou de produits laitiers. Si des aliments peuvent avoir une signification particulière et sont, pour cette raison, consommés plus spécifiquement en certaines occasions[7], aucune nourriture végétale ne fait l'objet strict d'interdits de consommation[8]. Deuxièmement, au sein du règne animal, certaines espèces sont autorisées, d'autres non. Parmi les animaux terrestres, ceux qui ont le sabot fendu et sont ruminants peuvent être mangés, les autres – tel le porc, qui a le sabot fendu mais n'est pas ruminant[9], ou le lièvre ou bien encore le chameau qui est ruminant mais n'a pas le sabot fendu – sont considérés comme impropres à la consommation. Parmi les espèces du milieu aquatique, celles ne possédant ni nageoires ni écailles sont prohibées, telles les crevettes, le homard, les huitres, ou encore la lotte, qui ne possède pas d'écailles. Enfin, parmi les espèces autorisées, il existe des restrictions, liées aux circonstances de leur mort ainsi qu'à la manière dont elles sont mises à mort[10], ou aux conditions de leur préparation culinaire[11], et donc aux associations alimentaires, permises ou non. Parmi ces restrictions d'eux d'entre elles occupent une place particulière : la séparation de la

6 La *cacherout* désigne l'ensemble des règles alimentaires du judaïsme fixées par la *Torah*, la Bible hébraïque.

7 P. Hidiroglou, dans « Nourriture des vivants, mémoire des morts dans les sociétés juives », *Ethnologie française* 43/4 (2013), p. 623-632, montre combien certains aliments aux formes rondes ou oblongues sont par exemple spécifiquement associés au premier repas des personnes endeuilllées, tels les œufs et les olives ou bien encore les petits pains ou les légumineux (fèves, lentilles…). Elle souligne notamment la signification plurielle des œufs, à la fois symboles de vie et de mort et consommés en diverses circonstances rituelles.

8 Si ce n'est en fonction des conditions d'élaboration et des modalités d'ingestion, dont les règles sont appliquées à des degrés variables selon le niveau de pratique : à titre d'exemple, le pain et le vin, aliments associés à la vie, ne peuvent en principe être consommés sans avoir été préalablement sanctifiés par une prière spécifique et le vin ne peut être bu s'il est non *kasher*, c'est-à-dire si ses conditions d'élaboration mais aussi de consommation ne respectent pas un ensemble de règles précises.

9 « Vous ne mangerez pas le porc, qui a le sabot fendu, le pied fourchu mais ne rumine pas ; vous le considérerez comme impur » (Lévitique 11, 1, 47). L'interdit concerne également les insectes, les animaux rampants (Lev. 11, 30).

10 Les animaux doivent être abattus par le *Cho'het*, un sacrificateur juif, en sectionnant la trachée et/où l'œsophage. Outre les règles d'abattage, la cacherisation implique que les animaux soient vidés de leur sang. « Vous ne mangerez rien avec du sang » (Lévitique 19, 26), « Tiens ferme à ne pas manger avec le sang, car le sang, c'est l'âme, et tu ne dois pas manger l'âme avec la chair. Tu ne le mangeras pas afin qu'il t'arrive du bonheur, ainsi qu'à tes fils après toi, parce que tu auras fait ce qui est droit à mes yeux » (Deutéronome, 12, 23 et 25).

11 Excluant par exemple l'intervention de personnes juives dans l'essentiel du processus de fabrication.

chair et du sang, le sang de l'animal ne pouvant être consommé, ainsi que la séparation des aliments carnés et lactés.

La distinction entre ce qui est autorisé et ce qui ne l'est pas renvoie à un système symbolique qui relève d'une manière de dire et de penser le monde sur laquelle nombre d'auteurs se sont penchés, dont Mary Douglas[12]. L'anthropologue a interprété le sens de l'interdit qui frappe certains animaux en considérant que le problème principal qu'ils posent est celui de leur indétermination : ils font exception à la définition de leur catégorie[13]. De ce fait, ils mettent en question les principes de classification et donc la mise en ordre du monde à laquelle ces principes renvoient. En tant qu'être inclassables, hybrides, ils produisent potentiellement du désordre et par extension sont associés symboliquement à l'impureté et à la souillure, qu'il convient de mettre à distance en ce qu'ils pourraient menacer l'intégrité des êtres.

La lumineuse étude de M. Douglas servira de point d'appui pour la réflexion dont il s'agira de prolonger les perspectives. Son analyse s'est en effet principalement centrée sur les animaux prohibés, laissant en retrait d'autres interdits de la *cacherout*, dont notamment l'interdit de mêler nourritures lactées et carnées. Son interprétation du sens des interdits s'est par ailleurs appuyée exclusivement sur l'étude anthropologique du texte religieux, sans saisir les enjeux à l'œuvre dans leur actualisation. Notre propos vise à prendre en compte les règles de la *cacherout* dans leur ensemble, sans restreindre le regard aux interdits concernant les animaux, et à mettre en perspective les textes et leur symbolique avec leurs applications au quotidien, afin d'en montrer les implications sociales en acte.

Partant du constat de l'étroite relation entre religion juive et alimentation dont le code alimentaire de la *cacherout* est l'expression, l'intention est tout d'abord d'expliciter le sens à la fois religieux et social de certaines de ces pratiques. Il s'agira ensuite de saisir en quoi les prescriptions concernant les types d'aliments comestibles (que manger) et les régulations diverses qui leur sont associées (comment manger) conduisent à déterminer les règles de commensalité (avec qui manger). On entend ainsi montrer que les régulations alimentaires du judaïsme participent de l'édification d'un ordre inséparablement symbolique et socio-anthropologique du monde, actualisée à des degrés et sous des formes variables selon le niveau de pratique religieuse et dont les conséquences en matière de commensalité sont également diverses, restreignant plus ou moins le champ des possibles alimentaires, spatiaux et sociaux.

L'analyse s'appuie sur une recherche ethnographique menée à Londres auprès de couples orthodoxes, ainsi que sur son prolongement actuel à partir d'entretiens et d'observations réalisés au cours de l'année 2017[14], principalement en France

12 M. Douglas, *Purity and Danger. An Analysis of Concepts of Pollution and Taboo*, London, Routledge – Kegan Paul, 1966.

13 Les crustacés vivent dans l'eau mais ne possèdent ni nageoire ni écailles, de même que le serpent, ou les insectes, ne font pas partie des quadrupèdes, caractéristique dominante des animaux terrestres.

14 Cette recherche en cours a permis de réaliser douze entretiens, lors de l'année 2017, auprès de personnes vivant à Paris ou en banlieue parisienne, à Lyon ou à Perpignan ainsi qu'une personne lyonnaise d'origine, résidant à Amsterdam et une personne vivant à Haifa (Israël) après avoir résidé à Londres.

auprès de personnes dont les degrés de pratique et d'affiliation au judaïsme sont diversifiés, allant d'une judéité non religieuse[15] à l'orthodoxie ou se reconnaissant du traditionalisme religieux. Les personnes rencontrées au cours de ces deux recherches ont entre 25 et 85 ans et comprennent autant de femmes que d'hommes. Alors qu'à Londres, les personnes rencontrées sont d'ascendance ashkénaze pour la quasi-totalité très pratiquantes et se revendiquant de l'orthodoxie juive[16], en France, le corpus est actuellement composé de femmes et d'hommes essentiellement d'ascendance sépharade au degré de pratiques différencié, mais dont la plupart se reconnaissent comme traditionnalistes. Le propos visant à s'intéresser au respect des interdits alimentaires et à ses enjeux dans le judaïsme en fonction du degré de pratique religieuse parmi les personnes se définissant comme traditionnalistes ou orthodoxes, les différences d'habitudes alimentaires entre sépharades et ashkénazes ne feront ici pas l'objet d'un traitement analytique.

La dimension symbolique de l'alimentation dans le judaïsme : ce que manger veut dire

Pour appréhender le sens et les enjeux de ces interdits alimentaires, dont nous postulons qu'ils forment système, il importe de focaliser le regard sur la dimension religieuse de l'alimentation avant de proposer une analyse socio-anthropologique visant à saisir en quoi ces pratiques alimentaires contribuent à opérer une mise en ordre symbolique du monde.

Se situer par rapport à Dieu, au monde juif et au règne animal

Les pratiques accomplies au nom du principe de séparation sont associées à la quête de sacré[17]. Les règles alimentaires jouent un rôle important dans cette séparation entre ce qui relève du pur et de l'impur. Manger des aliments purs selon des pratiques très codifiées[18] permet en premier lieu d'honorer Dieu et de se rapprocher de lui, tout en restant à sa place. Cet impératif de séparer l'humanité juive de *Yahvé* tout

---

Des observations et entretiens informels nourrissent également notre recherche, notamment suite à une rencontre avec des personnes membres du centre culturel juif de Dijon, ainsi que des échanges réguliers avec une informatrice privilégiée et les membres de sa famille, résidant actuellement à Paris. Je remercie chaleureusement toutes les personnes sans qui ce texte ne pourrait exister, qui m'ont accordé leur confiance en acceptant de me rencontrer et de me faire part de leurs pratiques alimentaires et de leurs liens avec le judaïsme. Que mon amie et informatrice privilégiée soit ici tout particulièrement remerciée.

15 Deux des personnes rencontrées se sont présentées comme non pratiquantes et peuvent être considérées comme relevant d'une judéité non religieuse. Aucune personne ne se reconnaissait comme appartenant au judaïsme libéral, même si certains ont pu me parler avec intérêt de ce courant religieux ou de certains de ses représentant-e-s.

16 A l'exception d'une femme de double ascendance ashkénaze et sépharade, peu pratiquante lorsque nous l'avons rencontrée, mais qui l'est devenue au fil des ans.

17 *Kaddosh* signifie d'ailleurs à la fois sacré et séparé.

18 Procéder à des ablutions, prier avant de manger du pain…

en s'identifiant à lui, se traduit notamment par l'impossibilité de créer le jour du *Shabbat*[19], d'où l'interdit d'utiliser des appareils électriques visant à produire de l'énergie, de la chaleur et transformant par la cuisson un aliment.

S'il s'agit de se situer par rapport à *Yahvé* et de donner une dimension religieuse aux pratiques culinaires les plus terrestres ainsi qu'à l'acte d'ingestion, ces pratiques alimentaires revêtent également une signification socio-religieuse, en ce sens qu'elles permettent aux individus de s'identifier au monde juif, à son histoire et à ses relations avec d'autres groupes. Par l'incorporation, via la manducation en commun d'aliments symboliquement marqués, il s'agit de convoquer l'histoire du peuple juif et de ses relations complexes avec les autres peuples qui les ont conquis, dominés, réduits en esclavage. A titre d'exemple, le plateau du *Seder* de *Pessa'h*[20] est composé de différents mets rappelant l'esclavage des juifs en Egypte et leur libération par Dieu. Les herbes amères symbolisent l'âpreté de l'esclavage, tandis que le pain azyme[21] contribue à entretenir le souvenir de la fuite d'Egypte précipitée, les ayant conduits à emporter un pain non levé. Ces aliments célèbrent la libération de l'oppression du peuple juif par le peuple égyptien, et par conséquent, sa séparation en tant que peuple sauvé par Dieu[22]. Enfin, ces règles alimentaires et leur actualisation au quotidien permettent de se situer par rapport à cette autre catégorie du vivant qu'est le règne animal.

Les consommations animales sont donc très codifiées. Comment comprendre ces interdictions et en particulier celles qui n'ont pas été analysées de manière centrale par M. Douglas, dont l'interdit du sang et l'interdit de mêler nourritures lactées et carnées ? En quoi relèvent-elles également de principes de séparation à l'œuvre, dont la distinction entre règne animal et règne humain, mais aussi entre différents groupes humains, constitue le cœur ?

L'interdit de consommation du sang

Nombre d'interprétations se rejoignent pour considérer que le sang est interdit en ce qu'il symbolise le principe vital de l'animal[23]. Selon C. Blondeau, pratiquer la saignée et ce, indépendamment de tout contexte religieux, contribuerait à « désanimaliser » la bête, et à rendre ainsi l'animal consommable, en le transformant en viande. Passer de l'animal à la viande, représente selon elle, une opération symbolique nécessaire,

19 Le *Shabbat*, jour de repos et de célébration est la fête en l'honneur de la création du monde par Dieu. A l'image de Dieu, les juifs observants doivent, du vendredi soir au coucher du soleil jusqu'au samedi soir, se reposer et se mettre en retrait de toute activité productive. Différentes interdictions sont associées au *Shabbat* (tels l'interdiction de conduire ou de manipuler de l'argent), dont fait partie l'interdiction de cuisiner, acte impliquant la production de chaleur et la transformation de matières premières. Tous les préparatifs pour les repas du *Shabbat* doivent donc être anticipés afin que ces repas festifs et familiaux, souvent associés à des invitations, puissent se dérouler dans les meilleures conditions.

20 Plateau présenté au début de la fête de *Pessa'h*, pâque juive, les deux premiers soirs.

21 Galette composée de farine et d'eau, sans levain.

22 Le sacrifice de l'agneau leur a permis d'éviter la dizième plaie d'Egypte et de sauver les premiers-nés.

23 O. Assouly, *Nourritures divines. Essai sur les interdits alimentaires*, Arles, Actes sud, 2002.

pour mettre ce dernier à distance de l'homme. Ajoutons que cette opération, dans le contexte religieux juif, permet de le séparer du vivant, le sang étant la part réservée à Dieu[24]. Par extension, on peut penser que cette séparation constitue également une opération de réification afin de rendre mangeable l'animal, au risque que cette consommation carnivore soit sinon apparentée à une forme de cannibalisme[25]. On peut alors considérer que les végétaux ne font que peu l'objet de restrictions en ce que, moins proches de l'homme que l'animal, leur consommation en est moins dangereuse, puisqu'elle ne risque pas de brouiller les frontières et de mettre en cause l'ordre du monde, contrairement à la consommation animale[26].

L'interdit de mêler nourritures lactées et carnées

Si l'interdit de mêler sang et chair peut être associé à un principe de séparation du vivant et du non vivant, comment analyser l'interdit de consommer produits lactés et carnés ?

Cet interdit provient d'un verset de la *Torah* – « tu ne cuiras point le chevreau dans le lait de sa mère »[27] –, qui peut être analysé dans une double perspective. Tout d'abord, il peut être lu comme un interdit de mêler des substances différentes que sont le lait et la viande. Certains exégètes ont en effet analysé cette règle dans cette perspective en la mettant en relation avec les interdits de la Bible portant sur le mélange des espèces différentes[28]. D'autre part cette prohibition peut être analysée dans le prolongement de travaux à orientation psychanalytique, sur le mode d'un inceste culinaire[29], comme un interdit de mélange d'animaux apparentés.

L'interdit porte donc sur le danger de confusion et de désordre lié au mélange du différent, mais aussi de l'identique. Il permet ainsi de signifier par la métaphore alimentaire, un double interdit sexuel dans le judaïsme : le tabou de l'inceste et l'interdit exogamique[30].

Cette interprétation paraît faire d'autant plus sens que les conséquences matérielles de cet interdit alimentaire, s'il est respecté rigoureusement, sont

24 J. Soler, « Les raisons de la Bible : règles alimentaires hébraïques », in L. Flandrin – M. Montanari (dir.), Histoire de l'alimentation, Paris, Fayard, 1996, p. 73-84.

25 C. Blondeau, « La boucherie : un lieu d'innocence ? », ethnographiques.org [en ligne] n° 2 (novembre 2002), http://www.ethnographiques.org/documents/article/ArBlondeau.html.

26 Et de certains animaux plus que d'autres.

27 Deutéronome 14, 21 ; Exodus 23, 18 ; Exodus 34, 26.

28 D. I. Grunfeld, *The Jewish Dietary Laws. Dietary Laws Regarding Forbidden and Permitted Foods, with Particular Reference to Meat and Meat Products*, I, London, Soncino Press, 1972.

29 J. Soler, « Sémiotique de la nourriture dans la Bible », *Annales, Histoire, Sciences Sociales*, 28/4 (1973), p. 943-955 ; Aux Origines du Dieu unique. La loi de Moïse, II, Paris, Fallois, 2003 ; J. Martens, « Diététhique *(sic)* ou la cuisine de Dieu », *Communications* 26/1 (1977), p. 16-45 ; J. Chasseguet-Smirgel, *Ethique et esthétique de la perversion*, Seyssel, Champ Vallon, 1984 ; J. Chasseguet-Smirgel, « Les archanges d'Attila », Revue Française de Psychanalyse 6/4 (2002), p. 1055-1072.

30 Pour une analyse socio-anthropologique détaillée de cet interdit alimentaire voire le texte publié en français dans la revue *Anthropology of food* par L. Faure, « Sens et enjeux d'un interdit alimentaire dans le judaïsme », 2010.

importantes : elles imposent aux plus observants de séparer non seulement les aliments, mais aussi les contenants (casserole, vaisselle, couverts et éventuellement four, plaque de cuisson, lave vaisselle ou évier, égouttoirs…) utilisés pour les cuisiner, les servir, les nettoyer et les ranger, les aliments lactés et carnés ne devant entrer en contact à aucun moment du processus culinaire. Les objets du quotidien nécessaires aux préparations culinaires matérialisent ainsi la pratique religieuse. Ils servent par ce biais à mettre en acte l'interdit exogamique tel qu'il est signifié dans la Bible en rendant difficile la mixité de l'alliance. Le strict respect de cette règle alimentaire dans la vie quotidienne semble alors directement impliquer l'endogamie religieuse : comme Grunfeld l'indique, « c'est un fait indéniable que les règles alimentaires, en rendant très difficile voire impossible pour un juif de partager certaines nourritures avec son voisin qui n'est pas juif, agissent comme une « barrière à la mixité »[31]. Plus qu'un principe de séparation entre vivant et non vivant[32] comme cela est le cas pour le sang, ce qui est à l'œuvre également derrière cet interdit, est notamment un principe de séparation entre juifs et non juifs par un détour métaphorique.

Un principe de séparation total

Pour comprendre les prescriptions et interdits, il importe donc de les resituer dans un ensemble qui permet de construire un ordre du monde où sont séparées les différentes catégories d'existants. L'enjeu est de se positionner dans ce tableau du vivant, entre ciel et terre.

Si d'un côté il s'agit de se rapprocher de Dieu et de se lier à lui en priant avant tout repas, tout en maintenant la frontière qui sépare humain et divin parfaitement intangible, il s'agit de l'autre, de se distancier de l'humanité non juive en adoptant un code alimentaire spécifique. Enfin, il importe en tant qu'être humain, de se séparer du règne animal et plus spécifiquement de certaines espèces. C'est ainsi la question de l'établissement des frontières entre sacré et profane, entre pur et impur mais aussi entre le proche et le différent et plus spécifiquement entre les différentes catégories d'existants, qui est à l'œuvre dans la relation que la religion juive entretient avec la nourriture.

> L'homme : un statut intermédiaire entre le divin et le règne animal révélé par l'acte de se nourrir
> *(…) La nourriture étant donné qu'elle est… au lieu d'être bassement matérielle, c'est quelque chose qui … y a un niveau spirituel qu'il faut dévoiler et découvrir (…) on n'a pas le droit de vider toute l'assiette, on doit dire des paroles de Torah quand* ***on mange***

31 D. I. Grunfeld, *The Jewish Dietary Laws. Dietary Laws*, p. 33, traduit par nous.

32 A ce propos, J. Bahloul indique que « le lait est à opposer dans la nourriture des Juifs à tous les aliments issus de l'écoulement du sang ». Elle ajoute plus loin que « le lait est perçu comme l'aliment de la fécondité et de la fertilité ». La prohibition est ainsi prohibition du mélange entre le lacté, « produit d'un processus vital » et le carné « issu du sacrifice » (*Le culte de la table dressée. Rites et traditions de la table juive algérienne*, Paris, Métailié, 1983, p. 64-66).

> ***pour élever parce qu'on n'est pas des animaux, on est des êtres humains,*** *(…)* ***et la nourriture doit pas nous rabaisser à l'échelle animale, mais au contraire doit nous permettre de servir Dieu*** *et également de créer (…)*
> *Voilà, donc ça veut dire que… l'aspect culinaire a un rôle extrêmement important : pourquoi parce que on estime que dans chaque chose et notamment* ***dans la nourriture, il y a une étincelle divine qu'il faut dévoiler et que le fait de manger peut me rapprocher de Dieu, mais le fait de manger peut m'éloigner de Dieu si je mange euh comme un p… comme un cochon*** *(…) on va manger, mais pour éclairer, dévoiler l'intériorité des choses mais ce qu'un rabbin écrit, il a dit, il ne doit pas remplir son ventre de ces mets là, mais uniquement goûter un petit peu. Goûter, ça veut dire, c'est un verset… (…) celui qui goûte lui il va avoir le mérite de vivre, c'est-à-dire c'est un être humain…* (Homme sépharade résidant en région parisienne, Rabbin, 41 ans, marié à une femme juive et père de 4 filles)

Manger en respectant les interdits contribue à élever l'homme vers Dieu en le séparant de l'animal mais aussi au sein du règne humain, de ses congénères non juifs. Par ce que l'on mange, par la façon dont on mange, est élaboré un ordre symbolique qui permet très précisément de classer l'homme religieux juif au sein du vivant et de le séparer des autres catégories.

Comment comprendre par delà les significations religieuses, le sens social de cet ordre symbolique ? Pour répondre à cette question, il importe de saisir le rapport que les individus pratiquants se reconnaissant du judaïsme entretiennent par le biais des pratiques alimentaires en acte avec les autres groupes. On considérera que la question consistant à déterminer « que manger » ou « comment manger » est indissociable des enjeux de commensalité, c'est-à-dire de savoir « avec qui manger ». En s'inscrivant pour partie dans la perspective des travaux de D.-C. Kraemer et D. Rosenblum[33], qui analysent le lien entre socio-genèse des interdits alimentaires du judaïsme, commensalité et formation de la judéité à partir d'une approche historique, il s'agit de montrer comment le règlement de la commensalité dans le judaïsme contemporain découle directement de la *cacherout*, et par conséquent de la manière dont elle est appliquée au quotidien par les individus rencontrés.

Dans *Commensalité et empoisonnement*, M. Bloch rappelle que « la commensalité, l'acte de manger ensemble, apparaît comme l'un des opérateurs les plus puissants du processus social ». Il précise combien cet acte n'est pas anodin en ce que d'un côté il « unit » les membres qui partagent la même nourriture, et par là « communient », tandis que le refus du partage met au contraire à distance[34]. C'est ce double mouvement qu'il s'agit de mettre à l'épreuve pour le cas du judaïsme.

---

33 D. C. Kraemer, *Jewish Eating and Identity Through the Ages*, London, Routledge, 2007 ; D. Rosenblum Jordan, *Food and Identity in Early Rabbinic Judaïsm*, Cambridge, Cambridge University Press, 2010.

34 M. Bloch, « Commensalité et empoisonnement », *La pensée de midi* 30 (2010), p. 81-89.

Manger ensemble : un adjuvant à la cohésion du groupe

Etymologiquement, le compagnon est celui avec qui l'on partage le pain. Ainsi manger ensemble, c'est nouer des liens, c'est partager, communier, fabriquer du « commun » et donc de l'identique[35]. En cela, manger ensemble, en tant qu'acte d'hospitalité, est un acte de commensalité et de sociabilité qui contribue à faire société[36] et aide par conséquent à construire, maintenir, voire défendre, un ordre social.

Dans diverses sociétés, manger ensemble a une signification symbolique et sert à rapprocher les individus et les groupes et à les rendre familiers. J. Carsten a souligné combien en Malaisie, partager la même nourriture fabrique de la parenté. La parenté de lait consiste à considérer comme parents, frères et sœurs de lait, ceux qui ont été nourris au même sein, qu'ils aient ou non des liens de consanguinité, phénomène observé en Malaisie[37] mais aussi par exemple au Maroc, chez les Ait Khebbach, où M.-L. Gélard signale des pactes de colactation construisant de la parenté entre individus qui boivent le même lait[38].

Recevoir chez soi ou l'alliance de la vitalité religieuse et familiale au sein du foyer

Manger ensemble, c'est partager des moments de convivialité qui favorisent l'intimité au sein du groupe, voire son union. A ce propos, D. Rosenblum indique que les prescriptions alimentaires dans le judaïsme contribuent à l'immersion des individus dans une matrice de relations sociales[39]. Cette dimension est très présente dans notre recherche. Plusieurs personnes racontent ainsi comment les fêtes religieuses notamment le *Shabbat* et *Pessa'h* sont à la fois des moments qui entretiennent la vitalité religieuse, mais aussi – et parfois surtout – les sociabilités familiales, voire amicales. Plus les personnes sont pratiquantes, plus les dimensions religieuses et sociales sont présentes et articulées ensemble.

> *« Le sacrifice consistait à prendre un agneau et après avoir brûlé une partie dans le temple il était mangé grillé, mais à la différence des autres sacrifices il devait être mangé en groupe, donc on voit aussi cette idée d'unité, c'est-à-dire qu'on va partager quelque chose ensemble, aujourd'hui on voit que* ***la soirée du Seder de Pessa'h, c'est une soirée où toute la famille est réunie ensemble et même des invités parce que c'est également d'avoir des invités, mais toujours cette idée d'union dans les fêtes,*** *dans*

35 M. Bloch, « Commensalité et empoisonnement ».

36 A. Gotman, *Le sens de l'hospitalité. Essai sur les fondements sociaux de l'accueil de l'autre*. Paris, PUF, 2001.

37 J. Carsten, *The Heat of the Hearth. The Process of Kinship In a Malay Fishing Community*, Oxford, Oxford University Press, 1997.

38 M.-L. Gélard, « Protection par le sang et accord par le lait dans la tribu des Aït Khebbach (sud-est marocain) », *Etudes rurales* 169-170 (2004), p. 9-27.

39 D. Rosenblum Jordan, *Food and Identity in Early Rabbinic Judaïsm.*

toutes les fêtes et particulièrement à Pessa'h... (Homme sépharade résidant en région parisienne, 41 ans, Rabbin, marié à une femme juive au foyer et père de 4 filles).

Un homme vivant à Lyon, qui se décrit comme traditionnaliste, reçoit avec sa femme lors de chaque *Shabbat*, ses enfants aujourd'hui devenus adultes et vivant eux-mêmes en couple. Ils célèbrent rituellement ensemble les repas de *Shabbat*, respectant les principaux interdits alimentaires relatifs au judaïsme, dont l'interdit de mêler nourritures lactées et carnées et l'usage de deux services à vaisselles distincts pour maintenir séparés ces aliments[40]. L'entretien de la vitalité religieuse ne se restreint ici pas au foyer conjugal et sa matérialisation est essentielle pour actualiser le respect de la cacherout.

Recevoir en grand : La matérialisation de la commensalité religieuse et familiale

En Angleterre, parmi les membres des classes moyennes supérieures londoniennes rencontrés, l'importance accordée à ces festivités familiales et religieuses se donnait à voir matériellement dans l'utilisation de beaux services à vaisselle spéciaux pour *Shabbat* ou pour *Pessa'h*. Les jeunes couples rencontrés détenaient plusieurs services à vaisselle et distinguaient non seulement la vaisselle pour les produits laitiers et pour les produits carnés, mais aussi la vaisselle du quotidien et celle à usage festifs « *for the best* ». Cette vaisselle, décrite comme plus belle, était utilisée lors des moments de réception souvent occasionnés chez les plus pratiquants par les fêtes religieuses et qui regroupait toute ou une partie de la famille. Parce que cela impliquait l'usage d'une vaisselle plus abondante, l'une de nos enquêtées racontait que le lave-vaisselle récemment acheté par le couple, servirait exclusivement pour la vaisselle ayant contenu des aliments carnés, c'est à-dire aussi lors des occasions festives, parce que, nous a-t-elle indiqué : « Nous avons beaucoup d'invités le samedi et ce sera utile pour nous d'avoir le lave-vaisselle pour la viande ; mais on ne pourra pas s'en servir à la fois pour la viande et le lait »[41].

Les fêtes, en tant que rituels religieux et familiaux, constituent un moment dont l'importance et le coût potentiel se traduisent, tant par le nombre d'invités, que matériellement par la vaisselle et sa démultiplication. La culture matérielle de la cuisine dans le judaïsme est en effet loin d'être insignifiante et vient souligner, dans sa dimension à nouveau paradoxalement la plus terrestre (le nombre et l'usage des

40 Du point de vue de la cacherout, cet homme respecte à son domicile l'ensemble des règles alimentaires et reçoit sa famille à table le vendredi soir et le samedi. Il se rend par ailleurs à la synagogue chaque samedi matin. Néanmoins, il se décrit comme peu pratiquant et lorsque je lui demande s'il fait le *Shabbat*, il répond à la question par la négative, indiquant qu'il ne respecte pas l'interdit de création lors du *Shabbat* ; en effet, il utilise sa voiture et l'électricité, n'ayant pas installé à son domicile un système d'éclairage automatique comme ont pu le faire d'autres personnes plus observantes. A ses yeux, bien que respectant les règles de la cacherout, il ne fait pas le *Shabbat* au sens strict du terme. Pour interpréter le sens de sa réponse, il faut comprendre qu'il s'agit ici pour lui de situer sa pratique en comparaison avec le groupe le plus observant et en lien avec l'ensemble des principes de l'observance religieuse.

41 Jeune femme juive ashkénaze, 30 ans en couple avec un jeune homme juif, tous deux membres des classes moyennes supérieures anglaises, orthodoxes.

ustensiles de cuisine ou de la vaisselle), l'importance symbolique du religieux, ainsi que les enjeux économiques liés à la pratique religieuse. On perçoit en creux qu'investir en temps et en argent dans la préparation, l'organisation des repas et la réception familiale, manifeste l'investissement symbolique et social que les individus placent dans la mise en œuvre d'une commensalité religieuse visant à réunir les membres du groupe autour de la table juive.

> « *La communauté juive c'est vrai que c'est sympa parce qu'y a toujours quelqu'un pour vous accueillir… quand on vivait au Québec, il y avait une famille quand elle nous recevait c'était magique, j'crois qu'elle devait passer deux jours dans sa cuisine avant…* » (Femme française juive sépharade, au foyer, vivant à Amsterdam, mariée à un homme français juif cadre de banque, 48 ans, 2 enfants, se décrivant comme ayant un faible niveau de pratique).

Quand la part religieuse perd de son poids, les fêtes continuent à instiller un sentiment de plaisir et d'exception, en ce qu'elles constituent un moment traditionnel de partage autour de la table[42]. Les fêtes sont l'occasion de retrouvailles et de moments passés en famille ou entre membres du groupe, notamment lorsque la famille est éloignée. L'investissement, à valeur religieuse mais aussi sociale, dans l'organisation de ces fêtes n'est cependant pas envisageable pour tous, et le statut respectif de ceux qui reçoivent ou sont invités, n'est socialement pas insignifiant. Il semble en effet, que la situation familiale (éloignement, vie seul), le degré de socialisation au rituel religieux et culinaire et/ou d'affiliation religieuse, ainsi que l'âge et la position générationnelle, peut-être davantage que la position sociale[43], interviennent pour déterminer qui invite et qui est invité. Lorsqu'on n'est pas en position d'organiser ces repas, on peut alors soit être invité, soit externaliser la prise en charge de l'organisation.

Externaliser la commensalité ou être reçu chez autrui : manger ensemble sans en supporter le poids

Certains, pour continuer à entretenir cette logique de commensalité familiale, à dimension culturelle et/ou religieuse, sans supporter le poids d'une organisation qui repose sur le plan culinaire principalement sur les femmes[44], s'en remettent à des organisations juives ou des sites de voyages *kasher* qui proposent en des lieux diversifiés (en France ou à l'étranger) des regroupements communautaires et séjours à l'occasion des fêtes, contre rétribution économique, dans un espace potentiellement associé à une destination touristique favorisant ainsi une nouvelle forme émergente de tourisme religieux. Plusieurs personnes ont fait part de ce choix qui permet de se retrouver sur la base d'un cercle élargi familial, amical voire simplement entre

---

42 J. Bahloul, *Le culte de la table dressée* ; « L'alimentation et le sacré : identité religieuse et cohésion sociale », Culture Liège université, 2009 ; P. Leclerq, http://culture.uliege.be/jcms/prod_94530/fr/l-alimentation-et-le-sacre-identite-religieuse-et-cohesion-sociale [consulté le 21/06/2017].

43 Cela mériterait cependant d'être exploré de manière plus approfondie afin de mettre à l'épreuve cette première perception basée sur les entretiens réalisés.

44 J. Bahloul, *Le culte de la table dressée.*

personnes juives (sépharades et ashkénazes) autour de tablées respectant l'ensemble du rituel alimentaire et religieux lors des fêtes de *Pessa'h*.

Les pratiques festives et rituelles contribuent à l'actualisation d'une appartenance commune, où les plus religieux et/ou les ascendants – lorsque ces derniers ne sont pas trop âgés – semblent souvent considérer comme de leur devoir d'inviter et de recevoir chez eux les moins religieux de la famille ou du groupe ainsi que ceux qui sont éloignés de leur cercles de parenté et/ou n'ont pas encore constitué de famille. Une des jeunes femmes rencontrées en Angleterre et vivant avec un compagnon non juif, indiquait se rendre régulièrement chez sa sœur, mariée à un juif pratiquant, à l'occasion de *Shabbat*, afin de partager en famille cet espace-temps privilégié de la convivialité religieuse et de la commensalité juive. Une dizaine d'années plus tard, alors qu'elle est devenue très pratiquante, elle invite à son tour à l'occasion chez elle un ami célibataire lors du *Shabbat*.

Si manger ensemble est un adjuvant à la cohésion du groupe, dans le même temps, ces pratiques sont aussi susceptibles de conduire à restreindre le cercle des commensaux à ceux qui respectent les mêmes règles que soi. Le fait que le compagnon de la jeune femme ne se joignait pas aux soirées de *Shabbat* organisées par la sœur de cette dernière en est un premier indicateur. Ne pas manger ensemble, manger séparés, c'est ainsi se maintenir à distance d'autres groupes, les non juifs, dans une continuité avec les principes historiquement élaborés par les sages et compilés dans les textes religieux au cours des débuts de l'ère rabbinique[45].

Ne pas manger la nourriture de l'autre est loin d'être un acte anodin et peut signifier la réticence à entrer en relation ou à s'engager dans des relations qui impliqueraient par trop les protagonistes. Cette question n'est pas propre au judaïsme et traverse de manière générale le rapport entre les groupes. Les auteurs de *La France des « petits-moyens »* montrent à ce titre fort justement que certains habitants d'une banlieue pavillonnaire parisienne acceptent les dons de nourritures de leurs nouveaux voisins turcs, tout en adoptant une attitude de réserve et des conduites d'évitement : ils ne s'engagent ainsi pas dans un rapport de familiarité plus important qu'impliquerait notamment le fait d'inviter – ou d'être reçu chez – les nouveaux voisins et de partager un repas en commun[46].

Les frontières socio-spatiales de la commensalité

Chez les personnes les plus religieuses rencontrées en France, les frontières de la commensalité sont parfois très marquées. Si elles ne sont jamais énoncées comme un refus ou un évitement de la nourriture de l'autre, l'orthopraxie qui découle du

45 D. C. Kraemer, *Jewish Eating and Identity Through the Ages* ; D. Rosenblum Jordan, *Food and Identity in Early Rabbinic Judaïsm*.

46 M. Cartier *et al.*, *La France des « petits-moyens ». Enquête sur la banlieue pavillonnaire*, Paris, La découverte, 2008.

respect de la *cacherout* conduit à cet évitement[47]. L'orthopraxie a des conséquences non seulement sur les choix alimentaires, mais aussi sur les espaces de consommation alimentaire permis et les conduites d'auto-ségrégation qui leur sont associées.

Respecter les interdits alimentaires rend de fait difficile de se nourrir à l'extérieur, dans des lieux qui ne proposent pas de nourriture *kasher*, et contribue à la mise en place de pratiques alimentaires restrictives à des degrés variés selon le niveau d'orthopraxie. Plusieurs manières de faire face au problème du respect de la *cacherout* en dehors de son domicile et de son groupe peuvent être adoptées et servent à dessiner les frontières spatiales[48] de la commensalité, dont les contours sont à géométrie variable.

Manger à l'extérieur de chez soi : opter exclusivement pour des lieux kasher

Les plus observants se nourrissent exclusivement de nourriture *kasher* et ne se rendent jamais dans des lieux de restauration non *kasher*. De même, ils sont amenés à opérer des choix prenant en compte la possibilité du respect de la *cacherout* dans tous leurs déplacements, professionnels et touristiques. Certains ne partent pas en vacances ; d'autres se rendent exclusivement dans des lieux permettant le respect de la *cacherout* ; d'autres encore emportent dans leurs valises des aliments *kasher*. Le choix de restaurants *kasher* est présenté comme la seule solution, à l'exclusion de toute autre, pour les personnes les plus pratiquantes rencontrées. Une des jeunes femmes avec lesquelles une relation d'amitié s'est tissée depuis plusieurs années propose d'ailleurs systématiquement que nous déjeunions ensemble dans un restaurant *kasher*.

Manger dans des lieux de restauration en conformité avec les règles alimentaires est bien sûr facilité dans les grandes métropoles urbaines[49] d'une part, mais aussi lorsque l'environnement professionnel est associé au monde religieux juif. Ainsi, un des hommes rencontrés qui exerce en tant que rabbin en région parisienne, ne rencontre que peu de difficultés dans le respect de ces règles, même lorsqu'il se trouve hors de son domicile. La question est plus délicate pour ceux dont l'activité professionnelle se situe dans un milieu mixte.

---

47 Les règles alimentaires et culinaires de la cacherout ne favorisent pas la possibilité d'être reçu chez une personne non juive. Parmi ces règles, l'interdit de mêler nourritures lactées et carnées, s'il est respecté de manière rigoureuse et jusque dans l'ensemble de ses implications matérielles, est l'un des plus contraignants en raison non seulement de l'évitement de ces aliments associés au cours d'un même repas, mais aussi du fait de l'utilisation de vaisselle différente : ceci rend particulièrement complexe voire impossible pour les plus pratiquants de manger chez des personnes non juives ou non respectueuses de cet interdit.

48 A propos du rapport entre observance du judaïsme et délimitation des frontières spatiales dans les espaces urbains à partir de l'exemple de l'Erouv, Cf. notamment L Endelstein, « *L'erouv*, une frontière dans la ville ? », *Ethnologie française*, 43/4 (2013), p. 641-649.

49 Le problème de l'approvisionnement et de la restauration *kasher* se pose notamment dans les villes de taille moyenne (M. Diemling – L. Ray, « 'Where Do You Draw the Line ?' »). Lors d'une intervention à Dijon, les organisateurs se sont souciés de savoir si je mangeais *kasher*, la ville ne comprenant aucun restaurant *kasher*.

Plusieurs options se présentent alors à eux. En contexte professionnel, les personnes observantes peuvent être amenées à opter pour l'abstinence alimentaire partielle ou totale pendant le temps du déjeuner. Un homme, aujourd'hui à la retraite, explique ainsi au cours de l'entretien qu'il s'abstenait de déjeuner, exception faite de fruits, pendant toute la période où il était en activité. D'autres font le choix d'ajuster leur pratique aux contextes. Il existe alors plusieurs façons de négocier sa pratique. Il est par exemple possible de manger *kasher* dans des lieux non *kasher* : un jeune homme enseignant dans un établissement laïc, qui fait sa *teshouvah*[50] suite au décès de ses parents, a décidé de ne plus manger dans le restaurant de son lycée ; il apporte ses repas préparés chez lui et les réchauffe dans le micro-ondes non *kasher* de son établissement. Il est également possible d'ajuster sa pratique en choisissant des aliments autorisés dans des restaurants non *kasher* ; les personnes concernées, qui ont un degré de pratique moins élevée que les plus observants, décident alors de composer avec la *cacherout*, en respectant les interdits les plus importants. Le degré d'ajustement est variable selon l'intensité de la pratique religieuse, allant de la tentative de respect de tous les interdits jusqu'à la possibilité de faire des incartades concernant certains d'entre eux[51]. Un homme retraité qui ne se définit pas par une orthopraxie rigoureuse indique ainsi se rendre régulièrement dans des restaurants non *kasher* avec des amis non juifs ou non pratiquants dans lesquels il consomme du vin non *kasher* ; parallèlement, il opte pour un plat de poisson en évitant soigneusement de consommer des plats de crustacés ou à base de viande, afin d'être certain de respecter l'interdit de mêler nourritures lactées et carnées et les prohibitions concernant les crustacés et poissons sans nageoires ni écailles.

On voit progressivement apparaitre au fil des entretiens réalisés avec des personnes pratiquantes qui ne se reconnaissent cependant pas comme strictement observantes, un système permettant de dissocier l'espace domestique comme lieu d'actualisation de la pratique religieuse et l'espace public, ou non domestique, où il est possible de faire exception au respect des règles alimentaires.

Respecter les principaux interdits chez soi, faire exception à l'extérieur du domicile

Une femme, retraitée, mariée à un homme non juif et élevée dans le courant traditionnaliste sépharade, indique respecter l'interdit de mêler nourritures lactées et carnées à son domicile et déclare ne pas consommer de porc chez elle ou à l'extérieur. Elle précise cependant avoir été en situation de faire parfois des exceptions en mangeant un sandwich au jambon au cours de vacances, ou bien du fromage fondu sur une pizza contenant de la viande. Dans son récit, le jambon, peut-être parce qu'il est un produit transformé, ne semble plus être véritablement pensé comme un aliment

---

50 Faire *teshouvah* signifie revenir au judaïsme.

51 Ceci peut concerner selon les cas, l'interdit de boire du vin non *kasher*, de manger nourritures lactées et carnées en un même repas, de consommer du porc et/ou d'ingérer crustacés et poissons sans écailles.

strictement porcin (« Nous on n'a jamais mangé de porc, ou enfin, ou je mangeais un peu de jambon, des trucs comme ça mais bon euh ça ... »), de même que le fromage fondu n'est plus envisagé comme un vrai fromage. Le procédé de rationalisation qui consiste à différencier certains produits dérivés des aliments originellement interdits, rend possible, comme par un tour de passe-passe, l'éventualité de faire exception à l'interdit, notamment en situation de voyage.

> « *Quand je mange de la viande, j'peux pas manger du fromage, je trouve que ça va pas du tout, même au point de vue... bon... par contre, si le samedi je veux pas faire de cuisine, bon on va manger du fromage avec une salade. Mais pas du tout avec... (donc par exemple une pizza avec un peu de bœuf...) Non ça j'aimerais pas (vous n'prendriez jamais ?) J'peux pas dire jamais mais, par exemple* ***si j'me trouve en Italie, y a un peu de fromage, comme c'est du fromage fondu,*** *je crois pas que... dans mon esprit, je dirais, bon ben non il faut pas que je mange, non. Parce que sincèrement, je suis pas stricte hein, du tout, du tout dans la religion* (Femme juive sépharade, ancienne infirmière à la retraite, 70 ans, parisienne, mariée à un médecin retraité non juif, mère de deux filles).

L'enjeu alors est de respecter les principaux interdits chez soi tout en s'autorisant des entorses à la règle à l'extérieur du domicile. L'espace domestique, en tant que foyer central de la vie religieuse, constitue le lieu le plus intime et le plus sacré[52], où l'on cherche à préserver, tant que faire se peut et selon un niveau d'exigence variable, les règles de la *cacherout*[53]. A mesure que l'on s'éloigne de ce foyer central[54] et que les individus sont confrontés à des espaces et pratiques étrangères et profanes, il s'agit de composer avec son appartenance et de moduler le degré d'exigence à l'égard de la *cacherout*. Dans l'exemple précédent, l'ailleurs territorial et culturel que constitue le lieu de vacances à l'étranger marque à la fois une distance géographique et symbolique en constituant un espace d'ouverture culturelle et de possible confrontation avec l'altérité alimentaire.

Cette même femme rapporte comment, lors d'une sortie au restaurant, elle a choisi de mettre de côté la noisette de beurre posée sur son steak afin de le manger, conduite visant à respecter selon sa propre interprétation[55], l'interdit de mêler nourritures carnées et lactées. Parallèlement, si son frère beaucoup plus pratiquant,

---

52 E. Gugenheim rappelle l'importance de la maison juive dans le judaïsme : « Plus que la synagogue, nous l'avons dit, la maison se révèle comme le centre de la vie religieuse, le terrain d'élection pour l'exercice et le développement de ces vertus. *Miqdach me'at* « sanctuaire en réduction », elle a partagé autrefois quelques unes des prérogatives du temple puis elle en a hérité certains symboles. Ainsi, la table familiale s'érige en autel domestique » (*Le judaïsme dans la vie quotidienne*, Paris, Albin Michel, 1992, p. 59).

53 En fonction du degré de pratique, de son sens culturel ou religieux et du rapport que chacun des membres composant la famille entretient avec la judéité et la *cacherout*.

54 M. Halbwachs, *La classe ouvrière et les niveaux de vie. Recherche sur la hiérarchie des besoins dans les sociétés industrielles contemporaines*, Paris, Alcan, 1913.

55 Qu'elle auto-qualifie comme non stricte. En effet, pour une personne très observante, il serait inconcevable de consommer ce steak en mettant de côté la noisette de beurre : outre le fait que le steak n'est pas *kasher*, celui-ci ayant par ailleurs été cuisiné avec du beurre, l'interdit de mêler nourriture lactées et carnées n'est de fait pas respecté.

se rend à son domicile, elle fait alors provision de plats cuisinés chez un traiteur juif de son quartier et consomme avec lui un repas strictement *kasher*. Ces exemples montrent comment elle compose avec son judaïsme, en fonction des contextes spatiaux et relationnels qui la conduisent à respecter, à des degrés variables et selon des modalités plus ou moins strictes, les principaux interdits alimentaires.

Une pratique à géométrie variable permettant de séparer espace domestique et espace public

Plus on est observant, moins on temporisera sa pratique. Moins on est pratiquant, plus on est en relation avec un réseau amical et/ou professionnel mixte, plus on s'ajuste aux situations, afin de composer un judaïsme à géométrie variable, reflet de la fragmentation et de la diversité interne de celui-ci[56].

Néanmoins, il arrive que des personnes très observantes soient amenées à ajuster leur niveau d'exigence en matière alimentaire en fonction des contraintes contextuelles, ou bien lors de changements biographiques, ce qui est susceptible d'occasionner des tensions plus marquées chez ces derniers, entre conception rigoriste du respect des principes et réalité de leur mise en œuvre en contexte. Cette tension peut être résolue en cherchant ensuite à « compenser », en priant plus longtemps par exemple, comme nous l'indique l'enquêtée précédente, parlant de son beau-frère plus religieux qui, lors de voyages, a cependant pu faire des exceptions à la règle de l'orthopraxie.

> *« Donc si vous voulez, mon frère on a été à Poitiers par exemple, bon ben il a pris sa boite de thon. Euh qu'est-ce qu'il a pris, que des trucs où il a mangé directement, parce que dans un restaurant vous pouvez pas demander, voilà, tandis que moi non, non là j'ai pas du tout du tout de vaisselle. Chez mes parents y avait pas de vaisselle parce que tout était kasher, mais bon y en a qui s'arrangent moi j'vois ma sœur qui est pourtant mariée avec un juif qui est très religieux et tout mais* ***quand ils partent, bon ils mangent pas d'porc ça s'est sûr, mais il va manger p't'être de la viande*** *la preuve quand ils sont ou en croisière ou en circuit et tout, il mange bien ce qu'on lui sert, mais alors lui il compense, il compense,* ***quand il revient il compense… tous les matins il va faire 3 heures de prière, vous voyez après vous, vous faites votre cuisine,*** *(rire) voilà…* (Femme juive sépharade, ancienne infirmière à la retraite, parisienne, mariée à un médecin retraité non juif, mère de deux filles).

On observe ainsi la mise en place d'une pratique à géométrie variable, selon les contextes et les personnes avec lesquelles on est en relation, et ce en fonction du niveau de respect des interdits alimentaires. Le rôle de l'opposition structurante entre l'espace du dedans, lieu du respect plus rigoriste des interdits alimentaires et l'espace du dehors, lieu de composition et d'ajustement de la pratique, apparaît essentiel.

56 L. Podselver, *Fragmentation et recomposition du judaïsme. Le cas français*, Genève, Labor et Fides, 2004 ; C. Bordès-Benayoun, « Du cœur aux confins de la judéité », *Ethnologie française* 43/4 (2013), p. 573-579.

Même enquêtée, parlant de ses frères et sœurs :
Q/ et votre sœur justement elle, elle a deux services ?
R/ Non. ***Mais chez elle, elle fait jamais rentrer du porc, ça jamais.*** *Chez elle, c'est kasher hein, la viande c'est obligatoire elle achète à la boucherie la charcuterie pareil et tout elle cuisinera pas non plus du lait, enfin les trucs à base de lait avec,* ***ça non, jamais. (…)*** *Donc, elle comme* ***mes autres sœurs, mes frères, à l'extérieur ils mangent. Tandis qu'mon frère aîné lui non hein…*** *(et les crustacés non plus ?) les crustacés par goût bon ben j'sais que ils adorent les plateaux de fruits de mer et tout,* ***mais à l'extérieur. Jamais à la maison.***

L'organisation du propos vient ici souligner l'opposition entre l'espace du dedans associé au respect des différents interdits (« chez elle… ça jamais » ; « jamais à la maison »), et l'espace du dehors, où cette consommation est possible pour ses frères et sœurs (« à l'extérieur ils mangent ») à l'exception du frère aîné. La répétition de l'adverbe « *jamais* » à quatre reprises met en exergue la force des interdits. La dernière phrase vient clore l'argument en insistant une dernière fois sur l'importance de l'association entre *cacherout* et espace domestique, sous la forme d'une phrase non verbale courte et efficace : « jamais à la maison ».

Séparer le dedans du dehors est donc bien une façon de respecter le principe de séparation entre pur et impur, *kasher* et non *kasher* d'une part, entre le proche et le différent d'autre part, préoccupation que l'on retrouve chez toutes les personnes pratiquantes. Bien qu'aménagée, celle-ci est dans tous les cas marquée du sceau du respect de l'espace le plus intime, le plus familier et familial et le plus préservé de toute impureté que se doit d'être, au nom du religieux, le domicile, espace de religiosité et de mise en acte du judaïsme au quotidien, qui, à certains égards, occupe une place au moins aussi importante que la synagogue sur le plan religieux.

Du respect de la *cacherout* à une commensalité endophile ?

De ces exemples, il ressort que la commensalité entre juifs pratiquants et non juifs est rendue plus ou moins possible selon le degré de respect de la *cacherout*. Les observants les moins stricts composent avec leur pratique religieuse et peuvent assouplir celle-ci dans les espaces publics et les lieux de rencontre et de convivialité avec l'altérité non juive. Leur pratique ne fait alors pas obstacle à l'entretien d'affinités électives exogènes, telle cette femme évoquée ci-dessus qui, mariée à un non juif, entretient des relations de sociabilité et d'amitié avec des personnes d'autres groupes. Les plus stricts, sont inversement ceux qui, de fait, ont le réseau relationnel le plus endophile comme c'est le cas du rabbin que nous avons rencontré ou de l'homme très pratiquant qui, en contexte professionnel, se nourrissait lors de son déjeuner exclusivement de végétaux. Néanmoins, dans cet entre-deux, se trouvent des situations plus complexes où un judaïsme orthodoxe est potentiellement associé à des relations hétérodoxes. Manger avec des non juifs quand on est ou aspire à être très observant peut alors constituer une véritable épreuve qui place les personnes observantes dans une tension dialectique : elles sont prises entre d'un côté la volonté de respecter au plus près les interdits et prescriptions religieuses, et de l'autre, le désir potentiel d'entretenir des liens de convivialité et d'amitié, voire de conjugalité avec des personnes non juives.

Nous allons voir à présent que le respect rigoureux de la *cacherout* en tant que tel, et avec lui, la difficulté de se rendre chez autrui, au quotidien et lors des fêtes juives, est susceptible de contribuer à entraver la commensalité et la sociabilité entre juifs et non juifs, en rendant délicat l'entretien régulier et fluide d'une relation amicale avec des personnes non juives. Pour illustrer cela, nous nous appuierons d'une part sur l'exemple du jeune homme qui effectue sa *teshouvah,* d'autre part sur notre propre expérience amicale avec une de nos informatrices privilégiées, une femme juive pratiquante connue depuis plus de 15 ans et mariée à un non juif.

Faire teshouvah *et les ambivalences d'un jeune homme juif pratiquant : ou comment accepter une invitation d'un ami non juif*

Un jeune homme juif rencontré alors qu'il fait sa *teshouvah,* se retrouve pris en tension entre le respect de sa pratique religieuse et de ses fidélités amicales. Ses deux amis les plus proches ne sont pas juifs et son retour à la religion conduit à rendre plus complexe l'entretien de relations amicales entre les jeunes hommes du fait des implications de la *cacherout.*

Pour illustrer les tensions dans lesquelles cet homme se sent pris, qui résultent de socialisations dissonnantes, il nous fait part, au cours de l'entretien, des problèmes que lui pose l'invitation au mariage d'un de ses meilleurs amis non juifs[57]. Le mariage ayant prochainement lieu dans une église un samedi, jour de *Shabbat,* il se demande s'il peut s'y rendre et comment faire pour à la fois « honorer » son ami tout en respectant sa religion. La décision qu'il prend se situe alors dans un entre deux : Il ne se rendra pas à la cérémonie religieuse mais participera à la cérémonie civile et à la soirée festive, sans partager le vin d'honneur non *kasher,* ni manger de viande.

> **Faire Teshouvah sans renoncer à une amitié avec un non juif :**
>
> *« **Là j'ai un grand choix à faire, entre... un de mes meilleurs amis, de qui je suis vraiment redevable, mais qui est un non juif qui va se marier**, bon, c'est un mariage à l'église, c'est à Shabbat, bon c'est pas (petit rire) bon techniquement en plus, normalement à l'église on n'a pas l'droit d'y mettre les pieds, sauf si c'est pour honorer un ami comme ça, qui est très proche, un décès ou un grand événement on va dire ; mais par contre Shabbat non pas trop quand même, pas à Shabbat donc, normalement c'est un peu pêché et tout, euh, donc **c'est vrai que j'étais tiraillé entre aller au mariage de mon ami, alors bon, c'est à Shabbat quand même j'devrais pas, et voilà...***

57 Il se distingue en cela des personnes rencontrées par L. Podselver (*Fragmentation et recomposition du judaïsme*) qui font leur *teshouvah* lors de leur entrée à l'âge adulte et s'inscrivent dans un courant ultra-orthodoxe, les conduisant de fait à abandonner les sociabilités liées au passé. Elle analyse ainsi le paradoxe d'un choix individuel aboutissant au retrait de la subjectivité. Ce n'est ici pas du tout le cas de la personne rencontrée qui, on va le voir, fait preuve d'une grande réflexivité et d'un retour subjectif sur son parcours.

soit je vais pas à son mariage mais alors c'est un grand déshonneur que je lui fais, je lui fais beaucoup de mal, soit je transgresse un Shabbat *et tout, mais bon, de toute façon mon ami l'a très bien compris, ça l'embête un peu que j'devienne aussi, beaucoup plus religieux. Il a l'impression que j'me fais du mal en me mettant à rajouter des restrictions ; moi pas du tout hein,* ***je m'sens bien comme je suis actuellement, les restrictions que je me suis rajouté ça m'empêche pas de vivre, ça m'empêche peut-être de manger davantage chez lui, alors avant j'mangeais tout et n'importe quoi chez lui****; bon sauf le porc, ça il le savait déjà, y avait pas d'problèmes là-dessus. Mais bon maintenant, ça m'embête un peu mais…* ***c'est vrai que ça lui ferait très très très très mal que je ne vienne pas à son mariage*** *pour une question de, ben parce que c'est un samedi, Shabbat ou quelque chose comme ça.* ***Finalement je vais y aller mais je vais lui demander juste une chose*** *c'est, ça par contre il le respecte, il m'dit d'accord y a pas d'problème à c'niveau là, je lui dis,* ***je veux bien aller à la mairie à la fête etc, leur vin d'honneur, je boirai pas d'vin, parce que (petit rire) là aussi on a une cacherout sur le vin qui est spécifique de ce que j'ai appris, même ça mais j'suis rentré dedans aussi*** *(petit rire) oui en fait tout ce qui est à base de raisin, tout c'qui est à base de raisin, pareil c'est un peu comme la viande il faut qu'c' soit quelque chose de kasher, contrôlé kasher (…) (petit sourire), mais bon, j'pourrai y aller,* ***mais voilà, juste je veux pas aller dans l'église****. Ca il le comprend, à la rigueur il veut bien le concevoir, voilà j'ai… voilà le jour de Shabbat, j'peux pas. (et pour le repas, vous savez comment vous allez faire ?)* ***moi j'lui ai dit que je me contenterai de légumes… il m'a dit qu'il allait essayer de voir avec le traiteur pour voir si il pouvait avoir un plat à base de poisson pour moi. C'est un ami vraiment très cher qui va jusque-là,*** *qui a fait beaucoup pour moi et… c'est vrai que moi je, quand je vois certaines choses, on a…* ***la paracha on a un verset qui est très important on a le « aime ton prochain », aime ton prochain comme toi-même. J'ai même lu la phrase en hébreu, y a pas marqué « aime ton prochain juif » (rire) y a marqué aime ton prochain****. Les non juifs sont des gens inclus (insiste) normalement. Et puis même, quand j'en discute avec certains, même, les non juifs sont comme nous des créatures de Dieu et tout, on doit avoir autant de considération, alors c'est pour ça quand j'dis des fois qu'y a des incohérences, des fois y a des trucs euh…* ***voilà, faut pas s'mêler aux non juifs****, mais d'un autre côté les non juifs sont aussi des gens, voilà que Dieu a créés et tout donc… donc faut pas non plus… voilà et puis on peut recevoir beaucoup de bien d'un non juif euh… on se doit quelque part de lui être redevable on doit pas être non plus comme un mécréant envers les non juifs, (…)* ***parce que pour moi ça va à l'encontre de aime ton prochain qui est très important aussi, quand j'dis qu'y a des incohérences c'est ça aussi****. Voilà je suis rentré dans la religion mais j'essaye quand même de garder ma tête sur les épaules sur certaines choses (sur lesquelles vous n'avez pas envie de… de tracer un trait en fait ?). Voilà, j'veux pas non plus tracer un trait avec le passé, c'est-à-dire qu'en fait,* ***mes deux meilleurs amis sont des non juifs, ça reste mes meilleurs amis ; c'est pas euh… « bon désolé j'suis devenu religieux, je n'vous connais plus », non ! ça c'est hors de question. Non. Bon après la religion nous interdit pas non plus de fréquenter des non juifs, de sympathiser, d'avoir comme amis des non juifs, faut pas non plus exagérer, donc euh… Non*** (Homme, 34 ans, agrégé et professeur en lycée public de banlieue parisienne, célibataire, effectue sa *teshouvah* depuis 1 an).

Cette anecdote permet à ce jeune homme de restituer avec beaucoup de finesse les contradictions dans lesquelles il est pris et ce qu'il perçoit comme relevant de principes religieux « incohérents » qui pourraient le conduire à ne plus manger chez son ami et par conséquent probablement avec lui, ce qui reviendrait à couper les liens d'amitié, alors même que la *Torah* incite à aimer son prochain, sans, nous précise-t-il, que ce prochain soit nécessairement et exclusivement juif. Au fil du long extrait présenté, on le voit alternativement défendre ses choix religieux et les principes qui y sont associés puis sa conception morale de l'amitié indépendamment de toute affiliation religieuse, les deux étant perçus et énoncés comme relativement antagonistes. A l'issue de ce combat dialectique, il conclut par une phrase de synthèse lui permettant d'asseoir sa position d'entre-deux en avançant l'idée que la religion juive, bien qu'elle énonce des interdits alimentaires qui ne facilitent pas la commensalité avec des non juifs, n'interdit cependant pas de fréquenter des non juifs ni d'entretenir des liens d'amitié avec ces derniers.

Comment construire une relation d'amitié, et de réciprocité en matière d'hospitalité, entre une femme juive pratiquante et la chercheuse, non juive : ou l'impossible contre-don.

Le second exemple s'appuie sur une expérience personnelle en tant que chercheuse et amie d'une femme juive. Si cette amie nous a déjà hébergée et invitée à manger à son domicile, il ne nous a cependant jusqu'à présent pas été donné de la recevoir en retour.

Alors que nous avions évoqué ensemble la possibilité d'accueillir sa famille à notre domicile lors d'un possible passage à proximité de notre région, et après avoir pris en compte nos disponibilités respectives, cette amie a cependant dû renoncer à leur venue qui aurait coïncidé avec le *Shabbat*.

Récemment, alors que nous partagions un repas à son domicile avec sa famille, nous avons renouvelé l'invitation en insistant sur l'attention portée à faciliter le respect de la *cacherout*. Son mari, non juif mais respectant les interdits alimentaires, a répondu avec humour : « alors il faut que tu changes de cuisine ! ». Sa réponse, faite sur un mode distancié, montre toute la difficulté de recevoir chez soi des personnes très observantes lorsqu'on n'est pas soi-même juif observant.

Cet exemple souligne les obstacles partiels à l'entretien d'une relation d'amitié entre juifs et non juifs, en raison d'une commensalité contrainte par la *cacherout*, qui, de fait, rend complexe le respect d'un principe essentiel dans l'établissement des relations sociales, celui de la réciprocité de l'échange. Les règles de la *cacherout*, si elles peuvent être conciliables avec la pratique de l'hospitalité envers des non juifs dans la maison juive, ne permettent par contre pas sans difficultés et de nombreux ajustements[58] d'honorer une hospitalité en retour de la part de non juifs.

Les fêtes juives ou les limites de l'hospitalité envers des non juifs

On peut conclure des remarques précédentes que la commensalité entre juifs et non juifs peut plus facilement s'accomplir au domicile des hôtes juifs. Ceci semble d'autant plus vrai que l'hospitalité constitue une règle d'or du judaïsme. Néanmoins, il existe des restrictions au principe de l'hospitalité, notamment dans le judaïsme consistorial[59].

Outre les interdits alimentaires (que et comment manger) et leurs effets pratiques sur le possible partage d'un repas avec des personnes ne se reconnaissant pas du judaïsme au domicile d'hôtes non juifs ou dans des espaces de convivialité organisés par ceux-ci, la *cacherout* comprend également des règles relevant plus spécifiquement de la commensalité (avec qui manger). Ainsi, manger avec des non juifs est soumis à des contraintes religieuses explicites qui montrent combien la commensalité exogène ne va pas de soi, et ce jusque dans la maison juive elle-même. Ces contraintes sont manifestes lors des fêtes où l'hospitalité envers des non juifs est soumise à conditions. Cela peut conduire les plus pratiquants se reconnaissant notamment du judaïsme consistorial, à l'évitement de relations de sociabilité chez soi avec des personnes non juives, en ce qu'elles constitueraient un obstacle au respect de la pratique religieuse et plus largement peut-être, à l'identification à la judéïté. Ce principe n'est cependant pas respecté à la lettre par tous, et l'on peut sans doute, comme pour l'ensemble des règles de la *cacherout*, observer des écarts entre la lettre et son application, variables selon le degré d'observance mais aussi selon l'interprétation que les individus font de l'esprit de la loi. À titre d'exemple, notre informatrice privilégiée et amie nous a relatée les tensions relationnelles entre sa sœur très observante, mariée à un juif orthodoxe, et elle-même, mariée à un non juif pourtant respectueux de la *cacherout*, qui ont conduit à des pratiques d'évitement lors de fêtes religieuses notamment. Inversement, sa famille, mari inclus, a déjà partagé des repas festifs à la table du rabbin que nous avons rencontré par son intermédiaire.

---

58 Tels acheter des aliments préparés chez un traiteur *kasher*, proposer de manger dans des assiettes en carton, plutôt que dans une vaisselle non *kasher* : autant de pratiques matérielles et culinaires qui contreviennent aux normes de réception, notamment françaises, impliquant la préparation d'un repas par ses soins, servi idéalement dans les plus belles assiettes dont dispose l'hôte ; ou pour le dire selon l'expression consacrée, qui entrave la règle de bienséance consistant à « mettre les petits plats dans les grands » en l'honneur de ses invités.

59 Le judaïsme consistorial, dominant en France, tend à refuser la possibilité d'inviter un non juif lors des principales fêtes dites de *Yom Tov*, en particulier à la table du *Seder* lors de la Pâques juive (deux premiers mais aussi les deux derniers jours). La règle concernant plus spécifiquement le *Seder* de *Pessa'h* vient de l'interdit biblique de consommer l'agneau pascal (Exode 12, 43-49). Le judaïsme Massorti considère pour sa part qu'un non juif peut être présent à la table du *Seder*, la seule interdiction pesant sur lui concerne alors la manducation *de l'afikoman* – part de pain azyme du *Seder*, mis à part et réservé pour le dessert – qui symbolise le sacrifice de l'agneau pascal.

L'opposition entre dedans/dehors évoquée précédemment fait ici pour partie écho à la distinction entre relations endophiles et relations exophiles, tout au moins lors des fêtes religieuses où la maison juive est particulièrement imprégnée de sacralité. Plus généralement, défendre le respect de la *cacherout* par l'orthopraxie, c'est ainsi valoriser, bien qu'à géométrie variable, le principe d'une commensalité auto-ségrégative, endophile, et par extension, établir des limites à la commensalité et à la sociabilité inter-groupes, celle-ci risquant sans doute aux yeux des plus observants, de mettre en péril le monde juif et le judaïsme dans son existence, en le diluant dans le monde non juif.

Le règlement de cette question est lié à la possible mixité des alliances qui serait susceptible de découler d'un engagement affectif de soi dans des relations soutenues avec autrui, alors même que la judéité et sa transmission repose sur le principe endogamique. À l'ensemble des interdits alimentaire de la *cacherout* – parmi lesquels l'interdit de mêler nourritures lactées et carnées et ses conséquences matérielles et culinaires dans la vie quotidienne qui instaurent une véritable barrière à cette commensalité en dehors de la maison juive – s'ajoutent ainsi les interdits festifs qui contribuent à rendre difficile de recevoir chez soi un non juif pendant ces périodes essentielles à l'affirmation et au renforcement du judaïsme.

Conclusion

Le propos de ce texte visait à montrer comment les règles de la *cacherout* et leurs significations symboliques étaient à chercher, en continuité avec les travaux de M. Douglas, certes du côté du principe de séparation entre aliments purs et impurs permettant d'accéder au sacré, mais aussi du principe de séparation entre proche et différent. S'inscrivant également dans la lignée d'écrits centrés sur l'interprétation des textes et leur socio-genèse, qui soulignent la façon dont le judaïsme s'est historiquement construit à la fois selon une logique de différenciation alimentaire et de séparation entre juifs et non juifs, cette étude souligne plus spécifiquement comment se joue au quotidien l'interaction entre « la lettre » de la *cacherout* et la pratique, dans un interface où est en jeu l'interprétation en acte de l'esprit de la loi et ce, au sein même des membres du courant orthodoxe[60].

Le regard s'est concentré sur la manière dont, dans la pratique quotidienne contextualisée de juifs contemporains, les règles de la *cacherout* conduisent à orienter

60 Dans « Orthodoxies en concurrence. Essai sur la pluralité socio-religieuse dans le judaïsme contemporain », in C. Bordes-Benayoun (dir.), *Socio-anthropologie des judaïsmes contemporains*, Paris, Honoré Champion, 2015, p. 65-78, Sébastien Tank-Storper oppose notamment le judaïsme orthodoxe fondé sur la « lettre de la loi » et le judaïsme libéral relevant plus de « l'esprit de la loi », dans un texte visant à modéliser le pluralisme religieux dans le judaïsme contemporain. Ces limites sont observables dans la diversité interne des pratiques des membres du courant orthodoxe, qui, on l'a vu, laissent libre cours à une interprétation et une composition presque à la carte, bien qu'encadrée institutionnellement, du menu et des usages de la cacherout.

vers une commensalité endophile, variable selon le degré d'observance mis en œuvre et les interprétations dont le respect de la *cacherout* fait l'objet. L'articulation étroite entre les règles alimentaires (que manger) et la commensalité (avec qui manger) a été mise en évidence, ainsi que le rôle des espaces de cette commensalité judaïque (où manger) et la diversité interne de la pratique en acte.

Cela a permis de souligner le caractère socio-anthropologique de l'alimentation : ce qui est à l'œuvre dans la *cacherout*, outre sa dimension religieuse, est en effet un principe de séparation indissociablement alimentaire et social. En restreignant le cercle des commensaux à l'entre-soi judaïque, la pratique de la *cacherout* contribue à réduire objectivement le cercle des alliés et est alors susceptible de favoriser la mise en œuvre du principe endogamique, au fondement de l'alliance dans le judaïsme[61]. Les règles alimentaires et leur respect, rendent ainsi plus difficile la mixité des relations et par extension des alliances, par l'établissement d'une frontière entre commensaux juifs et non juifs.

Ces développements conduisent enfin à mettre l'accent sur l'importance de l'alimentation en tant que question sociale renvoyant aux modalités du vivre ensemble. Loin d'être un fait social banal et relevant strictement de besoins physiologiques, l'alimentation constitue bien une question sociale et politique cruciale. Les conséquences des choix alimentaires notamment liés[62] à des prescriptions religieuses se traduisent dans la façon dont les hommes qui vivent ensemble font société. Cette question fait peut-être d'autant plus sens dans la société française ou, comme le rappelle S. Papi, la prise alimentaire construite autour du rituel du repas en commun constitue un enjeu d'identification socio-culturelle particulièrement fort[63]. En outre, en tant que marqueur religieux, les pratiques alimentaires posent question dans une société qui s'affirme laïque, où les règles de commensalité de la table de la République viennent se heurter à celles de la table juive, comme par ailleurs, de manière peut-être encore plus vive aujourd'hui, à la table musulmane.

Si la question se pose au niveau macro-social, elle est également présente au plan micro social et constitue un enjeu qui, bien que moins visible, est tout aussi essentiel, lorsqu'il s'agit de savoir qui peut manger quoi, comment, où et avec qui, au sein d'une même famille, sans que la table familiale, espace de convivialité et de communalité, ne se transforme en espace de divisions internes. Les résultats présentés soulignent l'importance de la *cacherout* dans le règlement des frontières de la commensalité entre juifs et non juifs ; ils laissent pour l'instant en suspens la question que nous traiterons ultérieurement, de savoir comment la *cacherout* contribue également à produire des frontières de l'intérieur entre juifs selon leur degré de pratique et

61 Pour des analyses complémentaires et plus détaillées concernant cette interprétation, cf. L. FAURE, « Sens et enjeux d'un interdit alimentaire dans le judaïsme ».

62 Indépendamment du religieux, cette différenciation des régimes alimentaires peut être aussi associée à des principes éthiques (cf végétarisme) ou bien encore à des intolérances alimentaires qui, de la même façon, contribuent à poser la question du repas comme acte de commensalité partagée.

63 « *La gastronomie constitue un élément culturel fort, la commensalité étant considérée comme un moment* important de rencontre et d'échanges, tant dans la sphère familiale que sociale » (S. PAPI, « Islam, laïcité et commensalité dans les cantines scolaires »).

comment les individus composent et s'ajustent aux différences d'observance, au sein des familles, marque que la différenciation interne du judaïsme est potentiellement à l'œuvre jusque dans chaque famille juive.

Bibliographie

Assouly O., *Nourritures divines. Essai sur les interdits alimentaires*, Arles, Actes sud, 2002.

Bahloul J., *Le culte de la table dressée. Rites et traditions de la table juive algérienne*, Paris, Métailié, 1983.

Bloch M., « Commensalité et empoisonnement », *La pensée de midi* 30 (2010), p. 81-89.

Blondeau C., « La boucherie : un lieu d'innocence ? », *ethnographiques.org* [en ligne] n° 2 (novembre 2002), http://www.ethnographiques.org/documents/article/ArBlondeau.html.

Bordes-Bénayoun C., « Du cœur aux confins de la judéité », *Ethnologie française* 43/4 (2013), p. 573-579.

Cartier M. – Coutant I. – Masclet O. – Siblot Y., *La France des « petits-moyens ». Enquête sur la banlieue pavillonnaire*, Paris, La découverte, 2008.

Carsten J., The Heat of the Hearth. The Process of Kinship In a Malay Fishing Community, Oxford, Oxford Clarendon Press, 1997.

Chasseguet-Smirgel J., *Ethique et esthétique de la perversion*, Seyssel, Champ Vallon, 1984.

Chasseguet-Smirgel J., « Les archanges d'Attila », *Revue Française de Psychanalyse* 6/4 (2002), p. 1055-1072.

Diemling M. – Ray L., « 'Where Do You Draw the Line ?' Negotiating Kashrut and Jewish Identity in a Small British Reform Community », *Food, Culture & Society* 17/1 (2014), p. 125-142.

Douglas M., *Purity and Danger. An Analysis of Concepts of Pollution and Taboo*, London, Routledge – Kegan Paul, 1966.

Endelstein L., « L'*erouv*, une frontière dans la ville ? », *Ethnologie française*, 43/4 (2013), p. 641-649.

Faure L., « Sens et enjeux d'un interdit alimentaire dans le judaïsme. L'exemple de couples juifs ashkénazes à Londres », *Anthropology of food*, 7 (2010) http://aof.revues.org/6548.

Fischler C., *L'homnivore*, Paris, Odile Jacob, 2001.

Gélard M.-L., « Protection par le sang et accord par le lait dans la tribu des Aït Khebbach (sud-est marocain) », *Etudes rurales* 169-170 (2004), p. 9-27.

Gotman A., *Le sens de l'hospitalité. Essai sur les fondements sociaux de l'accueil de l'autre.* Paris, PUF, 2001.

Grunfeld D. I., *The Jewish Dietary Laws. Dietary Laws Regarding Forbidden and Permitted Foods, with Particular Reference to Meat and Meat Products*, I, London, Soncino Press, 1972.

Gugenheim E., *Le judaïsme dans la vie quotidienne*, Paris, Albin Michel, 1992.

Halbwachs M., *La classe ouvrière et les niveaux de vie. Recherche sur la hiérarchie des besoins dans les sociétés industrielles contemporaines*, Paris, Alcan, 1913.

Hidiroglou P., « Nourriture des vivants, mémoire des morts dans les sociétés juives », *Ethnologie française* 43/4 (2013), p. 623-632.

Kraemer D. C., *Jewish Eating and Identity Through the Ages*, London, Routledge, 2007.

Leclerq P., « L'alimentation et le sacré : identité religieuse et cohésion sociale », Culture Liège université, 2009, http://culture.uliege.be/jcms/prod_94530/fr/l-alimentation-et-le-sacre-identite-religieuse-et-cohesion-sociale [consulté le 21/06/2017].

Martens J., « Diététhique (*sic*) ou la cuisine de Dieu », *Communications* 26/1 (1977), p. 16-45.

Montanari M., *Le manger comme culture*, Bruxelles, Editions de l'université de Bruxelles, 2009.

Papi S., « Islam, laïcité et commensalité dans les cantines scolaires. Ou comment continuer à manger ensemble à la table de la république », *Hommes et migrations*, 1296 (2012), p. 126-135.

Podselver L., « La Techouva. Nouvelle orthodoxie juive et conversion interne », *Annales, Histoire, Sciences Sociales* 57/2 (2002), p. 275-296.

Podselver L., *Fragmentation et recomposition du judaïsme. Le cas français*, Genève, Labor et Fides, 2004.

Poulain J.-P., *Sociologies de l'alimentation*, Paris, PUF, 2002.

Rosenblum Jordan D., *Food and Identity in Early Rabbinic Judaïsm*, Cambridge, Cambridge University Press, 2010.

Soler J., « Sémiotique de la nourriture dans la Bible », *Annales, Histoire, Sciences Sociales*, 28/4 (1973), p. 943-955.

Soler J., « Les raisons de la Bible : règles alimentaires hébraïques », in L. Flandrin – M. Montanari (dir.), *Histoire de l'alimentation*, Paris, Fayard, 1996, p. 73-84.

Soler J., *Aux Origines du Dieu unique. La loi de Moïse*, II, Paris, Fallois, 2003.

Tank-Storper S., « Orthodoxies en concurrence. Essai sur la pluralité socio-religieuse dans le judaïsme contemporain », in C. Bordes-Benayoun (dir.), *Socio-anthropologie des judaïsmes contemporains*, Paris, Honoré Champion, 2015, p. 65-78.

NADER NASIRI-MOGHADDAM

Nazr-o-Niāz (vœu) et *Nazri* (repas votif) chez les Iraniens zoroastriens ou chiites

L'Iran est connu en Occident sous le nom de « Perse »[1]. Ce pays a une riche civilisation ancienne de plus 7000 ans et une longue histoire qui se partage en deux périodes : antique et islamique. La période antique commence par des civilisations dont les plus importantes sont Sialk au 5e millénaire av. J.-C. où on a découvert l'édifice religieux le plus ancien au monde, ce qui montre que la religion et la vénération de différentes divinités a une longue histoire en Iran. Puis, Élam, civilisation qui remonte au 4e millénaire av. J.-C. avec une administration très développée. Enfin, la civilisation de Jiroft qui a été découverte récemment et laisse beaucoup d'espoir pour les découvertes à venir. La période islamique débute dans l'histoire de l'Iran au VIIe siècle de notre ère avec l'arrivée de l'islam dans ce pays. La date qui sépare les deux périodes antique et islamique est 651 de notre ère, qui correspond à la date de la mort du dernier roi de la dynastie Sassanide Yazdgard III (r. 632-651).

L'histoire de l'Iran aussi bien durant la période antique que celle islamique est remplie des dynasties qui prennent le pouvoir les unes après les autres. Durant sa longue et riche histoire, l'Iran a eu deux religions d'État : la religion zoroastrienne au temps des Sassanides (224-651) et l'islam chiite, religion d'État en Iran depuis les Safavides (1501-1722) jusqu'à présent.

Dans ces deux religions, le partage du repas comme une action de charité est conseillé. Cette pratique chez les adeptes de ces deux religions a des similitudes et des différences. Le présent article a pour but de montrer ces similitudes et ces

1 Hérodote (482-420 av. J.-C.) historien grec, considéré comme « le père de l'Histoire », est connu pour son œuvre en neuf volumes, intitulée *Histoires,* qui traite amplement des guerres entre les Grecs et les Achéménides (559-330 av. J-C.), dynastie iranienne dont le centre du pouvoir était à Pārsé, situé dans le sud de l'Iran. Inspiré par le nom de cette capitale, Hérodote est le premier qui utilise dans son livre les appellations « Perse » et « Persans » pour désigner respectivement l'« Iran » et les « Iraniens ». Ces deux appellations, employées par Hérodote, restent en usage en Occident jusqu'aux années trente du XXe siècle de notre ère. C'est en effet, le 21 mars 1935, à l'occasion du nouvel an iranien (*Nowrūz*) que, sur l'exigence de Rezā Shah (r. 1925-1941), fondateur de la dynastie Pahlavi (1925-1979), les chancelleries étrangères ont été enjointes d'utiliser dorénavant le mot « Iran » au lieu de « Perse ».

Nader Nasiri-Moghaddam • Université de Strasbourg

Religions et alimentation, éd. par Rémi GOUNELLE, Anne-Laure ZWILLING et Yves LEHMANN, Turnhout : Brepols, 2020 (Homo Religiosus, 20), p. 197-202
BREPOLS PUBLISHERS 10.1484/M.HR-EB.5.117414

différences afin de mettre la lumière sur l'influence réciproque de ces deux religions dans l'action du partage du repas.

Le zoroastrisme

Commençons par le zoroastrisme, dont le prophète est Zoroastre (Zartosht), un mage qui effectue des réformes dans le Mazdéisme. Une des réformes est l'interdiction du sacrifice animal. Une autre réforme est l'interdiction de Huma, boisson alcoolisée permettant d'entrer en transe[2]. Le Huma était une boisson sacrée faite avec des baies d'Éphédra.

D'après cette religion, le monde est partagé entre deux forces : force de bien, représentée par Ahura Mazda (Seigneur Sage) et force de mal, représentée par Angra Mainyu (Ahriman). Peut-on considérer cette religion comme une croyance fondée sur le dualisme ? Selon les chercheurs non-zoroastriens la réponse est positive, alors que les zoroastriens se considèrent monothéistes car ils croient en l'existence d'un seul et unique Dieu, à savoir Ahura Mazda[3]. Toutefois, la question qu'on peut poser est la suivante : Ahura Mazda est-il le créateur d'Ahriman qui représente le mal ? La réponse est bien sûr négative, et dans ce cas, face à Ahura Mazda nous constatons l'existence du créateur des ténèbres.

Laissons de côté ce point qui fait encore un débat parmi les chercheurs et passons à un autre point : d'après la religion zoroastrienne pour aider Ahura Mazda dans son combat contre Ahriman, l'homme doit respecter trois règles d'or : bonne pensée (*pendār-e nik*) ; bonne parole (*goftār-e nik*) et bonne attitude (*kerdār-e nik*). C'est la troisième règle qui nous intéresse dans cet article. Comment peut-on faire une bonne action ? La réponse est en faisant trois choses : *Ashūdād* (la charité) ; *Niāz* (faire un vœu et offrir des repas votifs) ; *Gāhanbār* (participer aux cérémonies du partage des repas votifs).

Quels sont les *Gāhanbār*s et combien de fois par an cette cérémonie peut avoir lieu ? D'après l'Avesta, livre sacré des zoroastriens, Ahura Mazda a créé le monde en six jours. Pour célébrer le chiffre six, les zoroastriens organisent six *Gāhanbār*s et chacun dure cinq jours. Voici la liste de ces six *Gāhanbārs* :

- *Maidyozarem Gāhanbār* (fête du mi-printemps), 30 avril – 4 mai (la création du ciel) ;
- *Maidyoshahem Gāhanbār* (fête du mi-été), 29 juin – 3 juillet (la création de l'eau) ;
- *Paitiyeshahem Gāhanbār* (fête de l'approche de la récolte), 12-16 septembre (la création de la terre) ;
- *Ayāserem Gāhanbār* (fête du retour des troupeaux à la maison), 12-16 octobre (la création des végétaux) ;

---

2 Hâshem Razi, *Zartosht va ta'ālim-e ū* [Zoroastre et ses enseignements], Téhéran, Farvahar, 1350/1971, p. 62-64.

3 *Ibid.*, p. 81-91.

- *Maidiyārem Gāhanbār* (fête de l'hiver), 31 décembre – 4 janvier (la création des animaux) ;
- *Hamaspasmaidiyem Gāhanbār* (fête de toutes les âmes, littéralement « venue de l'ensemble du groupe »), 16-20 mars (la création des êtres humains)[4].

Pour chacun de ces *Gāhanbārs*, le clergé zoroastrien (*Mūbad*) lit des passages de l'Avesta et donne la bénédiction à la nourriture votive, qui prend différentes formes : soupe (*āsh*), pouding à base de riz au lait sucré parfumé avec du safran (*sholézard*), le pain et du fromage avec des légumes ; ou bien des fruits secs, des fruits tout court, des pastèques, des gâteaux, etc. Cette action peut avoir lieu à l'intérieur de la maison d'un des participants de la cérémonie ou bien dans la nature à ciel ouvert.

Les hommes et les femmes zoroastriens peuvent participer ensemble à cette cérémonie. Toutefois, les femmes peuvent également organiser des cérémonies spécifiques, comme c'est le cas chez les femmes chiites iraniennes. Les éléments votifs sont, en général, déposés sur une nappe verte, ce qui est également le cas chez les chiites iraniens pour certaines de leurs traditions religieuses que nous examinerons plus tard.

L'islam

L'islam arrive en Iran au septième siècle de notre ère, comme cela a été déjà mentionné. La réaction des Iraniens zoroastriens face aux Arabes musulmans envahisseurs est diverse : certains accèptent l'islam dont le message est l'égalité et la fraternité et ils deviennent des Iraniens nouveaux musulmans ; certains restent zoroastriens et sont obligés de payer la taxe de capitation (*jeziyé*) pour garder leur religion ; d'autres restent zoroastriens mais refusent de payer le *jeziyé*, raison pour laquelle ils quittent l'Iran pour l'Inde, où ils créent la communauté influente des Parsis.

Déçus par l'inégalité dans la société islamique, notamment au temps des Omeyyades (661-750), les Iraniens nouveaux musulmans trouvent une voie de protestation dans le chiisme, une branche de l'islam qui prend forme dès la mort de Mohammad – les sunnites choisissent Abū Bakr comme premier calife, alors que, selon les chiites, c'est 'Ali, le cousin et le gendre de Mohammad, qui mérite d'être son successeur en tant que premier imam[5].

---

4 Mary Boyce, *A Persian Stronghold of Zoroastrianism*, Oxford, Clarendon Press, 1977, p. 31-51 ; 211-226. ; *Idem*, "*Gāhānbār*", *In* Ehsan Yarshater (ed.), *Encyclopædia Iranica*, X/3, New York, Routledge & Kegan, p. 254-256.

5 Sans entrer dans les détails, il suffira ici de préciser que les chiites et les sunnites cohabitent en Iran, plus ou moins, sans grande difficulté jusqu'au XVIe siècle. En 1501, avec la fondation de la dynastie safavide, le chiisme devient la religion d'État et les Iraniens sunnites sont forcés à se convertir au chiisme. L'Iran chiite sous les Safavides devient une force alliée importante pour l'Occident face à l'Empire ottoman sunnite qui menace sérieusement l'Europe. Depuis l'arrivée au pouvoir des Safavides en 1501 jusqu'à maintenant, l'Iran est le pays chiite le plus peuplé au monde. Actuellement, dans ce pays, 90% des musulmans sont les chiites et 10% sont sunnites.

Le partage du repas comme une bonne action religieuse existe aussi bien chez les sunnites que chez les chiites, notamment au mois de Ramadan, période durant laquelle les repas votifs sont distribués pour ouvrir le jeûne.

Les repas votifs

Dans le Coran le mot *nazr* figure dans la 76e sourate et les musulmans sont encouragés à partager leur nourriture avec les pauvres, les orphelins et les prisonniers de guerre qui peuvent ne pas être musulmans. Les musulmans sont invités à tenir leurs promesses une fois que leurs vœux sont exaucés.

Le partage du repas sous forme des repas votifs – *nazri* – se pratique à de nombreuses reprises dans l'année chez les Iraniens chiites. Le jour le plus important est le *'Āshūrâ* (le 10e jour de *moharram*, premier mois du calendrier lunaire). C'est un jour de deuil, en raison de l'assassinat de Hossein, troisième imam chiite, à Kerbela en Irak. Partout en Iran, ce jour-là, les participants à la cérémonie de la commémoration des martyrs de Kerbela sont nourris gratuitement grâce aux repas votifs qui sont distribués dans des quartiers.

Le quarantième jour du deuil (*arba'in*) pour Hossein, encore une fois de nombreux chiites croyants et pratiquants distribuent des repas votifs. Les chiites duodécimains croient en l'existence de douze imams infaillibles après Mohammad. La naissance ou la mort de ces imams offrent des occasions aux Iraniens chiites hommes et femmes de préparer et de distribuer des repas votifs tout au long de l'année.

Les Sofrés

En parallèle à ces occasions, il existe aussi la pratique de « *Sofré* » qui signifie littéralement la nappe. C'est une pratique propre aux femmes et les hommes n'ont pas le droit d'y avoir accès. Les *Sofrés* les plus importants sont les suivants :

- *Sofré-ye Khatm-e an'ām*
- *Sofré-ye Abo'l-Fazl*
- *Sofré-ye Hazrat-e Roqayyé*
- *Sofré-ye Bibi Nūr*
- *Sofré-ye Bibi Hūr*
- *Sofré-ye Bibi Seshanbé*[6]

Dans cette liste, les trois premiers sont complètement chiites alors que les trois derniers sont influencés par le zoroastrisme ; le sens de leur nom le prouve clairement : *Bibi Nūr* (« Madame la lumière »), *Bibi Hūr* (« Madame le soleil »), *Bibi Seshanbé* (« Madame le mardi »)[7].

---

6 Mahmoud Omidsalar, "Sofra", *In* Ehsan Yarshater (ed.) *Encyclopædia Iranica*, version en ligne : URL : http://www.iranicaonline.org/articles/sofra [page consultée le 10/06/2018].

7 Ebrāhim Shakurzādé, *'Aqāyed va rosūm-e mardom-e Khorāsān* [Les croyances et les traditions des habitants du Khorasan], *nouvelle* édition, Téhéran, Maziyâr, 1364/1985, p. 40-44 ; Faegheh SHIRAZI, "The Sofreh: Comfort and Community among Women in Iran", *Iranian Studies* 38/2, 2005, p. 293-309.

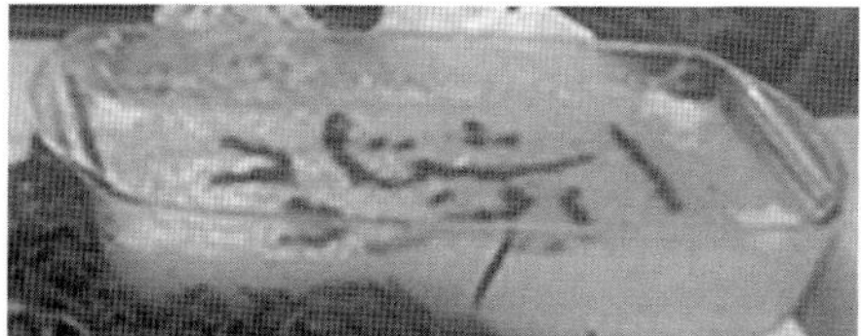

Figure 1: *Sholézard* décoré par une calligraphie qui signifie la sincérité d'Ahura Mazda.

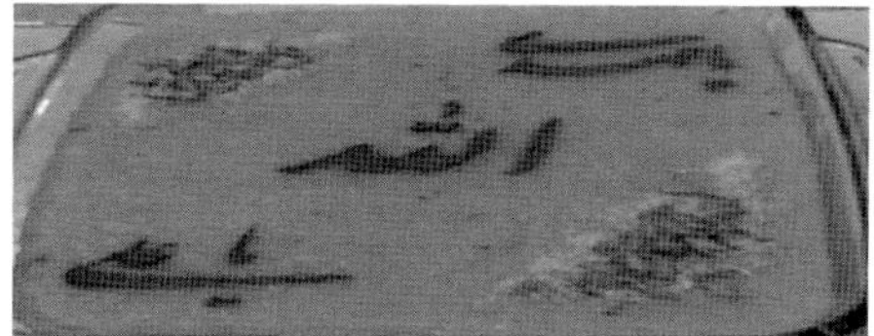

Figure 2: *Sholézard* décoré par une calligraphie qui contient les noms des imams chiites 'Ali et Mahdi ainsi que le mot Allah au milieu.

Malgré ces noms qui n'ont rien avoir avec l'islam chiite, les femmes lisent le Coran à l'occasion de ces *Sofrés* et partagent un repas votif qu'elles considèrent sacré. Les femmes zoroastriennes pratiquent aussi les trois derniers *Sofrés* et au lieu de lire le Coran, elles lisent l'Avesta. Leur repas ressemble beaucoup au repas des femmes musulmanes chiites iraniennes. Il est intéressant de savoir que les femmes juives iraniennes organisent également des *Sofrés* pour que leurs vœux soient exaucés. Ainsi, cette tradition complètement iranienne dépasse les religions[8].

Parmi les repas votifs, préparés et distribués aussi bien par les femmes zoroastriennes que les chiites iraniennes, *sholézard,* pouding à base du riz au lait sucré parfumé avec du safran, est très représentatif car chaque bol de *sholézard* est décoré par des calligraphies en poudre de cannelle avant d'être distribué. Les zoroastriennes écrivent des mots sacrés dans leur religion comme *Urmazd* ou *Ahura Mazda* (Seigneur sage) ; alors que les chiites iraniennes écrivent des noms des imams chiites tels 'Ali, Hassan, Hossein, etc.

Le *Sofré* dans la société iranienne n'est pas seulement lié à la religion. En tant que nappe qui contient des éléments nutritifs, c'est un objet indispensable pour *Nowrouz* le nouvel an iranien (*Sofré-ye haft sin*) mais également pour le mariage (*Sofré*-ye *'aqd*). Ainsi, nous pouvons dire que le *Sofré* est lié aussi bien à la religion qu'à la culture en Iran[9].

Le *Sofré* en tant que nappe déployée pour les occasions religieuses iraniennes zoroastrienne et chiite est en général un tissu vert. Cette couleur pour les zoroastriens représente la verdure du « paradis » – un mot dérivé du mot persan « *pardis* », mentionné également dans le Coran sous forme de « *ferdows* » ; pour les Iraniens chiites, le vert est la couleur représentative des *ahl-e beyt,* ce qui désigne 'Ali le cousin de Mohammad et ses descendants. Cette couleur sacrée chez les zoroastriens est aussi employée par les chiites pour se différencier des sunnites qui sont représentés par le noir – couleur – du drapeau des Califats.

8 Sorour Soroudi, "Sofreh of Elijah the Prophet: A Pre-Islamic Iranian Ritual?", *Jerusalem Studies in Arabic and Islam* 27 (2002), p. 463-474 ; Laal Jamzadeh – Margaret Mills, "Iranian Sofreh: from Collective to Female Ritual", *In* C. W. Bynum, *et al.* (eds), *Gender and Religion. On the Complexity of Symbols*, Boston, Beacon Press, 1986, p. 23-65.

9 Henri Massé, *Croyances et coutumes persanes : suivies de contes et chansons populaires*, Paris, Maisonneuve, 1938, p. 299.

Conclusion

Pour conclure, le partage du repas est un aspect central de la vie iranienne. Fortement conseillé aussi bien dans la religion zoroastrienne que dans l'islam chiite, il rapproche les croyants de ces deux religions par des pratiques similaires. Il est symptomatique que les Iraniens emploient actuellement l'expression *nazr-o-niāz*, qui combine le nom du repas votif dans l'islam chiite – *nazr* – et son appellation zoroastrienne – *niāz*.

Bibliographie

Boyce M., "*Gāhānbār*", *In* Ehsan Yarshater (ed.), *Encyclopædia Iranica*, X/3, New York, Routledge & Kegan, p. 254-256.

Boyce M., *A Persian Stronghold of Zoroastrianism*, Oxford, Clarendon Press, 1977.

Jamzadeh L. – Mills M., "Iranian Sofreh : from Collective to Female Ritual", *In* C. W. Bynum, *et al.* (eds), *Gender and Religion. On the Complexity of Symbols*, Boston, Beacon Press, 1986, p. 23-65.

Massé H., *Croyances et coutumes persanes: suivies de contes et chansons populaires*, Paris, Maisonneuve, 1938.

Omidsalar M., "Sofra", *In* Ehsan Yarshater (ed.) *Encyclopædia Iranica*, version en ligne : URL : http://www.iranicaonline.org/articles/sofra [page consultée le 10/06/2018].

Razi H., *Zartosht va ta'ālim-e ū* [Zoroastre et ses enseignements], Téhéran, Farvahar, 1350/1971.

Shakurzādé E., *'Aqāyed va rosūm-e mardom-e Khorāsān* [Les croyances et les traditions des habitants du Khorasan], *nouvelle* édition, Téhéran, Maziyâr, 1364/1985.

Shirazi F., "The *Sofreh:* Comfort and Community among Women in Iran", *Iranian Studies* 38/2, 2005, p. 293-309.

Soroudi S., "Sofreh of Elijah the Prophet: A Pre-Islamic Iranian Ritual?", *Jerusalem Studies in Arabic and Islam* 27 (2002), p. 463-474.

MOHAMMAD SADEGH ZAHEDI

Divine Vow *(Nadhr)*,* Feeding and Religious Solidarity in Shi'ite Islam**

Introduction

Throughout history, religion has acted as a double-edged sword; it has had the potential to be used as a means of justifying violence and discrimination, while, at the same time, contributing to solidarity and social cohesion and to the durability of ethical values.[1] Ibn Khaldun (1332-1406) seems to have been the first to consider religiosity as one of the influential factors in shaping social solidarity or bond. By introducing his famous expression: "*asabiyah*", which has been interpreted to mean social solidarity,[2] he believed that there is a mutual relationship between solidarity and religiosity. Not only does religion result in social solidarity, it is also preserved by social bond.[3] He does not, however, consider religion to be the only factor providing solidarity in a society and believes that social solidarities could be preserved even without religion.[4]

In modern times, the most serious discussions about religion and social solidarity seem to have started with the works of the French sociologist Emile Durkheim (1858-1917). According to Durkheim, religion provides cohesion and control in society. By

* The word " نذر " in Arabic means "making something obligatory for oneself" and, in Islamic jurisprudence, it is the practice of making it obligatory for oneself to do good deeds for the sake of God. (Sabiq, As- Sayyid, *Fiqh Us- Sunnah*, Cairo: Dar al-Fath Lel-E'lam al-Arabi, 2004, vol. 3, p. 84).

** I am grateful to Prof. Erin Shauli from the University of Strasbourg for her comments and interventions that significantly improved the English version of this essay. Any and all remaining errors are my own.

1 Isak Sevensson , "Conflict and Peace", in *Handbook of Religion and Society*, ed. David Yamane, Switzerland: Springer, 2016, p. 467-484.

2 Fuad Baali, Society, State and Urbanism: Ibn Khaldun's Sociological Thought, Albany, N.Y: State University of New York Press, 1988, p. 43-44.

3 Ibn Khaldun Abd al-Rahman, *The Muqaddimah: An Introduction to History*, trans. by Franz Rosenthal, Princeton University Press, 1967, III:6.

4 *Ibid*, III:24.

Mohammad Sadegh Zahedi • Imam Khomeini International University – Iran

Religions et alimentation, éd. par Rémi Gounelle, Anne-Laure Zwilling et Yves Lehmann, Turnhout : Brepols, 2020 (Homo Religiosus, 20), p. 203-218
BREPOLS PUBLISHERS 10.1484/M.HR-EB.5.117415

fostering social solidarity through religious beliefs, rites and rituals, religion establishes cohesion in society and by consolidating ethical criteria, it strengthens social control.[5]

In Durkheim's analysis, solidarity in society depends on the type of the society. He makes a distinction between two kinds of solidarity – mechanical and organic. According to him, mechanical solidarity is a bond between individuals that is created through common beliefs and values. In mechanical solidarity, individuality has a minor role. Participation in beliefs and values creates a kind of collective consciousness and individuals experience their identity as a result of their belonging to a group and their participation in this collective consciousness. An excellent example of this kind of solidarity can be seen in individuals' belonging to a tribe. In such a situation, individuals define and experience themselves through their bond with a group.

Organic solidarity, on the other hand, is the outcome of division of labor and professional expertise in more complex societies. As societies become modernized, individuality grows in importance and the bond between individuals and groups, in its traditional form, weakens; thus, the kind of mechanical solidarity experienced in traditional societies will no longer exist in modern societies. For the same reason, Durkheim believed that a different kind of social solidarity is formed in these societies. Although people in these societies have differing interests and values, a kind of solidarity develops between them because of their mutual needs and interdependence.[6] In fact, the development of this kind of solidarity among people results from the interdependence between them that is required for them to fulfill their needs. For example, farmers sell food products to tractor manufacturing companies and workers at these companies sell tractors to farmers so that they can produce foodstuff. Here, there is a kind of solidarity between workers and farmers resulting from division of labor and the interdependence between them. In Durkheim's view, on a larger scale, individuals in a modern society are dependent on one another in a more complex way and this interdependence creates a kind of solidarity among them that he calls organic solidarity.

Durkheim viewed religious bond as an example of mechanical solidarity, for he believed that this kind of solidarity does not result from division of labor and from the internal dependence of members of society on one another, but is rather the outcome of individuals' belief in a common religion and of their common values and beliefs. Based on a Durkheimian analysis, rituals are the most notable example of religious solidarity, through which individuals with common religious tendencies come together and take part in collective rites and ceremonies. Weekly church attendance and Muslims' Friday prayers are example of what Durkheim refers to as mechanical solidarity. Here, it is only common religious beliefs that establish a bond between individuals and bring them together. In a Durkheimian analysis, the function of religion in society is limited to its power to bring individuals together

5 Emile Durkheim, *The Elementary Forms of Religion*, trans. by Karen E. Fields, New York: The Free Press, 1995, p. 418-433.

6 Emile Durkheim, *The Division of Labour in Society*, trans. by W. D. Halls, second edition, Palgrave Macmillan, 2013, p. 101.

through their common beliefs and values and to form a kind of social control and cohesion. Durkheim believed, however, that, with the modernization of society, the role of traditional religion and religious rites and rituals in forming social bonds weakens and that other forms of religiosity, consistent with modern values, emerge.[7]

As Phil Zuckerman has noted, despite nineteenth century sociological predictions, at the beginning of the twenty first century we can see that traditional religions and religious rituals remain present in modern societies.[8] Not only have religious rituals not disappeared from our societies, but over time they have grown in diversity and have adapted themselves to the requirements of modern societies.[9] The way in which religious rituals have adapted themselves to the complexities of modern societies enables us to claim that in some cases religion has been more than a cause of mechanical solidarity and serves as an "intermediary", using a Durkheimian term, in the formation of organic solidarity. In the present article, I seek to examine the practice of *nadhr* (divine vow) to give away food as a religious ritual with a religious function beyond creating mechanical solidarity. The main focus of this article will be on the relationship between food and religion among Shi'ite Muslims, in particular, Iranian Shi'ites. It will be shown how over time food has become an essential part of Shi'ite rituals. Not only has it played an important role in religious solidarity but, as society became more complex, it has moved beyond mechanical solidarity, and adapted itself to the modern structures of society and created a kind of, in the words of Durkheim, "organic solidarity" among individuals.

Problem Statement

The effect of religion on eating habits and the behavior of human beings can be examined from different aspects. Religious beliefs have an impact on individuals' preferences and dislikes for food and on the way in which they consume it. By setting out some criteria, religions regulate the eating habits of human beings. In Islam, there are some considerations regarding types of food and how they should be prepared both at home and in a social context. Some Qur'anic verses have touched on the kinds of foods humans should eat and how they should be prepared.[10] Also, abstaining from eating on some days of the year is among the religious responsibilities of Muslims. Religious instructions oblige Muslims to feed a number of needy people, if they fail to abstain from eating during the month of Ramadan. In Islamic *Jurisprudence*, the principles of *halal* and *haram*, as fundamental norms, determine what foods Muslims are allowed to eat and how they should prepare them. There are complementary recommendations that focus improving the way one eats. For example, prominent religious figures have been quoted as recommending to have some salt before or after

7 W. S. F Pickering, *Durkheim's Sociology of Religion*, London: Routledge and Kegan Paul, 1984, p. 485.

8 Phil Zuckerman, *Invitation to the Sociology of Religion*, New York: Routledge, 2003, p. 1-16.

9 Hans-Georg Ziebertz, "Dispute About the Public Significance of Religion: An Opening Reflection", in *The public Significance of Religion*, eds. Leslie J. Francis and Hans-Georg Ziebertz, Brill, Leiden, 2011, p. 1-17.

10 Quran, 2:173, 5:3.

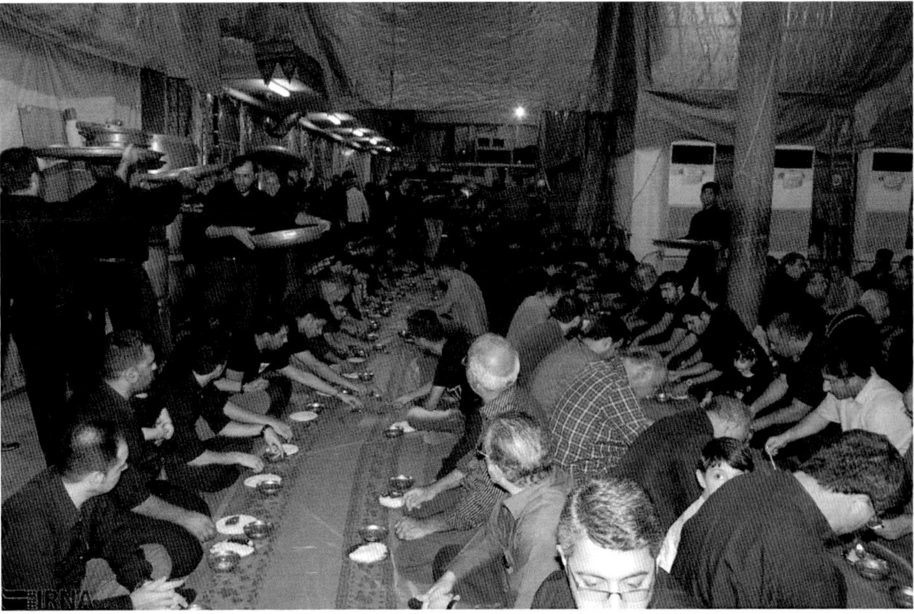

Figure 1: Distribution in a Muharram ceremony, Tehran (photo by IRNA news agency).

eating.[11] These food recommendations can be generalized to social relationships, for example, regarding people with whom it is recommended for Muslims to eat and people that should be fed.

In addition to the recommendations of Islamic Sacred texts on how to provide food and how to consume it, food has played a crucial role in Muslim religious ceremonies and, more specifically, it has had a remarkable role in Shi'ite rituals. The Shi'ite Muslims hold many ceremonies in which food plays an important role. Offering food in the months of Muharram[12] and Ramadan[13] is the most widespread and well-known of them. On other occasions, such as the religious ceremonies of *Sofre-ye Abu al-Fadl,*[14] *khatm-e An'am*[15] and *Fatemiyeh,*[16] food is one of the most important components. Furthermore, on the days of the birth and

11 In a saying (hadith), the prophet Mohammad says to Imam Ali: "O Ali! Start your meal with salt and end it with salt, because everyone who begins their diet with salt and ends with salt would be away from seventy-two kinds of diseases including leprosy, madness and vitiligo." Koleini, Mohammad Ibn Yaqub, *Al- Kafi (The Sufficient)*, Tehran: Dar al-Kotob al-Islamiyah, 1375, vol. 6, p. 326.

12 The first month of Islamic calendar.

13 The ninth month of Islamic calendar is observed by Muslims worldwide as a month of fasting.

14 A ceremony related to Abu al-Fadl, Imam Hossein's brother who was martyred in Karbala together with him and is considered a sacred person by Shi'ites.

15 A ceremony related to the Quran's sixth chapter (surah). People usually recite this chapter during the ceremony.

16 A ceremony for the commemoration of Fatimah, the prophet's daughter.

Figure 2: Nadhr Food distribution in an Ashura ceremony, Bagh-e Malek village, Isfahan (photo by IRNA news agency).

death of Shi'ite Imams and other major religious figures, the tradition of giving away food is relatively popular. Today, in almost all Shi'ite religious ceremonies, food is distributed.

Imagine that today is the day of *Ashura*[17] or *Arba'een*[18] and that you are in Tehran or Karbala. After a short walk in an alley or street, you will come across a group of people who are giving away food and some people who are eating. You may even see long lines of people waiting to receive food. You will also see that in mosques and some congregation halls for religious purposes (*hossainiah* or *tekyeh*[19]), a large number of people is hosted and food is served to them.

This phenomenon is not unique to large cities and can be seen even in the most remote villages.

Shi'ites in other countries also serve food in some of their ceremonies. For example, Indian and Pakistani Shi'ite Muslims, who constitute a small proportion of the population of their respective countries, give away food to people during their religious ceremonies during *Muharram*.

---

17 The 10th of Muharram. Imam Hossein (the third Shi'ite Imam) and his followers were martyred on this day in 680 AD and every year Shi'ite Muslims around the world commemorate this.

18 The 20th of Safar, the second month of Islamic calendar. Shi'ites usually commemorate on this day the martyrdom of Imam Hossein.

19 A place dedicated to mourning and commemorating Shi'ite religious figures.

Figure 3: Food distribution during Muharram, India (photo by IRNA news agency).

The first question that comes to mind regards the nature of this ceremony and the reasons for distributing such large amounts of food among people. It might be considered as a sign of poverty and neediness of the people waiting to receive the food. Some field studies show, however, that this is as popular among the wealthy as it is among underprivileged and needy groups of people. There is no doubt that such religious ceremonies provide the poor with a good opportunity to obtain food; but, reducing this tradition to an act intended to tackle one aspect of economic hardship is an incomplete or even incorrect understanding of it. This will be discussed in further detail in the article. The following questions may therefore be asked here: why do Shi'ite Muslims give away food in their religious ceremonies? What are the origins of this tradition and what are its consequences? In order to answer these questions, the key concept of "*nadhr*" should first be examined, since the preparation and distribution of food in religious ceremonies occur as a result of *nadhr*. Through the concept of *nadhr*, which is an entirely religious concept, a special solidarity grows among members of Shi'ite communities.

Divine Vow and Vow of Offering Food to Others

While various psychological and sociological explanations may be offered for the phenomenon of *nadhr*, I prefer to start the discussion with a phenomenological approach. To any Muslim, *nadhr* is a kind of interaction and a sacred act. In this mutual and conditional interaction, the believer vows before God that in return for achieving something they will do something or refrain from doing something. Those who vow have different wishes and demands, including material, spiritual, worldly or otherworldly advantages and achievements; for example, they may ask God to give them the opportunity to be closer to Him, to forgive their sins, to help a sick person regain health, or to solve their individual or collective problems. When a Shi'ite Muslim makes a *nadhr*, Imams[20] and religious figures are somehow involved. Shi'ites believe that the Prophet and Imams, because of their closeness to God, can help them achieve what they wish for. This mediation occurs in two ways. First, in a vow to God, a religious figure acts as an intermediary and the person who vows asks God to make their wish come true because of His closeness to and friendship with this religious figure. Second, the person who vows turns to a religious figure and appeals to him to ask God, on their behalf, to make their wish come true, in light of this religious figure's close connection with God. Shi'ite Muslims usually appeal to religious figures such as Imam Hussein, *Abul- Fadhl* and Imam Reza[21] when vowing before God.

What people who vow do in return for the fulfillment of their wish may be quite diverse. *Nadhr* can be a religious act such as saying prayers, fasting, providing people with a special service, or donating money or property. In the story of the birth of Jesus Christ in the Qur'an, God tells Mary to say to anyone she might see "I have vowed before the Lord of Mercy to abstain from conversation, and I will not talk to anyone today."[22]

Nadhr can be permanent, temporary, continuous or intermittent. In other words, a person can vow to do a special service on all the days of the year, on some specific days of the year or just once. For example, one may vow that if their child recovers from a disease, he will distribute food among people on the day of *Ashura* every year. In some cases, *nadhr* belongs to one's and has been transmitted from one generation to another

Making *nadhr* to give away food is one form of *nadhr* that has become very popular in religious ceremonies among Shi'ite Muslims. In this kind of *nadhr*, individuals vow to give away food in return for or in the hope of the fulfillment of their wishes. Giving away food on specific days is due to the relationship between the days in question and the religious figures honored by the person who makes the vow. This day can be the day of birth or death of this figure. For example, if a person makes *nadhr* and asks Imam Hussein, as an intermediary, to make their wish come true, they may vow to give away food on the day of Imam Hossein's birth or death.

There is no precise information as to when offering food became part of Shi'ite religious ceremonies. In the Quran, those who fulfill their vows and give away food

20 The Prophet's successors who are 12 persons to Twelver Shi'ites.

21 The eighth Shi'ite Imam.

22 Quran 19:26.

to needy people out of love and affection have been admired.[23] Commentators of the Quran believe that this passage alludes to a story about Imam Ali, the first Imam of the Shi'ite, and his wife and children who gave away the food they needed to others.[24] In a historical account, it is said that the forth Imam of the Shi'ite Muslims provided food to people who were mourning the death of his father.[25]

Since the previous accounts are not historically reliable, the roots of the practice of making *nadhr* to give away food in religious ceremonies can be historically traced back to four centuries ago in the era of the Safavid dynasty. Adam Olearius, the seventeenth century German Orientalist, saw on his way to Isfahan people mourning during Muharram in Ardebil and has written his observations in a report. He has written that there were five main streets in Ardebil, each belonging to a guild or community. On the day of Ashura, each of them formed their own groups and had a religious ceremonial singer (*maddah*) who composed poems eulogizing Imam Ali and Imam Hossein. The guild that had the best group and presented the best poems and religious laments (*noha*) was praised by the people, and was given sweet drink (sherbet) as a sign of gratitude and praise.[26] Vladimir Kosogovsky, the Russian colonel at the time of Mozaffar al-Din Shah (1853-1907)[27] has written in his *book* that "at the time of Moharram many Iranians make *nadhr*. He says: In this month some people voluntarily carry a water skin over their shoulder and distribute water among people..."[28] Since that time, the distribution of food as *nadhr* in religious ceremonies has gained more importance, to the extent that today it constitutes an important aspect of religious ceremonies.

During these years, vowing to give away food has undergone many changes. Among the oldest types of *nadhr* is the distribution of water in the month of Muharram. Later tea and sweet drink (sherbet) were added and today milk and fruit juices are also distributed in these ceremonies. Different kinds of food are being offered, including bread and yogurt, noodle soup (*aash*), rice and stew. These foods are usually distributed after the end of the ceremonies or rituals. Sometimes thousands of people attend these ceremonies and should be fed afterwards in a short time span.

It has been reported that at times as many as thirty thousand people have been fed on one occasion, with hundreds of people helping to prepare the food.

---

23 Quran 76:8.

24 Tabatabae'i, Seyed Mohammad Hossein, *Al-Mizan fi Tafsir al-Quran (The balance in the interpretation of Quran)*, Qom: Daftar Entesharat Islami, 1417, vol. 20, p. 136.

25 Barqi, Ahmad Ibn Mohammad, Al- Mahasen (Benefits), Qom: Dar al-Kotob al- Islamiyah, 1371 AH, vol. 2, p. 420.

26 Adam Olearius, *Safarnameh Adam Olearius (Voyages and Travels of Ambassadors)*, Persian translation, trans. by Hossein Kordbacheh, Tehran: Hirmand Publishing, 1369, vol. 2, p. 487-490.

27 The fifth Qajar king of Iran.

28 Vladimir Kosogovsky, *Khaterate Sarhang Kosogovsky (Memories of Colonel Kosogosky)*, Persian translation, trans. by Abbasgholi Jali, Tehran: Simorgh, 1355, p. 91.

Figure 4: Nadhr food ready for distribution, Andimeshk, Khuzestan (photo by Shooshan news agency).

Solidarity on the Basis of *Nadhr* Food

The preparation and distribution of food in Shi'ite religious ceremonies can be regarded as a perfect example of solidarity. An examination of these ceremonies reveals that the participants are from different groups and classes of society.[29] This diversity can be seen not only among people who receive *nadhr* food, but also among those who prepare and distribute it. When in small quantities, the food is usually prepared by individuals or through the participation of one or of a couple of families, which are usually related. For larger groups that consist of people of a neighborhood or town, food is prepared with the help of professional chefs. Each group (*hey'at*)[30] has its own chefs, cooks and distribution team, and has a special place for preparing the food.

In the past, women were mostly in charge of cooking. Nowadays, however, men play a greater part. The bigger a *hey'at* is, the larger the number of men who participate

29 Sarkhosh, Sadollah, "Hozure Afrad dar hey'athaye mazhabi va neshate ejtemaei- motale'eye murder share Hamedan (Individal's attendance in Religious Groups and Social Joyfulness- Hamedan city case study)", Bi-Quarterly Journal of Soft Power, No. 12, Spring and Summer 1394, p. 99-110.

30 Hey'at is a name for a group of people who gather at specific times to observe religious remembrances.

Figure 5: Nadhr food preparation in one religious group, Shiraz (photo by IRNA news agency).

in preparing the food. One of the most important features of all of these ceremonies is that they are voluntary: they are planned and held by the public and no one is paid for his participation.

While those who vow to distribute food among people are mostly from the wealthy classes of society, making *nadhr* to give away food is not exclusive to a specific class and is popular throughout society. In Iran, the Muharram ceremonies are so popular that even Zoroastrians and Christians participate in the preparation and distribution of food.[31]

Some Sunni Muslims also take part in the ceremonies held to mourn the death of Imam Hussein and in the distribution of food.

However, Wahhabis, consider making *nadhr* in the name of Shi'ite Imams to be *haram* (prohibited) and prohibit followers from taking part in these ceremonies and from consuming *nadhr* food.[32]

31 "Az Hey'ate Sarallah Masihi Che Midanid?" (What do you know about Sarallah Chriarian Hey'at?), Mouood Magazine, 165, available at <https://www.mouood.org/component/k2/item/33109>.

32 Al-Monajjid, Muhammad Saalih (ed.), *Islam Question and Answer*, available at <https://islamqa.info/ar/102885>.

Figure 6: Youth participation in preparing nadhr food, Yazd, (photo by YAZDRASA news agency).

Nadhr Food and Organic Solidarity

With the growth of *religious groups* and of the popularity of these ceremonies, they have also developed some commercial aspects. According to statics, every year Iranians spent millions of dollars on vows to offer food during Muharram.[33] Restaurants and catering businesses publish advertisements announcing their readiness to prepare food for these ceremonies. These companies are involved in producing disposable dishes, providing the ingredients and preparing the food. Today, a great proportion of *nadhr* food is prepared by restaurants and catering establishments, and as a result a kind of interdependence is developing between those in charge of religious ceremonies, on the one hand, and catering services and other service companies, on the other. In order to attract customers, these companies follow the rules of the market and they take part in competition. This competition involves offering diverse services, lower prices and food of higher quality. Advertisements, marketing and the like, which never existed before, show that such religious ceremonies are becoming more secular.

The types of food distributed in Muharram ceremonies have traditionally been not very diverse – usually some traditional Iranian dishes such as *simple* stew with

33 Reihaneh YASINI, "Dar Eghtesad-e Moharram Che Migozarad?" (What is Happening in Muharram Economy?), Iran Newspaper, No. 6599, 29/6/1396, p. 10.

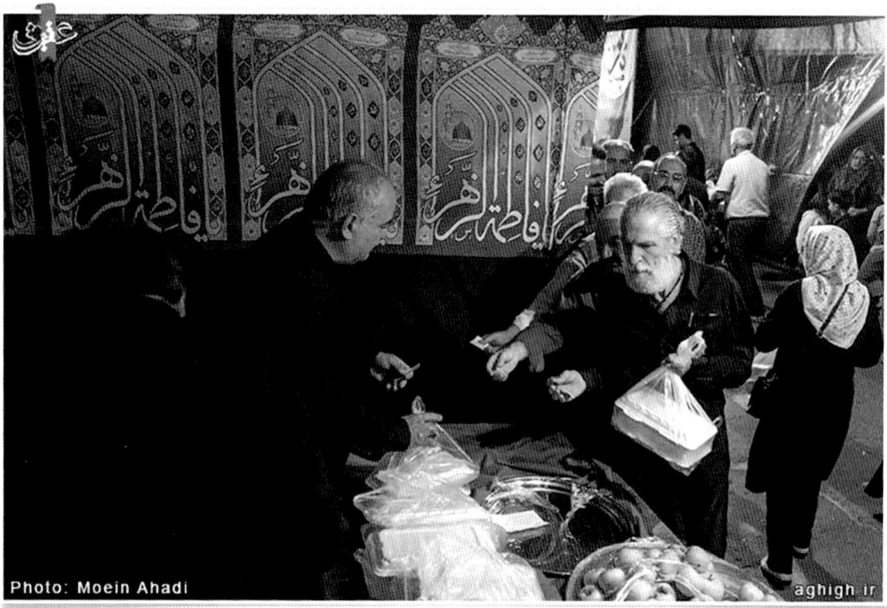

Figure 7: Armenian participation in a Muharram ceremony, Tehran (photo by aghigh.ir).

rice; recently, however, more expensive dishes have made their way to the list of *nadhr* foods. For example, in a religious *hey'at* in Tehran, unconventional and expensive dishes, such as fried shrimp, special kebab, with salad, yogurt, olives, jelly, caramel and soda were distributed among the Muharram mourners. In another *hey'at*, on the day of *Tasu'a*,[34] a large group of people were served with *nadhr* food of very high quality, which cost those in charge of the ceremony five times more than ordinary *nadhr* food.[35] The distribution of such unconventional food has overshadowed the religious ceremony in these *groups*, and they developed a reputation primarily as a result of the food they distribute.

In recent years, the government has played a direct part in preparing *nadhr* food and has offered financial help to religious *groups* through municipalities. Statistics show that there are approximately nineteen thousand registered religious groups (*hey'at*) in Tehran.[36] They have the possibility to purchase ingredients at lower prices from governmental centers. The involvement of the government in religious ceremonies,

34 The day before Ashura.

35 Morteza Rezaei, "Nadhrihaye Jaleb va Ajib far Mahe Muharram" (Strange and Interesting Nadhrs in Muharram), available at <https://www.khabaronline.ir/detail/470153/society/urban>.

36 Saeideh Alipour, "Sougvarei Sad Milyard Toumaani" (A hundred Billion Tomans Commemoration), Etemad Melli, available at http://etemadmelli.com/?p = 1166.

Figure 8: Sunni Muslims participating in Muharram, Bandar Torkaman, Iran (photo by negahmedia.ir).

which have so far been held voluntarily by the public, has raised some opposition, but this has not prevented many *hey'at* from receiving governmental help.

Analysis and Conclusion

So far, I have tried to present a clear picture of food distribution in Shi'ite religious ceremonies. As already mentioned, *nadhr* can take diverse forms. Because of its social nature, however, making *nadhr* to distribute food is more well-known. The original logic behind the development of this tradition seems to have been to help the needy; however, with time, it has gone beyond its original purpose and mixed with religious ceremonies. Nowadays, this phenomenon affects whole Shi'ite communities in religious ceremonies such as those of Muharram.

The participation of people from different social classes in religious ceremonies and in food distribution can be analyzed from several aspects. For many people, giving *nadhr* food to others is deeply rooted in religious beliefs. Among these people, there are individuals who, in spite of their economic problems and the financial burden it represents, give away *nadhr* food in the hope for the fulfillment of their wishes.

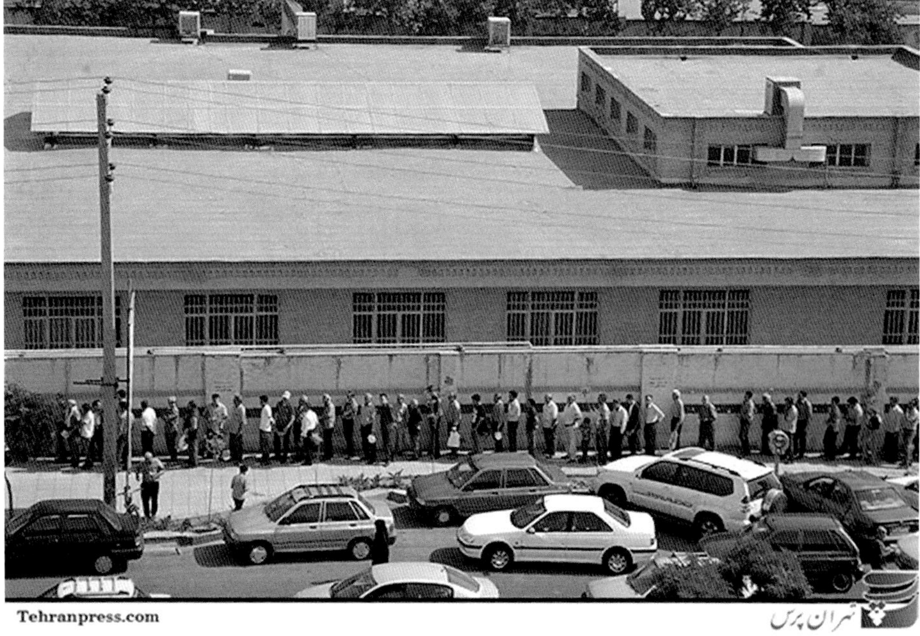

Figure 9: People standing in a queue to receive nadhr food, Karaj (photo by Tehranpress news agency).

Moreover, giving away food can provide the person who has made *nadhr* with a kind of social credit, which can be a motivation for some people to participate in distributing food. The people chiefly involved in food distribution are usually well-known in religious *groups*. The bigger the *groups*, the more social credit these people will enjoy.

Another important point concerns the sense of belonging to the religious community through taking part in the distribution of *nadhr* food. In recent years the tradition of giving away food has grown so much in importance and popularity that it can be claimed that, rather than religious rituals and ceremonies as causes of religious participation and gathering, it is food that has facilitated relationships among Shi'ite Muslims; this has in itself turned into a ritual. In such a situation, even those who do not abide by religious rules and limitations play a part in these ceremonies. It seems that this new situation has provided people – even those who do not follow religious instructions – with an opportunity to regain their religious identity and keep their bond with the religious community through participation in distributing *nadhr* food.

Moreover, although the purpose of attending religious ceremonies is to honor religious figures, the role of food in these gatherings should not be overlooked. Receiving *nadhr* food is an important motivation for participants, if not their main goal. There is a remarkable difference between the number of participants in ceremonies in which food is distributed and the number of people in ceremonies in which no food is served. Interestingly, ceremonies that serve food of higher quality attract more participants.

As already discussed, although in these religious ceremonies people have the chance to satisfy a part of their need for food, participation in these ceremonies cannot be motivated merely by the needs and economic problems of the people. There are other motivations that make people stand in lines, sometimes for hours, in order to receive *nadhr* food.

For many people, *nadhr* food is blessed, which makes it different from ordinary food and gives it a sacred quality. Some people consume *this* food in the hope of being cured or blessed. Moreover, the passion and zeal resulting from these religious ceremonies should not be overlooked. Throughout the month of Muharram, the zeal and passion can be so great that most people prefer to leave their homes and take part in these ceremonies and eat there. For some people, participating in these ceremonies and eating there can be a kind of recreation.

The distribution of vast amounts of food in religious ceremonies has had its disadvantages. In recent years, as some people receive too much food, a considerable amount of food is thrown away, and as a result of inappropriate distribution, many of those who are really in need of this food, receive no food at all. Furthermore, the fact that this tradition has become secular and that there are some commercial aspects to it can pose a threat to its real identity and primary function and transform it into a meaningless competition among different religious communities.

In recent years, suggestions have been made to replace food distribution in religious ceremonies with distribution of books or the like, which is referred to as "cultural *nadhr*".[37] These currents are, however, still at their early stages. Overall, it can be said that, basic to religious ceremonies, it is food that has strengthened the relationship among people and has enabled them to gain the common experience of participating in religious rituals.

Bibliography

ALIPOUR S., "Sougvarei Sad Milyard Toumaani" (A hundred Billion Tomans Commemoration), Etemad Melli, available at <http://etemadmelli.com/?p = 1166>, (accessed 20/7/2018).

Al-MONAJJID M. S., (ed.), *Islam Question and Answer,* Available at <https://islamqa.info/ar/102885>, (accessed 5/8/2018).

MOUOOD, "Az Hey'ate Sarallah Masihi Che Midanid?" (What do you know about Sarallah Chriarian Hey'at?), Mouood Magazine, 165, available at <https://www.mouood.org/component/k2/item/33109>, (accessed 8/8/2018).

BAALI F., (1988), *Society, State, and Urbanism: Ibn Khaldun's Sociological Thought,* Albany, N.Y: State University of New York Press.

37 Zaliyani, Mahboubeh, "Nadhr Gheymeh ya Nadhr Farhangi, Kodaam Behtar Ast?" (Nadhr Gheymeh Stew or Cultural Nadhr, Which One is Better?), available at <http://www.behdokht.ir/58527>.

Barqi A., *Al- Mahasen* (Benefits), Qom: Dar al-Kotob al- Islamiyah, 1371 AH.

Durkheim E., *The Elementary Forms of Religious Life*, trans. Karen E. Fields, New York: The Free Press, 1995.

Durkheim E., *The Division of Labour in Society*, trans. W. D. Halls, second edition, Palgrave MacMillan, 2013.

IBN Khaldun A., *The Muqaddimah: An Introduction to History*, trans. Frantz Rosenthal, Princeton University Press, 1967.

Koleini M., *Al- Kafi* (The Sufficient), 6 Volumes, Tehran: Dar al-Kotob al-Islamiyah, 1375.

Kosogovsky V., *Khaterate Sarhang Kosogovsky* (Memories of Colonel Kosogosky), Persian translation, trans. By Abbasgholi Jali, Tehran: Simorgh, 1355.

Olearius A., *Safarnameh Adam Olearius* (Voyages and Travels of Ambassadors), Persian translation, trans. by Hossein kordbacheh, 2 volumes, Tehran: Hirmand Publishing, 1369.

Pickering W. S. F., *Durkheim Sociology of Religion*, London: Routledge and Kegan Paul, 1984.

Rezaei M., *Nadhrihaye Jaleb va Ajib dar Mahe Muharram* (Strange and Interesting Nadhrs in Muharram), available at <https://www.khabaronline.ir/detail/470153/society/urban>, (accessed 5/8/2018).

Sabiq A., *Fiqh Us- Sunnah*, 3 volumes, Cairo: Dar al-Fath Lel-E'lam al-Arabi, 2004.

Sarkhosh S., *Hozure Afrad dar Hey'athaye Mazhabi va Neshate Ejtemaei- Motale'eye Murdi Shahre Hamedan* (Individal's Attendance in Religious Groups and Social Joyfulness- Hamedan City Case Study) Bi-Quarterly Journal of Soft Power, 12, Spring and Summer 1394.

Sevensson I., *Conflict and Peace*, in Handbook of Religion and Society, (ed.) David Yamane, Switzerland: Springer, 2016.

Tabatabaei S. M. H., *Al-Mizan fi Tafsir al-Quran* (The Balance in the Interpretation of Quran), Qom: Daftar Entesharat Islami, 1417AH.

Yasini R., *Dar Eghtesad-e Moharram Che Migozarad?* (What is Happening in Muharram Economy?), Iran Newspaper, No. 6599, 1396.

Zaliyani M., *Nadhr Gheymeh ya Nadhr Farhangi, Kodaam Behtar Ast?* (Nadhr Gheymeh Stew or Cultural Nadhr, Which One is Better?), available at <http://www.behdokht.ir/58527>, (accessed 5/8/2018).

Ziebertz H., *Dispute about the Public Significance of Religion: An opening Reflection*, in The Public Significance of Religion, (eds.) Leslie J Francis and Hans-Georg Ziebertz, Leiden: Brill, 2011.

Zuckerman P., *Invitation to the Sociology of Religion*, New York: Routledge, 2003.

Les valeurs symboliques de l'alimentation

ALFRED MARX ET CHRISTIAN GRAPPE

Alimentation et ordre du monde

[A. M.] S'alimenter ne sert pas seulement à se maintenir en vie mais révèle une vision du monde à travers les choix que l'on fait. Tout ce qui est comestible n'est pas consommé pour autant, et chaque peuple opère sa propre sélection de ce qui peut l'être. Parmi ces nourritures sélectionnées, toutes n'ont pas la même valeur, comme le montre la comparaison entre repas quotidien et repas festif. Et dans le cas d'un animal, toutes les parties de la victime ne s'équivalent pas et leur mode de préparation – cru, cuit ou rôti – n'est pas indifférent. Bien souvent, les raisons qui amènent à faire tel ou tel choix ne sont plus connues. Parfois, et c'est ce qui fait l'intérêt des textes bibliques, ces raisons sont expressément données, a posteriori, nonobstant les raisons primitives, en vue de donner une nouvelle signification à ce qui vient de la coutume.

Les anciens Israélites se nourrissaient tout naturellement de ce que produisait leur pays[1]. Mais tous ne mangeaient pas la même chose. Pour les gens du commun, le repas quotidien était à base de céréales, qu'ils consommaient sous différentes formes de pains, préparés le cas échéant à l'huile d'olive[2]. Pouvaient s'y ajouter, en fonction des lieux, des saisons et du milieu social, des légumes, tels que fèves ou lentilles, du fromage et des fruits consommés tels quels ou sous forme de gâteaux – gâteaux de raisins secs, de figues, de dattes ou de miel –, des volailles, du poisson

1 Pour un inventaire de ce qui constituait l'alimentation des anciens Israélites, on pourra se référer principalement aux listes données en Deutéronome 8, 8 ; 1 Samuel 17, 17-18 ; 25, 18 ; 30, 11-12 ; 2 Samuel 6, 19 ; 16, 1-2 ; 17, 28-29 ; Ezéchiel 4, 9-12 ; Néhémie 5, 18 ; 1 Chroniques 12, 41. Voir notamment E. Schmitt, *Das Essen in der Bibel : literaturethnologische Aspekte des Alltäglichen*, Münster, Lit. (coll. *Studien zur Kulturanthropologie*, 2), 1994 ; N. MacDonald, *Not Bread Alone : The Uses of Food in the Old Testament*, Oxford, University Press, 2008 ; *Id.*, *What Did the Ancient Israelites Eat ? Diet in Biblical Times*, Grand Rapids, Eerdmans, 2008. Pour un rapide survol, voir O. Borowski, « Eat, Drink and be Merry. The Mediterranean Diet », *Near Eastern Archaeology* 67, 2004, p. 96-107. Voir aussi, sur le thème du repas festif, P. Altmann, *Festive Meals in Ancient Israel : Deuteronomy's Identity Politics in Their Ancient Near Eastern Context*, Berlin-Boston, Walter de Gruyter (coll. *Beihefte zur Zeitschrift für die alttestamentliche Wissenschaft*, 424), 2011 ; P. Altmann, J. Fu (ed), *Feasting in the Archaeology and Texts of the Bible and the Ancient Near East*, Winona Lake, Eisenbrauns, 2014.

2 Voir Lévitique 2, 4-7.

Alfred Marx et Christian Grappe • Université de Strasbourg

Religions et alimentation, éd. par Rémi Gounelle, Anne-Laure Zwilling et Yves Lehmann, Turnhout : Brepols, 2020 (Homo Religiosus, 20), p. 221-235
BREPOLS PUBLISHERS 10.1484/M.HR-EB.5.117416

et, sporadiquement, du gibier[3]. Leur boisson habituelle était l'eau[4], plus rarement le vin[5], sans doute réservé aux grandes occasions, sauf pour les couches sociales les plus aisées[6], ou le lait, que l'on offrait à ses hôtes pour les honorer[7]. Pour la plupart des Israélites, la consommation de viande rouge – en l'occurrence une pièce de gros ou de menu bétail[8] – était tout à fait exceptionnelle : principalement lors d'un pèlerinage au sanctuaire[9], pour honorer un hôte de marque[10], ou à toute autre occasion festive[11]. Il n'y avait que le roi Salomon à trouver quotidiennement sur sa table, à en croire la légende, dix bœufs gras, vingt bœufs de pâturage, cent moutons, ainsi que des cerfs, des gazelles, des antilopes et des volailles engraissées (1 Rois 5, 2-3) ! Légumes et viandes étaient sans doute habituellement préparés dans des marmites[12]. Mises à part la coutume de ne pas manger le tendon qui se trouve à l'articulation de la hanche, l'obligation de répandre le sang à terre et l'interdiction de faire cuire le chevreau dans le lait de sa mère[13], il ne semble pas qu'à l'époque ancienne l'alimentation des Israélites ait été régie par des règles explicites. Ce n'est qu'à l'époque perse que l'on s'est préoccupé de définir des normes alimentaires. Il est significatif que cette réflexion soit intervenue à un moment où la plus grande partie des Israélites vivait hors de son territoire historique, dispersée au milieu d'autres nations où ses ancêtres avaient trouvé refuge ou avaient été déportés suite à l'éradication du royaume de Juda par les troupes babyloniennes. Cette définition des normes alimentaires a été le fait des milieux sacerdotaux, le seul groupe constitué à avoir survécu à la catastrophe. Elle s'est exprimée dans les parties les plus récentes du Pentateuque dont on sait qu'il est constitué de plusieurs couches rédactionnelles qui se sont succédé au fil des siècles.

Nos auteurs mentionnent trois modes d'alimentation : l'un, qui se rapporte au mode de nourriture assigné par Dieu, au moment de la création de l'univers, à tous les êtres vivants, humains et animaux ; un autre, consécutif au déluge, valable pour les seuls humains ; un troisième, spécifique à Israël.

Le premier mode d'alimentation est cité au tout début de la Bible dans le cadre du mythe cosmogonique de Genèse 1. Ce mythe raconte que Dieu, au terme de sa

---

3 Pour le poisson, voir notamment Néhémie 13, 16 (cf. Ézéchiel 47, 9-10) et, pour le gibier, Genèse 27, 3-4 ; Deutéronome 12, 22.

4 Pain et eau sont considérés comme un minimum vital (voir notamment Genèse 21, 14 ; Deutéronome 23, 5 ; 1 Rois 18, 4.13 ; 22, 27 ; 2 Rois 6, 22 ; Job 22, 7 ; voir aussi Genèse 19, 3 ; Juges 8, 5 ; 1 Samuel 21, 4 ; 1 Rois 17, 12-16 ; Jérémie 37, 21 ; Ézéchiel 4, 9 ; Néhémie 5, 2-3, qui ne mentionnent que le seul pain).

5 Josué 9, 12-13 ; Juges 19, 19.

6 Voir notamment 1 Samuel 25, 36-37 ; 2 Samuel 13, 28 ; Esaïe 5, 11-12 ; Amos 6, 4-6 ; Job 1, 13.18 ; Daniel 10, 3 ; Néhémie 5, 18 : 1 Chroniques 12, 41.

7 Voir Genèse 18, 8 ; Juges 4, 19.

8 Pour une liste détaillée des espèces consommées, voir Lévitique 11, 1-22 ; Deutéronome 14, 3-20.

9 Voir notamment 1 Samuel 10, 3.

10 Voir notamment Genèse 18, 1-8 ; 1 S 28, 24-25 ; 2 Samuel 12, 4.

11 Par ex. 1 Samuel 25, 8-11.

12 Voir 1 Samuel 2, 13-16 ; 2 Rois 4, 38-39 ; Ezéchiel 24, 3-5. Pour les différents modes de cuisson du pain et de préparation de la viande voir C. Shafer-Elliot, *Food in Ancient. Judah. Domestic Cooking in the Time of the Hebrew Bible*, Sheffield-Bristol, Equinox (coll. *Bible World*), 2013.

13 Voir respectivement Genèse 32, 33 ; 1 S 14, 32-35 et Exode 23, 19 ; 34, 26 ; Deutéronome 14, 21.

création, après avoir béni les humains et leur avoir donné pour mission de soumettre la terre et d'assujettir les autres vivants, s'adresse à eux en ces termes :

> Je vous donne toutes les herbes portant semence, qui sont sur toute la surface de la terre, et tous les arbres qui ont des fruits portant semence : ce sera votre nourriture. À tous les animaux de la terre, à tous les oiseaux du ciel, à tout ce qui rampe sur la terre et qui est animé de vie, je donne pour nourriture toute la végétation[14].

Dans cet ultime discours qu'il adresse aux humains, Dieu, par le biais de préceptes alimentaires, fixe en réalité des limites à la gouvernance des humains : la soumission de la terre devra prendre en compte les besoins des autres êtres vivants qui, tout comme les humains, dépendent exclusivement de la végétation pour leur alimentation ; l'assujettissement des autres êtres vivants n'implique pas que l'on puisse les tuer, ce qui, au vu du fait que la nourriture assignée aux humains est exclusivement végétarienne, serait un acte gratuit. Sont ainsi promues deux valeurs. D'une part, la solidarité de l'ensemble des vivants : à la différence de la terre, de la mer et de la végétation, qui résultent de la structuration du chaos originel, les êtres vivants sont, tous, une création entièrement originale de Dieu. Cette solidarité s'exprime dans le fait qu'ils partagent tous le même type de nourriture[15]. D'autre part, le respect de la vie et son corollaire, la non-violence, la vie appartenant à Dieu seul, qui seul peut en disposer. Ces valeurs, qui se fondent sur la conscience aiguë de nos auteurs de la singularité des vivants, ne déterminent pas simplement les rapports entre les humains et les animaux. Ainsi que l'a noté jadis Paul Beauchamp, « à travers la relation homme-animal, c'est le rapport homme-homme qui est visé[16] ». Nos auteurs ne sont bien évidemment pas naïfs au point de penser qu'à l'origine les humains étaient véganes, que les lions et les loups étaient végétaliens et qu'ils vivaient en parfaite harmonie avec les autres animaux et avec les humains. Ce qu'ils visent, c'est, par le biais de cette utopie de l'harmonie universelle, tracer une perspective, fixer un horizon à l'activité humaine, tout en étant parfaitement conscients que cette harmonie universelle ne pourra se réaliser qu'à la fin des temps.

Le deuxième mode d'alimentation est mentionné quelques pages plus loin, toujours dans le cadre du mythe des origines, mais cette fois-ci en relation avec le déluge. Ce mythe raconte qu'à l'issue du déluge, Dieu, après avoir béni Noé et ses fils dans les mêmes termes que ceux utilisés en Genèse 1, 28 pour l'ensemble des humains, s'adresse à eux pour leur donner, à eux aussi, des instructions relatives à

---

14 Genèse 1, 29-30.

15 Ceci, contrairement à ce que l'on peut parfois lire dans les études sur ce texte qui veulent voir, au v. 30, une référence à un type de nourriture spécifiquement attribué aux animaux. En effet, l'expression *yèrèq 'éśèb* qui désigne la nourriture attribuée aux animaux est celle-là même qui, en Genèse 9, 3 désigne l'ensemble des végétaux.

16 P. Beauchamp, « Création et fondation de la loi en Gn 1, 1-2, 4a. Le don de la nourriture végétale en Gn 1, 29s », *in* L. Derousseaux (ed), *La création dans l'Orient ancien*, Paris, Cerf (coll. *Lectio divina*, 127), 1987, p. 139-182 (citation p. 142). Sur ce passage, voir aussi L. Dequeker, « Green Herbage and Trees Bearing Fruit (Gen. 1:28-30 ; 9:1-3). Vegeratianism or Predominance of Man over Animals ? », *Bijdragen* 38, 1977, p. 118-127.

leur nourriture. Mais le ton est, ici, radicalement différent. Au lieu que la relation entre humains et animaux soit une relation de solidarité, c'est un rapport d'hostilité qui est promu :

> Que votre crainte et votre terreur soient sur tous les animaux de la terre, sur tous les oiseaux du ciel, sur tout ce qui rampe sur la terre et sur tous les poissons de la mer : ils sont livrés entre vos mains[17].

Et la nature de la nourriture consommée par les humains, qui jusque-là était restreinte au règne végétal, est étendue à l'ensemble des animaux, à « tout ce qui se meut, qui a en lui de la vie, [et] vous servira de nourriture » (Genèse 9, 2-3), la seule restriction étant l'interdiction d'en manger le sang, symbole de la vie, laquelle n'appartient qu'à Dieu seul qui en est l'auteur (Genèse 9, 4). La rupture d'avec l'état originel est radicale, car non seulement la nourriture carnée est désormais autorisée, aucun animal, oiseau, poisson n'étant mis à part, mais en plus ce discours introduit une dichotomie irréductible à l'intérieur de la catégorie des êtres vivants, avec les humains d'un côté, les autres êtres vivants, de l'autre. Pire, il établit entre ces deux catégories une relation d'hostilité où les humains inspirent la terreur aux seconds et ont sur eux droit de vie et de mort.

L'explication de cet extraordinaire élargissement du champ de la nourriture, qui, au demeurant, fait de prime abord plutôt l'effet d'une récompense, est sans doute à chercher dans ce qui a été la cause du déluge. Pour nos auteurs, cette cause, c'est la violence qui a submergé la terre (Genèse 6, 11-12), une violence à tel point inflationniste que l'unique solution envisagée par Dieu pour en venir à bout a été de noyer tous les êtres vivants afin de pouvoir recommencer à zéro. Dieu s'engageant par ailleurs à ne plus détruire la terre par un déluge, et donc à renoncer à cette forme de gestion de la violence, l'unique solution pour que la violence ne recommence pas à envahir la terre est de la canaliser et, pour qu'elle ne se déverse pas sur d'autres humains, de la réorienter et de la détourner sur cette autre catégorie d'êtres vivants : si tuer un humain est un crime qui appelle vengeance, tuer un animal est, par contre, parfaitement licite. Ce type de gestion de la violence a été admirablement décrit par René Girard. Dans *La violence et le sacré*, il écrit ceci :

> On ne peut tromper la violence que dans la mesure où on ne la prive pas de tout exutoire, où on lui fournit quelque chose à se mettre sous la dent[18].
>
> Et il en veut pour illustration l'histoire de Caïn et d'Abel :
>
> Caïn cultive la terre et il offre à Dieu les fruits de sa récolte. Abel est un pasteur ; il sacrifie les premiers-nés de ses troupeaux. L'un des frères tue l'autre et c'est celui qui ne dispose pas de ce trompe-violence que constitue le sacrifice d'un animal[19].

---

17 Genèse 9, 2.
18 R. Girard, *La violence et le sacré*, Paris, Grasset (coll. *Pluriel*), 1981, p. 14.
19 *Id.*

Dans cette perspective, le régime carné, qui implique que l'on tue, apparaît sans doute comme un mal, mais un mal nécessaire afin de donner aux humains un exutoire à leur violence.

Le troisième mode d'alimentation ne concerne plus que les seuls Israélites. Yhwh – nom sous lequel Dieu, selon nos auteurs, s'est fait connaître spécifiquement aux Israélites (Exode 6, 2-3) – s'adresse cette fois-ci à Moïse et à Aaron, les chefs politiques et religieux du peuple. Tandis que ses deux discours précédents avaient pour objet quasi exclusif l'alimentation, ce nouveau discours divin s'inscrit dans une perspective beaucoup plus large et porte sur une charte qui englobe tous les aspects de la vie cultuelle, économique et sociale. En ouverture à une série d'instructions sur le pur et l'impur, Yhwh précise quels sont, parmi les animaux terrestres, les poissons, les oiseaux, les insectes et les petits mammifères, ceux que les Israélites ont le droit de manger – ceux qui sont « purs » – et ceux qui leur sont interdits – « impurs » –, en donnant, pour certains d'entre eux, des critères qui permettent de les identifier (Lévitique 11 ; voir aussi Deutéronome 14). Il est tout à fait significatif que cette distinction n'ait pas été faite par nos auteurs dans leur récit du déluge, où il était simplement prescrit à Noé d'emmener dans l'arche un mâle et une femelle de chaque espèce[20] : elle ne vaudra que pour Israël.

Les commentateurs de ce texte se sont surtout focalisés sur les critères énoncés et les raisons qui font qu'un animal est pur ou impur[21]. Ils se sont ainsi notamment demandé pourquoi les animaux dont la consommation est autorisée doivent à la fois avoir les sabots fendus, les pieds fourchus et ruminer. En fait, selon toute vraisemblance, les auteurs de ces critères ont procédé de manière pragmatique en partant des caractéristiques physiques des animaux que les Israélites avaient l'habitude de consommer et en élaborant, à partir de là, des critères qui permettaient de donner une justification « rationnelle » à ces règles alimentaires[22], et éventuellement aussi, en situation de diaspora, face à des animaux inconnus, de déterminer si oui ou non on pouvait en manger. Les commentateurs, anciens et modernes, se sont aussi interrogés sur les raisons qui font que la présence ou l'absence des critères énoncés

20 Genèse 6, 19-20.

21 Pour une revue des différentes explications proposées, voir W. Houston, *Purity and Monotheism. Clean and Unclean Animals in Biblical Law*, Sheffield (coll. *Journal for the Study of the Old Testament, Supplement Series*, 140), 1993, p. 68-123, et surtout J. Moskala, *The Laws of Clean and Unclean Animals of Leviticus 11. Their Nature, Theology, and Rationale*, Berrien Springs, Adventist Theological Society Publications (coll : *Adventist Theological Society. Dissertation Series*), 2000, p. 15-111, que l'on consultera aussi pour son étude détaillée de Lv 11. Sur la distinction entre animaux purs et impurs, voir aussi J. Milgrom, « The Biblical Diet Laws as an Ethical System », *Interpretation* 17, 1963, p. 288-301 ; *Id.*, *Leviticus 1-16*. A New Translation with Introduction and Commentary, New York, Doubleday (coll. *Anchor Bible*, 3A), 1991, p. 718-736 ; M. Douglas, *Leviticus as Literature*, Oxford, University Press, 1999, p. 134-175 ; S. D. Kunin, *We Think What We Eat. Neo-structuralist analysis of Israelite food rules and other cultural and textual practices*, London-New York, T. & T. Clark, JSOT Press (coll : *Journal for the Study of the Old Testament, Supplement Series*, 412), 2004, p. 29-98.

22 Voir de même Esias E. Meyer, « Respect for Animal Life in the Book of Leviticus. How *Green* were the Priestly Authors ? », *Old Testament Essays* 24 (2011), p. 142-158 (voir p. 157). Milgrom (*Leviticus 1-16*, p. 727-728) estime, par contre, que les critères ont été énoncés en premier.

rend un animal pur ou impur. C'est là, en réalité, un faux problème. Car, à lire le texte plus attentivement, on s'aperçoit que les qualificatifs « pur » ou « impur » ne s'appliquent pas aux animaux, mais à leur viande : l'animal n'est pas intrinsèquement pur ou impur – d'ailleurs Genèse 1 ne fait pas de distinction entre créature pure et impure, bonne et mauvaise –, il est dit pur ou impur « pour vous »[23], ce qui implique seulement, comme cela est maintes fois précisé dans le texte, qu'il est, selon le cas, autorisé ou interdit à la consommation[24]. Au demeurant, si les animaux qualifiés d'impurs l'étaient véritablement, il serait interdit même de les toucher afin de ne pas être « contaminés » par eux[25]. Or, tel n'est pas le cas : seul leur cadavre, comme d'ailleurs aussi celui des animaux « purs », rend impur[26].

Réinvestissant une pratique alimentaire traditionnelle, nos auteurs lui ont assigné une double fonction : promouvoir une éthique de la limite et créer un nouveau marqueur identitaire.

L'éthique de la limite dans le domaine de l'alimentation que veulent promouvoir les auteurs sacerdotaux n'est pas, comme en Siracide 31, 12-22, une éthique de la modération. Pour comprendre le sens de ces prescriptions, il faut les lire avec à l'arrière-plan les deux discours précédents que nos auteurs ont attribués à Dieu. Dans cette perspective, les règles alimentaires imposées à Israël se situent entre le « rien » des origines, qui exclut toute alimentation carnée, et le « tout » postdiluvien, qui autorise la consommation de tous les animaux, sans distinction. Les Israélites, comme le reste de l'humanité, peuvent manger des animaux, mais, contrairement aux autres humains, uniquement de ceux appartenant à quelques espèces bien définies. Du fait de cette restriction, le plus grand nombre des espèces animales vivant sur le territoire d'Israël est protégé. Celles-ci y vivent comme dans une réserve naturelle. Cette même éthique de la limite se retrouve d'ailleurs à propos de l'utilisation du temps qui interdit aux Israélites, chaque semaine, toute activité profane un jour sur sept, au sabbat, mais laisse les six autres jours à leur entière disposition. Les règles alimentaires édictées par nos auteurs, en fixant une limite à la nourriture carnée et en évoquant par là même l'utopie originelle, visent de la sorte à faire d'Israël le témoin de cette utopie et des valeurs auxquelles elle renvoie[27].

On peut, toutefois, raisonnablement penser que la promotion d'une éthique de la limite n'était pas la préoccupation principale à un moment où nos auteurs étaient engagés dans un processus de reconstruction du peuple d'Israël. Au VIe siècle avant notre ère, l'urgence était surtout d'assurer la pérennité d'Israël qui, dispersé au milieu d'autres peuples à la suite de l'éradication du royaume de Juda, était confronté au risque de perdre son identité et de s'assimiler, et donc de disparaître purement et simplement en tant que tel. Or, en interdisant aux Juifs de consommer certains animaux, ces prêtres

---

23 Ainsi Lévitique 11, 4.5.6.7.8.26.27.28.29.31.35.38. Seuls les petits mammifères sont globalement qualifiés d'impurs (Lévitique 11, 43.44). Voir aussi Deutéronome 14, 7.8.10.19.

24 Lévitique 11, 4.8.47. Voir aussi Deutéronome 14, 7.8.10.19.

25 Pour la contamination par contact, voir notamment Lévitique 15.

26 Voir respectivement Lévitique 5, 2 ; 11, 8.24-38 ; Deutéronome 14, 8 et Lévitique 11, 39-40.

27 Voir aussi MILGROM, *Leviticus*, et DOUGLAS, *Leviticus*, pour qui les restrictions à la consommation des animaux vont dans le sens du respect de la vie.

les singularisaient par rapport aux populations parmi lesquelles ils vivaient et qui avaient d'autres pratiques alimentaires. Sans doute, comme ces autres populations, mangeaient-ils aussi les mêmes animaux. Ce qui les distinguait n'était pas ce qu'ils mangeaient, mais ce qu'ils ne mangeaient pas. Pour nos auteurs, il ne s'agissait pas, comme pour les auteurs des prescriptions d'Exode 34, 15-16, d'interdire toute commensalité et de confiner les Juifs dans un entre-soi qui serait délétère[28]. Mais, tout en les rattachant au reste de l'humanité, la réglementation de leur pratique alimentaire permettait aussi de souligner leur singularité. De ces animaux dont la consommation est interdite, le porc deviendra l'exemple emblématique[29] : à l'époque hellénistique, l'interdiction de consommer de la viande de porc sera, avec la circoncision, le respect du sabbat et la possession de la Tora, un marqueur identitaire des Juifs, comme le montrent notamment, dès le IIe siècle avant notre ère, les livres des Maccabées où l'on voit des Juifs pieux préférer subir le martyre plutôt que de manger du porc (2 Maccabées 6, 18-7, 42 ; voir 1 Maccabées 1, 62-63). Cette fonction identitaire est clairement affirmée en Lévitique 20, 25-26 dans un discours mis dans la bouche de Yhwh où est expressément établie une corrélation entre interdits alimentaires et mise à part d'Israël :

> Vous séparerez les animaux purs des impurs et les oiseaux purs des impurs… Vous serez saints pour moi, car moi, Yhwh, je suis saint et je vous ai séparés des peuples pour être à moi.

La séparation, la mise à part, réalisée dans l'ordre alimentaire signifie et rend manifeste la séparation, la mise à part d'Israël[30].

Pour nos auteurs, les normes alimentaires imposées à Israël n'ont pas pour fonction première de servir de modèle aux autres nations. Certes, elles font d'Israël le témoin d'une utopie et le porteur de valeurs à vocation universelle. Mais elles sont destinées en tout premier lieu à manifester la singularité d'Israël et à la préserver à un moment particulièrement dramatique où sa survie même était en jeu.

[C. G.] Comme cela a déjà été indiqué, la situation qui avait prévalu lors de l'exil et qui avait conduit à l'institution de distinctions séparatrices qui revêtaient une fonction identitaire en mettant à part Israël des autres peuples s'est prolongée même après le retour. De fait, si les exilés purent retourner chez eux, le peuple ne recouvra pas pour autant la liberté. Il continua de vivre sous tutelle étrangère, perse dans un premier temps, grecque ensuite, cela jusqu'au soulèvement des Maccabées au deuxième siècle avant notre ère.

Ce soulèvement permit au peuple de regagner son indépendance, mais s'accompagna de tensions internes en son sein, dont le résultat fut l'émergence de partis religieux

---

28 Une conception que l'on retrouvera, au premier siècle avant notre ère, en *Jubilés* 22, 16.

29 Tel n'est pas le cas dans les listes de Lv 11 et Dt 14 où l'interdiction de manger du porc n'est pas particulièrement appuyée. L'évolution qui conduit à faire du porc le type même de l'animal dont la consommation est interdite provient sans doute de son association, à l'époque perse, avec les cultes idolâtres (Es 65, 4 ; 66, 17) : ne pas consommer de la viande de porc devient ainsi signe du refus de toute idolâtrie.

30 Voir aussi Meyer, « Respect for Animal Life », p. 156-157.

qui, dans l'ensemble, se livrèrent à une surenchère en matière d'observance des règles de pureté : sadducéens, pharisiens, esséniens et zélateurs de la Loi.

Dans ce contexte, l'importance accordée aux prescriptions alimentaires ne fit que croître, ce qu'attestent, outre les exemples que l'on peut puiser en 1 et 2 Maccabées, de nombreux témoignages remontant au deuxième siècle avant notre ère.

On trouve ainsi en *Jubilés* 22, 16 une exhortation dépourvue de toute équivoque d'Isaac à son fils Jacob :

> [16] Et toi, mon fils Jacob, rappelle-toi mes paroles et garde les instructions d'Abraham ton père. Sépare-toi des nations, ne mange pas avec elles, n'agis pas selon leurs manières, et ne deviens pas leur semblable, car leurs actes sont impurs et toute leur conduite est souillée, immonde, abominable[31].

Dans le livre de Daniel, le héros est loué pour n'avoir pas transigé sur les interdits alimentaires et avoir bénéficié en conséquence de l'assistance divine :

> [8] Daniel prit à cœur de ne pas se souiller avec le menu du roi et le vin de sa boisson. Il fit une requête au prévôt du personnel pour n'avoir pas à se souiller, [9] et Dieu accorda à Daniel grâce et faveur devant le prévôt du personnel[32].

Quant à Judith, conviée elle aussi à la table d'un éminent personnage étranger, Holopherne, général de l'armée assyrienne, elle se montre elle aussi inflexible :

> [1] Il ordonna de l'introduire là où était placée sa vaisselle d'argent et il commanda qu'on lui serve de ses mets et de son vin. [2] Mais Judith lui dit : « Je n'en mangerai pas de peur que ce soit une occasion de chute, mais ce que j'ai apporté m'approvisionnera[33] ».

3 Maccabées 3, 3-4, écrit qui remonte pour sa part au premier siècle avant notre ère, généralise pareille attitude et en fait une règle adoptée par le peuple dans son ensemble :

> [3] Les juifs conservaient leur bonne disposition et leur fidélité indéfectible envers les rois, [4] mais, vénérant Dieu et se conduisant selon la Loi, *ils se séparaient* (littéralement : ils faisaient séparation) *quant à ce qui touche à la nourriture*, en conséquence de quoi ils paraissaient odieux à quelques-uns.

Et, à la fin du premier siècle de notre ère, Flavius Josèphe place sur la bouche de femmes moabites le commentaire suivant à l'égard de jeunes Israélites :

> Vous avez des coutumes et un genre de vie absolument différents de tout le genre humain, au point de vous nourrir d'une façon spéciale et de ne pas boire comme les autres[34].

---

31 Traduction André Caquot, in A. Dupont-Sommer et M. Philonenko (éds), *La Bible. Écrits intertestamentaires*, Paris, Gallimard (coll. Bibliothèque de la Pléiade 337), 1987, p. 722.

32 Daniel 1, 8-9 (traduction *TOB*).

33 Judith 12, 1-2 (traduction *TOB*).

34 Flavius Josèphe, *Antiquités juives* III, 137 (traduction É. Nodet, *in* Flavius Josèphe, *Les Antiquités juives. Volume II : Livres IV et V* Établissement du texte, traduction et notes, Paris, Cerf, 1995, p. 34).

Dans ce contexte, l'attitude prêtée à Jésus par les évangiles synoptiques peut surprendre.

D'une part, il ne respecte pas les principes de précaution en vigueur dans les milieux pharisiens, et plus encore esséniens, en s'associant à la table des collecteurs d'impôt et des pécheurs (Marc 2, 15-16 et //). D'autre part, il prononce, dans le cadre de la controverse sur le pur et l'impur dont le point de départ est constitué par le fait que ses disciples mangent sans s'être préalablement lavé les mains (Marc 7, 1-23 //), une parole qui permet de mieux comprendre les développements ultérieurs qui ont vu le jour au sein du mouvement chrétien naissant.

Cette controverse est rapportée à la fois par Marc et Matthieu, respectivement en Marc 7, 1-23 et en Matthieu 15, 1-20. Elle culmine dans une parole de Jésus dont on ne se risque pas beaucoup à dire qu'elle devait revêtir au moins la teneur que lui attribue Matthieu :

> Ce n'est pas ce qui entre dans la bouche qui souille l'homme, mais c'est ce qui sort de la bouche qui souille l'homme[35].

Matthieu, comme nous allons le voir, a été en effet manifestement gêné quelque peu par ce propos, si bien qu'il a cherché à en minimiser la portée.

Or cette parole s'accorde avec d'autres, par lesquelles Jésus relativise l'impératif rituel au profit de l'impératif éthique[36]. Matthieu, qui s'inscrit dans un milieu judéo-chrétien qui était soucieux de faire valoir que Jésus n'a en rien abrogé la Loi, même s'il en a précisément subordonné le volet rituel au volet éthique, a pris soin de limiter la portée du propos de Jésus. Pour ce faire, il conclut le récit de controverse par l'affirmation selon laquelle, en prononçant cette parole, Jésus n'a voulu montrer rien d'autre que ceci : le fait de manger avec des mains qui ne sont pas lavées ne souille pas l'homme (Matthieu 15, 20). Marc, quant à lui, accorde à ce propos une portée tout-à-fait générale et affirme que Jésus a, du même coup, purifié tous les aliments (Marc 7, 15).

Il paraît évident que Marc est allé très au-delà de ce que Jésus a pu signifier lui-même, cela dans la mesure où tout semble indiquer que ce dernier a, pour l'essentiel, respecté les dispositions alimentaires qui figurent dans la Torah.

Cela étant, il y a, chez Jésus, une propension à renverser le rapport traditionnel entre pureté et impureté qu'il convient, nous semble-t-il, de prendre en compte pour saisir la suite des événements et les évolutions qui ont pu avoir cours.

Comme l'a rappelé Alfred Marx, la séparation entre pur et impur revêtait une importance essentielle, ce que manifestent notamment les recommandations du Lévitique. Le respect impérieux des règles de pureté contribuait de fait à la séparation d'Israël avec les nations et révélait bel et bien une conception du monde en manifestant la singularité d'Israël. Mais ce respect impérieux des règles de pureté avait encore un autre objet, en interne. Il s'agissait de maintenir les conditions de possibilité

35 Matthieu 15, 11.

36 Ainsi Marc 3, 4 ; Matthieu 5, 23-24 ; 23, 23.

d'une forme de communion avec Dieu qui était lui-même censé résider de manière mystérieuse au milieu de son peuple, dans le Temple de Jérusalem[37].

Le sanctuaire était conçu comme le lieu de la présence divine et il avait vocation à constituer un lieu préservé de toute souillure, au sein duquel Dieu puisse se manifester dans un espace distinct de la sphère profane tout en étant en communication avec elle. À l'intérieur du système ainsi constitué, tant les personnes que les objets pouvaient se trouver dans quatre états : saint (*holy*) ; profane (*common*) ; pur (*pure*) ; impur (*impure*). Ces états fonctionnaient eux-mêmes deux à deux : saint et profane, d'un côté ; pur et impur, de l'autre. Comme le montre le schéma que nous avons emprunté à Jacob Milgrom[38], le profane pouvait se trouver sans dommage en contact avec le pur et l'impur. En revanche, le saint ne pouvait et devait en aucun cas se trouver en contact avec l'impur. C'est ainsi que toute impureté qui affectait le sanctuaire devait être immédiatement purgée, de peur que la communauté tout entière ne soit mise en péril, les conditions n'étant plus remplies pour la présence de Dieu en son sein.

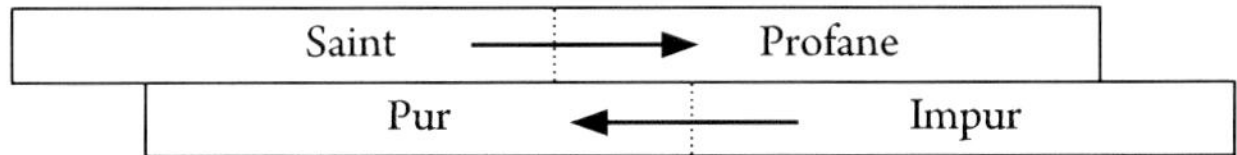

À ce qui a déjà été dit, il convient d'ajouter que les deux catégories du saint et de l'impur ont pour particularité d'être conçues comme étant dynamiques, au contraire de celles du profane et du pur qui sont, pour leur part, conçues comme étant statiques. Dès lors, le peuple est non seulement appelé à une vigilance constante pour faire en sorte que jamais l'impur n'entre en contact avec le saint. Il a aussi vocation à œuvrer de telle sorte que le saint puisse progresser dans le domaine du profane et que l'emprise de l'impur soit réduite autant que possible, cela pour majorer, autant que faire se peut, le domaine du pur.

Certains passages de la Bible hébraïque attestent toutefois l'attente eschatologique d'une sainteté venant envahir la sphère profane. Ils s'expliquent sans doute par la conviction, exprimée en Nombres 14, 21, selon laquelle la gloire divine a vocation à englober toute la terre. Parmi ces textes, Zacharie 14, 20-21 et Jérémie 31, 31-40[39]. En Zacharie 14, 20-21, à l'horizon dernier, toute réalité profane, des clochettes des chevaux à la marmite la plus banale, se trouve désormais consacrée et la sanctification

37 Voir notamment à ce sujet l'article de J. Milgrom, « Israel's Sanctuary : The Priestly 'Picture of Dorian Gray' », *Revue Biblique* 83, 1976, p. 390-399.

38 Milgrom, *Leviticus 1-16*, p. 732. Nous avons cependant inversé le sens de la flèche au registre inférieur car cette inversion fait mieux apparaître que la sainteté et l'impureté ont, en temps normal, un pouvoir contagieux, selon la démonstration même de Milgrom.

39 Ainsi déjà L. Goppelt, *Theologie des Neuen Testaments. Erster Teil. Jesu Wirken in seiner theologischen Bedeutung*, herausgegeben von J. Roloff, Göttingen, Vandenhoeck & Ruprecht, 1975, p. 142, et aussi K. Paesler, *Das Tempelwort Jesu. Die Traditionen von Tempelzerstörung im Neuen Testament*, Göttingen, Vandenhoeck & Ruprecht (coll. *Forschungen zur Religion und Literatur des Alten und Neuen Testaments* 184), 1999, p. 247 ; K. W. Weyde, *The Appointed Festivals of YHWH. The Festival Calendar in Leviticus 23 and the sukkôt Festival in Other Biblical Texts*, Tübingen, Mohr Siebeck (coll. *Forschungen zum Alten Testament*, 2. Reihe 4), 2004, p. 229-236.

de l'espace rend superflue la présence des intermédiaires – les marchands du Temple en l'occurrence – qui avaient rempli jusque-là une fonction d'intermédiaires obligés en vue de la célébration du culte (Zacharie 14, 20-21). En Jérémie 31, 31-40, même la vallée des cadavres et des cendres est promise à être un espace de sainteté pour le Seigneur, au sein de l'inviolable ville sainte des temps derniers (Jérémie 31, 40). La sainteté envisagée ici n'est plus seulement dynamique, contagieuse ou offensive. Elle n'est plus mise en péril par l'impureté ou par la souillure. Elle prévaut. Elle est victorieuse, triomphante.

On rencontre ce même phénomène dans les évangiles synoptiques, et cela non pas à l'horizon dernier mais dans la réalité présente. Tel est par exemple le cas là où Jésus guérit un lépreux en le touchant (Marc 1, 40-45 // Matthieu 8, 1-4 ; Luc 5, 12-16). Dans ce récit, tout se passe à l'inverse de ce que l'on pourrait normalement attendre. Jésus touche le lépreux, alors même que les lépreux étaient considérés comme étant des êtres affublés d'une impureté particulièrement grave, si bien qu'ils devaient se signaler en tant que tels pour éviter que quiconque n'entre en contact direct avec eux et ne contracte leur impureté (Lévitique 13-14, et plus particulièrement, 13, 45). Jésus, faisant fi de telles recommandations, touche donc ledit lépreux et lui ordonne d'être purifié (Marc 1, 40 // Matthieu 8, 3 // Luc 5, 13).

On voit ici s'inverser le rapport classique entre pur et impur, la pureté devenant en quelque sorte contagieuse ou conquérante dans une perspective qui n'est pas sans évoquer l'attente exprimée en Zacharie 14, 20-21 et en Jérémie 31, 31-40[40].

Le renversement qui s'opère mérite selon nous d'être pris en compte pour comprendre les développements qui vont prendre corps dès la première génération chrétienne.

Le texte fondamental est ici sans conteste l'incident d'Antioche, relaté par Paul en Galates 2, 11-14.

> [11] Mais quand Pierre vint à Antioche, je lui ai résisté frontalement car il était dans son tort. [12] En effet, avant que viennent certains de la part de Jacques, il mangeait avec les païens. Mais quand ils vinrent, il se retira et se mit rituellement à part, craignant ceux de la circoncision. [13] Et les autres juifs jouèrent le même double jeu que lui en sorte que même Barnabé se laissa entraîner par leur duplicité. [14] Mais quand je vis qu'ils ne marchaient pas droit selon la vérité de l'Évangile, je dis à

40 Sans faire forcément référence aux textes prophétiques qui annoncent ce renversement, des auteurs comme G. Theissen – A. Merz, *Der historische Jesus. Ein Lehrbuch*, Göttingen, Vandenhoeck & Ruprecht, 1996, p. 138 ; S. McKnight, *The Jesus Creed : Loving God, Loving Others*, Brewster, Paraclete, 2004, p. 159-160 ; C. L. Blomberg, « The Autenhticity and Significance of Jesus' Table Fellowship with Sinners », *in* D. L. Bock and R. L. Webb (ed), *Key Events in the Life of the Historical Jesus. A Collaborative Exploration of Context and Coherence*, Tübingen, Mohr Siebeck (coll. *Wissenschaftliche Untersuchungen zum Neuen Testament* 247), 2009, p. 215-250 (ici, p. 244), prennent en compte ce renversement. T. Holmén, « Jesus and the Purity Paradigm », *in* T. Holmén – Stanley E. Porter (eds), *Handbook for the Study of the Historical Jesus. Volume 3. The Historical Jesus*, Leiden, Brill, 2011, p. 2709-2744, parle quant à lui de stratégie inversée de la pureté et de l'impureté (*inverse strategy of [im]purity*) (p. 2743).

Céphas à la face de tous : « Si toi, étant juif, tu vis à la manière des païens et non des juifs, comment contrains-tu les nations à judaïser ? »

On y voit en conflit les trois grandes figures de la première génération chrétienne. Pierre, premier de rang parmi les disciples de Jésus et premier chef de l'Église primitive de Jérusalem ; Jacques, frère de Jésus, qui semble n'avoir rallié la communauté qu'au lendemain de Pâques mais qui s'y est vite imposé comme un – puis le – personnage central ; Paul, *l'outsider,* qui n'a pas connu Jésus et est venu rejoindre les chrétiens après les avoir persécutés. Ce qui les oppose, ce sont les limites que suppose et que génère l'application des rituels de la Loi. Question qui va s'avérer décisive dans la transformation, en quelques décennies, du mouvement chrétien en religion indépendante, affranchie du judaïsme.

Comment en est-on arrivé à ce conflit ? Il semble bien qu'il s'explique par l'enchaînement des faits suivants.

L'expulsion du groupe des hellénistes de Jérusalem, racontée dans les Actes des Apôtres (8, 1), entraîne un mouvement de mission à partir de la ville sainte. On ne tarde d'ailleurs pas à retrouver ces hellénistes à Antioche où l'Évangile est annoncé non seulement aux juifs (Actes 11, 19), mais aussi à des gens de culture grecque, manifestement païens (Actes 11, 20). Il était prévu que ces derniers puissent devenir juifs en acceptant la circoncision et l'observance de la Loi, mais, à Antioche, une initiative est prise, dont l'auteur des Actes veut nous persuader qu'elle revient en fait à Pierre (Actes 10, 1-11, 18) : des païens sont baptisés, et deviennent ainsi chrétiens, sans que leur soit imposée la circoncision. Première innovation, qui semble produire un premier émoi en Judée. Des frères se rendent à Antioche pour rappeler les prérequis habituels pour quiconque veut adhérer au judaïsme et susciter une controverse que l'on décide de régler à Jérusalem (Actes 15, 1-2). Dans son épître aux Galates (Galates 2, 2) Paul ne veut retenir qu'une révélation comme la raison de son voyage, mais on peut penser qu'en la mentionnant il souhaite surtout garder l'initiative dans cette affaire…

L'assemblée de Jérusalem, dont la teneur fut certainement beaucoup plus proche du récit qu'en propose Paul (Galates 2, 1-10) que de celui de Luc dans les Actes (15, 5-21), a donc à statuer sur la question du préalable de la circoncision. Manifestement, le point de vue antiochien l'emporte : le principe d'une mission indépendante de la circoncision prévaut (Galates 2, 7-9). Il est alors convenu d'un partage des champs missionnaires : la mission aux païens reviendra à Barnabé, à Paul et aux Antiochiens ; la mission aux juifs sera du ressort de Pierre et des Jérusalémites (Galates 2, 7-9). Dès l'origine, pourtant, il semble que les termes de cet accord aient fait l'objet de deux interprétations différentes. On pouvait les interpréter au sens selon lequel Barnabé et Paul s'étaient vu accorder une sorte de sauf-conduit pour aller à la rencontre des seuls païens et leur annoncer la bonne nouvelle sans que cela pose de problèmes, les questions de pureté étant laissées de côté et ces païens devenant des chrétiens d'un autre type que leurs frères juifs. C'est sans doute ce qu'a pensé le parti de Jacques. Mais on pouvait aussi conclure que le territoire de la Palestine était laissé à la mission juive, et le reste à la mission païenne. C'est sans doute ce qu'ont pensé les Antiochiens qui avaient tout intérêt à s'appuyer sur le dense réseau de synagogues existant dans la diaspora pour s'adresser à un public préparé à les entendre, à commencer par les craignant-Dieu, sympathisants du judaïsme qui n'avaient pas franchi le pas de l'adhésion totale que marquaient la circoncision et l'observance de la Loi.

La pratique missionnaire des Antiochiens les conduisit, en toute hypothèse, à créer à Antioche une communauté où se côtoyaient judéo- et pagano-chrétiens et où ils s'associaient à la même table.

C'était là une situation inédite que n'avait pas envisagée l'accord conclu à Jérusalem. Confondre ainsi les « champs missionnaires » et, plus encore, accepter que se retrouvent à la même table judéo- et pagano-chrétiens non astreints à la Loi revenait à outrepasser toutes les frontières en matière de règle de pureté. Cautionner de telles pratiques pouvait menacer la sécurité même de l'Église primitive de Jérusalem qui aurait sans doute connu le même sort que les hellénistes si elle avait paru, comme eux, s'en prendre au Temple et à la Loi (Actes 6, 14).

Pour les Jérusalémites et pour Jacques, qui, en dépit de son conformisme en décalage avec la hardiesse de la proclamation de Jésus, pouvait se recommander de sa parenté avec lui, il convenait donc de réagir. Ce qui fut fait.

Jacques envoya une délégation à Antioche pour remettre de l'ordre dans la communauté (Galates 2, 12).

La situation était alors d'autant plus critique que même Pierre, fer de lance de la mission aux juifs, se retrouvait à la table des païens et cautionnait ainsi la pratique révolutionnaire des Antiochiens (Galates 2, 12).

Le rappel à l'ordre produisit son effet. L'épître aux Galates, confirmant l'enjeu du débat, précise que Pierre se mit rituellement à part (Galates 2, 12). Même Barnabé succomba à ce que Paul qualifie d'hypocrisie ou de double jeu (Galates 2, 13). Car, pour ce dernier, l'enjeu est le même que lorsqu'il s'est agi de trancher la question de la circoncision des païens convertis. On ne peut les contraindre à être circoncis ou à judaïser. Cela signifierait que le salut n'est pas accordé par Dieu seul et que l'homme peut y contribuer. Cela contredirait aussi le fait que le Christ est mort pour nos péchés, venant ainsi mettre un terme à l'indignité fondamentale de chacun. Il ne peut donc, pour Paul, y avoir de chrétiens à deux vitesses : tous ont le même statut devant Dieu. Se soumettre aux oukases de Jacques et des siens, ce serait reconnaître une telle partition et ruiner la proclamation de la Croix et du salut par la foi seule.

Paul a manifestement perdu la partie. Il s'est retrouvé seul, a rompu avec Antioche et est parti, avec de nouveaux associés, à la conquête du monde grec puis de Rome. Il allait toutefois persister dans sa ligne et la défendre, avec force, non seulement dans les communautés qu'il allait créer mais encore dans ses lettres.

À Jérusalem, toutefois, on n'a pas non plus croisé les bras et on a élaboré un texte, le décret apostolique (Actes 15, 20 et 29). Paul, malgré les dires de Luc, ne l'a certainement jamais approuvé. Et, contrairement à ce que les critiques estiment le plus souvent, ce décret apostolique n'avait sans doute pas pour objet d'autoriser une quelconque communauté de table entre pagano- et judéo-chrétiens mais simplement d'énoncer les règles leur permettant de se rencontrer tout en respectant une séparation des tables, dans la logique traditionnelle.

Ce texte, émanation de Jacques, désavouait également Pierre qui, en tant que disciple, n'avait sans doute pu oublier l'étonnante liberté qu'avait affichée Jésus en de nombreuses occasions vis-à-vis de la Loi, et, plus particulièrement, de ses prescriptions rituelles (Marc 7, 15 et //). Capable des plus grands élans mais aussi de surprenantes volte-face, ce dernier, qui s'était assurément compromis dans cette affaire, se trouvait désormais marginalisé à Jérusalem où le champ libre était laissé au conformisme de Jacques.

Mais la suite des événements, avec la première Guerre juive et la ruine du Temple de Jérusalem, allait redistribuer les cartes. Le grand Sanhédrin de Jérusalem et l'Église primitive de Jérusalem durent quitter la ville et se transformer profondément. Du même coup, le judaïsme et le mouvement chrétien naissant en son sein perdirent l'un et l'autre leur centre. Dès lors, il n'était plus nécessaire de donner de gages aux autorités juives, à un moment où la mission, catalysée par les efforts de Paul, en territoires païens prenait une ampleur de plus en plus grande. Chassés des synagogues suite à la réorganisation du judaïsme autour du parti pharisien, les chrétiens allaient majoritairement considérer que la voie de l'avenir se trouvait du côté de la mission aux païens. Ils entérinèrent ainsi, une génération plus tard, les options de Paul, donnant raison à celui qui avait, de son vivant, fait et fondé un choix qui était demeuré, jusque-là, pour le moins controversé et contesté. Ainsi prévaudrait, au sein du mouvement chrétien, une nouvelle vision du monde au sein de laquelle la conception d'une pureté conquérante ou contagieuse rendant possible un rapport nouveau à l'alimentation l'emporterait.

Bibliographie

Altmann P., *Festive Meals in Ancient Israel : Deuteronomy's Identity Politics in Their Ancient Near Eastern Context*, Berlin-Boston, Walter de Gruyter (coll. *Beihefte zur Zeitschrift für die alttestamentliche Wissenschaft*, 424), 2011.

Blomberg C. L., « The Autenhticity and Significance of Jesus' Table Fellowship with Sinners », *in* D. L. Bock and R. L. Webb (ed), *Key Events in the Life of the Historical Jesus. A Collaborative Exploration of Context and Coherence*, Tübingen, Mohr Siebeck (coll. *Wissenschaftliche Untersuchungen zum Neuen Testament*, 247), 2009, p. 215-250.

Borowski O., « Eat, Drink and be Merry. The Mediterranean Diet », *Near Eastern Archaeology* 67, 2004, p. 96-107.

Douglas M., *Leviticus as Literature*, Oxford, Oxford University Press,1999.

Dupont-Sommer A., Philonenko M. (éds), *La Bible. Écrits intertestamentaires*, Paris, Gallimard (coll. Bibliothèque de la Pléiade, 337), 1987.

Girard R., *La violence et le sacré*, Paris, Grasset (coll. *Pluriel*), 1981.

Goppelt L., *Theologie des Neuen Testaments. Erster Teil. Jesu Wirken in seiner theologischen Bedeutung*, herausgegeben von J. Roloff, Göttingen, Vandenhoeck & Ruprecht, 1975.

Holmén T., « Jesus and the Purity Paradigm », *in* Tom Holmén-Stanley E. Porter (eds), *Handbook for the Study of the Historical Jesus. Volume 3. The Historical Jesus*, Leiden, Brill, 2011, p. 2709-2744.

Houston W., *Purity and Monotheism. Clean and Unclean Animals in Biblical Law*, Sheffield (coll. *Journal for the Study of the Old Testament, Supplement Series*, 140), 1993

Kunin S. D., *We Think What We Eat. Neo-structuralist analysis of Israelite food rules and other cultural and textual practices*, London-New York, T. & T. Clark, JSOT Press (coll. *Journal for the Study of the Old Testament, Supplement Series*, 412), 2004.

MacDonald N., *Not Bread Alone : The Uses of Food in the Old Testament*, Oxford, University Press, 2008.

—*What Did the Ancient Israelites Eat ? Diet in Biblical Times*, Grand Rapids, Eerdmans, 2008.

McKnight S., *The Jesus Creed : Loving God, Loving Others*, Brewster, Paraclete, 2004.

Meyer E., « Respect for Animal Life in the Book of Leviticus. How *Green* were the Priestly Authors ? », *Old Testament Essays* 24 (2011), p. 142-158.

Moskala J., *The Laws of Clean and Unclean Animals of Leviticus 11. Their Nature, Theology, and Rationale*, Berrien Springs, Adventist Theological Society Publications (coll. *Adventist Theological Society. Dissertation Series*), 2000.

Paesler K., *Das Tempelwort Jesu. Die Traditionen von Tempelzerstörung im Neuen Testament*, Göttingen, Vandenhoeck & Ruprecht (coll. *Forschungen zur Religion und Literatur des Alten und Neuen Testaments* 184), 1999.

Schmitt E., *Das Essen in der Bibel : literaturethnologische Aspekte des Alltäglichen*, Münster, Lit. (coll. *Studien zur Kulturanthropologie*, 2), 1994.

Shafer-Elliot C., *Food in Ancient. Judah. Domestic Cooking in the Time of the Hebrew Bible*, Sheffield-Bristol, Equinox (coll. *Bible World*), 2013.

Theissen G, Merz A., *Der historische Jesus. Ein Lehrbuch*, Göttingen, Vandenhoeck & Ruprecht, 1996.

Weyde K. W., *The Appointed Festivals of YHWH. The Festival Calendar in Leviticus 23 and the sukkôt Festival in Other Biblical Texts*, Tübingen, Mohr Siebeck (coll. *Forschungen zum Alten Testament*, 2. Reihe 4), 2004.

YVES LEHMANN

Le festin sacrificiel – nourriture des dieux et nourriture des hommes – dans les religions de l'Antiquité classique

La cuisine sacrificielle en Grèce. Du mythe au rite[1]

C'est dans la *Théogonie* d'Hésiode[2], à la fin du passage sur la descendance du Titan Japet, père d'une lignée de rebelles, qu'on trouve le récit de la fondation par Prométhée du premier sacrifice sanglant. La figure de Prométhée, le contexte où se situent l'abattage de la victime et la répartition de ses morceaux entre les dieux et les hommes, les conséquences proches et lointaines de l'acte prométhéen d'abord quant aux modalités du rite, ensuite pour la condition humaine, font de ce texte un document de premier plan – le mythe référentiel qui permet de comprendre la place, le rôle, les enjeux du sacrifice sanglant dans la vie religieuse des Grecs.

La scène se passe à Méconè, dans une plaine luxuriante qui évoque l'âge d'or et en un temps où dieux et hommes n'étaient pas encore séparés mais vivaient ensemble, s'asseyant aux mêmes tables, mangeant la même nourriture à l'occasion de banquets communs. Vient le moment de la répartition des honneurs entre les Olympiens et les hommes. Qui réalisera ce partage ? C'est à Prométhée, fils de Japet, qu'incombe cette tâche. Il occupe dans le monde divin une position foncièrement ambiguë : de fait, Prométhée n'est pas l'ennemi de Zeus sans être non plus pour lui un allié fidèle et sûr, tant il est vrai que sa sympathie va à tous ceux que l'ordre établi par Zeus voue à la limitation et à la souffrance. Cet esprit de rébellion, quand il met en cause de l'intérieur la souveraineté de Zeus, s'appuie sur le type d'intelligence rusée qui est

1 Sur les origines mythiques du festin sacrificiel chez les plus anciens Grecs, cf. Marcel Détienne et Jean-Pierre Vernant, *La cuisine du sacrifice en pays grec (avec les contributions de Jean-Louis Durand, Stella Georgoudi, François Hartog et Jesper Svenbro)*, Paris, nrf – Gallimard, 1979 – en particulier l'étude magistrale de Jean-Pierre Vernant intitulée « A la table des hommes. Mythe de fondation du sacrifice chez Hésiode » (p. 37-132). Pour une mise en perspective résolument anthropologique de cette question, cf. J.-P. Vernant, « Sacrifice et alimentation humaine », dans *Annali della Scuola normale superiore di Pisa* 7 (1977), p. 905-940.

2 Cf. v. 535-616.

Yves Lehmann • Université de Strasbourg

Religions et alimentation, éd. par Rémi Gounelle, Anne-Laure Zwilling et Yves Lehmann, Turnhout : Brepols, 2020 (Homo Religiosus, 20), p. 237-250
BREPOLS PUBLISHERS 10.1484/M.HR-EB.5.117417

propre à Prométhée. Le Titan se caractérise par la même astuce inventive, la même mêtis, qui assure au roi des dieux sa suprématie.

La méthode qu'emploie le fils de Japet dans la répartition dont il est chargé n'est pas moins ambiguë que son personnage. Elle ne relève ni de la guerre ouverte, ni de l'entente cordiale. C'est une procédure biaisée, truquée, frauduleuse, une joute de ruse entre Zeus et lui ; derrière la bonne grâce apparente, le respect réciproque simulé, se cache dans ce duel la volonté de contraindre en douce l'adversaire, de le berner en le prenant à son propre jeu. Le drame dont la *Théogonie* fait le récit et que reprend une séquence des *Travaux et les jours*[3] se déroule en trois actes.

Premier acte

Pour opérer la répartition des honneurs, Prométhée amène, abat et découpe devant les dieux et les hommes un grand bœuf. De tous les morceaux, il fait exactement deux parts. La frontière qui doit séparer dieux et hommes se dessine donc suivant la ligne de partage entre ce qui, dans l'animal sacrifié, revient aux uns et aux autres. Le sacrifice apparaît ainsi comme l'acte qui a consacré, en l'effectuant pour la première fois, la ségrégation des statuts divin et humain.

Chacune des deux parts préparée par le Titan est un leurre, une tromperie. La première dissimule sous l'apparence la plus appétissante les os de la bête entièrement dénudés ; la seconde camoufle, sous la peau et l'estomac d'aspect rebutant, tous les bons morceaux comestibles. C'est à Zeus, évidemment, de choisir. En feignant d'entrer dans le jeu du Titan, Zeus qui « a compris la ruse et su la reconnaître »[4], retourne contre les hommes le piège où Prométhée croyait le prendre. Il choisit la portion extérieurement alléchante, celle qui cache sous une mince couche de graisse les os immangeables. Telle est la raison pour laquelle, sur les autels odorants du sacrifice, les hommes brûlent pour les dieux les os blancs de la bête dont ils s'apprêtent à manger la chair. Ils gardent en effet pour eux la portion que Zeus n'a pas choisie : celle de la viande.

Mais, dans cette épreuve à coups fourrés, le jeu des renversements entre apparence et réalité apporte au Titan des surprises. La bonne part, aux yeux de Prométhée – c'est-à-dire celle qui se mange et qu'il entendait réserver aux hommes en lui donnant la fausse apparence de l'immangeable – est en réalité la mauvaise ; les os calcinés sur l'autel constituent la seule portion authentiquement bonne. Car, en mangeant la viande, les hommes se comportent eux-mêmes comme des « ventres »[5]. S'ils ont plaisir à se repaître de la chair d'une bête morte, s'ils ont un impérieux besoin de cette nourriture, c'est que leur faim sans cesse renaissante implique l'usure des forces physiques, la fatigue, le vieillissement et la mort. En se contentant de la fumée des os, en vivant d'odeurs et de parfums, les dieux se révèlent d'une tout autre nature : ils sont les Immortels toujours vivants, éternellement jeunes, dont l'existence ne comporte aucun élément périssable, aucun contact avec le domaine du corruptible.

3 Cf. v. 42-105.
4 Cf. *Théogonie*, v. 551.
5 Cf. *ibid.*, v. 26.

Second acte

Zeus entend faire payer aux hommes la duperie dont Prométhée s'est rendu coupable en truquant les parts. Il cache le feu, son feu céleste, c'est-à-dire qu'il ne le laisse plus comme auparavant à la disposition des hommes qui en usaient librement. Faute de feu, ils seront incapables de faire cuire, pour la manger, la viande qu'ils ont obtenue en partage. De surcroît, le souverain des dieux cache aux hommes la nourriture céréalière, les grains que la terre jusqu'alors offrait généreusement à leur appétit sans qu'il soit besoin de travailler : les blés poussaient tout seuls, en suffisance, comme s'offrait tout seul, à discrétion, le feu du ciel. Le grain caché, les hommes devront l'enfouir dans le sein de la terre, en en labourant les sillons, s'ils veulent le récolter.

Le feu céleste lui aussi caché, Prométhée en dérobe secrètement une semence qu'il dissimule, pour le porter sur terre, au creux d'une tige de fenouil. Enfoui dans le fond de sa cache, le feu volé échappe à la vigilance de Zeus qui ne l'aperçoit qu'au moment où brille déjà ici-bas la lueur des foyers de cuisine. Le feu prométhéen est un feu ingénieux, mais il est aussi précaire et périssable : il faut l'engendrer à partir d'une semence, l'alimenter sans cesse, en conserver sous la cendre une braise quand il s'éteint.

Seuls de tous les animaux, les hommes partagent avec les dieux la possession du feu. Aussi est-ce lui qui les unit au divin en s'élevant depuis les autels du sacrifice où il est allumé jusque vers le ciel. Cependant, à l'image de ceux qui l'ont domestiqué, ce feu est ambigu : céleste par son origine et sa destination, il est aussi mortel comme les hommes.

Enfin, la fonction du feu sacrificiel est de distinguer, dans la bête, la part des dieux, entièrement calcinée, et celle des hommes, juste assez cuite pour n'être pas consommée crue. En ce sens, le rapport ambigu des hommes aux dieux, dans le sacrifice alimentaire, se double d'une relation équivoque des hommes aux animaux. Car les uns et les autres ont besoin, pour vivre, de manger – que leur nourriture soit végétale ou carnée. Aussi tous sont-ils également mortels. Mais les hommes sont les seuls à manger cuit, et selon les règles. Aux yeux des Grecs, les céréales, nourriture spécifiquement humaine, sont des plantes « cultivées » et triplement cuites : par une coction interne, par l'action du soleil, par la main de l'homme. De même, les bêtes sacrificielles, et donc propres à la consommation, sont des animaux domestiques dont les chairs doivent être rituellement rôties ou bouillies avant d'être mangées.

Troisième acte

Furieux de voir brûler au milieu des hommes le feu qu'il leur refusait, Zeus leur prépare un don fait pour eux, sur mesure. Ce cadeau que tous les dieux contribuent à façonner est la contrepartie du feu volé, son revers qui brûlera les hommes. Il s'agit de la femme, baptisée Pandora (= « don de tous les dieux »), qui se présente dans le mythe comme la première épouse et comme l'archétype de la gent féminine. Les hommes vivaient auparavant sans femme ; ils surgissaient directement de la terre qui les produisait comme les céréales, toute seule. Ignorant la naissance par engendrement, ils ne connaissaient pas non plus la vieillesse et la mort. Ils disparaissaient, aussi jeunes qu'aux premiers jours, dans une paix semblable au sommeil. Cette femme, que le mâle devra besogner pour cacher en son sein la semence s'il veut avoir des enfants, comme il doit labourer la terre pour y cacher le grain s'il veut avoir du blé, comme il doit cacher au creux d'un narthex la semence du feu s'il veut l'allumer sur l'autel – cette femme donc, Zeus l'a fait fabriquer comme un leurre, un piège profond et sans issue[6]. A l'intérieur, Hermès a mis, avec le mensonge et la tromperie, la chiennerie de l'âme et un tempérament de voleur.

Divine par son aspect, humaine par la parole, par son rôle d'épouse légitime et de mère, bestiale par ses appétits sexuels et alimentaires insatiables, la femme résume en sa personne tous les contrastes du statut humain. Elle est un mal mais un mal aimable, revêtu d'une émouvante beauté, un *kakon kalon* : on ne peut ni s'en passer ni la supporter.

Pandora est expédiée par Zeus, dans tout l'attrait de sa séduction, au frère de Prométhée, son double et son contraire, Epiméthée, qui l'accueille sous son toit et fait d'elle son épouse. Voilà la femme introduite, avec le mariage, dans le monde humain. Les hommes vivaient sans connaître la fatigue, le labeur, les peines, les maladies, la vieillesse. Tous les maux étaient encore enfermés en une jarre dont Pandora, sur l'ordre de Zeus, ouvre le couvercle. Ils se répandent sur la terre où ils se mêlent aux biens sans qu'on puisse les distinguer les uns des autres.

Accomplir le rite sacrificiel

Accomplir le rite sacrificiel, c'est donc, en établissant le contact avec la divinité, commémorer l'aventure du Titan et en accepter la leçon. C'est reconnaître qu'à travers le sacrifice et tout ce qui nécessairement l'accompagne (le feu prométhéen, la culture des céréales liée au labeur, la femme et le mariage, les malheurs et la mort), Zeus a situé les hommes à la place qui est désormais la leur – entre les bêtes et les dieux. En sacrifiant, les hommes se soumettent au vouloir de Zeus qui a fait des mortels et des Immortels deux races bien distinctes.

La communication avec le divin s'établit au cours d'un cérémonial de fête, un repas, qui rappelle que l'ancienne commensalité est finie : dieux et hommes sont maintenant séparés, ils ne vivent plus ensemble, ne mangent plus aux mêmes tables. On ne saurait à la fois sacrifier suivant le mode prométhéen et prétendre, par quelque rite que ce soit, s'égaler aux dieux.

En cherchant à rivaliser de ruse avec Zeus pour donner aux hommes la meilleure part, le Titan a voué ses protégés au triste sort qui est le leur aujourd'hui. Depuis que la fraude prométhéenne a institué le premier repas sacrificiel, tout dans la vie humaine comporte son ombre et son revers : il n'est plus de contact possible avec les dieux qui ne soit aussi, à travers le sacrifice, consécration d'une infranchissable barrière entre l'humain et le divin ; il n'est plus de bonheur sans malheur, de naissance sans mort, d'abondance sans peine, de savoir sans ignorance, d'homme sans femme, de

6 Cf. *ibid.*, v. 589.

Prométhée sans Epiméthée. C'est ainsi que dans la « boucherie sacrificielle[7] » du culte public chez les Grecs, la part des dieux se résume aux os des cuisses recouverts de graisse qu'on consume sur l'autel. La fumée que dégage l'opération est censée les atteindre en leur séjour céleste. La peau leur est parfois attribuée, mais elle constitue souvent les dividendes du prêtre, au même titre que la queue, la langue, l'épaule, voire une patte. Les viscères (*splanchna*) sont prélevés, manipulés et observés aux fins de divination, puis rôtis sur des broches. Les participants directement intéressés par l'opération en mangent un petit morceau, puis le reste de l'animal est découpé et les parts, idéalement égales, sont tirées au sort. Une part est à ce moment aussi réservée aux dieux. La viande est bouillie et consommée sur place en un repas commun ou emportée. Des libations ponctuent la cérémonie et la consommation des viscères s'accompagne parfois de gâteaux et de pains. L'absorption des viscères semble avoir une vertu particulière, car leur consommation est distincte du banquet[8].

Formes et significations du repas de sacrifice à Rome[9]

Chez les Romains, le terme sacrifice (*sacrificium*) indique par son étymologie même (*sacrum facere*) qu'une part de l'offrande rituelle est volontairement soustraite par l'homme au monde profane pour être remise à la divinité. Dans quel but ? Sans doute, selon la mentalité archaïque, afin de conforter les dieux qui, dans la conception romaine, sont solidaires des hommes : de fait, en vertu de la *pietas* qui définit leurs rapports sur la base d'obligations réciproques, les mortels doivent honorer les Immortels qui, en retour, leur doivent aide, assistance et protection.

Les sacrifices non sanglants

Rien n'éclaire davantage les modalités et la finalité du sacrifice que la prière d'accompagnement qu'adresse le paysan romain à la divinité destinataire. En l'occurrence, le formulaire de Caton l'Ancien (*De l'agriculture*, 134) prévoit les dispositions à prendre pour offrir un sacrifice propitiatoire – avant la moisson – à Cérès, la déesse de la croissance des végétaux. À cet égard, il convient de noter ici que le sacrifice ne se limite pas à la seule Cérès : selon la réglementation de cette théologie très hiérarchisée, on s'adresse d'abord au dieu introducteur, *Ianus*, et ensuite au dieu souverain, *Iuppiter*. Ces préliminaires une fois accomplis, l'offrande à Cérès consistera en *exta* d'une truie et en libations de vin.

7 Cf. Guy Berthiaume, *Les rôles du* mageiros. *Etude sur la boucherie, la cuisine et le sacrifice dans la Grèce ancienne*, Leiden 1982.

8 Concernant la structure fondamentale et le rôle du repas sacrificiel dans le culte grec, cf. Walter Burkert, *La religion grecque à l'époque archaïque et classique* (traduction et mise à jour bibliographique par Pierre Bonnechère), Picard, Paris 2011, p. 86-90.

9 Sur ce véritable centre de gravité du culte romain, cf. Robert Schilling, article « Sacrifice. À Rome », dans Yves Bonnefoy (dir.), *Dictionnaire des mythologies et des religions des sociétés traditionnelles et du monde antique*, II, Paris, Flammarion, 1999, p. 1898b-1906a.

D'emblée apparaît une des originalités romaines : la part réservée à la divinité, quand il s'agit d'un sacrifice sanglant, concerne la fressure de l'animal, les *exta* – mot liturgique qui désigne le cœur (*cor*), les poumons (*pulmones*), le foie (*iecur*), la vésicule biliaire (*fel*)[10]. Ainsi le sacrifice consisterait essentiellement, dès l'origine, à « sustenter » la divinité. Cette idée est confirmée, dans le culte romain, par l'épithète *dapalis*, qui est accolée à Jupiter, quand il devient le bénéficiaire d'un repas, *daps*, qui consiste en une « urne » de vin (*urna uini*) et en une offrande de farine sacrée de la valeur d'un as (*assara pecunia*)[11]. L'officiant et l'assistance ne demeuraient pas étrangers à la cérémonie : une part des mets qui n'avaient pas été consacrés étaient livrés à l'usage profane et étaient consommés par les participants[12].

Si la *daps* représente un sacrifice au niveau de la famille, l'*epulum* correspond à un repas plus solennel organisé aux frais de l'Etat. L'*epulum Iouis* est offert chaque année à Jupiter, le 13 novembre, au Capitole, depuis la fin du IIIe siècle av. J.-C. Selon la description de Valère Maxime (*Faits et dits mémorables*, II, 1, 2), « le dieu était invité à prendre place sur un lit, Junon et Minerve, sur des sièges ». Cet *epulum* concernait donc la triade capitoline, et dieu et déesses se conformaient aux usages qui valaient pour les hommes et les femmes de ce temps. Quels mets pouvait-on offrir aux divinités ? À l'exception de préférences particulières dûment répertoriées, la liste suivante a été transmise par le grand érudit du siècle d'Auguste, Verrius Flaccus, via le résumé qu'en a donné Festus[13] : « Denrées susceptibles d'être offertes en sacrifice ... : froment, polenta, vin, pain à levain, figue sèche, viande de porc, d'agneau, fromages, viande de mouton, semoule, sésame et huile, poisson à écailles sauf l'ange (poisson de mer) ».

À ces aliments, il convient d'ajouter les prémices des récoltes qui étaient respectivement offertes à leur divinité protectrice : ainsi le premier moût (*sacrima*), à Liber Pater. Il faut également signaler que la liste, transmise par Festus, est loin d'être exhaustive ; si elle mentionne les fromages, elle omet notamment le lait qui était une offrande plus ancienne que le vin : le lait tiède est apprécié par l'une des plus vieilles divinités, Palès, la déesse des bergers et des troupeaux dont la fête, les *Parilia* (21 avril), coïncide avec le jour anniversaire de la fondation de Rome[14].

Les sacrifices sanglants

À côté de ces sacrifices non sanglants existent les sacrifices sanglants qui doivent remonter à une date aussi ancienne[15]. Les victimes ordinaires sont des porcins, des ovins ou des bovins. Faut-il distinguer entre les appellations *hostia*[16] (« victime expiatoire

---

10 Cf. Lucain, I, 621. On y ajoute quelquefois le péritoine (*omentum*).

11 Cf. Caton, *De l'agriculture*, 132.

12 Cf. *Id.*, *ibid.*, 50, 2. Pour le commentaire de ce texte, cf. R. Schilling, « Sacrum et profanum. Essai d'interprétation », *Latomus*, 30 (1971), p. 961 sq.

13 Festus, p. 298 édition W. M. Lindsay.

14 Cf. Ovide, *Fastes*, IV, 746.

15 Cf. E. Gjerstad, *Early Rome, IV. Synthesis of Archaeological Evidence*, t. 1, Lund, *Gleerup*, 1966, p. 64.

16 Cf. A. Ernout – A. Meillet, *Dictionnaire étymologique de la langue latine. Histoire des mots*, 4e édition – 2e tirage augmenté de corrections nouvelles, Paris, Klincksieck, 1967, s. u. *hostia*.

pour apaiser le courroux des dieux ») et *uictima* (« victime gratulatoire ») ? Tout donne à penser que ces nuances ne jouaient plus à l'époque historique. En revanche, la liturgie romaine paraît soumise à des règles extrêmement strictes. L'animal doit avoir un âge qui varie selon les circonstances : ainsi on distingue les victimes encore à la mamelle (*lactentes*), les victimes âgées de deux ans (*bidentes*), les victimes adultes (*hostiae maiores*). Habituellement, un dieu exige une victime mâle, et une déesse une victime femelle[17]. En vertu de ce même principe d'analogie, une divinité céleste requiert un animal à pelage clair, une divinité souterraine un animal à pelage sombre. Une réglementation particulière existe pour certaines divinités. Jupiter doit recevoir un animal castré[18], tandis qu'Apollon, Neptune et Mars demandent un mâle intact, tel le taureau[19]. Mars a le privilège d'être gratifié d'une triple offrande groupant les représentants des trois espèces d'animaux : verrat, bélier, taureau – désignés par le mot *suouetaurilia*[20].

Quel est le déroulement du sacrifice ? Il suppose d'abord certaines conditions de la part de l'officiant. Celui-ci doit être en état de pureté rituelle : par exemple, il était empêché si la mort venait à frapper un membre de sa famille, qui devenait *funesta*[21]. Revêtu de la toge qui était retroussée en forme de *cinctus Gabinus* (qui laissait les bras libres), l'officiant se lavait les mains dans un bassin et les séchait avec une serviette. Afin de ne pas être dérangé pendant la cérémonie, il se couvrait l'occiput avec un pan de la toge : il se présentait donc *capite uelato*, et cette attitude a paru aux Anciens typiquement romaine, par opposition à la tête découverte, *capite aperto*, du rituel grec[22]. Parmi les sacrifices, certains s'accomplissaient à l'intérieur de la famille, tels les *Lemuria*, que le *paterfamilias* célèbre selon une liturgie archaïque qui vise à expulser de la maison les *Lemures*, esprits malfaisants[23]. D'autres, au sein du groupe social constitué par la curie : ainsi les *Fornacalia* célébrés en l'honneur de *Fornax*, la déesse des fours, lors de la torréfaction des grains[24] ; ou encore les *Fordicidia*, sacrifice d'une vache pleine (*forda*) à la déesse Terre qui est réputée, à cette date (15 avril), grosse de semences[25]. Mais les sacrifices les plus solennels sont les *sacra publica* « qui sont offerts pour le peuple aux frais de l'Etat »[26].

Ces derniers exigent un cérémonial réglé par une ordonnance qui comporte plusieurs phases. Tout d'abord, la *probatio*, une sorte d'examen d'admission : l'animal choisi doit être irréprochable, c'est-à-dire ne présenter aucun défaut physique ; il doit

17 Cf. Arnobe, *Contre les gentils*, VII, 19.
18 Cf. Macrobe, *Saturnales*, III, 10, 3.
19 Cf. *Saturnales*, III, 10, 4.
20 Cf. par exemple Caton, *De l'agriculture*, 141 – où Mars est gratifié d'un suovétaurile de bêtes à la mamelle.
21 Cf. l'anecdote racontée par Tite-Live, II, 8, 7-8.
22 En fait, la prescription de la « tête couverte » ne s'applique pas non plus à deux divinités romaines : Saturne (cf. Festus, p. 432 édition W. M. Lindsay) et Honos (cf. Plutarque, *Q.R.*, 266).
23 Cf. Ovide, *Fastes*, V, 421 sq.
24 Cf. *Fastes*, II, 527.
25 Cf. *Fastes*, IV, 629-634.
26 Cf. Festus, p. 284 édition W. M. Lindsay.

être conforme à des normes précises : ainsi, rappelle Pline l'Ancien[27], « on n'admet un veau que si la queue atteint l'articulation du jarret ; plus courte, le sacrifice ne plaît pas aux dieux ». La victime est ornée de rameaux, la tête est décorée de bandelettes blanches ou écarlates. Souvent, s'il s'agit de bovins, les cornes sont dorées ; bovins et porcins portent sur le dos une sorte de housse-couverture, mais non les ovins qui sont présentés avec leur toison épaisse, qui n'a jamais été tondue[28]. Parée de la sorte, la victime est conduite près de l'autel, devant le temple ; à côté de l'autel est placé un foyer portatif, souvent garni de mottes de terre, et qui est destiné à recevoir les libations préliminaires du vin et de l'encens[29]. Ordre est donné de faire silence : *Fauete linguis*[30], tandis qu'un joueur de flûte « se fait entendre pour couvrir tout autre son ». L'officiant procède alors à l'*immolatio* : la tête de la victime est saupoudrée de *mola salsa* (farine d'épeautre mêlée de sel que préparent les Vestales)[31] – opération complétée par une libation de vin. Puis la victime est débarrassée de ses liens, de la housse-couverture et des bandelettes. Le sacrifiant passe le couteau le long de son échine, depuis le front jusqu'à la queue : cette prise de possession symbolique achève l'acte de la *consecratio*. C'est alors que le sacrifiant récite la formule de la prière que lui lit un assistant « pour éviter toute omission ou toute interversion »[32]. Le moment de la mise à mort est arrivé ; il s'accomplit le plus souvent par l'intermédiaire d'assistants de l'officiant. Le victimaire demande : *Agone* ? (« Dois-je agir ? », « agir » signifiant « accomplir le sacrifice »), puis il frappe le front de la victime avec un marteau ou une hache, sans doute pour l'étourdir ; un autre assistant plante le couteau dans l'artère jugulaire. Le sang qui jaillit est recueilli pour être répandu sur l'autel. Si jamais l'animal résiste au cours de ces opérations, ou, pire, s'il parvient à s'échapper, il y a mauvais présage.

Si le déroulement est normal, le corps de l'animal est ouvert pour permettre l'inspection des organes internes. Cet examen ne vise qu'à vérifier le bon état de ces organes pour s'assurer de l'agrément des dieux (*litatio*). Cette procédure conforme aux prescriptions de la liturgie romaine est donc étrangère à la consultation de caractère divinatoire des *exta*, qui a été introduite à Rome par l'haruspicine étrusque. Si les conclusions de l'examen sont bonnes, l'officiant enregistre la *litatio*, l'agrément donné par les dieux à son sacrifice. Sinon (la tradition cite, à titre d'exemples, l'absence du cœur ou de la tête du foie)[33], il faut recommencer le sacrifice, en substituant au premier animal une victime de remplacement[34].

---

27 Pline l'Ancien, *Histoire naturelle*, VIII, 183.

28 Cf. G. Henzen, *Acta Fratrum Arualium*, Berlin, G. Reimeri, 1874, p. 144 pour les exemples cités.

29 Sur l'interprétation de ce *foculus*, cf. G. Dumézil, *La religion romaine archaïque*, 2e édition, Paris, Payot, 1974, p. 321 et 549.

30 Pour tous les renseignements relatifs au déroulement du cérémonial sacrificiel, cf. Pline l'Ancien, *Histoire naturelle*, XXVIII, 11.

31 Cf. Paulus-Festus, p. 97 édition W. M. Lindsay.

32 Cf. Pline, *Histoire naturelle*, XXVIII, 11.

33 Paulus-Festus, p. 287 édition W. M. Lindsay.

34 Lire, à ce sujet, le dossier très complet de Gérard Capdeville, « Substitution de victimes dans les sacrifices d'animaux à Rome », dans *Mélanges de l'Ecole française de Rome – Antiquité* 83/1 (1971), p. 283-323.

La constatation de la *litatio* permet de passer à la phase suivante. Les *exta* sont prélevés sur la victime ; ils sont saupoudrés de *mola salsa* ; on leur ajoute quelques autres morceaux, *augmenta* ou *magmenta*[35] – ces suppléments représentant sans doute le reste de la victime. *Exta* et *augmenta* sont ensuite cuits dans une marmite ; c'est l'usage ordinaire à l'époque historique, mais la tradition connaît aussi une préparation d'*exta* mis à la broche[36]. Ensuite les *exta* sont découpés, et peuvent désormais être offerts à la divinité. L'ensemble est brûlé sur l'autel, qui a préalablement été aspergé par le sang. Quant à l'officiant et aux assistants, ils ont droit à la consommation des *uiscera* (des chairs)[37], qui sont livrés à l'usage profane. Ainsi la liturgie romaine distingue nettement la part consacrée de la part profane. Par le sang et les *exta* elle entend réserver à la divinité les organes réputés sièges de la vie, selon le principe défini par Trebatius : *sola anima deo sacratur* (« seule l'âme est consacrée à la divinité »)[38]. En ce sens, le sacrifice romain diffère fondamentalement du sacrifice grec qui prévoit une répartition indifférenciée entre dieu et fidèles de toutes les parties de la victime.

Mais Rome a connu également le *ritus graecus*, la liturgie grecque qui était notamment en usage pour le culte d'Hercule, au Grand Autel[39] : là, les participants à l'offrande sacrificielle étaient admis à consommer aussi les *exta*, la fressure. Inversement, le dieu pouvait recevoir « toute espèce d'aliments ou de boissons »[40]. On ne faisait donc plus la distinction entre les *exta*, réservés au dieu et les *uiscera profana*, la chair profane abandonnée à la consommation des assistants.

Mais il existe à Rome un autre type de sacrifice : l'holocauste, qui consiste à brûler entièrement la victime, et n'inclut donc (par la force des choses) aucun repas sacrificiel. Dans l'*Enéide*[41], par exemple, Enée offre au « roi du Styx », Pluton, des taureaux brûlés en entier. Encore la pratique de l'holocauste n'est-elle signalée que dans les procès-verbaux des Jeux séculaires : lors des Jeux célébrés par Auguste en 17 av. J.-C., neuf agnelles semblent avoir été sacrifiées – selon ce rite grec – aux Parques[42], de même qu'aux Jeux séculaires de Septime Sévère, en 204 apr. J.-C., une truie entière, à la déesse Terre[43].

La critique philosophique des sacrifices sanglants

Enfin, on ne saurait méconnaître la critique philosophique des sacrifices sanglants qui commence à se développer chez les penseurs de l'*Vrbs* tardo-républicaine. C'est ainsi que le poète théologien Ovide prononce – par le biais du discours de Pythagore

---

35 Cf. Varron, *La langue latine*, V, 112.
36 Cf. Ovide, *Fastes*, II, 362.
37 *Viscera* désigne « tout ce qui se trouve entre la peau et les os » (Servius, *ad Aen.*, VI, 253).
38 Trebatius, auteur d'un traité *De religionibus*, est cité par Macrobe, *Saturnales*, III, 5, 1.
39 On se reportera à Jean Bayet, *Les origines de l'Hercule romain*, Paris, De Boccard, 1926.
40 Festus, p. 298 édition W. M. Lindsay.
41 Cf. Virgile, *Enéide*, VI, 253.
42 Cf. *C.I.L.*, VI, 32 323.
43 Cf. *C.I.L.*, VI, 32 329 a, l. 49 = G. B. Pighi, *De ludis saecularibus : populi Romani Quiritium. Libri vi*, ed. alt., Amsterdam, Schippers, 1965, p. 162.

au livre XV des *Métamorphoses* – une condamnation sans appel de l'abattage des animaux sacrificiels : « On se figure que le sang d'un taureau est agréable aux puissances célestes. Une victime sans tache, que distingue sa beauté (car avoir plu est pour elle un malheur), parée d'or et de bandelettes, est amenée devant les autels ; sans se douter de ce qui s'apprête, elle entend réciter des prières, elle voit poser sur son front, entre ses cornes, les fruits de la terre dont la culture est son ouvrage, et, quand elle a reçu le coup fatal, elle teint de son sang le couteau qu'elle avait peut-être aperçu dans une eau limpide. Aussitôt on arrache les viscères de son sein encore palpitant, on les examine, on y cherche la volonté des dieux[44]. »

Banquets sacrificiels et cultes à mystères dans l'Antiquité gréco-romaine[45]

On se gardera de méconnaître que les mystères, à l'instar de tous les autres types de culte dans l'Antiquité classique, s'accompagnaient d'une forme de bonheur strictement terrestre : la joie de festoyer et de partager entre fidèles un plantureux repas. Tout se passe, pour un observateur puritain, comme si la religion servait de simple prétexte à la satisfaction de désirs manifestement profanes.

De fait, le cratère rempli de vin figurait toujours en bonne place dans les *orgia* bacchiques[46] et la viande rôtie des victimes y abondait. Même lors des mystères d'Eleusis, le jour immédiatement subséquent à la nuit des visions, avaient lieu selon toute vraisemblance des sacrifices de taureaux, à l'occasion desquels les éphèbes faisaient montre de leur force physique en soulevant les victimes taurines[47] ; la viande était alors distribuée entre les mystes. Quant aux prêtres de la Magna Mater, les galles, ils n'étaient pas autorisés à goûter aux fruits des champs, mais avaient l'obligation de vivre de la viande des sacrifices qu'ils pressaient le peuple d'offrir[48] ; le sacrifice d'un bélier, voire celui d'un taureau, constituaient d'heureux événements pour eux. Lorsque le culte de la Grande Mère des dieux fut introduit à Rome, les dévots s'organisèrent en *collegia* qui se réunissaient périodiquement pour des repas en commun[49]. Pareillement, dans le culte d'Isis et de Sarapis, les repas (*deipna*) apparaissent comme les coutumes les mieux établies : les adeptes faisaient construire des locaux spéciaux

44 Sur cet aspect de la dissidence religieuse du poète de Sulmone, voir Yves LEHMANN, « Anthropologie et zoologie chez les premiers philosophes romains », dans Luigi DE POLI et Yves LEHMANN (éds), *Naissance de la science dans l'Italie antique et moderne. Actes du colloque franco-italien des 1er et 2 décembre 2000 (Université de Haute Alsace)*, Bern – Berlin *et al.*, Peter Lang, 2004, p. 44.

45 Sur ce genre de repas en commun (réel, symbolique ou imaginaire), cf. Walter BURKERT, *Les cultes à mystères dans l'Antiquité* (Nouvelle traduction de l'anglais par Alain-Philippe Segonds), Paris, Les Belles Lettres, Paris, 2003, p. 109 sq.

46 Mais le vin et l'ivresse pouvaient être regardés aussi comme une vengeance du dieu : cf. Platon, *Lois*, II, 672 B.

47 Cf. Walter BURKERT, Homo necans. *Interpretation altgriechischer Opferriten und Mythen*, Berlin – New York, W. de Gruyter, 1972, p. 292, n. 85.

48 Cf. Juvénal, II, 111-116 ; VI, 511-521.

49 Cf. Cicéron, *De senectute*, 45.

(*oikoi*) à l'intérieur du temple, avec des lits (*klinai*) disposés de façon particulière en vue des banquets de cérémonie[50]. Enfin, dans les *Mithraea* qui ont été fouillés, les ossements d'animaux de différentes espèces montrent clairement qu'on ne se servait pas des lits pour y prier à genoux, ainsi que le croyait F. Cumont, mais pour consommer de substantiels repas[51]. C'est ainsi que l'iconographie mithriaque montre par exemple Mithra et Hélios en train de festoyer ensemble à une table recouverte de la peau du taureau abattu – dont ils consomment manifestement la viande –, tandis que les grades inférieurs, du Corbeau au Lion, assurent le service[52]. En tout état de cause, il s'agit là d'authentiques repas sacrificiels, de fêtes heureuses avec pléthore de nourriture, qui offrent un contraste saisissant avec une vie quotidienne plutôt chiche. Jamais on ne trouve la nourriture ou la boisson ramenées à un niveau purement symbolique comme dans le christianisme – dont la simplicité répond à sa vocation de religion de masse, tandis que les mystères s'apparentent à des clubs coûteux, fréquentés par un nombre restreint de membres et trop chers pour être à la portée de tout le monde.

L'optique chrétienne, cependant, soulève la question de savoir s'il existait, dans les mystères païens, quelque chose d'analogue à l'Eucharistie, autrement dit quelque forme de communion ou de sacrement. Justin[53] rapporte, avec une référence explicite à l'usage chrétien, que dans les mystères de Mithra, on posait sur la table du pain et une coupe d'eau – imitation proprement diabolique d'après cet apologiste –, mais on ne sait rien de la place et du rôle de ce détail liturgique dans l'ensemble des septuples initiations et réunions. A Eleusis, boire du *kykéôn* – une sorte de soupe faite de grains d'orge concassés – passait pour un geste cultuel important : cette pratique marquait la fin du jeûne[54] et représentait la forme primitive d'une alimentation à base de céréales, qui entra en vigueur à la fin du « cannibalisme ». Là encore, on ignore la place d'un tel acte au sein des cérémonies religieuses. Et dans les mystères bacchiques, le « bonheur » (*makaria*) se présentait aux initiés sous la forme d'un gâteau[55], tout comme *Hygieia*, la « Santé », était bue directement dans le culte d'Asclépios[56].

---

50 Cf. H. C. Youtie, « The Kline of Sarapis », *Harvard Theological Review* 41 (1948), p. 9-29 [= *Scriptiunculae* I (1973), p. 487-509].

51 Lire à ce sujet l'excellente mise au point de Robert Turcan, « Le sacrifice mithriaque. Innovations de sens et de modalités », dans J. Rudhardt – O. Reverdin (éd.), *Le sacrifice dans l'Antiquité. Huit exposés suivis de discussions, Vandœuvres-Genève, 25-30 août 1980*, Genève, Fondation Hardt, 1981, p. 346 sqq.

52 Voir notamment le relief de Konjic en Dalmatie – reproduit dans R. Merkelbach, *Mithras*, Meisenheim, A. Hain, 1984, fig. 148.

53 Justin le Martyr, *Apol.*, I, 66, 4.

54 Cf. *Hymne homérique à Déméter*, 208-210. Une avancée significative dans l'interprétation de cette boisson mystérique a été réalisée par A. Delatte, *Le cycéon, breuvage rituel des mystères d'Eleusis*, Paris, Les Belles Lettres, 1955, p. 5-8.

55 Même dans une religion fortement spiritualisée, le séjour au paradis est souvent représenté comme un festin ; sur cette thématique, consulter F. Cumont, *After Life in Roman Paganism. Lectures delivered at Yale University on the Silliman Foundation*, New Haven, Yale University Press, 1922, p. 204-206.

56 Cf. Hérondas, IV, 94 sqq. ; Athénée, *Deipn.*, III, 115 a.

« Manger le dieu » : ce motif, qui a fasciné les commentateurs modernes[57], n'apparaît clairement que dans une unique et illustre version du mythe de Dionysos, selon laquelle les Titans, les ancêtres de l'homme, auraient dégusté leur divine victime après l'avoir tuée, démembrée, cuite et rôtie[58]. Une scholie de Clément d'Alexandrie met cette fable en relation avec le rituel dionysiaque de l'*omophagia*, de la « consommation de viande crue », mais l'incompatibilité du « cru » avec le « cuit » avait été remarquée déjà avant Lévi-Strauss[59]. Tout donne à penser qu'une sorte d'absorption sacramentelle du vin – en liaison avec les mythes de la mort et du démembrement – se produisait lors de la fête des Anthestéries à Athènes, mais il s'agissait de fêtes publiques, et non de mystères.

Parmi les rumeurs propagées sur les cérémonies secrètes, ineffables, revient fréquemment l'accusation de cannibalisme, le plus épouvantable crime collectif qui puisse lier ses coauteurs. Juifs et chrétiens ont été en butte à la même accusation, qui a été lancée également contre les sanctuaires de Mithra et de Mâ-Bellone[60] ; le thème est subtilement traité dans un épisode du roman de Lollianus[61]. Même si de telles scènes ressortissent à des fictions littéraires et non à des réalités documentaires, force est de reconnaître qu'elles ne reflètent en aucune manière la théologie du « manger le dieu ». À tous égards, il convient de rechercher un arrière-plan plus général pour ces formes – authentiques, allégoriques ou fictionnelles – de repas collectif.

L'institution primitive du sacrifice animal – avec l'inévitable antinomie entre tuer et manger – se concrétise dans un jeu d'antithèses : deuil / réjouissance, quête / découverte, jeûne / repas[62]. Les mystères y participent très largement. Parmi les inscriptions trouvées dans le *Mithraeum* de Santa Prisca à Rome, une est devenue célèbre presque aussitôt – un hexamètre, incomplètement conservé : *et nos seruasti [...] sanguine fuso*[63]. L'établissement du texte pose problème : le mot qui occupe le milieu du vers ne peut être lu avec certitude : on a d'abord proposé *aeternali* (= « éternel »), conjecture qui a ensuite été rejetée. Mais, en dépit de ce terme indéchiffrable, le sens qui prévaut est que la mort, l'effusion du sang, constituent notre « salut » – allusion au sacrifice démiurgique accompli par le dieu tauroctone Mithra. Davantage. Cette formule lacunaire se comprend à différents niveaux. Car ce fut un « salut » pour les premiers hommes que de se mettre à chasser le gros gibier en vue de leur adaptation à un nouvel environnement. Ce fut aussi un « salut » pour l'humanité, dans une

57 Entre autres J. G. FRAZER, *The Golden Bough*, VIII/3, London, Macmillan, 1966, p. 48-408, qui, lui-même, suit partiellement la théorie du sacrifice de W. Robertson SMITH, *Lectures on the Religion of the Semites*, II, Cambridge, 1884.

58 Traitement détaillé du mythe du démembrement de Dionysos dans M. L. WEST, *The Orphic Poems*, Oxford, Clarendon Press, 1983, p. 140-175.

59 Voir en particulier W. F. OTTO, *Dionysos. Mythos und Kultus*, 1re édition, Frankfurt, V. Klostermann, 1933.

60 Cf. Dion Cassius, XLII, 26, 2.

61 Cf. A. HENRICHS, *Die Phoinikika des Lollianos. Fragmente eines neuen griechischen Romans*, Bonn, R. Habelt, 1972, surtout p. 28-36.

62 Voir Walter BURKERT, Homo necans *(...), passim.*

63 Cf. M. J. VERMASEREN – C. C. VAN ESSEN, *The Excavations in the Mithraeum of the Church of Santa Prisca in Rome*, Leiden, Brill, 1965, p. 217 sqq.

étape ultérieure de son développement, que de passer de la chasse à l'agriculture : tel est le sens allégorique de la métamorphose en épi de blé de la queue du taureau sacrificiel. Ainsi l'action meurtrière du dieu apparaît comme l'image emblématique du salut – en tant qu'elle exprime, pour le présent et pour l'avenir, les espérances sotériologiques des mithriastes.

Conclusion

Revigorer le dieu étant une des fonctions majeures du sacrifice rituel dans l'Antiquité classique, il est normal que la consécration d'aliments ait été conçue comme l'offrande d'un repas qui, selon les cas, ne bénéficiait qu'au dieu ou admettait aussi les fidèles à la consommation sainte. Et de fait, le sacrifice pouvait, selon le rituel du dieu, du sanctuaire ou de la cérémonie, être en totalité réservé à la divinité (par exemple quand le sacrifice s'adressait à une divinité infernale) ou, lorsqu'il s'agissait d'un animal ou d'une denrée alimentaire, impliquer une participation des prêtres ou des fidèles dans le cadre d'une sorte de communion. D'ailleurs même les ossements des victimes étaient sacrés. Tant il est vrai que l'imagination des Anciens se figurait fort bien la présence d'êtres invisibles, les dieux, appelés à siéger à un banquet. Cette présence se symbolisait par les seuls attributs du dieu, voire s'inférait du vide rituel de son fauteuil ou de sa couche. Mais les progrès de l'anthropomorphisme hellénique firent croître inversement l'exigence, à la fois vulgaire et idéaliste, de voir les personnes divines ainsi « invitées » par leurs fidèles. Souvenir conscient ou inconscient de la commensalité entre dieux et hommes aux origines du monde ? En tout état de cause, l'hypothèse mérite d'être formulée.

Bibliographie

Bayet J., *Les origines de l'Hercule romain*, Paris, De Boccard, 1926.

Berthiaume G., *Les rôles du* mageiros. *Etude sur la boucherie, la cuisine et le sacrifice dans la Grèce ancienne*, Leiden 1982.

Burkert W., Homo necans. *Interpretation altgriechischer Opferriten und Mythen*, Berlin – New York, W. de Gruyter, 1972.

Burkert W., *La religion grecque à l'époque archaïque et classique* (traduction et mise à jour bibliographique par Pierre Bonnechère), Paris, Picard, 2011.

Burkert W., *Les cultes à mystères dans l'Antiquité* (Nouvelle traduction de l'anglais par Alain-Philippe Segonds), Paris, Les Belles Lettres, Paris, 2003.

Capdeville G., « Substitution de victimes dans les sacrifices d'animaux à Rome », *Mélanges de l'Ecole française de Rome – Antiquité* 83/1 (1971), p. 283-323.

Cumont F., *After Life in Roman Paganism. Lectures delivered at Yale University on the Silliman Foundation*, New Haven, Yale University Press, 1922.

Delatte A, *Le cycéon, breuvage rituel des mystères d'Eleusis*, Paris, Les Belles Lettres, 1955.

Détienne M. – Vernant J.-P., *La cuisine du sacrifice en pays grec (avec les contributions de Jean-Louis Durand, Stella Georgoudi, François Hartog et Jesper Svenbro)*, Paris, nrf – Gallimard, 1979.

Dumézil G., *La religion romaine archaïque*, 2e édition, Paris, Payot, 1974.

Ernout A. – A. Meillet A., *Dictionnaire étymologique de la langue latine. Histoire des mots*, 4e édition – 2e tirage augmenté de corrections nouvelles, Paris, Klincksieck, 1967.

Frazer J. G., *The Golden Bough*, VIII/3, London, Macmillan, 1966.

Gjerstad E., *Early Rome*, IV. *Synthesis of Archaeological Evidence, t. 1, Lund, Gleerup, 1966.*

Henzen G., *Acta Fratrum Arualium*, Berlin, G. Reimeri, 1874.

Lehmann Y., « Anthropologie et zoologie chez les premiers philosophes romains », dans L. de Poli et Y. Lehmann (éds), *Naissance de la science dans l'Italie antique et moderne. Actes du colloque franco-italien des 1er et 2 décembre 2000 (Université de Haute Alsace)*, Bern – Berlin *et al.*, Peter Lang, 2004, p. 37-51.

Merkelbach R., *Mithras*, Meisenheim, A. Hain, 1984.

Otto W. F., *Dionysos. Mythos und Kultus*, 1re édition, Frankfurt, V. Klostermann, 1933.

Pighi G. B., *De ludis saecularibus : populi Romani Quiritium. Libri vi*, ed. alt., Amsterdam, Schippers, 1965.

Rudhardt J., – Reverdin O. (éd.), *Le sacrifice dans l'Antiquité. Huit exposés suivis de discussions, Vandœuvres-Genève, 25-30 août 1980*, Genève, Fondation Hardt, 1981.

Schilling R., « Sacrifice. À Rome », dans Y. Bonnefoy (dir.), *Dictionnaire des mythologies et des religions des sociétés traditionnelles et du monde antique*, II, Paris, Flammarion, 1999, p. 1898b-1906a.

Schilling R., « Sacrum et profanum. Essai d'interprétation », *Latomus*, 30 (1971), p. 953-969.

Vermaseren M. J. – van Essen C. C., *The Excavations in the Mithraeum of the Church of Santa Prisca in Rome*, Leiden, Brill, 1965

Vernant J.-P., « Sacrifice et alimentation humaine », *Annali della Scuola normale superiore di Pisa* 7 (1977), p. 905-940.

West M. L., *The Orphic Poems*, Oxford, Clarendon Press, 1983.

Youtie H. C., « The Kline of Sarapis », *Harvard Theological Review* 41 (1948), p. 9-29 [= *Scriptiunculae* I (1973), p. 487-509].

LAURENT FEDI

Les règles alimentaires dans la religion de l'Humanité d'Auguste Comte

> « S'il faut tirer une religion de la sociologie – ce que personnellement je me garderai de faire – la seule qui me paraisse à la rigueur pensable, c'est au bout du compte celle d'Auguste Comte ».
>
> *Raymond Aron*[1]

La religion de l'Humanité[2]

La philosophie d'Auguste Comte comprend deux versants : une philosophie scientifique et une philosophie politique. La première consiste, d'une part, à coordonner et à homogénéiser le système des connaissances, d'autre part à fonder une nouvelle science, la physique sociale ou sociologie. La sociologie est à la politique ce que la biologie est à la médecine : elle permet de faire l'analyse de la situation politique, le but affiché étant de réorganiser la société sur des bases positives.

Cette réorganisation, Comte a fini par la chercher dans un modèle organique de type religieux : la religion de l'Humanité, qui est une religion sans Dieu transcendant, une religion sécularisée, mais disposant d'une structure articulée, avec un dogme, un culte et un régime. Comte analyse comme une avancée décisive le déclin du mode d'explication théologique, qui a fait son temps, mais il ne croit pas à la sortie du religieux, car les sociétés modernes ont besoin d'un lien puissant et d'un système de régulation qui puisse donner un sens et une orientation cohérente à nos sentiments, nos connaissances et nos actions.

---

1 R. ARON, *Les étapes de la pensée sociologique*, Gallimard (coll. *Tel*), 1967, p. 123.

2 Voir, sur ce thème, le numéro spécial de la *Revue des sciences philosophiques et théologiques*, t. 87, n°1, janvier-mars 2003.

Laurent Fedi • Université de Strasbourg

Religions et alimentation, éd. par Rémi GOUNELLE, Anne-Laure ZWILLING et Yves LEHMANN, Turnhout : Brepols, 2020 (Homo Religiosus, 20), p. 251-260
BREPOLS PUBLISHERS 10.1484/M.HR-EB.5.117418

L'office de la religion selon Comte consiste à « *régler* chaque nature individuelle et à *rallier* toutes les individualités[3] ». La religion procure un « état de pleine harmonie propre à l'existence humaine, tant collective qu'individuelle[4] ». Elle constitue pour l'âme « un consensus normal exactement comparable à celui de la santé envers le corps[5] ». Elle met l'individu en harmonie avec lui-même : elle est une sorte de médecine de l'âme. Mais elle établit aussi une communion sociale. Comte se propose de résoudre par la religion « le grand problème humain », qui est « la subordination habituelle de l'égoïsme à l'altruisme[6] ». Dans l'économie générale de la nature humaine, il existe des dispositions altruistes innées, mais celles-ci sont moins énergiques que les dispositions égoïstes, notamment en raison de la nécessité matérielle qui nous oblige à travailler à notre conservation. Il faut donc stimuler les penchants altruistes et comprimer les penchants égoïstes, autrement dit favoriser la sociabilité. L'homme est un être social, ce dont il faudra tenir compte en médecine comme en sociologie[7], car l'individu n'entre en relation avec l'ordre du monde que par la médiation de l'Humanité dont le passé constitue une sorte de mémoire commune implantée en chacun. En ce sens, l'anarchie apparaît à Comte comme une pathologie de la société. Pour se conserver et progresser (selon la devise « Ordre et Progrès »), toute collectivité a donc besoin d'une communion, d'un principe d'unité. Or ce principe n'est pas intellectuel mais affectif. Pour Comte, la religion est quasiment synonyme de synthèse, et c'est le sentiment, l'amour, qui est le principe synthétique par excellence.

L'idée d'une nouvelle religion n'est pas conçue par Comte comme un projet arbitraire, mais comme le cheminement normal de l'histoire. L'Humanité commença par créer des dieux aux fins d'encadrement des conduites humaines avant de prétendre guider directement « ses serviteurs[8] ». Les anciens cultes et les religions révélées apparaissent ainsi rétrospectivement comme des anticipations spontanées d'une unité humaine que le positivisme complet, arrivant à son heure, n'a plus qu'à systématiser[9]. À mesure que l'Humanité prend conscience d'elle-même comme sujet historique, elle tend à se synthétiser autour de valeurs communes réellement universelles. « C'est ainsi que le positivisme dissipe naturellement l'antagonisme mutuel des différentes religions antérieures, en formant son propre domaine du

3 A. Comte, *Catéchisme positiviste ou sommaire exposition de la religion universelle en onze entretiens systématiques entre une Femme et un Prêtre de l'Humanité*, éd. P. Arnaud, Paris, Garnier Flammarion, 1966 [1852], p. 60.

4 A. Comte, *Système de politique positive ou Traité de sociologie instituant la Religion de l'Humanité*, Paris, Carilian-Goeury et V. Dalmont, 1851-1854, t. II [1852], p. 8.

5 *Ibid.*

6 *Ibid.*, p. 204.

7 Lettre d'Auguste Comte à Georges Audiffrent, 21 décembre 1854, *Correspondance générale et confessions*, éd. P. Carneiro et A. Kremer-Marietti, Paris, EHESS/Vrin, 1987, t. VII, p. 284.

8 Lettre d'Auguste Comte à Henri de Tholouze, 4 janvier 1856, *Correspondance générale et confessions*, Paris, EHESS/Vrin, 1990, t. VIII, p. 180.

9 Comte voit par exemple dans le culte de la Vierge qui s'épanouit au Moyen Âge la préfiguration du culte de la femme et de l'Humanité, ou, selon ses termes, « une idéalisation spontanée de l'Humanité d'après l'apothéose de la Femme » (*Correspondance générale et confessions*, t. VII, p. 238).

fond commun auquel toutes se rapportèrent instinctivement[10] ». Cette religion réellement universelle, qui réconciliera l'Occident et l'Orient, rend hommage aux cultes antérieurs dont elle hérite comme un prolongement, selon la loi historique de continuité. Dans l'esprit de son fondateur, le positivisme n'est pas un éclectisme, mais une synthèse à laquelle l'Humanité aspirait inconsciemment.

La synthèse finale apparaît comme la justification positive et la clarification de pratiques religieuses du passé préalablement inconscientes d'elles-mêmes. Le positivisme religieux a ainsi une portée heuristique : il permet d'interpréter sous un angle anthropologique constructif des mythes et des rites qui n'avaient suscité de la part des rationalistes du XVIIIe siècle qu'incompréhension et rejet. Loin de condamner globalement les religions, à la manière des « esprits forts » du siècle précédent, Comte transpose à la nouvelle religion laïque des rites et des institutions puisés en grande partie dans le catholicisme[11], mais aussi dans l'islam, dans les théocraties antiques et dans le fétichisme[12]. La religion positiviste est une synthèse d'éléments religieux présentés par Comte comme autant de prémonitions du système final.

La religion de l'Humanité dispose d'un dogme, d'un culte et d'un régime. Le dogme permet de concevoir l'ordre universel qui domine l'existence humaine : tel est en effet l'objet de la foi qui devient dans le positivisme une foi démontrable. Le culte (privé ou public) consolide et développe l'amour. Le régime est l'ensemble des prescriptions nécessaires à la discipline religieuse : il règle l'activité comme le dogme règle les pensées, et le culte les sentiments. Le terme de « régime » est à comprendre au double sens de régime politique (la religion positiviste instaure une nouvelle division du pouvoir spirituel et du pouvoir temporel) et de régime de vie, dans lequel on trouvera « les règles générales qui doivent présider aux actes humains, surtout habituels, et même exceptionnels[13] », donc aussi bien les règles alimentaires que la morale sexuelle.

Médecine et religion[14]

Chez Comte, « moral » s'entend également en un double sens, car les rapports « du physique et du moral » sont indissociables de la conduite individuelle qui constitue à proprement parler « la morale ». L'ensemble de ces considérations se rassemblent dans la théorie de l'âme et du corps – « l'âme » désignant à présent l'ensemble des fonctions mentales qui se résument dans l'économie cérébrale de l'être humain. Jusqu'à présent, explique Comte, les médecins se souciaient du corps, et les prêtres, de l'âme, mais en réalité on ne peut prétendre diriger l'âme sans tenir compte

10 A. Comte, *Catéchisme positiviste*, p. 60.

11 Voir Annie Petit, « Du catholicisme au positivisme », *Revue internationale de philosophie*, vol. 52, n° 203 (1), mars 1998, p. 127-155.

12 L'incorporation finale du fétichisme au positivisme, à partir de 1854, donne au fétichisme une place tout à fait singulière dans cette assomption moderne des origines.

13 A. Comte, *Catéchisme positiviste*, p. 201.

14 Voir, sur ce thème, Jean-François Braunstein, *La philosophie de la médecine d'Auguste Comte. Vaches carnivores, Vierge Mère et morts vivants*, Paris, PUF, 2009.

de sa subordination au corps[15]. Il faut donc supprimer cette fausse séparation entre le physique et le moral et intégrer la médecine au domaine sacerdotal. Par ailleurs, Comte espère convaincre les médecins positivistes de l'origine cérébrale des maladies et du traitement moral qui leur convient, le défaut d'unité – la carence en synthèse affective – étant à ses yeux le principal facteur des pathologies humaines[16]. On voit ici comment, dans son effort de systématisation, Comte est amené à penser ensemble, en les articulant étroitement, la morale, la médecine, la sociologie et la religion.

Comte construit la nouvelle religion en s'inspirant du catholicisme, mais plus il avance dans sa carrière religieuse, plus il se rapproche du modèle de l'antique théocratie, au point de considérer que le Moyen Âge catholique représente une transition entre la théocratie initiale et le positivisme. Comte admire dans la théocratie la globalité des compétences sacerdotales. L'alliance de la science et de la poésie en est un exemple, mais il n'est pas le seul : l'intégration des médecins au sacerdoce est aussi liée à ce modèle. La théocratie antique fournit le modèle d'une discipline complète qui réalise la synthèse entre toutes les fonctions humaines, physiques et psychiques, théoriques et affectives. Les préconisations de Comte en matière de régime se situent ainsi à l'articulation de la médecine et de la morale sociale, de la diététique et de l'éthique.

Intégrer les médecins dans le sacerdoce, c'est rappeler que les fonctions psychiques dépendent de l'état du corps (du cerveau en particulier) ; mais c'est aussi, en sens inverse, donner une autorité religieuse à la médecine qui est impuissante quand elle livre l'individu à son jugement personnel. Pour Comte, en effet, aucune discipline alimentaire n'est possible si chacun est « juge de lui-même[17] », car l'être humain est trop velléitaire ; il est toujours prêt à se trouver quelque raison de faire bonne chère. La prudence personnelle est exposée aux « sophismes de la gourmandise[18] ». Il est difficile de se tempérer soi-même car l'intempérance peut troubler les fonctions psychiques sans entraîner aucun effet remarquable sur l'organisme (beaucoup d'individus sont capables de supporter les orgies « avec une véritable impunité corporelle[19] ») et l'être humain est plus sensible aux désagréments immédiats qu'aux avantages lointains et incertains[20]. Par conséquent, dans un état où prévalent des habitudes désordonnées, il sera difficile de convaincre l'individu de changer ses comportements. Pour rendre les règles efficaces, il faudrait « invoquer une autorité supérieure à toute individualité[21] », « une autorité supérieure à l'arbitrage individuel[22] ». En bref, les règles doivent être soumises à une autorité religieuse.

---

15 A. Comte, *Catéchisme positiviste*, p. 61.

16 « [...] les maladies résultant d'une altération de l'unité, tandis que l'unité repose essentiellement sur la sympathie, il est rigoureusement démontré que le meilleur moyen de se bien porter consiste à développer la bienveillance » (Lettre de Comte à Georges Audiffrent, 11 décembre 1854, *Correspondance générale et confessions*, t. VII, p. 278). Voir aussi la lettre à Audiffrent du 1er novembre 1855 (*ibid.*, t. VIII, p. 135).

17 A. Comte, *Catéchisme positiviste*, p. 62.

18 *Ibid.*, p. 226.

19 *Ibid.*

20 *Ibid.*, p. 62.

21 *Ibid.*

22 A. Comte, *Système de politique positive*, t. IV, p. 284.

La justification des règles alimentaires

L'idée n'est évidemment pas nouvelle et Comte peut ici se référer aux modèles du passé. Mais les prescriptions théologiques sont, selon lui, insuffisantes. Fondées sur une base surnaturelle, elles « ne comportent qu'une validité temporaire et partielle, désormais épuisée[23] ». De plus, le théologisme ne réfrénait l'intérêt « qu'en l'excitant » et « laissait chacun juge des sacrifices[24] ». Comte semble insinuer que les prescriptions des théologiens étaient arbitraires et que les fidèles devaient les suivre sans chercher à en comprendre le bien-fondé. Dans la religion de l'Humanité, au contraire, toutes les règles sont justifiées. Elles répondent à une connaissance positive des réalités humaines et à l'objectif moral que résume la maxime fondamentale « vivre pour autrui ». Le principe de sociabilité sera donc « la seule base possible de prescriptions vraiment inébranlables[25] ».

Plus précisément, deux « motifs sociaux » sont à la base des règles alimentaires : premièrement l'obligation d'économiser les provisions pour les répartir entre les serviteurs de l'Humanité ; deuxièmement, le mépris des soins du corps au profit d'une réflexion sur la destinée de l'âme. Le premier motif implique une réduction de notre consommation habituelle même quand elle est sans danger pour l'organisme. Il faut rappeler qu'au XIXe siècle les hommes vivaient encore dans la hantise de la famine, la production restant étroitement soumise aux conditions météorologiques, et que la quantité et la qualité de l'alimentation variaient selon les milieux sociaux. Comte est donc préoccupé par la juste répartition des denrées. Au-delà d'une quantité modérée, nous consommons des provisions « que l'équité morale destinait à d'autres[26] », donc nous imposons à d'autres « d'injustes privations[27] ». Dans la cité positiviste, les riches sont les détenteurs du capital, mais ne sont pas censés en disposer à leur gré. Comte rappelle à ceux qui se croient « maîtres des richesses » qu'ils en sont seulement « les administrateurs »[28].

L'héritage du catholicisme et de l'islam

Sans s'appesantir sur des explications qui sont remises à plus tard[29], Comte affirme que sa proposition n'est pas entièrement nouvelle et qu'il s'agit en fait de systématiser des motifs sociaux qui existent à l'état empirique depuis la fin du Moyen Âge[30]. Cependant, le catholicisme lui paraît avoir été plus efficace pour

---

23 A. Comte, *Catéchisme positiviste*, p. 226.
24 A. Comte, *Système de politique positive*, t. IV, p. 284-285.
25 A. Comte, *Catéchisme positiviste*, p. 226.
26 *Ibid.*
27 A. Comte, *Système de politique positive*, t. IV, p. 285.
28 *Ibid.*
29 Il réserve ses explications à son traité de morale qui ne verra jamais le jour, Comte étant mort avant d'avoir pu l'écrire.
30 A. Comte, *Système de politique positive*, t. IV, p. 285.

régler l'instinct sexuel que pour régler l'instinct nutritif. C'est plutôt la théocratie qui s'illustra dans les règles de conservation matérielle en instituant de solides principes d'hygiène privée et publique[31]. Le catholicisme, trop préoccupé par le salut de l'âme, eut au contraire une fâcheuse tendance à négliger la purification physique qui est pourtant le premier degré de la discipline individuelle. Comte fait néanmoins l'éloge des prescriptions monothéistes relatives au jeûne qui « répriment les excès et développent la fraternité par la connaissance de la souffrance chez les autres[32] » (on notera que Comte rejette la fonction de renoncement au monde que le jeûne peut avoir dans certains groupes religieux).

Comte n'hésite pas à vanter les « admirables desseins du grand Mahomet » qui, en prohibant le vin et les excitants, avait pour but de perfectionner l'ensemble de la nature humaine, « chez l'individu, puis dans l'espèce, d'après la loi d'hérédité[33] ». Il conseille à ses disciples de renoncer à l'usage de tous les excitants (liqueurs, thé, tabac…)[34]. Lui-même avait renoncé au vin (« un stimulant plutôt qu'un aliment[35] ») pour des raisons morales d'abord, puis pour des raisons de santé (d'ordre digestif). Pour systématiser cette règle, il s'en remet à l'initiative des femmes et des prêtres qui, en renonçant librement à l'usage du vin, donneront au peuple l'exemple d'une « salutaire abstinence[36] ». Dans le positivisme, le pouvoir spirituel, composé de prêtres assistés par les femmes, n'est pas habilité à commander ni à interdire : il agit par le conseil et la persuasion. Les populations adopteront d'autant plus volontiers la « sobriété positive » qu'elles auront été préparées à une conception de l'existence qui place le bonheur dans « l'exercice continu des affections sympathiques[37] ».

Les dangers de l'intempérance

L'intempérance quotidienne perturbe également l'équilibre intérieur en altérant les facultés : « les images deviennent habituellement plus confuses, l'induction et la déduction plus difficiles et moins rapides : tout se trouve atténué, jusqu'aux talents d'expression[38] ». Aux yeux de Comte toutefois, ces inconvénients sont moins à redouter que les conséquences morales qui sont de loin les plus graves. D'une part, les habitudes intempérantes font passer les tendances égoïstes devant la sympathie que nous éprouvons naturellement pour les plus démunis. D'autre part, elles excitent les autres instincts égoïstes, en vertu d'une connexion déjà sentie par le christianisme. Par son éducation catholique, Comte connaissait probablement le thème de la solidarité

31 *Ibid.*, t. III, p. 449.
32 A. Comte, *Cours sur l'histoire de l'Humanité* (1849-1851), texte établi et présenté par L. Fedi avec la collaboration de M. Bourdeau et O. Leboyer, Genève, Droz, 2017, p. 184.
33 A. Comte, *Catéchisme positiviste*, p. 227.
34 Lettre de Comte à Henry Edger, 27 mars 1856, *Correspondance générale et confessions*, t. VIII, p. 236-237.
35 Lettre de Comte à Auguste Hadery, 18 août 1853, *ibid.*, t. VII, p. 105.
36 A. Comte, *Catéchisme positiviste*, p. 228.
37 A. Comte, *Système de politique positive*, t. IV, p. 286.
38 A. Comte, *Catéchisme positiviste*, p. 227.

entre les fautes, représenté dans l'iconographie religieuse par l'arbre des vices et la chaîne des péchés. Mais c'est plus précisément dans l'*Imitation de Jésus-Christ*, un ouvrage de piété qu'il admirait comme un « trésor de sagesse » et dont il lisait chaque matin un extrait en remplaçant Dieu par l'Humanité, qu'il relève cette sentence : « Réfrène ton gosier et tu réfréneras plus facilement ton inclination à la chair[39] ».

Comte se méfie de l'excitation que procure l'alcool parce qu'elle conduit souvent « à beaucoup d'autres abus[40] ». L'allusion porte évidemment sur les dérèglements sexuels. Comte considère l'instinct sexuel comme le plus perturbateur de tous et souhaite en conséquence que l'Humanité puisse un jour s'en libérer. Il invente pour cela une théorie de la procréation humaine exclusivement féminine, fondée sur la théorie oviste (développée par Harvey) selon laquelle le sperme ne joue qu'un rôle de stimulation dans la fécondation. La parthénogenèse féminine doit donc s'entendre comme une grossesse nerveuse réussie dans laquelle le sexe masculin ne serait plus indispensable[41]. Cette utopie de la Vierge-Mère le conduit à interpréter la naissance virginale de Jésus comme une heureuse anticipation de la synthèse finale. Comte recommandera à ses disciples une période de trois mois d'abstinence sexuelle après le mariage civil afin de permettre aux époux d'éprouver l'authenticité de leurs sentiments. On notera également l'institution du « veuvage éternel[42] ».

L'alimentation carnée

Comte ne partage pas la doctrine végétarienne des pythagoriciens (encore présente dans les récriminations d'Ovide contre le banquet sacrificiel[43]). Certes, il constate une corrélation entre la prépondérance de l'exercice intellectuel propre au développement de la civilisation et la régression de l'instinct carnivore, mais il pense que cette régression a une limite et que l'organisation carnivore de l'homme demeure une « triste fatalité[44] ». La consommation de viande (surtout bœuf ou mouton) reste indispensable pour nourrir le corps et le cerveau des hommes actifs, notamment chez les travailleurs industriels et agricoles[45]. La ration journalière de viande varie selon l'activité et doit atteindre, chez les plus actifs, cent cinquante à deux cents grammes[46].

Néanmoins, Comte pense qu'une discipline individuelle et collective doit nous aider à lutter contre la résurgence de l'instinct sanguinaire que nous avons pour ainsi dire refoulé depuis les débuts de la civilisation. Dans cette perspective, il propose de

39 Citation de l'*Imitation de Jésus-Christ*, Livre I, ch. 12. Voir *Catéchisme positiviste*, p. 227.
40 A. Comte, *Catéchisme positiviste*, p. 226.
41 A. Comte, *Système de politique positive*, t. IV, p. 276-278.
42 *Ibid.*, p. 128.
43 Voir Ovide, *Métamorphoses*, XV, 123-142. Cet ouvrage figure dans la « bibliothèque du prolétaire ».
44 A. Comte, *Système de politique positive*, t. I, p. 631.
45 Lettre de Comte à H. Edger, 27 mars 1856, *Correspondance générale et confessions*, t. VIII, p. 236-237.
46 En 1853 (il a alors 55 ans), Comte détaille ainsi sa ration quotidienne : au déjeuner (10h), un bol de lait très sucré ; au dîner (18h), 100 grammes de viande et un plat de légumes (ni potage ni dessert).

prévenir l'angoisse des animaux de boucherie en améliorant « leur situation matérielle et morale » et, comme pour réactiver la dimension symbolique de l'immolation archaïque, il propose de ritualiser l'abattage : « À l'heure suprême, les fonctionnaires dignement investis du terrible office l'accompliront avec le recueillement qu'il exige, en perfectionnant les moyens de destruction afin de diminuer les souffrances[47]. »

Sobriété : oui ; ascétisme : non

Pour exposer le régime alimentaire positiviste, Comte ne parle pas d'ascétisme, mais de sobriété (un régime « sobre et régulier » surtout après quarante-deux ans[48]). Il blâme à l'occasion « les pratiques trop austères qui, diminuant nos forces, nous rendent moins propres au service d'autrui[49] ». À un disciple zélé qui pratique un régime trop sévère, il répond que la morale positiviste prescrit de « vivre pour autrui », « ce qui ne veut pas dire mourir[50] ». La santé physique est la base de tout exercice intellectuel et à plus forte raison de l'activité industrieuse. Comte ne fait ici qu'appliquer la loi générale selon laquelle les plus nobles phénomènes sont subordonnés aux plus grossiers (autrement dit : en dépendent). L'ascétisme monacal est trop éloigné de la civilisation industrielle pour servir ici de modèle. Si Comte admire l'organisation catholico-féodale du Moyen Âge, il juge en revanche dépassé le dogme chrétien qui néglige les besoins du corps au profit d'une spiritualité désincarnée.

Comte est ici plus proche des directeurs de conscience du XVIIe siècle qui prenaient soin de la santé de leurs fidèles en évitant des prescriptions trop rigides et inadaptées. On pense par exemple aux recommandations formulées par saint François de Sales : « Le jeûne et le travail matent et abattent la chair. Si le travail que vous ferez vous est nécessaire, ou fort utile à la gloire de Dieu, j'aime mieux que vous souffriez la peine du travail que celle du jeûne [...] Et partant, généralement, il est mieux de garder plus de forces corporelles qu'il n'est requis, que d'en ruiner plus qu'il ne faut ; car on peut toujours les abattre quand on veut, mais on ne les peut pas réparer toujours quand on veut[51]. » Philosophe de l'ère industrielle, Comte intègre dans le régime positiviste l'importance de l'activité comme régulateur des sentiments et des pensées. « Cette vie active, que le catholicisme représentait comme opposée à notre intime perfectionnement, en devient, pour le positivisme, la principale garantie[52]. » En nous reliant au monde, en nous subordonnant à l'ordre extérieur, l'activité nous préserve de ces deux dérives analogues que sont l'effusion mystique et l'absorbement méditatif. On comprend ici que la religion est un tout et qu'il n'y aurait aucun sens à isoler les prescriptions alimentaires de la finalité morale et sociale du positivisme.

---

47 A. Comte, *Système de politique positive*, t. IV, p. 358.

48 Lettre de Comte à H. de Tholouze, 23 avril 1853, *Correspondance générale et confessions*, t. VII, p. 65.

49 A. Comte, *Catéchisme positiviste*, p. 64.

50 Lettre de Comte à A. Hadery, 18 août 1853, *Correspondance générale et confessions*, t. VII, p. 105.

51 Saint François de Sales, *Introduction à la vie dévote*, Seuil, 1962, p. 190.

52 A. Comte, *Catéchisme positiviste*, p. 70.

Conclusion

Le système de Comte fait écho aux problématiques qui traversent le XIXe siècle français : on y retrouve l'influence du romantisme, de l'hygiénisme, du socialisme, de l'industrialisme. Son projet politico-religieux heurte la sensibilité de l'homme moderne qui peine à sympathiser avec la réhabilitation d'une religion sacerdotale. Il n'entre pas dans notre plan de discuter les thèses de Comte ou les interprétations qui en ont été données. En revanche il nous paraît intéressant de revenir sur certains aspects de sa théorie du régime alimentaire pour en tirer quelques conclusions générales.

Comte est un fondateur de religion, mais il travaille également en anthropologue des religions lorsqu'il cherche la signification des pratiques, des rites, des mythes et des normes antérieures à la civilisation industrielle. Dans ce domaine, Comte résiste aussi bien aux interprétations matérialistes ou utilitaristes qu'aux interprétations symboliques. Pour lui, les règles religieuses ont toujours résulté d'une représentation du monde plus ou moins cohérente dans laquelle l'élément social jouait un rôle appréciable, fût-il inconscient. Sans ce parti pris interprétatif, Comte ne pourrait justifier sa synthèse des institutions catholiques et musulmanes. Sa conception de la continuité historique de la civilisation permet de rendre justice rétrospectivement à l'ensemble d'un passé humain massivement religieux.

Par ses considérations intempestives sur la religion, Comte nous aide à prendre conscience des limites du rationalisme et de l'individualisme modernes. L'individu contemporain se croit capable de se gouverner sur des bases rationnelles, mais pour Comte cette croyance n'est qu'un préjugé révolutionnaire qui fait de nous des rebelles attardés. L'individu livré à lui-même n'est qu'un être velléitaire. Les hommes n'agissent que poussés par des sentiments sur la base d'un système de convictions. D'où l'importance, pour Comte, d'une réhabilitation de la foi, mais d'une foi moderne, entièrement démontrable. C'est dans ce but qu'il adosse ses règles alimentaires et toutes les autres prescriptions du positivisme à un principe altruiste universellement compréhensible et partageable.

Mais il ne suffit pas qu'une règle soit juste et reconnue comme telle pour que les individus s'y conforment. Là encore, la vision anthropologique de Comte le guide dans sa philosophie politique et sa construction religieuse. Toutes les sociétés ayant apparemment ressenti le besoin de sacraliser les règles afin d'en garantir le caractère d'obligation, Comte se met en quête de la forme d'autorité morale ou spirituelle qui conviendrait aux sociétés modernes[53]. Un tel pouvoir agira toujours par persuasion et par conviction, jamais par contrainte. Son autorité reposera sur des compétences incontestables. Concrètement, Comte exige de chaque candidat des connaissances encyclopédiques, un esprit de synthèse, une dignité morale irréprochable et des qualités hautement « synthétiques ». Notons que cette théorie de l'autorité morale sera reprise par Durkheim et qu'elle pèsera d'un certain poids dans la représentation républicaine du clerc laïc.

---

53 Les principales missions du pouvoir spirituel sont la direction de l'opinion publique et l'éducation. Il joue également un rôle de conseiller et de modérateur auprès des dirigeants politiques. Voir, sur ce thème, Michel BOURDEAU, *Auguste Comte. Science et société*, Scérén (CNDP), collection « Philosophie en cours », 2013, p. 23-27.

Comte est systématique à l'excès, mais sa vision systémique des problèmes présente aussi des avantages, comme lorsqu'il s'agit de réfléchir sur les connexions qui existent entre la médecine et la morale sociale, la diététique et l'éthique. Certains aspects de cette approche globale (holistique) ont retrouvé récemment une actualité peut-être inattendue. Par exemple nous avons vu Comte critiquer l'empirisme médical qui néglige l'importance des troubles affectifs et relationnels dans le surgissement de certaines pathologies. Or nous sommes aujourd'hui bien renseignés sur l'influence de ces facteurs dans des dérèglements du comportement alimentaire tels que l'anorexie et la boulimie. Dans le positivisme, les règles de conduite (alimentaires, sexuelles et autres) sont commandées par une perspective d'ensemble qui inclut tous les aspects de notre rapport au monde et à autrui. Or nul n'ignore l'importance acquise de nos jours par la problématique alimentaire dans les débats sur l'éthique animale, la société de consommation, le capitalisme et l'écologie. Les choix alimentaires sont devenus des choix éthiques et politiques. La religion sécularisée de Comte était déjà une manière de sanctuariser certains choix éthiques. Ce qui nous éloigne du positivisme religieux, c'est finalement moins la sacralisation de certains principes fondamentaux (la modernité a en effet sa propre dévotion[54]) que leur cristallisation dans la clôture d'un système dogmatique.

Bibliographie

ARON R., *Les étapes de la pensée sociologique*, Paris, Gallimard (coll. *Tel*), 1967.

BOUVERESSE J., *Peut-on ne pas croire ? Sur la vérité, la croyance et la foi*, Marseille, Agone, 2007.

BOURDEAU M., *Auguste Comte. Science et société*, Scérén (CNDP), collection « Philosophie en cours », 2013.

BRAUNSTEIN J.-F., *La philosophie de la médecine d'Auguste Comte. Vaches carnivores, Vierge Mère et morts vivants*, Paris, PUF, 2009.

COMTE A., *Catéchisme positiviste ou sommaire exposition de la religion universelle en onze entretiens systématiques entre une Femme et un Prêtre de l'Humanité*, éd. P. ARNAUD, Paris, Garnier Flammarion, 1966 [1852].

COMTE A., *Système de politique positive ou Traité de sociologie instituant la Religion de l'Humanité*, Paris, Carilian-Goeury et V. Dalmont, 1851-1854, 4 vol.

Correspondance générale et confessions, éd. P. CARNEIRO et A. KREMER-MARIETTI, Paris, EHESS/Vrin, 1987, t. VII. et t. VIII.

Correspondance générale et confessions, Paris, EHESS/Vrin, 1990, t. VIII.

DE SALES, Saint François, *Introduction à la vie dévote*, Paris, Seuil, 1962.

OVIDE, *Métamorphoses*, XV, 123-142.

PETIT A, « Du catholicisme au positivisme », *Revue internationale de philosophie*, vol. 52, n° 203 (1), mars 1998, p. 127-155.

54 Voir Jacques BOUVERESSE, *Peut-on ne pas croire ? Sur la vérité, la croyance et la foi*, Marseille, Agone, 2007.

NICOLAS SIHLÉ

Du *gaṇacakra* indien au *tsok* tibétain

Diversité des logiques de la commensalité dans un rituel clé du bouddhisme tantrique

Introduction

La commensalité est un objet important pour la réflexion anthropologique. Le partage de substances à ingérer est souvent un élément créateur de lien, de proximité. La commensalité est intimement liée à des notions de consubstantialité et à la parenté par exemple[1]. Dans les sociétés tibétaines, la commensalité est une procédure relationnelle importante dans nombre de contextes sociaux, tels l'hospitalité, le mariage, le deuil ou encore des cérémonies collectives[2]. Selon les contextes, elle permet tantôt de resserrer les liens à l'intérieur d'un groupe social – par exemple entre co-villageois membres d'une même strate –, tantôt, de par son application sélective, de rappeler et manifester les hiérarchies de statut ou les séparations entre groupements territoriaux. Une modalité « forte » de commensalité, consistant en le partage d'un même récipient (coupe d'alcool, par exemple), est socialement très circonscrite – entre membres d'un groupe de statut dont on dit qu'ils sont « de même bouche », *kha chik* [kha gcig][3] – car elle implique un contact direct, potentiellement polluant, de substances corporelles.

1 Marshall Sahlins. 2013. *What Kinship Is – And Is Not*. Chicago : The University of Chicago Press.

2 Christoph von Fürer-Haimendorf. 1964. *The Sherpas of Nepal : Buddhist Highlanders*. Berkeley : University of California Press, p. 35 ; Sherry B. Ortner. 1978. *Sherpas Through Their Rituals*. Cambridge ; New York : Cambridge University Press, ch. 4 ; Nicolas Sihlé. 2001. Les tantristes tibétains (*ngakpa*), religieux dans le monde, religieux du rituel terrible : Étude de Ch'ongkor, communauté villageoise de tantristes du Baragaon (nord du Népal). Thèse de doctorat, Université de Paris-X-Nanterre, p. 72-74, 87.

3 Afin de rendre les termes tibétains lisibles pour le plus grand nombre, ceux-ci sont rendus selon la transcription phonétique simplifiée du tibétain standard proposée par David Germano et Nicolas Tournadre (THL Simplified Phonetic Transcription of Standard Tibetan. *The Tibetan & Himalayan Library*. http://www.thlib.org/reference/transliteration/#!essay=/thl/phonetics/), même si les données ethnographiques présentées ici proviennent de deux sociétés où l'on parle d'autres dialectes tibétains. À la première occurrence d'un terme, j'ajoute entre crochets sa translitération, selon le système communément appelé « Wylie », dans sa version employée le plus couramment en Europe,

Nicolas Sihlé • Centre d'études himalayennes, CNRS

Religions et alimentation, éd. par Rémi Gounelle, Anne-Laure Zwilling et Yves Lehmann, Turnhout : Brepols, 2020 (Homo Religiosus, 20), p. 261-286
BREPOLS PUBLISHERS 10.1484/M.HR-EB.5.117419

Dans certaines configurations de commensalité, le divin est partie prenante : des offrandes ou sacrifices sont apportés à la divinité, et les résidus (chair de l'animal sacrifié, substances alimentaires offertes ...) sont distribués ensuite parmi les humains. Ici encore, le partage donne à voir un groupe ou une communauté, démarquée dans certains cas, universelle dans d'autres[4]. Il s'ajoute toutefois ici un lien avec la divinité : le partage des aliments entre les humains est aussi souvent un partage et un renforcement du lien avec le divin – une « communion », pour reprendre un terme utilisé couramment dans de tels contextes[5].

Dans ce qui suit, nous examinerons en particulier une pratique rituelle clé de la tradition bouddhique tantrique indo-tibétaine : des assemblées rituelles comportant un élément de commensalité rituelle, appelées *gaṇacakra* (S.), ou en tibétain *tsok* [tshogs] ou *tsok-kyi khorlo* [tshogs kyi 'khor lo]. À partir de données allant de l'histoire des religions à l'ethnographie contemporaine, nous verrons que, selon les contextes historiques et socioreligieux, mais aussi selon les catégories d'acteurs du rituel, la gamme de significations du partage d'aliments consacrés dans le *gaṇacakra,* tout en montrant des continuités, peut varier fortement. Cette donnée fait écho à nombre d'autres discussions concernant les variations associées à une forme rituelle donnée. Dans le contexte de l'islam par exemple, on peut penser au travail de John R. Bowen[6] sur la variation rituelle, ou, au cœur de la religion populaire indonésienne, dans un registre rituel impliquant le partage de nourritures, au festin *slametan* avec ses composantes rituelles associées, objet de nombreux travaux.

Formes de commensalité en contexte bouddhique

Partage et renforcement des liens à l'intérieur d'un groupe, hiérarchisation ou séparation entre groupes différents : ces mêmes principes sous-tendent nombre de formes de commensalité dans les sociétés tibétaines sur lesquelles la discussion suivante va être fondée, y compris dans des contextes religieux. Je m'appuierai en particulier sur le cas de deux sociétés, situées respectivement aux extrémités sud-ouest et nord-est du monde tibétain – celles dont j'ai la connaissance de première main la plus approfondie : le Baragaon (petite société faisant partie du district du Mustang, dans le nord du Népal) et le Repkong [Reb kong] (district situé dans l'est

---

marquée par la capitalisation de la lettre racine des noms propres (cf. Cathy Cantwell et Robert Mayer. 2002. Note on Transliteration : "Not Wylie" Conventions. *The Rig 'dzin Tshe dbang nor bu Edition of the rNying ma'i rgyud 'bum.* http://www.tbrc.org/ngb/csac/NGB/Doc/NoteTransliteration.xml.html). Si le contexte n'est pas suffisamment explicite, un terme sanscrit est signalé par « S. ».

4 Catherine M. Bell. 1997. *Ritual : Perspectives and Dimensions.* New York : Oxford University Press, p. 123.

5 Peter Metcalf. 1997. Sacrifice, In *The Dictionary of Anthropology.* Ed. Thomas Barfield. Malden, MA : Blackwell Publishing, p. 417. À distinguer de l'offrande plus généralement. Cf. Garrett, Frances et alii. 2013. Narratives of Hospitality and Feeding in Tibetan Ritual. Journal of the American Academy of Religion 81 (2) : 491-515.

6 John R. Bowen. 1992. On scriptural essentialism and ritual variation : Muslim sacrifice in Sumatra and Morocco. *American Ethnologist* 19 (4) : 656-671.

de la province du Qinghai, en République populaire de Chine). À travers le recours à ces deux cas, l'objectif sera moins de contraster deux situations différentes que de présenter quelques principes tibétains assez généraux, chaque fois à partir du cas où je l'ai documenté de la façon la plus précise.

Démographiquement, les deux unités ne sont pas du même ordre : avec une population tibétaine de plus de 80.000 personnes, le Repkong est environ vingt fois plus peuplé que le Baragaon, et les villages y sont plus grands. Toutefois, le tissu social et religieux, dans les deux cas, est sous bien des rapports assez semblable : ce sont avant tout des sociétés d'agriculteurs sédentaires, composées principalement de villages à habitat regroupé, avec globalement une forte densité de religieux bouddhiques, de l'ordre de dix pourcent de la population masculine, et un peu moins du côté féminin[7]. Dans les deux cas, le clergé bouddhique masculin est double : d'un côté des moines, tenus au célibat et vivant essentiellement en communautés cénobitiques, et, de l'autre, des tantristes (*ngakpa* [sngags pa]), des religieux non monastiques, maîtres de maison (formant typiquement des lignées familiales de père en fils), fortement spécialisés dans la pratique de rituels tantriques[8]. Le ritualisme tantrique[9] imprègne, il est vrai, l'ensemble du bouddhisme tibétain, et les rituels de *tsok* dont il sera question ici sont pratiqués par les religieux monastiques comme par les tantristes. Ces derniers sont toutefois spécialisés plus exclusivement dans la pratique tantrique que leurs confrères monastiques, et nous verrons que les rituels collectifs de *tsok* jouent un rôle particulièrement important dans ces milieux de religieux non monastiques.

Quelques éléments sur le contexte religieux plus large permettront de mieux apprécier la nature de la commensalité dans les rituels de *tsok*. Ces derniers sont marqués, parfois fortement, par la notion de rassemblement d'une collectivité de pratiquants. Qu'en est-il de la commensalité en contexte monastique ? En fait, dans la doctrine et les règles monastiques bouddhiques, le fait de manger ensemble ou non semble ne pas avoir constitué une préoccupation majeure. Les anciens textes de discipline monastique du Vinaya insistent surtout sur des modalités de l'alimentation des moines (le détachement, la discrétion…) qui reflètent l'orientation de renoncement du bouddhisme. On trouve ainsi des règles sur l'heure, sur l'attitude à avoir, etc., et en particulier l'obligation de manger une nourriture donnée par autrui : soit l'on mendie, soit l'on mange une nourriture apportée au monastère par des laïcs,

---

7 Je m'intéresserai moins aux chefs-lieux urbains pluriethniques, situés au cœur du Repkong et en périphérie du Baragaon.

8 Nicolas Sihlé. 2013. *Rituels bouddhiques de pouvoir et de violence : La figure du tantriste tibétain.* Bibliothèque de l'École des Hautes Études – Sciences religieuses 152. Turnhout : Brepols.

9 Le courant tantrique du bouddhisme a émergé vers le VIe siècle au sein du bouddhisme du « Grand véhicule » (Mahāyāna). Le définir n'est pas aisé ; on notera en particulier son ritualisme, la centralité du pouvoir rituel, l'usage de formules puissantes (mantras) et de techniques de visualisation de divinités, une transmission de maître à disciple de l'autorisation à s'engager dans certaines pratiques, via des consécrations, et une tendance ésotérique. Pour une discussion récente des principales tentatives de définir les traditions tantriques bouddhiques et śivaïtes, cf. Christopher Wallis. 2016. The Tantric Age : A Comparison Of Shaiva And Buddhist Tantra. *Sutra Journal.* http://www.sutrajournal.com/the-tantric-age-a-comparison-of-shaiva-and-buddhist-tantra-by-christopher-wallis.

soit l'on est invité à manger par un laïc – en principe selon des modalités codifiées précisément par les textes du Vinaya[10]. Concrètement, en contexte tibétain, les moines, seuls ou en petits groupes, sont fréquemment l'objet d'invitations (parfois supervisées et gérées par un disciplinaire) pour effectuer des services rituels chez des laïcs[11]. Ceux-ci les placent dans la plus belle pièce de la maison et leur offrent les meilleures nourritures (avec très souvent de la viande) ; par déférence, la famille hôte et les éventuels autres laïcs présents restent à l'écart et mangent après eux, se contentant éventuellement d'aliments plus ordinaires.

À l'intérieur de la communauté monastique, la commensalité n'est pas un principe généralisé, beaucoup de moines mangeant seuls dans leur cellule. Elle n'est toutefois pas absente : de nombreuses cellules sont habitées par deux ou trois moines, qui prennent leurs repas ensemble ; et l'hospitalité – qui dans le monde tibétain implique quasiment toujours d'offrir à boire ou à manger – est pratiquée occasionnellement au sein de la communauté monastique. Dans le bouddhisme ancien, la commensalité au sein d'une communauté monastique devait présenter un caractère assez courant, avec pour conséquence, observe Jansen[12], le fait qu'un des principaux textes du Vinaya indien mentionnait l'interdiction de recrutement parmi les rangs les plus bas de la société – interdiction qui a été gardée dans la pratique tibétaine[13].

Par ailleurs, offrir un repas à l'ensemble d'une communauté monastique est une modalité répandue du don bouddhique en milieu tibétain ; un tel repas est appelé le plus couramment *mangja* [mang ja], littéralement « thé collectif ». Cela peut être à l'occasion d'assemblées religieuses, qu'il s'agisse d'une journée d'enseignements spéciaux, conférés à l'ensemble de la communauté, ou de cérémonies marquant l'arrivée d'un nouveau moine, ou encore de rituels collectifs[14]. Notons qu'ici aussi la notion du caractère polluant des personnes de très bas statut social (certaines lignées d'artisans, ou de musiciens) est à l'oeuvre: au Zanskar, par exemple, les religieux monastiques

---

10 Mohan Wijayaratna. 1990 [1983]. *Buddhist monastic life : according to the texts of the Theravada tradition.* (Trad. du français par Claude Grangier et Steven Collins.) Cambridge : Cambridge University Press, p. 58-72.

11 Ceci vaut aussi, dans une moindre mesure, pour les nonnes, dont les communautés ne reçoivent pas le même niveau de soutien matériel et de sollicitations pour des services de la part des laïcs (Kim Gutschow. 2004. *Being a Buddhist Nun : The Struggle for Enlightenment in the Himalayas.* Cambridge, MA : Harvard University Press). Dans la suite, pour alléger les formulations, il ne sera souvent question que des moines, mais les mêmes principes s'appliquent aux communautés monastiques féminines.

12 Berthe K. Jansen. 2015. The Monastery Rules : Buddhist Monastic Organization in Pre-modern Tibet. Thèse de doctorat, Leiden University Institute for Area Studies (LIAS), Faculty of the Humanities, p. 57-58.

13 Kim Gutschow. 2004. *Being a Buddhist Nun : The Struggle for Enlightenment in the Himalayas.* Cambridge, MA : Harvard University Press, p. 71 ; Nicola Schneider. 2013. *Le renoncement au féminin. Couvents et nonnes dans le bouddhisme tibétain.* Nanterre : Presses universitaires de Paris Ouest, p. 63.

14 Namri Dagyab. 2009. Vergleich von Verwaltungsstrukturen und wirtschaftlichen Entscheidungsprozessen tibetisch-buddhistischer Klöster in der Autonomen Region Tibet, China und Indien. Thèse de doctorat, Philosophische Fakultät der Rheinischen Friedrich-Wilhelms-Universität, Bonn, p. 23, 119-120.

n'acceptent pas de nourriture cuite de leur part[15]. On note ici la proximité avec les règles du monde indien de la caste, même si la stratification des sociétés tibétaines d'agriculteurs n'est pas une organisation de caste à proprement parler[16].

Dans ces modalités collectives et formelles, la commensalité monastique s'inscrit donc avant tout dans une économie du don méritoire. On retrouve cette même logique à l'œuvre dans les invitations pour des services rituels chez des patrons laïcs, à ceci près qu'elle se double alors d'une seconde logique : les hôtes partagent de la nourriture aussi avec les autres laïcs venus donner un coup de main pour le rituel, ou simplement y assister. À ma connaissance, la teneur exacte de cette commensalité entre laïcs, en périphérie du rituel, n'a pas fait l'objet d'une étude particulière dans le cas tibétain ; à titre comparatif, l'on dispose toutefois, dans le cas de la Haute Birmanie, d'une analyse assez précise, qui souligne les enjeux en termes de mérites, de statut et de pouvoir[17].

Enfin, pour éviter toute confusion, notons que le terme « communion » (qui reviendra dans l'analyse ci-dessous) est utilisé dans un sens différent, assez spécifique et sans lien premier avec la commensalité, dans les études portant sur la vie monastique bouddhique et ses codes légaux en particulier. Un moine ayant commis une infraction majeure (S. *pārājika*) aux règles monastiques est qualifié alors dans les textes légaux bouddhiques d'un terme (S. *asaṃvāsa*) rendu généralement par « pas en communion » (et glosé souvent comme « expulsé » du *saṅgha* au sens de l'ordre monastique). Selon S. Clarke[18], toutefois, les réalités désignées historiquement par ce terme ne sont pas claires : il pourrait s'agir seulement d'une expulsion du *saṅgha* au sens d'une communauté monastique locale, le coupable gardant la possibilité de reprendre une vie monastique ailleurs – si ce n'est, dans certains cas, dans la même communauté[19].

Du *gaṇacakra* indien au *tsok* tibétain

Entrons maintenant dans le versant proprement tantrique du bouddhisme indien et tibétain. Mon propos ne sera pas de retracer une évolution historique – les éléments considérés ici appartiennent à des périodes et lieux très éloignés les uns des autres – mais de relever des contrastes marquants entre certaines modalités d'une forme rituelle centrale du courant tantrique du bouddhisme.

---

15 Kim Gutschow. 2004. *Being a Buddhist Nun*, p. 112.

16 Nicolas Sihlé. 2001. Les tantristes tibétains (*ngakpa*), religieux dans le monde, p. 65-66.

17 Juliane S. Schober. 1989. Paths to Enlightenment : Theravada Buddhism in Upper Burma. Thèse de doctorat, University of Illinois at Urbana-Champaign, p. 103-107, 155-158.

18 Shayne Clarke. 2009. When and Where is a Monk No Longer a Monk ? On Communion and Communities in Indian Buddhist Monastic Law Codes. *Indo-Iranian Journal* 52 (2-3) : 115-141.

19 Berthe K. Jansen. 2015. The Monastery Rules, p. 214-216.

Commensalité sacramentelle transgressive

Le terme sanscrit *gaṇacakra* signifie littéralement « cercle du groupe » (ou « cercle de la famille »), le groupe en question étant ici celui des initiés. Les auteurs spécialistes ont rendu le terme par « festin tantrique », « rassemblement tantrique », « rassemblement ésotérique », « rassemblement sacramentel » ou encore « cercle d'offrandes »[20].

Dans la tradition bouddhique indo-tibétaine, il s'est agi là (et c'est encore le cas aujourd'hui) en particulier de rituels réguliers dans lesquels un groupe d'initiés se retrouve. Leur caractère a toutefois évolué avec le temps : de rituels impliquant la transgression effective de codes sociaux (alimentaires, sexuels...) dans des tantras plus anciens, ils sont passés ensuite par un processus de « domestication » qui en a gommé le caractère transgressif, celui-ci étant soit éliminé, soit interprété comme relevant seulement d'une pratique visualisée mentalement[21].

Selon l'un des tantras anciens en question (un texte particulièrement détaillé, attribué à Indrabhūti, personnage difficile à cerner historiquement), la procédure à suivre était la suivante[22]. Après le choix d'un lieu agréable, richement orné, et d'un moment approprié, l'organisateur (le patron ?) sollicite d'abord le maître puis les autres adeptes (hommes et femmes : *yogi* et *yoginī*). Le soir, les participants arrivent, purifiés extérieurement et intérieurement, et ayant renouvelé les engagements tantriques (S. *samaya*) qui lient leur communauté. Deux agents, parés des ornements des Rois Courroucés (de puissantes divinités protectrices), contrôlent les entrées de l'enclos rituel et vérifient si chacun connaît les signes secrets correspondant aux mantras qu'ils prononcent. Un *maṇḍala* (diagramme géométrique représentant le palais de la divinité centrale, avec tout son entourage) et un cercle d'offrandes sont confectionnés, avec entre autres des offrandes impures : viande, poisson et alcool[23]. Après avoir médité sur le *maṇḍala*, les pratiquants consomment les offrandes. « Le brahmane, le chien et le hors-caste mangent tous ensemble, car ils sont tous de la même nature », indique le texte[24]. Les *yogi* et *yoginī* pratiquent ensuite l'union sexuelle. Les *yogi* doivent se percevoir comme de grandes divinités tantriques, et satisfaire leurs désirs sans s'embarrasser de contraintes. Ils procèdent ensuite à des ablutions, puis à la conclusion du rituel : ils méditent, demandent l'aide des divinités, puis les congédient et repartent eux-mêmes.

20 Par exemple David L. Snellgrove. 1987. *Indo-Tibetan Buddhism : Indian Buddhists and their Tibetan Successors*. Boston : Shambala Publications, p. 160-170 ; Ronald M. Davidson. 2002. *Indian Esoteric Buddhism : A Social History of the Tantric Movement*. New York : Columbia University Press, p. 264, 265, 294, 308, 318, 331.

21 Ronald M. Davidson. 2002. *Indian Esoteric Buddhism*, p. 318.

22 Je résume ici fortement la description de Ronald M. Davidson. 2002. *Indian Esoteric Buddhism*, 318-320 ; comparer par exemple avec David L. Snellgrove. 1987. *Indo-Tibetan Buddhism*, p. 160-161.

23 Dans le texte traduit par David L. Snellgrove. 1987. *Indo-Tibetan Buddhism*, p. 161, le caractère transgressif est plus marqué encore, avec la préconisation de chair humaine ainsi que de viande de vache, de cheval, de chien et d'éléphant. Sur l'importance rituelle de ces ingrédients, cf. David L. Snellgrove, 1987. *Indo-Tibetan Buddhism*, p. 162-163.

24 Ronald M. Davidson. 2002. *Indian Esoteric Buddhism*, p. 320.

Pour Davidson[25], la visée de tels rituels est l'acquisition de pouvoirs supra-ordinaires à travers la consommation sacramentelle d'ingrédients interdits d'ordinaire. Snellgrove suggère une gamme beaucoup plus large de visées rituelles[26], mondaines ou sotériologique[27] – ce qui demeure le cas dans la pratique tibétaine, comme nous verrons ci-dessous. Notons qu'il s'agit dans la modalité décrite ici d'une transgression non débridée et spontanée, mais prescrite, institutionnalisée et répondant à des codes précis. Il semble ne pas y avoir de doute que ces textes correspondaient à des pratiques effectives[28], même si la question du caractère répandu ou non de ces pratiques, et de leur degré de fidélité aux prescriptions textuelles, ne saurait recevoir de réponse précise[29]. Davidson en tout cas traite l'exemple présent comme représentatif d'un certain courant de pratique, et le distingue d'autres textes de l'époque, dont certaines prescriptions irréalisables relèvent d'idéalisations[30].

Pour saisir un peu mieux ce que pouvaient représenter ces modalités de commensalité dans l'environnement social très particulier qu'était le monde indien de la caste, à défaut de disposer de textes qui nous renseignent précisément sur les regards portés à cette époque par les hindous de caste sur ces pratiques, un détour suggestif peut consister à interroger les travaux ethnographiques sur la commensalité en milieu de caste indien contemporain. Dans le système de la caste, documenté par exemple par Babb pour la région de Chhattisgarh dans le nord de l'Inde, les flux de nourriture sont marqués le plus souvent par leur caractère unidirectionnel ou en tout cas asymétrique, en rapport avec des considérations de hiérarchie sociale : l'on n'accepte pas de nourriture d'un inférieur. La commensalité est associée à une relative égalité de statut et à des relations sociales proches : le cercle familial ou, parfois, les personnes de même caste, collectivement en tant que groupe[31]. Dans ce contexte, que représente la distribution d'aliments consacrés rituellement, appelés *prasad* (une situation qui présente de nombreuses similarités avec les distributions prenant place en conclusion des rituels tibétains de *tsok* – les successeurs des *gaṇacakra* – qui seront décrits ci-dessous) ? La distribution de *prasad* s'inscrit dans le système décrit ci-dessus, mais avec des spécificités marquantes. La nourriture consacrée qui a été offerte à une

25 Ronald M. Davidson. 2002. *Indian Esoteric Buddhism*, p. 318.

26 David L. Snellgrove. 1987. *Indo-Tibetan Buddhism*, p. 165.

27 Roger R. Jackson (trad.). 2004. *Tantric Treasures : Three Collections of Mystical Verse from Buddhist India*. Oxford : Oxford University Press, p. 13.

28 David L. Snellgrove. 1987. *Indo-Tibetan Buddhism*, p. 160, 163.

29 Ceci explique sans doute que l'article « *gaṇacakra* » du *The Princeton Dictionary of Buddhism* de Robert E. Buswell et Donald S. Lopez Jr. (2014. Princeton : Princeton University Press) adopte une formulation très circonspecte en la matière.

30 Ronald M. Davidson. 2002. *Indian Esoteric Buddhism*, p. 413 n. 46. Par ailleurs, il semble difficile de comprendre l'apparition historique du *gaṇacakra*, en l'absence de précédents rituels hindous ou bouddhiques insistant sur la sexualité, la consommation d'aliments interdits aux hindous de caste, l'utilisation d'un enclos rituel circulaire ou encore le relatif égalitarisme des adeptes, sous la supervision d'un maître et de ses agents (Ronald M. Davidson. 2002. *Indian Esoteric Buddhism*, p. 320) : il semble y avoir eu là l'émergence d'une forme rituelle véritablement nouvelle.

31 Lawrence A. Babb. 1970. The Food of the Gods in Chhattisgarh : Some Structural Features of Hindu Ritual. *Southwestern Journal of Anthropology* 26 (3), p. 287-304 (297).

divinité dans un rituel est distribuée ensuite à l'ensemble du voisinage, et chacun a l'obligation d'accepter cette nourriture – en somme, les « restes » (*jutha*) laissés par la divinité (un transfert d'aliments qui entre humains serait particulièrement polluant dans la plupart des cas de figure). Face à la supériorité de statut de la divinité, les différences hiérarchiques entre membres de la société sont moins pertinents[32]. Mais la possibilité demeure de marquer les différences entre personnes de statut inégal, par exemple via l'ordre de distribution de *prasad*. Des groupes de participants peuvent aussi consommer le *prasad* de façon séparée, et dans certains cas marqués par une très forte différence de statut, par exemple entre hautes castes et intouchables, ces derniers peuvent recevoir les restes des premiers – le *jutha* du *jutha* de la divinité[33]. Au-delà des différences de lieu et de temps, quand le texte bouddhique du *gaṇacakra* prescrit donc que « le brahmane, le chien et le hors-caste mangent tous ensemble, car ils sont tous de la même nature » (sans parler de l'accouplement rituel de personnes d'origines diverse), on est bien dans l'affirmation d'une antinomie ou transgression radicale.

Communion cultuelle

Si ce n'est déjà dans le bouddhisme indien ancien, au plus tard dans le bouddhisme tibétain le *gaṇacakra* est devenu une composante de quasiment tous les grands rituels tantriques, sous le nom de *tsok*, ou *tsok-khor* (de *tsok-kyi khorlo*) : littéralement le cercle (*khor*) d'assemblée ou de la multitude (*tsok*). Les personnes que j'ai interrogées à ce sujet, des Tibétains de degré de formation religieuse fort varié, comprennent l'étymologie du terme *tsok* de façon assez diverse. Pour certains, il s'agit de l'assemblée des divinités invitées dans le rituel, pour d'autres de l'assemblée des pratiquants[34], ou encore de la multitude des offrandes que l'on réunit pour un tel rituel[35]. La traduction de Beyer[36], « rituel des multitudes », en soi peu explicite, permet de respecter cette polysémie. Elle permet aussi d'éviter de préjuger de ce qui mériterait d'être placé au centre d'une définition du *tsok* : son caractère (il est vrai, peu distinctif) de rituel de culte ou d'offrande, son association à une visée d'élimination des forces hostiles dans certains contextes (et non intrinsèquement, comme le laisserait supposer la présentation de Beyer, *ibid.*), la présence d'offrandes, souvent nombreuses, destinées à

32 Lawrence A. Babb. 1970. The Food of the Gods in Chhattisgarh, p. 297-299.

33 Lawrence A. Babb. 1970. The Food of the Gods in Chhattisgarh, p. 299.

34 Notons que *tsok* désigne également les assemblées religieuses, par exemple celles qui rythment la vie quotidienne des monastères.

35 L'on retrouve ces mêmes significations sous la plume d'un traducteur (Ron Garry. 2005. Introduction : Songs of Realization and Songs of Tantric Gatherings (*mgur tshogs*). In *Wisdom Nectar : Dudjom Rinpoche's Heart Advice*. Dudjom, Jigdral Yeshé Dorjé, trans. Ron Garry. Ithaca, N.Y. : Snow Lion Publications, p. 131) des œuvres de Dudjom Rinpoché [bDud 'joms rin po che], un des plus grands maîtres, au XXe siècle, de l'ordre des « Anciens », Nyingma [rnying ma], ordre dans lequel l'accent est mis fortement sur la pratique tantrique. Cf. aussi Richard J. Kohn. 2001. *Lord of the Dance : The Mani Rimdu Festival in Tibet and Nepal*. Albany: State University of New York Press, p. 150.

36 Stephan V. Beyer. 1973. *The Cult of Tara : Magic and Ritual in Tibet*. Berkeley : University of California Press, p. 312.

être consacrées puis (souvent) distribuées, le caractère (non systématique) d'assemblée rituelle (un *tsok* peut aussi être effectué par un pratiquant seul), etc.

Si le *tsok* (souvent comme simple composante d'autres rituels) est très largement présent dans la pratique tantrique, penchons-nous plus particulièrement sur la pratique de rituels de *tsok* comme rituels autonomes, dotés de leur finalité propre. De façon générale, il s'agit d'un type de pratique fortement valorisé du point de vue religieux[37]. Les motivations ou finalités associées à ce type de pratique peuvent toutefois être diverses. La biographie d'une figure religieuse majeure du XIXe siècle, Jamgön Kongtrül ['Jam mgon kong sprul], dans laquelle les mentions de pratique de *tsok* sont remarquablement nombreuses – plus de 140 sur les 468 pages de la traduction anglaise de Barron[38] – donne une bonne idée de la diversité des contextes dans lesquels un rituel des multitudes peut être exécuté. Le rituel peut ainsi viser à établir une connexion avec un lieu d'importance religieuse, par exemple lors de pèlerinages[39], mais le plus souvent il vise à entretenir les relations avec les divinités (les deux d'ailleurs se chevauchant partiellement : un lieu religieux peut être associé à une grande divinité tantrique supramondaine, mais aussi placé sous la garde de divinités protectrices du lieu, ou simplement habité par des divinités maîtres du sol)[40]. Il y a là une logique clé de la pratique de *tsok* : à travers la multitude d'offrandes de divers types, on entretient les relations avec l'ensemble des divinités, cherchant à les satisfaire toutes, des divinités supérieures associées à la pratique tantrique (formes tantriques de *buddha* et leurs entourages, divinités féminines *ḍākinī* qui assistent les pratiquants tantriques, etc.) jusqu'aux divinités du plan mondain. De telles pratiques peuvent prendre place avant une entreprise religieuse importante, par exemple, dans un registre de virtuoses religieux, si l'on prend le cas d'un maître visionnaire, comme préparatifs pour la découverte de textes révélés, *terma* [gter ma][41]. Plus couramment, elles peuvent viser spécifiquement à écarter les obstacles[42], ou à faire émerger des conditions propices pour le commencement de l'entreprise en question[43]. Elles peuvent aussi être effectuées après coup, par exemple au retour d'un long voyage religieux, pour remercier les divinités[44]. La pratique de *tsok*, par un maître comme par ses disciples, peut aussi être indiquée pour favoriser la longue vie du maître[45] – en l'occurrence, Jamgön Kongtrul reçut une prophétie d'un maître visionnaire selon

---

37 Ron Garry. 2005. Introduction, p. 131-132 ; Robert E. Buswell et Donald S. Lopez. 2014. *The Princeton Dictionary of Buddhism, ad verbum.*

38 Jamgön Kongtrul Lodrö Thayé. 2003. *The Autobiography of Jamgön Kongtrul : A Gem of Many Colors.* (Trad. Richard Barron.) Ithaca, N.Y. : Snow Lion Publications.

39 Jamgön Kongtrul Lodrö Thayé. 2003. *The Autobiography of Jamgön Kongtrul*, p. 115, 118-119.

40 L'article « *gaṇacakra* » du dictionnaire de Robert E. Buswell et Donald S. Lopez (*The Princeton Dictionary of Buddhism.* 2014) met en avant plutôt l'association au culte du maître (S. *guruyoga*).

41 Jamgön Kongtrul Lodrö Thaye. 2003. *The Autobiography of Jamgön Kongtrul*, p. 112.

42 Jamgön Kongtrul Lodrö Thayé. 2003. *The Autobiography of Jamgön Kongtrul*, p. 207, 210, 227.

43 Jamgön Kongtrul Lodrö Thayé. 2003. *The Autobiography of Jamgön Kongtrul*, p. 123, 137, 154.

44 Jamgön Kongtrul Lodrö Thayé. 2003. *The Autobiography of Jamgön Kongtrul*, p. 165.

45 Jamgön Kongtrul Lodrö Thayé. 2003. *The Autobiography of Jamgön Kongtrul*, p. 250.

laquelle une des conditions pour qu'il réalise pleinement sa durée de vie était qu'il pratique des rituels des multitudes de la façon la plus ample possible[46].

Dans l'interprétation de ces données, il convient de noter que la biographie mentionne des occurrences du rituel associées à des événements particuliers, souvent dotés d'une certaine importance, dans la vie du maître. À cela il convient d'ajouter tout « ce qui va sans dire »[47] et notamment le fait que le rituel de *tsok* est aussi pour de très nombreux religieux tibétains – simplement, mais de façon importante – un rituel mensuel. Il est effectué couramment le 10e jour du mois lunaire en tant que culte d'une figure majeure du panthéon, Padmasambhava[48]. Le 25e jour du mois lunaire (autrement dit, le 10e jour de la phase décroissante de la lune), un culte semblable est souvent effectué en l'honneur d'une *ḍākinī*, une figure féminine importante du panthéon[49].

Un des ressorts du rituel des multitudes, qui contribue sûrement à en faire une pratique conçue comme particulièrement efficace[50], est le fait qu'il se prête de façon parfaite à la démultiplication de l'action rituelle. Les « multitudes » peuvent en effet être augmentées à volonté. Une modalité courante consiste à préparer (entre autres offrandes alimentaires) une centaine de « gâteaux rituels du *tsok* », *tsoktor* [tshogs gtor] (gâteaux en pâte, de forme conique très simple[51] : cf. figure 2), et à réciter autant de fois la section du rituel dans laquelle les gâteaux sont offerts et consacrés. La « multitude » des pratiquants réunis pour le rituel joue aussi dans le calcul : si une dizaine de personnes sont réunies, il suffira d'exécuter tous ensemble dix fois la section d'offrande de *tsok* pour atteindre l'objectif de la centaine. Le rituel est appelé alors un rituel de « multitude d'une centaine », *gya-tsok* [brgya tshogs], et des versions plus amples, « multitude d'un millier », *tong-tsok* [stong tshogs], ou encore « multitude de cent mille », *bum-tsok* ['bum tshogs]. Ces modalités reflètent bien l'orientation cumulative de la pratique religieuse du bouddhisme tibétain[52].

Reprenons l'élément clé mentionné ci-dessus – l'entretien des relations avec l'ensemble des divinités, à travers la multitude d'offrandes (de substances comestibles) de divers types – et examinons-le plus précisément, ainsi que la façon dont

46 Jamgön Kongtrul Lodrö Thayé. 2003. *The Autobiography of Jamgön Kongtrul*, p. 458-459.

47 Pour reprendre l'expression de Maurice Bloch. 1992. What goes without saying : The conceptualization of Zafimaniry society. In *Conceptualizing Society*. Ed. Adam Kuper. London ; New York : Routledge, p. 127-146.

48 Ce maître indien du VIIIe siècle, considéré dans l'historiographie tibétaine comme le principal introducteur des enseignements tantriques au Tibet, a été divinisé par la suite, au point de devenir une des figures les plus centrales du panthéon – un « second Bouddha » – dans certaines écoles, comme celle des « Anciens », les Nyingma.

49 Janine E. Egert. 1998. The Strings of the Gandharva's Lute : Continuity and Change in the Cross-Societal Transmission of Tibetan Buddhist Ritual. Thèse de doctorat, University of California, Berkeley, p. 245-246.

50 Ron Garry. 2005. Introduction, p. 131-132.

51 Un texte tibétain compare leur forme à celle des « seins de *ḍākinī* » (Stephan V. Beyer. 1973. *The Cult of Tara*, p. 312).

52 Cf. par exemple déjà Robert B. Ekvall. 1964. *Religious Observances in Tibet : Patterns and Function*. Chicago : University of Chicago Press.

ces offrandes s'articulent avec la commensalité humaine : de fait, une des modalités centrales de ces offrandes est une *communion* avec les divinités. Je vais suivre ici, en les synthétisant fortement, les descriptions (assez standard, me semble-t-il) fournies par deux spécialistes des textes, tous deux bons connaisseurs de la pratique en milieu monastique, Beyer[53] et Cantwell[54]. Un des « gâteaux rituels du *tsok* », *tsoktor*, est coupé en trois morceaux. Une moitié supérieure est d'abord offerte, avec de nombreuses autres offrandes comestibles, à l'ensemble des divinités du *maṇḍala*, symbolisant l'offrande des qualités positives de l'adepte[55]. La seconde offrande consiste en la moitié inférieure (dont on enlève, en le découpant, un morceau de forme souvent triangulaire). Elle est offerte accompagnée d'une confession des fautes en matière d'engagements tantriques (*samaya*) du pratiquant vis-à-vis des divinités du *maṇḍala* : il n'y aura alors aucun obstacle à l'identification (mentale) entre l'adepte et ces divinités lors de la consommation communielle des offrandes consacrées[56]. Selon Cantwell, cette visée de purification et de revitalisation des engagements tantriques est un élément central de l'exégèse du rituel[57].

La portion finale (triangulaire – une forme au symbolisme d'activité rituelle violente) fait l'objet d'un processus rituel plus compliqué. (Dans certaines formes plus développées du rituel, elle est par ailleurs intégrée dans une effigie anthropomorphe, ou remplacée par une telle effigie. Celle-ci est appelée *liṅga* en sanscrit, un terme repris en tibétain : *lingga* [ling ga].) Cette dernière partie du dispositif d'offrande va servir de réceptacle dans lequel les officiants attirent les démons « ennemis » et « obstructeurs », *dra-gek* [dgra bgegs]. Ceux-ci sont tués et « libérés » (leur principe conscient purifié est envoyé vers une « terre pure », sorte de paradis bouddhique) par l'officiant principal, le « maître tantrique », *dorjé-lopön* [rdo rje slob dpon], qui, tout en récitant et visualisant le processus, découpe l'offrande de pâte avec une dague rituelle. Les « corps » des démons sont alors offerts aux divinités du *maṇḍala*. (Dans des versions plus intériorisées du rituel, ce sont les propres négativités de l'adepte qui sont ainsi purifiées et offertes.) Une portion de ces offrandes est alors offerte au « maître tantrique », qui la consomme, par exemple en visualisant qu'elle est offerte aux divinités du *maṇḍala*, avec lesquelles son corps est fusionné.

Le « restant » (*lhakma* [lhag ma] ou *tsok-lhak* [tshogs lhag]) est offert, avec de nombreuses autres offrandes comestibles, aux divinités mondaines qui ont été

53 Stephan V. Beyer. *The Cult of Tara*, p. 312-318.

54 Cathy Cantwell, 1997. To Meditate upon Consciousness as vajra : Ritual 'Killing and Liberation' in the rNying-ma-pa Tradition. In *Tibetan Studies* (vol. 1). Ed. Helmut Krasser, Michael T. Much, Ernst Steinkellner, Helmut Tauscher. Vienne : Verlag der Österreichischen Akademie der Wissenschaften, p. 112-113. Une approche très semblable est celle de Richard J. Kohn, qui analyse un grand rituel monastique, avec danses masquées, et inclut des observations sur la composante de *tsok* (Richard J. Kohn. 2001. *Lord of the Dance*, p. 80, 150, 189, 196). On peut aussi renvoyer aux descriptions de Janine E. Egert (1998. The Strings of the Gandharva's Lute, p. 255-257). »

55 Le rituel est souvent effectué par une assemblée de pratiquants, mais le singulier ici exprime ce que chacun est censé effectuer comme opérations mentales pendant le déroulement du rituel.

56 Cathy M. Cantwell. 1997. To Meditate upon Consciousness as vajra, p. 112.

57 Cathy M. Cantwell. 1997. To Meditate upon Consciousness as vajra, p. 115.

invitées à se joindre au rituel (les « hôtes », *drönpo* [mgron po]), et auxquelles les officiants rappellent les vœux qu'elles ont pris de défendre la doctrine bouddhique. Finalement, le « restant » est divisé en petits morceaux et mangé par les officiants, ainsi que partagé avec les éventuels laïcs qui sont venus assister au rituel. Notons en passant que la séquence rituelle, comme toujours en contexte tibétain (et nous retrouvons ici un écho de l'observation de Babb pour l'Inde), respecte la hiérarchie des destinataires, divins comme humains, dans l'ordre de présentation et de partage des offrandes[58].

Dans la conclusion de son article, Cantwell suggère que le rituel de *tsok* présente un caractère « sacrificiel », avec à la fois un élément de sacrifice expiatoire et une communion sacrificielle[59]. Dans l'histoire de la pensée sur le rituel, la notion de « sacrifice » a toutefois été définie de façon très variable, en fonction de théories sous-jacentes différentes[60] – en somme, de par la diversité des phénomènes ainsi désignés, le recours à la notion de « sacrifice » ne saurait guère en lui-même expliquer quoi que ce soit. Si l'on cherche à caractériser la perspective sur le *tsok* tibétain que nous offre l'approche de chercheurs comme Beyer, Cantwell et Kohn, centrée sur les textes (et informée de façon secondaire par la pratique observée dans des centres monastiques), il est en tout cas frappant que le caractère transgressif marqué des formes de *gaṇacakra* décrites dans la section précédente a disparu[61]. L'orientation dominante est avant tout cultuelle, communielle et sacramentelle, à quoi s'ajoute (au moins dans les descriptions de ces trois auteurs – ailleurs, ce thème peut être plus secondaire) l'articulation avec une composante non négligeable de destruction de forces démoniaques.

Nous avons commencé cette exploration par les études centrées sur les textes, et déjà une évolution du rituel, par rapport à ses racines indiennes anciennes, est

58 Janine E. Egert (1998. The Strings of the Gandharva's Lute, p. 344-345) suggère qu'il y a ici une différence importante avec le contexte hindou décrit par Babb, au sens où, techniquement, les pratiquants ne consomment pas les « restes » des divinités, mais s'identifient à celles-ci dans le partage communiel des offrandes. La différence n'est toutefois pas aussi marquée que cela : l'idée selon laquelle consommer le *prasad* revient à manger les restes de la divinité est certes répandue en Inde, mais cette ingestion, et le culte plus largement, visent en fait à diviniser l'acteur humain du culte et à produire, au moins temporairement, une identification avec la divinité (Christopher J. Fuller. 2004. *The Camphor Flame : Popular Hinduism and Society in India*. Édition révisée et augmentée. Princeton : Princeton University Press, p. 74-75, 77-79).

59 Cathy M. Cantwell. 1997. To Meditate upon Consciousness as vajra, p. 115.

60 M. F. C. Bourdillon. 1980. Introduction. In *Sacrifice*. Ed. M. F. C. Bourdillon and Meyer Fortes. New York : Academic Press ; Luc de Heusch. 1985. *Sacrifice in Africa : A Structuralist Approach*. Manchester : Manchester University Press, p. 23 ; Peter Metcalf. 1997. Sacrifice. In *The Dictionary of Anthropology*. Ed. Thomas Barfield. Malden, MA : Blackwell Publishing, p. 416-417.

61 Tout caractère transgressif n'a pas disparu, mais cela est devenu extrêmement rare. Je dois à mon collègue Rob Mayer la description d'une occurrence de rituel *tsok*, effectué par un maître de tradition *nyingma* et quelques-uns de ses disciples, à la fin de laquelle le maître est resté en absorption méditative, pendant que ses disciples se sont adonnés autour de lui à une consommation de bière sans retenue. Certains d'entre eux, ivres et incapables de rentrer chez eux sur leurs propres jambes à l'issue de l'affaire, ont fait part à R. Mayer du fait que leur comportement suivait le souhait formulé explicitement par leur maître.

manifeste. Il nous reste toutefois à examiner plus attentivement en quoi pourrait apparaître ici un ancrage *social* du religieux : pour cela, nous allons nous tourner dans un instant vers les recherches ethnologiques. Notons juste qu'un autre spécialiste des textes (et de l'histoire de la tradition tantrique), Davidson, signale un premier contraste sociologique notable dans les modalités du rituel, entre le monde de la caste indien et la société tibétaine, dans un second ouvrage[62] centré sur la « renaissance » bouddhique au Tibet, du xe au XIIIe siècles. Cet auteur observe ainsi que la tradition tantrique, en s'implantant au Tibet et en absorbant des éléments relevant de la parenté tibétaine (ou, plus précisément, de l'ordre social tibétain), a vu la place des femmes devenir potentiellement celle d'« égales » (*equals*) des hommes dans les rituels de *gaṇacakra* ou *tsok*, d'une façon inconnue au sud de l'Himalaya[63]. Cette affirmation mériterait d'être nuancée : les hiérarchies de genre, même en contexte de *tsok*, n'ont pas disparu au Tibet. À statut religieux *grosso modo* comparable, les hommes demeurent assis en position symboliquement supérieure, par exemple au centre, au plus près de l'autel, et les femmes en position subordonnée – quand la participation au rituel leur est ouverte. Toutefois, nous voyons de fait (et de façon d'ailleurs croissante) des assemblées de pratiquants tantriques des deux sexes dans certaines régions tibétaines – avec une séparation claire entre les deux genres, et sans suggestion de transgression sociale.

Des rituels constitutifs et emblématiques de communautés

Commençons cette dernière section, plus ethnographique, par quelques observations sur la place de ces rituels de *tsok* dans les communautés religieuses étudiées. Les données sur lesquelles je m'appuie, recueillies de première main dans les années 1990 au Baragaon, dans le nord du Népal, et depuis les années 2000 au Repkong, dans le nord-est tibétain, concernent en premier lieu des *communautés villageoises* de tantristes[64] : des villages au sein desquels les tantristes (*ngakpa*), religieux non monastiques et maîtres de maison, spécialisés dans les rituels tantriques, occupent une place importante, avec généralement un temple où ceux-ci se retrouvent pour des rituels collectifs annuels, temple souvent situé au cœur de la vie religieuse de la communauté villageoise. Au Repkong, qui compte des dizaines de telles communautés, on observe aussi des collectivités *supra-locales* de tantristes, qui se manifestent à travers des rassemblements rituels annuels fédérant des tantristes à travers certains sous-ensembles territoriaux du district.

---

62 Ronald M. Davidson. 2005. *Tibetan Renaissance : Tantric Buddhism in the Rebirth of Tibetan Culture.* New York : Columbia University Press.

63 Ronald M. Davidson. 2005. *Tibetan Renaissance*, p. 322.

64 L'expression a été introduite par Nicolas Sihlé (2001. Les tantristes tibétains (*ngakpa*), religieux dans le monde, religieux du rituel terrible, p. 63 puis 2013. *Rituels bouddhiques de pouvoir et de violence*, p. 78), dans la suite de premiers travaux par Graham E. Clarke (1980. The Temple and Kinship among a Buddhist People of the Himalaya. Thèse de doctorat, University of Oxford) et Charles Ramble (1984. The Lamas of Lubra : Tibetan Bonpo Householder Priests in Western Nepal. Thèse de doctorat, University of Oxford, p. 182).

Nous allons voir que les « rituels des multitudes » ont, à la fois dans les communautés de religieux au sens strict, et dans les communautés villageoises qui les entourent, un rôle de création et de reproduction de lien collectif. Il y a là un trait qui constitue sans doute un fil de continuité tout au long du développement de la tradition tantrique du bouddhisme. Davidson souligne ainsi l'importance des rassemblements rituels dans ce qui définit une collectivité religieuse – en Inde et ailleurs –, un rôle joué dans le contexte de communautés d'adeptes tantriques par le rituel de *gaṇacakra*[65] :

> Beyond the irregular ritual moments of the consecration and the individual or community meditations, siddha communities [*désignation retenue pour qualifier les groupes ou collectivités de pratiquants*] defined themselves by a regular gathering of initiates (...) [:] the *gaṇacakra*.

Dans le contexte tibétain contemporain, ce caractère emblématique de la pratique collective de rituels de *tsok* demeure – et ceci, que l'on se place au niveau des rituels réguliers, par exemple mensuels, de collectivités à un niveau local (typiquement villageois) ou à celui de rituels moins fréquents (par exemple annuels) à un niveau local ou supra-local.

Les données du Repkong sont ici très parlantes. Dans les collectivités de tantristes au niveau local, villageois, un « rituel des multitudes » est au cœur du culte mensuel de Padmasambhava (pour les Tibétains, le maître par excellence des enseignements tantriques et l'archétype du tantriste). Les rituels de culte en question prennent place le 10ᵉ jour du mois lunaire et sont appelés justement « [rituels du] 10ᵉ jour », *tsechu* [tshes bcu]. Nous reviendrons ci-dessous sur les flux de substances alimentaires dans ces rituels, mais notons dans un premier temps que, pour un jeune tantriste aspirant, l'entrée dans la collectivité locale de tantristes se fait justement par le début de la participation à ce culte mensuel. Pour les tantristes, il s'agit d'un rituel emblématique de leur pratique religieuse. La continuité avec ce que Davidson observe pour les racines indiennes de la tradition de *gaṇacakra* est donc frappante[66].

Un élément linguistique mineur vient sans doute ajouter une touche de plus dans notre compréhension de ce que représente – on pourrait dire, presque affectivement – ce rituel de *tsok* pour les tantristes. L'expression « exécuter un rituel des multitudes » se construit en effet parfois, dans un registre de langue religieuse soutenue, à partir d'un verbe très particulier (peut-être spécifique à ce type de rituel seul) : on dit *tsok-khor kor* [tshogs 'khor bskor], littéralement « faire tourner le cercle des multitudes ».

65 Ronald M. Davidson. 2002. *Indian Esoteric Buddhism*, p. 318.

66 Des rituels de culte de Padmasambhava fort semblables sont effectués aussi dans de nombreux contextes monastiques, en particulier dans l'ordre Nyingma, mais ils n'y jouent sans doute pas un rôle de premier plan comparable dans la constitution d'une communauté. En effet, dans ces communautés rituelles que sont les monastères tibétains (Georges B. J. Dreyfus. 2008. *The Sound of Two Hands Clapping : The Education of a Tibetan Buddhist Monk*. Berkeley : University of California Press, p. 44-47), la vie est scandée au quotidien par des assemblées rituelles autres (dans lesquelles le *tsok* n'occupe pas une place centrale) ; quant à l'entrée dans la communauté, elle est marquée très nettement par une forme rituelle encore différente (et dépourvue de caractère tantrique) : l'ordination.

Or cette expression ne peut que faire écho, dans l'imaginaire bouddhique tibétain, à celle qui désigne le fait d'enseigner la doctrine, *chö-khor kor* [chos 'khor bskor], littéralement « faire tourner la roue du *dharma* ». *Tsok-khor kor* est parfois employé avec un je-ne-sais-quoi d'emphase (d'autres verbes plus courants existent pour dire « exécuter un *tsok* »). Avoir recours à cette formulation-là, c'est donc conjurer, peut-on penser, dans le for intérieur de celui qui la prononce ou l'entend, des associations de noblesse de la voie religieuse.

Du point de vue de la culture tantrique, le Repkong a ceci de spécial qu'il présente une densité et un nombre exceptionnels de tantristes, à l'échelle du monde tibétain. Le Baragaon compte deux communautés villageoises de tantristes (ce qui pour la taille de cette petite société est déjà substantiel, et peu commun), mais le Repkong en compte des dizaines, avec au total peut-être entre deux et trois mille tantristes – auxquels s'ajoutent désormais, à la suite d'un développement assez récent, un millier de pratiquantes féminines, *ngakma* [sngags ma] (équivalent féminin des tantristes *ngakpa*[67]). Cette dimension démographique très particulière s'accompagne de vastes rassemblements rituels de tantristes difficilement imaginables ailleurs. Ici encore, on retrouve le caractère de rituel de collectivité privilégié dans le rituel (décidemment bien-nommé) des « multitudes ». Depuis peu, un maître de la tradition *nyingma* qui a apporté beaucoup de soutien au développement de la tradition des *ngakma* organise annuellement dans son institution (qui se trouve être à mi-chemin entre le monastère et le temple de collectivité de tantristes) un rituel de « multitude de cent mille », *bum-tsok*, auquel participent des centaines de *ngakpa* et *ngakma* : c'est le format qui a été retenu pour associer les *ngakma* – en gros, les nouvelles-venues dans le paysage religieux local – à leurs *alter ego* masculins dans une pratique religieuse commune. Une distinction doit être signalée ici : dans la tradition tantrique tibétaine, *tsok-khor* désigne à proprement parler un rituel des multitudes regroupant des pratiquants des deux sexes, par opposition à *tsok-chö* [tshogs mchod], qui renvoie à un rituel ne réunissant que des pratiquants d'un seul sexe. La première forme (plus rare, dans les faits) est plus valorisée : on a là peut-être bien un écho affaibli de prescriptions telles que celles que l'on retrouve dans l'ancien texte de *gaṇacakra* attribué à Indrabhūti.

C'est également le format du rituel de « multitude de cent mille » qu'a choisi par exemple un maître *nyingma*, dans un district avoisinant le Repkong, pour tenir en 2004, à l'occasion d'une date de grande importance (l'anniversaire de Padmasambhava dans le cycle de 60 ans du calendrier tibétain) un rassemblement rituel de tantristes qui pourrait bien avoir été le plus grand de l'histoire, et surtout qui visait, à travers la participation commune au *bum-tsok*, à créer un sentiment d'appartenance à une nouvelle collectivité supra-locale de tantristes[68].

67 Cf. Nicolas Sihlé. 2016. The emergence of a new category of Tibetan Buddhist religious actors : *ngakma* (female non-monastic tantric practitioners) in Repkong. Présentation au workshop international "Buddhism, Humanities and Ethnographic Methods", University of Vermont (USA). Texte non publié, 15 pp.

68 Je reviens sur l'analyse de ce rituel dans un ouvrage en préparation.

Au-delà des logiques révélées par l'étude des manuels rituels puis celle des communautés de religieux contemporaines, les communautés de religieux en question et leur activité rituelle s'inscrivent bien entendu dans des matrices sociales plus larges, incluant les non-spécialistes qui composent l'essentiel de ces sociétés. On observe là le produit, si l'on veut, d'une *domestication* du rituel et du religieux, au sens que donnent à ce terme par exemple Ivan Strenski[69] et Todd Lewis[70] : non un abâtardissement de la doctrine, mais un processus, aussi ancien que le bouddhisme lui-même, de combinaison d'éléments (valeurs, pratiques…) de la voie religieuse et du mode de vie des maîtres de maison, avec constitution d'une *société bouddhique* – une expression qu'il convient par ailleurs de ne pas réifier[71]. Cette inscription du rituel dans des matrices sociales est particulièrement visible du point de vue des modes d'organisation du rituel – et ceux-ci, à leur tour, contribuent à donner du sens au rituel.

Les données disponibles à ce sujet – données ethnographiques de première main auxquelles s'ajoutent principalement quelques éléments fournis par Aziz[72] dans sa reconstruction de la vie sociale dans la région de Dingri [Ding ri] au Tibet méridional – donnent à voir des configurations différentes qui en grande part constituent des variantes à partir de la combinaison d'un certain nombre de principes récurrents.

Les rituels de *tsok* les plus fréquents et réguliers, dans nombre de contextes villageois, sont ceux qui sont exécutés dans le cadre du *tsechu*, le culte mensuel de Padmasambhava, le 10e jour du mois lunaire. Le principe le plus courant est celui d'une rotation entre maisons (ou groupes de maisons), éventuellement avec une composante de tirage au sort. Ainsi, dans un village de 180 maisons au Repkong, celles-ci sont réparties en douze groupes, chacun chargé collectivement d'organiser le rituel un mois donné, toujours dans le même ordre, année après année. À l'intérieur de ces groupes, la maison qui accueille le rituel est déterminée par tirage au sort et chacune des autres maisons apporte une contribution fixe : 10 Y (environ 1,25 €) pour l'achat d'offrandes alimentaires, ainsi qu'une assiette de pain (la base de l'alimentation locale, pour les deux repas qui vont être offerts aux officiants). La maison hôte a une dépense supérieure, mais celle-ci reste raisonnable, d'autant plus que depuis environ le début des années 2000 les repas du *tsechu* (comme pour nombre d'autres rituels dans la région) sont devenus végétariens, suite des décisions collectives prises dans

69 Ivan Strenski. 1983. On Generalized Exchange and the Domestication of the *Sangha*. *Man, N.S.* 18 (3), p. 463-470.

70 Todd Lewis. 2000. *Popular Buddhist Texts From Nepal : Narratives and Rituals of Newar Buddhism.* Albany : State University of New York Press, p. 3-4.

71 Voir à ce sujet les commentaires de Nicolas Sihlé et Patrice Ladwig. 2017. Introduction : Legacies, Trajectories, and Comparison in the Anthropology of Buddhism. *Religion and Society – Advances in Research* 8 (special section "Toward a Comparative Anthropology of Buddhism"), p. 110-111. Dans ses remarques sur l'évolution du rituel de *gaṇacakra*, de ses formes plus antinomiennes ou transgressives vers des formes ésotériques et exotériques propres au bouddhisme *newar* de la vallée de Kathmandu, David N. Gellner préfère le terme de « routinisation » (1992. *Monk, Householder, and Tantric Priest : Newar Buddhism and Its Hierarchy of Ritual.* Cambridge ; New York : Cambridge University Press, p. 297-304).

72 Barbara Nimri Aziz. 1978. *Tibetan Frontier Families : Reflections of Three Generations From D'ing-ri.* Durham : Carolina Academic Press.

Figure 1: Des « ingrédients du *tsok* » abondants (rituel *tsechu* de *ngakma*, 2011) – © N. Sihlé

de nombreux villages, temples et monastères de la région, en réponse aux injonctions formulées en ce sens (dans une logique d'éthicisation de la vie rituelle) par le Dalaï Lama, en exil. Par ailleurs, la maison donatrice principale est généralement désireuse de profiter pleinement de cette occasion d'une activité méritoire très valorisée, et les aliments qui accompagnent le *tsok*, ou « ingrédients du *tsok* », *tsok-dzé* [tshogs rdzas], sont souvent très abondants (cf. figure 1).

Le principe central est donc celui d'une solidarité collective et égalitaire dans le soutien de cette activité rituelle. Notons que la communauté villageoise peut faire plus ou moins corps avec ses diverses catégories de spécialistes religieux – en d'autres termes, le degré d'institutionnalisation sociale de ces différents spécialistes et de leur activité rituelle peut varier. Dans le village mentionné ci-dessus, les pratiquantes tantriques *ngakma*, encore relativement peu nombreuses, ont commencé vers 2012 à se réunir en rotation mensuelle, le 25e jour du mois, dans leurs propres maisons, qui prennent en charge donc elles-mêmes le soutien matériel du rituel, alors que dans le village voisin *ngakpa* et *ngakma* officient ensemble pour le *tsechu*[73].

La solidarité collective et égalitaire n'est toutefois pas le seul mode de soutien matériel des rituels collectifs de *tsok*. Dans d'autres contextes – typiquement dans le cas de rituels de plus grande ampleur – le volontariat apparaît aussi. Ainsi, dans certains rituels collectifs annuels au niveau supra-local (où participent les tantristes de toute une subdivision territoriale du Repkong, et non seulement ceux d'un village donné), la fonction de disciplinaire du rituel (assumée par un ou deux tantristes, selon les cas) se double d'une fonction de patron donateur : le disciplinaire doit fournir pour au moins l'un des jours du rituel les repas et, surtout, les aliments pour les offrandes du *tsok* (celui-ci est de grande taille, étant prévu pour une très large distribution). La dépense pour le *tsok* seul peut atteindre 20.000 Y (environ 2500 € – chiffres de 2018) : une somme considérable, qui n'est pas à la portée de toutes les maisons, et qui est réunie souvent après des années d'efforts. La fonction de disciplinaire pour ces rituels ne tourne pas de façon égalitaire : un tantriste peut se porter volontaire, ou parfois être sollicité, mais il gardera dans ce cas une marge de liberté pour accepter ou décliner[74].

Bien entendu, quel que soit le mode d'organisation du soutien matériel pour le rituel, être donateur des aliments pour les offrandes du *tsok* est un acte méritoire – et la hauteur des dons, comme ailleurs à travers le monde bouddhique[75], est un des facteurs pris en compte dans l'appréciation par les acteurs de la quantité de mérites acquis (sans parler de considérations de prestige social). L'enjeu religieux du « rituel des multitudes » dépasse donc les considérations d'entretien des relations et de commensalité communielle avec les divinités.

Si, pour mieux saisir le phénomène, il nous importe ainsi de connaître l'origine des offrandes du *tsok*, l'organisation sociale de leur *partage*, une fois le rituel achevé, est encore plus pertinente pour un examen de leur consommation et des prolongements sociaux de la commensalité avec le divin auxquels le *tsok* donne lieu dans ces divers contextes tibétains. Un « rituel des multitudes » peut être effectué à un niveau élémentaire, avec quelques modestes offrandes – ce peut être le cas, par exemple, quand le rituel est exécuté par un pratiquant seul (ou, *a fortiori*, isolé en retraite de pratique tantrique intensive). Il peut aussi être un véritable « rituel des multitudes » au sens des offrandes, avec de larges quantités d'aliments offertes aux divinités. Dans la pratique courante, il s'agit alors de rituels menant à des distributions d'aliments

73 Les *ngakma* constituent une catégorie de spécialistes moins valorisées, mais dont l'émergence au Repkong est particulièrement forte depuis les années 2000 *grosso modo* (Nicolas Sihlé. 2016. The emergence of a new category of Tibetan Buddhist religious actors).

74 Les chiffres mentionnés ici (valables pour les années 2000-2015) sont sans commune mesure avec les niveaux de dépense religieuse bien plus modestes observés dans les années 1990 au Baragaon, une petite société qui était loin du niveau de relative prospérité générale affiché par le Repkong aujourd'hui.

75 Pour la Birmanie, voir Melford E. Spiro 1970. *Buddhism and Society : A Great Tradition and Its Burmese Vicissitudes*. New York : Harper & Row, p. 110.

consacrés, parmi l'assistance d'abord, mais ensuite dans le cercle familial, la parentèle proche ou d'autres groupements sociaux : selon le cas, il peut s'agir du quartier, du village, d'un groupe territorial de villages, etc.

La réciprocité à l'intérieur de cadres sociaux très précis qui peut sous-tendre ces distributions ressort très clairement du cas du Baragaon. Deux variantes de grande ampleur sont pratiquées : le *gya-tsok* (« multitude d'une centaine ») et le *tong-tsok* (« multitude d'un millier »). Le choix entre les deux est libre : la maison qui demande à des religieux d'officier détermine l'ampleur souhaitée pour le rituel en fonction de ses moyens et de l'importance qu'elle souhaite donner à l'action rituelle. Dans la vallée de Muktināth, vallée la plus peuplée de cette petite société, avec six villages (allant en taille d'une quinzaine à quelques dizaines de maisons), la distribution s'étend à toutes les maisons du village pour un rituel de « multitude d'une centaine », et à toutes celles de la vallée pour le rituel de « multitude d'un millier », plus rare. (Sur le versant nord de la vallée, deux villages voisins aux liens mutuels particulièrement forts s'incluent systématiquement dans les distributions de « multitude d'une centaine ».) Des jeunes sont envoyés faire la distribution dans le village même, et dans la version plus ample il faut trouver des adultes vigoureux pour aller porter les aliments consacrés dans les autres villages de la vallée. Chaque maison se voit présenter un gâteau rituel *tsoktor*, ainsi qu'une part d'autres aliments consacrés (fruits, pain, beignets, ou encore petits gâteaux et sucreries achetés dans les boutiques installées le long de la piste de trekking qui traverse la vallée). Cette réciprocité régulière selon des schémas très précis aboutit à une situation déjà signalée pour la région de Dingri, au Tibet méridional : les adultes savent assez bien combien les villages environnants comportent de maisons – et même combien de personnes, car c'est ce nombre-là qui est la base des calculs dans le cas de distributions particulièrement amples[76].

Hormis ces petits gâteaux rituels *tsoktor*, préparés en nombre suffisant pour être distribués à l'ensemble des maisons prévues, le rituel comporte souvent aussi un *tsoktor* de grande taille, dont un morceau est donné à chaque personne présente, ainsi que joint à l'ensemble des parts d'offrandes qui vont être distribuées. La dimension communielle est ici particulièrement nette. (Cf. figure 2 pour un tel *tsoktor* en début de rituel, et figure 3 pour son état vers la fin du rituel, lorsque la distribution touche à son terme.)

Notons bien que la notion de « commensalité » est plus ou moins pertinente selon les cas de figure : plus lorsqu'il s'agit d'une consommation par les officiants ou l'assistance, sur le lieu même et au moment même du rituel, mais moins pour les formes de consommation différée faisant suite à des distributions à travers un espace social plus étendu. Par ailleurs, les gâteaux rituels et autres aliments consacrés ne sont pas toujours consommés dans la foulée. Martin Mills décrit qu'à l'issue d'un rituel annuel majeur au Ladakh (région de culture tibétaine du nord de l'Inde) les portions familiales d'offrandes du *tsok* sont gardées en partie pour servir de remède pendant

76 Barbara Nimri Aziz. 1978. *Tibetan Frontier Families*, p. 93.

Figure 2 : Petits gâteaux *tsoktor* individuels et grand *tsoktor* collectif (rassemblement rituel majeur, 2015) – © N. Sihlé

l'année suivante[77]. Ce sont des substances puissantes, qui restent imprégnées d'un pouvoir bénéfique, *jinlap* [byin rlabs].

Le partage d'aliments consacrés doit être distingué par ailleurs des considérations de commensalité qui structurent habituellement l'ordre social : la distribution d'aliments

77 Martin A. Mills. 2003. *Identity, Ritual and State in Tibetan Buddhism*, p. 137.

Figure 3: Grand gâteau *tsoktor* collectif en fin de distribution (2015) – © N. Sihlé

issus du rituel de *tsok* ne s'arrête pas aux seuls groupes de « même bouche » ou de même statut social. Le partage des aliments consacrés du *tsok* connaît cependant des limites à ne pas franchir. Lors d'une distribution observée en conclusion d'un rituel de *tsechu* (culte du 10ᵉ jour du mois) au Repkong, un membre de la famille hôte donna au petit chien de la famille un morceau d'aliments *tsok-dzé*. Le vieux voisin s'exclama alors : « on ne donne pas de *tsok-dzé* aux chiens ! » On notera qu'on est bien loin de la commensalité transgressive – où les aliments sont à partager entre un brahmane, un hors-caste et un chien – préconisée par un texte rituel de *gaṇacakra* du bouddhisme indien…

Pour finir, notons que le cas des cultes *tsechu* dans les villages du Baragaon est un peu différent. Une importance particulière revient ici à la consommation (après le rituel *tsechu* à proprement parler) de bière, préparée traditionnellement en quantité suffisante pour pouvoir en offrir une quantité assez généreuse à une personne par maison dans le village[78]. Le *tsechu* est ici généralement une affaire très simple, dépourvue de composante *tsok* ; mais on trouve une commensalité de communauté, et même des suggestions de communion avec le divin, dans le partage de la bière, que les buveurs aiment appeler « l'ambroisie du Précieux Maître » (nom sous lequel Padmasambhava

78 Nicolas Sihlé. 2000. Tshes-Bcu Rituals in Baragaon : Social and Religious Changes in a Tibetan Society of the Nepalese Himalaya. Texte finalisé après présentation au 8ᵉ Séminaire de l'International Association of Tibetan Studies (Bloomington, juillet 1998). Texte non publié, 19 pp.

est connu au Tibet). Ainsi, même sous une forme rituelle sensiblement différente, on note la récurrence de thèmes centraux très similaires pour cette variante de *tsechu*, ce qui en soi soulève aussi des questions intéressantes.

Conclusion

Les éléments qui précèdent nous font voir des variations (historiques, ou de perspectives d'acteurs) dans une forme rituelle pourtant déterminée en large partie par une tradition à base écrite ; mais l'écrit dans les traditions tantriques est foisonnant, complexe et multiple. Par ailleurs, à l'évidence, tout dans un rituel à base écrite n'est pas déterminé par l'écrit[79]. Dans ce qui peut être appelé leur appropriation sociale, ou leur « domestication » (pour reprendre le terme utilisé par Strenski et Lewis), les rituels de *gaṇacakra* ou *tsok* montrent finalement des éléments de continuité avec les formes anciennes de la tradition tantrique, telle que Davidson par exemple les décrivait. Le thème du partage d'aliments consacrés selon un mode assez égalitaire, partage qui contribue à créer ou à reproduire une communauté, apparaît finalement comme un fil de continuité. À travers les diverses situations et perspectives sur le rituel présentées ci-dessus se déclinent toutefois toute une palette de thèmes et des logiques spécifiques. L'élément de transgression, fortement présent dans les formes anciennes présentées par Davidson, est ensuite largement éliminé ; de même, la finalité de recherche de pouvoirs paraît moins visible dans les sources analysant, à partir des textes et de leurs exégèses savantes, les formes tibétaines du rituel. Celles-ci mettent en avant l'objectif du maintien ou renouvellement des engagements tantriques liant l'adepte aux divinités associées avec la pratique tantrique. Leur analyse des trois phases successives d'offrande des trois parties du gâteau *tsoktor* donne un petit aperçu de la complexité des processus du rituel tantrique : offrande, purification, identification au divin et communion, avec pour finir une phase (plus ou moins présente selon les contextes) de destruction des agents démoniaques ou obstructeurs. Un regard plus ethnologique sur la place du *tsok* dans des communautés de pratiquants tantriques met en évidence des thèmes complémentaires, et en particulier la forte association de certains rituels de *tsok* à la manifestation et la reproduction de ces communautés.

Enfin, en tournant ce même regard vers les communautés villageoises principalement laïques qui entourent et englobent les précédentes, on observe des modes d'organisation et de partage d'aliments consacrés marqués par l'égalitarisme et la réciprocité. Pour les communautés laïques, c'est donc une logique de don et de contre-don, de partage social qui se dessine, dans des unités sociales bien définies. Le rituel contribue assurément à renforcer les liens d'échange et de solidarité dans les groupes sociaux concernés, le village en particulier. Dans ses manifestations qui incluent de larges distributions, le *tsok* revêt ainsi un caractère de rituel à composante

79 Nicolas Sihlé. 2009. Written Texts at the Juncture of the Local and the Global : Some Anthropological Considerations on a Local Corpus of Tantric Ritual Manuals (Lower Mustang, Nepal). In *Tibetan Ritual*. Ed. José I. Cabezón. New York : Oxford University Press, pp. 35–52.

communautaire pour les communautés laïques – une composante qui se construit autour d'une autre, cette fois-ci verticale, d'orientation cultuelle et de communion sacramentelle. La relation avec le divin s'inscrit dans une économie à la fois sociale et transcendantale, une économie d'offrande et de consommation, centrée sur des aliments sacramentels, investis d'un pouvoir bénéfique. Les laïcs restent toutefois un peu en périphérie du rituel. Ce sont les officiants (et éventuellement, dans une moindre mesure, les autres personnes présentes lors du déroulement même du rituel) pour lesquels le partage d'aliments peut présenter un caractère véritablement communiel ; pour les laïcs, le partage se fait largement dans un deuxième temps, consécutif au rituel, selon des logiques plus sociales de don et contre-don différé. Si pour les pratiquants il y a commensalité, simultanéité de la consommation, ces logiques s'effacent dans la transmission des aliments au second cercle, celui des fidèles laïcs.

Il peut donc y avoir une diversité de logiques coexistant autour d'une forme rituelle donnée, y compris au sein d'une même instance, en fonction des acteurs considérés, mais aussi, en somme, de la perspective disciplinaire adoptée. Comme nous pouvons le voir dans l'étude précédente, certaines catégories d'acteurs et d'actions restent souvent hors champ dans les analyses des chercheurs, en raison d'angles morts disciplinaires courants. Le rapprochement de ces perspectives complémentaires permet d'esquisser un tableau un peu plus complet et plus satisfaisant. Enfin, comme le suggère la modeste tentative présente, l'opposition entre l'« essentialisme scripturaire » des spécialistes des textes et l'intérêt des anthropologues pour les variations locales (ainsi que Bowen cadre l'analyse dans son article inspirant de 1992) ne fait qu'imparfaitement justice aux uns et aux autres : les premiers peuvent être très attentifs au changement, et les seconds peuvent aussi trouver matière à réflexion dans la récurrence de thèmes et configurations à travers une vaste aire culturelle.

Bibliographie

Aziz B. N., 1978. *Tibetan Frontier Families : Reflections of Three Generations From D'ing-ri.* Durham : Carolina Academic Press.

Babb L. A., 1970. The Food of the Gods in Chhattisgarh : Some Structural Features of Hindu Ritual. *Southwestern Journal of Anthropology* 26 (3) : 287-304.

Bell C. M., 1997. *Ritual : Perspectives and Dimensions.* New York : Oxford University Press.

Beyer S. V., 1973. *The Cult of Tara : Magic and Ritual in Tibet.* Berkeley : University of California Press.

Bloch M., 1992. What goes without saying : The conceptualization of Zafimaniry society. In *Conceptualizing Society.* Ed. Adam Kuper. London ; New York : Routledge, pp. 127-146.

Bourdillon M. F. C., 1980. Introduction. In *Sacrifice.* Ed. M. F. C. Bourdillon and M. Fortes. New York : Academic Press, pp. 1-27.

Bowen J. R., 1992. On scriptural essentialism and ritual variation : Muslim sacrifice in Sumatra and Morocco. *American Ethnologist* 19 (4) : 656-671.

Buswell R. E., et Lopez Jr. D. S., 2014. *The Princeton Dictionary of Buddhism.* Princeton : Princeton University Press.

Cantwell C. M., 1997. To Meditate upon Consciousness as vajra : Ritual 'Killing and Liberation' in the rNying-ma-pa Tradition. In *Tibetan Studies* (vol. 1). Ed. H. Krasser, M. T. Much, E. Steinkellner, H. Tauscher. Vienne : Verlag der Österreichischen Akademie der Wissenschaften, pp. 107-118.

Cantwell C. et Mayer R., 2002. Note on Transliteration : "Not Wylie" Conventions. *The Rig 'dzin Tshe dbang nor bu Edition of the rNying ma'i rgyud 'bum*. http://www.tbrc.org/ngb/csac/NGB/Doc/NoteTransliteration.xml.html (consulté le 3 octobre 2018).

Clarke G. E., 1980. The Temple and Kinship among a Buddhist People of the Himalaya. Thèse de doctorat, University of Oxford.

Clarke S., 2009. When and Where is a Monk No Longer a Monk ? On Communion and Communities in Indian Buddhist Monastic Law Codes. *Indo-Iranian Journal* 52 (2-3) : 115-141.

Dagyab N., 2009. Vergleich von Verwaltungsstrukturen und wirtschaftlichen Entscheidungsprozessen tibetisch-buddhistischer Klöster in der Autonomen Region Tibet, China und Indien. Thèse de doctorat, Philosophische Fakultät der Rheinischen Friedrich-Wilhelms-Universität, Bonn.

Davidson R. M., 2002. *Indian Esoteric Buddhism : A Social History of the Tantric Movement.* New York : Columbia University Press.

Davidson R. M., 2005. *Tibetan Renaissance : Tantric Buddhism in the Rebirth of Tibetan Culture.* New York : Columbia University Press.

Dreyfus G. B. J., 2008. *The Sound of Two Hands Clapping : The Education of a Tibetan Buddhist Monk.* Berkeley : University of California Press.

Egert J. E., 1998. The Strings of the Gandharva's Lute : Continuity and Change in the Cross-Societal Transmission of Tibetan Buddhist Ritual. Thèse de doctorat, University of California, Berkeley.

Ekvall R. B., 1964. *Religious Observances in Tibet : Patterns and Function*. Chicago : University of Chicago Press.

Fuller C. J., 2004. *The Camphor Flame : Popular Hinduism and Society in India*. Édition révisée et augmentée. Princeton : Princeton University Press.

Fürer-Haimendorf C., von., 1964. *The Sherpas of Nepal : Buddhist Highlanders.* Berkeley : University of California Press.

Garrett, Frances et alii. 2013. Narratives of Hospitality and Feeding in Tibetan Ritual. Journal of the American Academy of Religion 81 (2) : 491-515.

Garry R., 2005. Introduction : Songs of Realization and Songs of Tantric Gatherings (*mgur tshogs*). In *Wisdom Nectar : Dudjom Rinpoche's Heart Advice.* Dudjom, J. Y. D., trans. R. Garry. Ithaca, N.Y. : Snow Lion Publications, pp. 131-133.

Gellner D. N., 1992. *Monk, Householder, and Tantric Priest : Newar Buddhism and Its Hierarchy of Ritual.* Cambridge ; New York : Cambridge University Press.

Germano D. et Tournadre N., 2003. THL Simplified Phonetic Transcription of Standard Tibetan. *The Tibetan & Himalayan Library*. http://www.thlib.org/reference/transliteration/#!essay=/thl/phonetics/ (consulté le 18 avril 2014).

Gutschow K., 2004. *Being a Buddhist Nun : The Struggle for Enlightenment in the Himalayas.* Cambridge, MA : Harvard University Press.

de Heusch L., 1985. *Sacrifice in Africa : A Structuralist Approach*. Manchester : Manchester University Press.

JACKSON R. R., (trad.), 2004. *Tantric Treasures : Three Collections of Mystical Verse from Buddhist India*. Oxford : Oxford University Press.

JAMGÖN KONGTRUL L. T., 2003. *The Autobiography of Jamgön Kongtrul : A Gem of Many Colors*. (Trad. R. Barron.) Ithaca, N.Y. : Snow Lion Publications.

JANSEN B. K., 2015. The Monastery Rules : Buddhist Monastic Organization in Pre-modern Tibet. Thèse de doctorat, Leiden University Institute for Area Studies (LIAS), Faculty of the Humanities.

KOHN R. J., 2001. *Lord of the Dance : The Mani Rimdu Festival in Tibet and Nepal*. Albany : State University of New York Press.

LEWIS T. T., 2000. *Popular Buddhist Texts From Nepal : Narratives and Rituals of Newar Buddhism*. Albany : State University of New York Press.

METCALF P., 1997. Sacrifice. In *The Dictionary of Anthropology*. Ed. T. Barfield. Malden, MA : Blackwell Publishing, pp. 416-417.

MILLS M. A., 2003. *Identity, Ritual and State in Tibetan Buddhism : The Foundations of Authority in Gelukpa Monasticism*. London ; New York : RoutledgeCurzon.

ORTNER S. B., 1978. *Sherpas Through Their Rituals*. Cambridge ; New York : Cambridge University Press.

RAMBLE C., 1984. The Lamas of Lubra : Tibetan Bonpo Householder Priests in Western Nepal. Thèse de doctorat, University of Oxford.

SAHLINS M., 2013. *What Kinship Is – And Is Not*. Chicago : The University of Chicago Press.

SCHNEIDER N., 2013. *Le renoncement au féminin. Couvents et nonnes dans le bouddhisme tibétain*. Nanterre : Presses universitaires de Paris Ouest.

SCHOBER J. S., 1989. Paths to Enlightenment : Theravada Buddhism in Upper Burma. Thèse de doctorat, University of Illinois at Urbana-Champaign.

SIHLÉ N., 2000. Tshes-Bcu Rituals in Baragaon : Social and Religious Changes in a Tibetan Society of the Nepalese Himalaya. Texte finalisé après présentation au 8e Séminaire de l'International Association of Tibetan Studies (Bloomington, juillet 1998). Texte non publié, 19 pp.

SIHLÉ N., 2001. Les tantristes tibétains (*ngakpa*), religieux dans le monde, religieux du rituel terrible : Étude de Ch'ongkor, communauté villageoise de tantristes du Baragaon (nord du Népal). Thèse de doctorat, Université de Paris-X-Nanterre.

SIHLÉ, N., 2009. Written Texts at the Juncture of the Local and the Global : Some Anthropological Considerations on a Local Corpus of Tantric Ritual Manuals (Lower Mustang, Nepal). In *Tibetan Ritual*. Ed. J. I. Cabezón. New York : Oxford University Press, pp. 35–52.

SIHLÉ N., 2013. *Rituels bouddhiques de pouvoir et de violence : La figure du tantriste tibétain*. Bibliothèque de l'École des Hautes Études – Sciences religieuses 152. Turnhout : Brepols.

SIHLÉ N., 2016. The emergence of a new category of Tibetan Buddhist religious actors : *ngakma* (female non-monastic tantric practitioners) in Repkong. Présentation au workshop international "Buddhism, Humanities and Ethnographic Methods", University of Vermont (USA). Texte non publié, 15 pp.

SIHLÉ N. et LADWIG P., 2017. Introduction : Legacies, Trajectories, and Comparison in the Anthropology of Buddhism. *Religion and Society – Advances in Research* 8 (special section "Toward a Comparative Anthropology of Buddhism") : 109-128.

SNELLGROVE D. L., 1987. *Indo-Tibetan Buddhism : Indian Buddhists and their Tibetan Successors*. Boston : Shambhala Publications.

SPIRO M. E., 1970. *Buddhism and Society : A Great Tradition and Its Burmese Vicissitudes*. New York : Harper & Row.

STRENSKI I., 1983. On Generalized Exchange and the Domestication of the *Sangha*. *Man, N.S.* 18 (3) : 463-477.

WALLIS C., 2016. The Tantric Age : A Comparison Of Shaiva And Buddhist Tantra. *Sutra Journal*. http://www.sutrajournal.com/the-tantric-age-a-comparison-of-shaiva-and-buddhist-tantra-by-christopher-wallis.

WIJAYARATNA M., 1990 [1983]. *Buddhist monastic life : according to the texts of the Theravada tradition*. (Trad. du français par C. Grangier et S. Collins.). Cambridge : Cambridge University Press.

Dossier iconographique

MADELEINE ZELLER

Les scènes de repas dans l'illustration juive et chrétienne

L'exemple des ouvrages conservés à la Bibliothèque nationale et universitaire de Strasbourg

La Bibliothèque nationale et universitaire de Strasbourg conserve en son sein des collections patrimoniales exceptionnelles, constituées dès sa création en 1871[1]. Celles-ci donnent un riche aperçu des représentations des repas fondateurs des traditions juive et chrétienne. Ce dossier iconographique reprend, en le complétant, le corpus d'ouvrages présentés pendant le colloque « Religion et alimentation » organisé par le GIS Scirthes en octobre 2017 à la Bnu, soit seize ouvrages conservés à la Bnu, dont quatorze imprimés et deux manuscrits[2] :

– un ensemble représentatif de l'impression typographique strasbourgeoise autour de 1500, réunissant des Bibles et des ouvrages chrétiens (homiliaires, plenaria) illustrés de gravures sur bois – la Bible allemande de Grüninger (*Die Bibel zuo teutsch getrukt*, 1485), l'édition allemande de la *Légende dorée* par Sebastian Brant (*Der heilgen leben nüv…*, 1502), les deux éditions latine et allemande du *Passionis Christi…* de Geiler de Kaysersberg et Matthias Ringmann (1506), deux homiliaires posthumes sur les évangiles par Geiler de Kaysersberg (*Das Euangelibuch…*, 1515, et *Postill Vber die fyer Evangelia durchs Jor…*, 1522), et enfin l'Ancien Testament de Martin Luther (*Das Alte Testament Deutsch nach urspringlicher Hebreischer warheit…*, 1524) et le Nouveau Testament de Jacob Beringer (*Das gantz neüw Testameñt…*, 1529) – ;

1 www.bnu.fr. J'exprime ma profonde gratitude à toutes les personnes qui m'ont apporté leur éclairage et leur expertise pour l'interprétation de ces images et ouvrages : Sylvie Bethmont, François Boespflug, Daniel Bornemann, Jacqueline Cuche, Claire Decomps, Marie-Christine Ermine, Rémi Gounelle, Christian Herrmann, Benoît Jordan, Rachel Koskas, Jean-Claude Kuperminc, Dominique Lévy-Jahanbakht, Avraham Malthête, Alice Mélès, Pierre Metzger, Frank Muller, Julien Pinard, Odile Priels-Zeller, Freddy Raphaël, Francis Rapp, Astrid Starck-Adler, Rémy Valléjo.

2 Les illustrations sont reproduites, pour la plupart, dans le cahier en fin de volume. En annexe figure une liste des scènes du corpus ; par convention, il a été décidé de désigner ces scènes iconographiques par des capitales initiales, pour les distinguer des épisodes bibliques auxquels elles renvoient.

Madeleine Zeller • Bibliothèque nationale et universitaire de Strasbourg (Bnu)

Religions et alimentation, éd. par Rémi GOUNELLE, Anne-Laure ZWILLING et Yves LEHMANN, Turnhout : Brepols, 2020 (Homo Religiosus, 20), p. 289-361
BREPOLS PUBLISHERS 10.1484/M.HR-EB.5.117420

- en complément de ce premier ensemble, une *Biblia pauperum* (1460-1470), le *Schatzbehalter* d'Étienne Fridolin (1491) et une sélection d'illustrations de Matthäus Merian (*Icones biblicae*, 1625-1630 et Bible de 1630) ;
- pour la tradition juive, trois haggadot du XVIIIe siècle – deux manuscrites et la Haggadah de Metz (1767) – ainsi que *La vie juive*, ouvrage alsatique illustré par Alphonse Lévy en 1886.

Ce corpus est centré sur des scènes présentant un repas partagé[3], dont les plus emblématiques sont la Pâque juive et la Cène. Il comprend, pour l'Ancien Testament et la tradition juive, l'Hospitalité d'Abraham, le Banquet offert par Joseph à ses frères et le Repas de la Pâque ; pour la seule tradition juive, la Réunion des cinq sages à Bené-Beraq et le Séder ; pour le Nouveau Testament, les Noces de Cana, l'Onction de Béthanie, la Multiplication des pains, la Cène et les apparitions postérieures à la Résurrection (Cénacle, Emmaüs). Il sera présenté en deux parties : les scènes de l'Ancien Testament et de la tradition juive (réunies afin de mettre en valeur les liens entre l'iconographie chrétienne et l'iconographie juive), et les scènes du Nouveau Testament. Le tableau récapitulatif placé en annexe synthétise et complète le corpus, totalisant vingt-deux scènes et soixante-dix occurrences.

Chacune des seize illustrations reproduites en fin de volume fait l'objet d'un commentaire détaillé, accompagné d'une reproduction au format vignette et d'une notice comprenant les mentions d'illustration suivies des mentions bibliographiques. Lorsque l'intérêt éditorial le justifie, la reproduction (illustrations principales et figures complémentaires insérées dans l'article) restitue l'image dans sa mise en page originale, texte et image réunis.

A – Scènes de l'Ancien Testament et de la tradition juive

Cette partie réunit quatre ouvrages chrétiens et quatre ouvrages juifs, les premiers (Bibles et ouvrages de spiritualité) pour des images de l'Ancien Testament, les seconds (des haggadot essentiellement) à la fois pour des images de l'Ancien Testament et pour des scènes propres à la tradition juive. La confrontation de ces sources mettra en lumière la filiation entre les deux traditions iconographiques, des Bibles allemandes aux haggadot du XVIIIe siècle.

3 Les scènes de nourriture reçue miraculeusement sont à la marge de ce corpus lorsque la dimension de commensalité n'y apparaît pas. Nous avons éliminé le cycle d'Élie (nourri par les corbeaux puis par l'ange), mais non la Récolte de la manne et la Multiplication des pains, deux scènes associées à la Cène par la tradition chrétienne.

Hospitalité d'Abraham (Gn 18, 1-15)

Illustration A1

***Hospitalité d'Abraham*, gravure sur bois de Michael Wohlgemuth, Wilhelm Pleydenwurff et de leur atelier**

Étienne Fridolin
Der Schatzbehalter oder Schrein der waren Reichthümer des Heils und ewiger Seligkeit genannt
(*Le trésor ou écrin des véritables richesses du salut et de l'éternelle béatitude*)
Gravures sur bois de Michael Wohlgemuth, Wilhelm Pleydenwurff et de leur atelier
Nuremberg, Anton Koberger, 1491

K.1.649 – fig. 17, f. i6^{r} [4]

---

4 Sur cet ouvrage, voir Dominik BARTL, *Der Schatzbehalter. Optionen der Bildrezeption*, thèse de l'Université de Heidelberg, Faculté de philosophie, Institut d'histoire de l'art, 2010, disponible sur http://archiv.ub.uni-heidelberg.de/volltextserver/volltexte/2010/10735 [consulté le 08/05/2020] ;

Cette gravure sur bois montre l'hospitalité d'Abraham, théophanie où Dieu apparaît au patriarche sous la forme de trois messagers au chêne de Mambré. Dans le respect du devoir d'hospitalité, Abraham les prie de faire halte et leur sert un repas composé de galettes, de crème de lait et de veau (Gn 18, 6-8), au cours duquel les messagers annoncent que malgré leur très grand âge, Sara et Abraham auront un fils (Isaac). La postérité promise depuis longtemps se réalise enfin.

L'image en pleine page est tirée du *Schatzbehalter oder Schrein der waren Reichthümer des Heils und ewiger Seligkeit genannt* (*Le trésor ou écrin des véritables richesses du salut et de l'éternelle béatitude*), un ouvrage de spiritualité du franciscain Étienne Fridolin (v. 1430-1498) actif dans le sud de l'Allemagne, notamment à Nuremberg. Cette méditation sur la vie et les souffrances du Christ, inspirée de ses sermons, est imprimée à Nuremberg par Anton Koberger, auquel nous devons aussi la prestigieuse Bible allemande de 1483 et la *Chronique de Nuremberg*. Les quatre-vingt-seize[5] gravures sur bois en pleine page sont attribuées à Michael Wohlgemuth[6] (1434?-1519), le maître de Dürer, à son beau-fils Wilhelm Pleydenwurff (v. 1460-1494) ainsi qu'à leur atelier. De ce magnifique incunable, le plus célèbre en Allemagne et l'un des premiers dont l'illustration puisse être attribuée à un artiste connu, il ne subsiste que quelques rares exemplaires en France[7].

Dans cet ouvrage très élaboré associant étroitement texte et illustrations, les images remplissent une fonction à la fois didactique et méditative. Plus qu'un simple accompagnement du texte, elles en constituent la trame : « Dans la dix-septième image, trois anges apparaissent au saint patriarche [Abraham] pour signifier la sainte Trinité. Et l'un d'eux lui promet que son épouse Sara, qui est stérile, aura un fils »[8]. L'image enjambe le moment de la salutation proprement dite et le rite d'accueil du lavement des pieds, pour aller droit au moment où les Trois vont se mettre à table, laquelle est mise et servie. Le patriarche est représenté dans une attitude de vénération, à genoux, les mains jointes. Mais c'est vers Sara que se tournent les trois anges ailés, que l'un d'eux désigne du doigt : le moment précis choisi par l'artiste est celui de l'annonce à Sara, qui écoute sans sortir et en se cachant, la main à l'oreille, à l'entrée de la tente dont la forme évoque une chapelle gothique. Ce choix – une préfiguration de l'Annonciation à Marie – est conforme à l'orientation typologique de ces méditations. Au milieu de la scène, l'abondante frondaison du chêne de Mambré

Petra Seegets, *Passionstheologie und Passionsfrömmigkeit im ausgehenden Mittelalter. Der Nürnberger Franziskaner Stephan Fridolin (gest. 1498) zwischen Kloster und Stadt*, Tübingen, Mohr Siebeck, 1998 (Spätmittelalter und Reformation, N. R. 10).

5 L'ouvrage comporte quatre-vingt-seize planches gravées (« Figuren ») dont cinq sont répétées, soit quatre-vingt-onze motifs différents. Quatre-vingt-sept correspondent à des scènes bibliques, dont le sens allégorique ou théologique est explicité dans le commentaire.

6 Wohlgemuth ou Wolgemut. Les noms de personnes sont orthographiés, pour la plupart, selon les notices d'autorité de la Bibliothèque nationale de France (data.bnf.fr).

7 Quatre exemplaires sont conservés en France sur les 188 recensés dans les collections publiques (pas tous complets) d'après le catalogue des incunables allemands (*Gesamtskatalog der Wiegendrucke*).

8 Début de la méditation d'Étienne Fridolin pour cette image, sur la page de gauche (f. 15v).

suggère la nombreuse descendance promise par les envoyés de Dieu, contrastant avec l'arbre nu au fond de l'image.

Dans cette représentation à la fois fidèle au récit biblique (tente, chêne, veau, attitude des personnages) et inventive (riches vêtements, élégance de Sara, tête du veau semblant regarder Abraham), la nappe posée sur la table pourrait préfigurer la Cène et l'autel eucharistique, autre interprétation typologique de l'hospitalité d'Abraham s'ajoutant à l'annonce de la Trinité (mentionnée par l'auteur dès le début du commentaire) et à l'Annonciation[9].

Pour représenter l'hospitalité d'Abraham, d'autres choix iconographiques sont possibles : la prosternation d'Abraham devant les trois anges représentée seule, sans le repas (Bible de Grüninger, Strasbourg, 1485[10] et Ancien Testament de Luther, Strasbourg, 1524[11], ainsi que les deux haggadot manuscrites du XVIIIe siècle, ouvrages présentés plus loin), ou les deux scènes réunies en une seule image (Bible de Luther imprimée par Krafft, Wittenberg, 1576[12], où la prosternation d'Abraham et le repas sont séparés par le chêne de Mambré).

9 Les représentations de l'hospitalité d'Abraham traduisent, selon le cas, une interprétation trinitaire de l'épisode ou une interprétation christologique. Les trois visiteurs étant représentés sans aucune différence, mis à part le geste de la main de celui qui s'adresse à Sara, cette image relève de l'interprétation trinitaire, annoncée en ouverture du commentaire de Fridolin, même si la suite du texte ne se limite pas à ce choix. Sur cette distinction, voir François BOESPFLUG, « Autour de l'hospitalité d'Abraham dans la Bible et le Coran, et de son écho dans l'art juif et l'art chrétien du Moyen Âge (XIIIe-XVIe siècle). Essai d'iconographie comparée », in François BOESPFLUG – Françoise DUNAND (éd.), *Le comparatisme en histoire des religions. Actes du colloque international de Strasbourg (18-20 septembre 1996)*, Paris, Cerf (Patrimoines), 1997, p. 315-343.

10 K.740,1 – f. XXr.

11 R.10.265,2 – f. XIIv.

12 E.78 – f. 12r (ouvrage non présenté dans le corpus).

Banquet offert par Joseph à ses frères (Gn 43, 15-34)

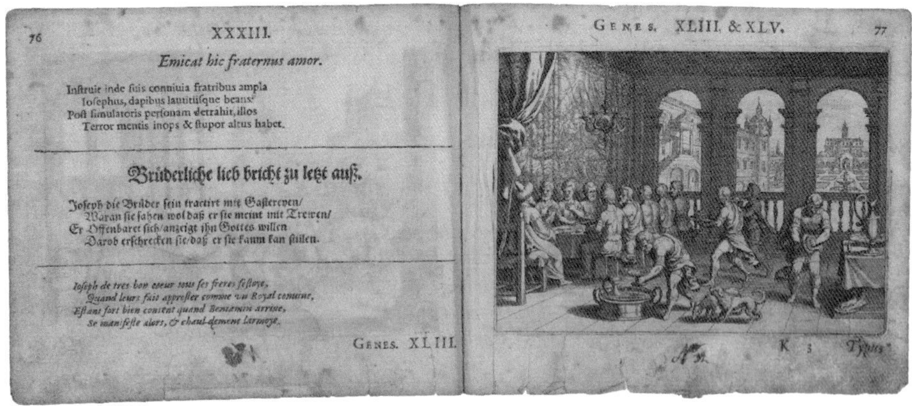

76 XXXIII.

Emicat hic fraternus amor.

Instruit inde suis conuiuia fratribus ampla
Iosephus, dapibus lautitiisque beans:
Post simulatoris personam detrahit, illos
Terror mentis inops & stupor altus habet.

Brüderliche lieb bricht zu letzt auß.

Joseph die Brüder sein tractirt mit Gastereyen/
Waran sie sahen wol daß er sie meint mit Trewen/
Er Offenbaret sich/anzeigt jhn Gottes willen
Darob erschrecken sie/daß er sie kaum kan stillen.

Ioseph de tres bon coeur tous ses freres festoye,
Quand leurs fait apprester comme vn Royal conuiue,
Estant fort bien content quand Beniamin arriue,
Se manifeste alors, & chaudement larmoye.

GENES. XLIII.

GENES. XLIII. & XLV. 77

K 3

Illustration A2-a

***Banquet offert par Joseph à ses frères*, gravure sur cuivre de Matthäus Merian et de son atelier**

Icones Biblicae. Praecipuas Sacrae Scripturae Historias eleganter & graphicè repraesentantes = Biblische Figuren darinnen die Fürnembsten Historien in Heiliger und Göttlicher Schrifft begriffen. Gründtlich vnd Geschichtmessig entworffen zu Nutz vnnd Belustigung Gottsförchtiger vnd Kunstverständiger Personen artig vorgebildet… Mit Versen und Reymen in dreyen Sprachen gezieret und erkläret
(Illustrations bibliques contenant les histoires les plus remarquables de l'Écriture sainte et divine, réalisées avec soin et fidèlement à l'histoire, à l'usage et pour le plaisir des personnes craignant Dieu et appréciant l'art… Agrémentées et commentées par des vers rimés en trois langues)
Textes de Johann Ludwig Gottfried
Gravures sur cuivre de Matthäus Merian et de son atelier
1re partie : Strasbourg, héritiers de Lazarus Zetzner, 1625

BH.109.560,1-4 (recueil factice en 4 parties), 1re partie, p. 77[13]

13 Sur cet ouvrage, voir par ex. *Matthaeus Merian. Bilderbibel. Icones Biblicae. Neues Testament. Originalgetreuer Faksimiledruck der Erstausgabe* (introd. Lucas Heinrich Wüthrich), Kassel – Bâle, Bärenreiter Verlag, 1965, p. 1-19 ; Marion KEUCHEN, *Bild-Konzeptionen in Bilder- und Kinderbibel. Die historischen Anfänge und ihre Wiederentdeckung in der Gegenwart*, 1. Göttingen, Vandenhoeck & Ruprecht, 2016 (Arbeiten zur Religionspädagogik, 61), p. 93-115 (chapitre « Matthäus Merian. Icones biblicae 1627 »).

Cette gravure sur cuivre représente le Banquet offert par Joseph à ses frères en signe de réconciliation (Gn 43). Après avoir été maltraité et vendu par ces derniers à des Ismaëlites qui l'emmènent en Égypte, victime de leur jalousie (Gn 37), c'est en vice-roi d'Égypte qu'il les rencontre, d'abord sans Benjamin, puis au complet, et leur offre un repas fastueux (Gn 42-43), prémisse de la réconciliation fraternelle (Gn 45).

L'image est tirée des *Icones biblicae* publiées entre 1625 et 1630 par Matthäus Merian l'Ancien (1593-1650), célèbre graveur et éditeur originaire de Bâle connu pour ses ouvrages topographiques comme le *Theatrum Europaeum* et la *Topographia Germaniae*. Ce cycle de 233 illustrations bibliques paraît en quatre parties dans les *Icones biblicae*, à Strasbourg et Francfort. Chaque double page au format oblong comprend, à droite, l'illustration en pleine page et, à gauche, de courtes strophes méditatives en latin, allemand et français, composées par le pasteur réformé Johann Ludwig Gottfried (1584?-1633), qui fut à la fois historien, éditeur et étroit collaborateur de Matthäus Merian. Dans le contexte de division confessionnelle de la guerre de Trente ans, qui touche également la traduction de la Bible, le choix de textes originaux, non bibliques et en trois langues ainsi qu'une parution séparée en quatre parties rendent la diffusion de l'ouvrage plus aisée[14].

Matthäus Merian intègre ensuite l'ensemble de ces images dans ce que l'on appellera la « Bible de Merian », publiée à Strasbourg en 1630 avec la traduction de Martin Luther et rééditée en 1704. Par son style raffiné combinant l'étude du paysage et le pittoresque (on notera par exemple les accents orientalisants dans le costume du personnage assis à la place d'honneur), ce cycle marque un tournant décisif dans l'histoire de l'illustration biblique, désormais œuvre d'art indépendante, moins didactique, plus théâtrale et résolument baroque. Certaines scènes de repas présentent un lien direct avec l'illustration juive comme nous le verrons plus loin.

La scène se déroule dans un lieu clos. Dans la partie gauche d'une grande pièce dont les trois grandes fenêtres donnent sur le palais où officie Joseph, les convives sont assis à la table du banquet et discutent. À la place d'honneur, tout à gauche, siège sans doute le vice-roi Joseph enturbanné, le personnage plus juvénile (imberbe ?) à sa droite pourrait être son plus jeune frère Benjamin. À y regarder de près, il semblerait que la tablée ne comprenne que onze convives alors que la fratrie à nouveau réunie en compte douze[15] : peut-être une distraction de l'illustrateur ou une difficulté de composition qui, selon les copies des *Icones biblicae,* sera corrigée ou non[16]. Alors que le style architectural nous rapproche du temps de Merian, les costumes – orientalisant

---

14 Voir Keuchen, *Bild-Konzeptionen…*, p. 97.

15 Contrairement à la première rencontre en Gn 42 et après d'habiles négociations pour le faire venir, Benjamin est présent lors de ce banquet. L'illustration de Merian qui précède notre scène montre bien la fratrie au complet.

16 La copie fidèle de D. Danckertsz (*Icones biblicae*, Amsterdam, 1659) maintient à onze le nombre de convives, tandis que celle de P. U. Shut et N. Visscher (*Historiae Sacrae veteris et Novi Testamenti*, Amsterdam, [1655 ou 1659]) en compte douze. Gravures reproduites dans *La haggada du scribe Éliézer Seligmann de Rosheim écrite et illustrée à Neckarsulm en 1779* (éd. Robert Weyl, Thérèse et Mendel Metzger), Strasbourg, Presses universitaires de Strasbourg, 1998, p. 133, fig. 60 et fig. 61 respectivement.

pour Joseph, à la romaine pour les autres personnages – créent une distanciation. Sur la page en regard, la méditation exprime sous la forme d'un quatrain l'émotion ressentie par Joseph lors des retrouvailles avec tous ses frères, jusqu'à l'embrassade avec Benjamin en Gn 45 :

> Ioseph de tres bon cœur tous ses freres festoye,
> Quand leurs fait apprester comme un Royal conuiue,
> Estant fort bien content quand Beniamin arriue,
> Se manifeste alors, & chaul-dement larmoye[17].

Au premier plan, l'échanson qui sert l'eau avec le même empressement que les serviteurs, sous le regard de deux chiens, rappelle le serviteur figurant au même emplacement dans les Noces de Cana[18]. Ce repas n'apparaît dans aucun des autres ouvrages consultés, mais l'illustration de Merian servira de modèle pour une autre scène de repas dans des haggadot du XVIIIe siècle : la Réunion des cinq sages à Bené-Beraq.

17 1re partie – p. 76.
18 4e partie – p. 24 (illustration non reproduite).

Réunion des cinq sages à Bené-Beraq (scène propre à la haggadah)

Illustration A3-a

***Réunion des sages à Bené-Beraq*, tempera, lavis d'encre et aquarelle**

[Haggadah]
Seder haggadah shel pessah
(*Rituel de la Pâque*)
Manuscrit en hébreu et en judéo-allemand
Illustrations à la tempera, au lavis d'encre et à l'aquarelle
[Alsace], [s. n.], 1746

MS.3.928 – f. 2v[19]

19 Sur cet ouvrage, voir la brève présentation dans Robert WEYL et Freddy RAPHAËL, *L'imagerie juive d'Alsace*, Strasbourg, Éditions des Dernières Nouvelles d'Alsace, 1979, p. 48 ; ill. p. 39 ; Julien PINARD, « Une haggada inachevée », disponible sur le carnet Hypothèses de la Bnu « Lieu de recherche », https://bnu.hypotheses.org/682 [consulté le 08/05/2020].

Voici une scène tirée non pas de la Bible, mais de la haggadah[20], le rituel juif rappelant par des bénédictions, des prières, des commentaires midrashiques[21], des explications du rituel, des psaumes et des chants l'histoire de la sortie d'Égypte du peuple d'Israël, acte libérateur initial annonciateur de toutes les autres libérations. La lecture de la haggadah s'effectue en famille lors de la fête du séder (***cf. ill. A9***), repas cérémoniel commémorant celui de la première Pâque. Le « récit de la Pâque » (*haggadah shel pessah*) a son origine dans le commandement de Moïse dans le livre de l'Exode :

> Ce jour-là, tu feras le récit (*higgadta*) de ces choses à ton fils : "c'est à cause de ce que YHWH a fait pour moi lors de ma sortie d'Égypte" (Ex 13, 8)[22].

La première haggadah complète qui soit conservée date du Xᵉ siècle, mais ses origines remontent à la Michna (*Pessahim* 10), achevée, selon la tradition, autour des années 200 de notre ère. Sa forme a été fixée définitivement au XIIIᵉ siècle, avec des variantes selon les communautés. Souvent agrémentée d'une calligraphie soignée et d'illustrations à partir du XIVᵉ siècle[23], c'est un des ouvrages juifs les plus populaires et les plus reproduits, d'autant que chaque participant du séder doit en principe disposer de son exemplaire. La haggadah manuscrite inédite de 1746, en hébreu et en judéo-allemand[24], très probablement alsacienne[25], comprend neuf illustrations

20 Voir Geoffroy Wigoder (éd.), *Dictionnaire encyclopédique du judaïsme*, Paris, Robert Laffont (Bouquins), 2008, p. 409-410 (article « Haggadah) ; *La Haggadah de Pâque. Liturgie pour la cérémonie familiale des soirées du séder d'après les rites achkenazi et sefardi* (trad. et notes Joseph Bloch), Haguenau, L'auteur, 1950², disponible en ligne : https://www.massorti.com/son/documents/Hagada_bloch_francais.pdf [consulté le 08/05/2020] ; Thierry Legrand, « Le repas des repas dans le judaïsme et la haggadah de pessah », communication filmée lors de la journée d'étude « Croire et manger ensemble. Les pratiques de la commensalité dans les religions » organisée par le GIS Scirthes à l'Université de Strasbourg le 3 décembre 2015, vidéo disponible sur <http://www.canalc2.tv/video/13585> [consulté le 08/05/2020]. Par convention, nous utilisons la minuscule pour la haggadah en général et la majuscule pour désigner une haggadah en particulier.

21 Le Midrash est un commentaire rabbinique de genre narratif, souvent proche de la légende, dont l'objet est de scruter le texte biblique pour en dégager les sens possibles.

22 Traduction *Bible de Jérusalem*, Paris, Cerf, 1998, légèrement modifiée. La racine de *haggadah* (et donc de *higgadta*) signifie raconter, parler, transmettre, annoncer, faire connaître, etc.

23 Contrairement à une confusion qui a perduré longtemps, l'interdiction de se forger des idoles et d'adorer des icônes (Ex 20, 4-5) n'a pas interdit ni empêché la production d'images juives. Les manuscrits hébraïques illustrés font leur apparition dès la fin du XIIIᵉ siècle. Voir par ex. *Haggadah de Pessah. La Pâque juive. Manuscrit du XVᵉ siècle copié et enluminé par Joël ben Siméon Feibusch Ashkénazi* (introd. Maurice-Ruben Hayoun), Paris, PUF, 2011 (Sources), p. 10.

24 Le judéo-allemand est utilisé notamment dans les chansons composant la dernière partie du rituel, intercalé en écriture cursive hébraïque et en plus petits caractères entre les lignes écrites en judéo-araméen. Le judéo-allemand ou yiddish désigne l'ensemble des parlers des Ashkénazes (juifs allemands), qui se répartissent entre le yiddish occidental (dont le yiddish alsacien est une variante régionale) et le yiddish oriental. Il s'écrit en caractères hébraïques.

25 Contrairement à la date, le nom du scribe et la provenance géographique du manuscrit ne sont pas mentionnés. Mais selon les indications recueillies auprès des professeurs Freddy Raphaël et Astrid Starck, les parties en yiddish présentent des spécificités propres au yiddish alsacien. Une étude linguistique approfondie du manuscrit serait à faire.

exécutées à la tempera, au lavis d'encre et à l'aquarelle dans un style naïf, rehaussées de couleurs vives où dominent le vert et le rouge.

La première illustration de cette haggadah montre le repas des cinq sages réunis à Bené-Beraq pour commémorer la sortie d'Égypte (« et ils commentèrent la sortie d'Égypte durant toute la nuit », selon la phrase qui commence au-dessus de l'image et se poursuit sur la page en regard[26]). Pourtant, les hommes assis à table ne sont pas cinq mais sept. L'illustration reprend en effet, en réduisant le nombre de convives, la scène du Banquet offert par Joseph à ses frères dans les *Icones biblicae* de Merian (***cf. ill. A2***), images connues par des copies intermédiaires chrétiennes et juives comme nous le verrons plus loin.

La composition des deux scènes est très comparable : on retrouve la tablée des hommes à gauche (y compris le siège d'honneur en bout de table), les serviteurs au premier plan, les trois grandes ouvertures au fond de la pièce et les tentures. Parmi les modifications, on notera les fenêtres fermées, les couvre-chefs des convives (pour les judaïser ?), le coussin traditionnel du séder ajouté au dossier de la grande chaise et, au premier plan à la place des chiens ainsi que sur la table à droite, des bougeoirs allumés suggérant, suggérant, comme le lustre très apparent[27], que la scène se déroule de nuit comme le dit le récit. Ces modifications remontent à la Haggadah d'Amsterdam de 1695 dont nous parlerons plus loin, modèle indirect de cette illustration, lequel reprend les images de Merian en les adaptant à son propos comme on le voit ici.

Il n'est pas rare qu'un ouvrage chrétien, en particulier une Bible protestante, serve de modèle à l'iconographie juive comme le montre également la Haggadah d'Éliézer Seligmann de Rosheim (1779) présentée plus loin[28] ou celle imprimée à Alger en 1900[29], quitte à utiliser une scène pour en illustrer une autre si celle-ci est absente du corpus servant de modèle[30].

---

26 « Il arriva que rabbi Éliezer, rabbi Yehoshua, rabbi El'azar ben Azaria, rabbi Aqiva et rabbi Tarfon participaient à un séder à Bené-Beraq, et ils étaient *[suite sur la page de gauche]* en train de raconter la sortie d'Égypte [toute la nuit] jusqu'à ce que leurs disciples viennent leur dire : "maîtres, l'heure de la récitation du shema est arrivée" » (trad. Alice Mélès).

27 À ne pas confondre avec la menorah. On retrouve ces éléments (lustre et bougeoirs allumés, disparition des chiens, considérés comme impurs) dans toutes les représentations juives remontant de près ou de loin au Banquet offert par Joseph à ses frères illustré par Merian.

28 MS.5.988 – f. 4^r^. La même scène compte pas moins de neuf convives et la couleur bleu clair des fenêtres donne l'impression qu'il fait déjà jour, alors que la consommation rituelle doit être terminée avant minuit : la réutilisation d'une image pour illustrer une autre scène n'est pas sans ambiguïté et ici, la fidélité au modèle semble l'avoir emporté sur la vraisemblance du récit.

29 C.103.028 – p. 10 (édition en hébreu et judéo-arabe non retenue dans le corpus, qui reprend certaines gravures de la Haggadah d'Amsterdam), la scène comprend neuf convives et se déroule de nuit, éclairée, comme dans la haggadah de 1746, par des chandeliers et le lustre très apparents.

30 Les gravures sur bois des haggadot de Prague (1526), Mentoue (1560, 1568) et Venise (1599 pour la première édition) puisent déjà dans le répertoire iconographique chrétien. Voir Cecil Roth – Geoffrey Wigoder (éd.), *Encyclopaedia judaica*, Jérusalem, Encyclopaedia Judaica, 1971-1972, vol. 7 (Fr-Ha), col. 1079-1104 (article « Haggadah, Passover »), part. col. 1011-1103.

Repas de la Pâque (Ex 12, 11.37-42)

Le repas de la première Pâque (*pessah*), événement fondateur de l'histoire du peuple juif, marque sa sortie du pays d'Égypte. Cet acte libérateur initial annonciateur de toutes les libérations est évoqué au chapitre 12 de l'Exode :

> Ils firent des gâteaux cuits sans levain avec la pâte qu'ils avaient emportée d'Égypte, et qui n'était pas levée ; car ils avaient été chassés d'Égypte, sans pouvoir tarder, et sans prendre des provisions avec eux (Ex 12, 39)[31].

La plupart des illustrations mettent en scène les hommes debout autour de la table couverte d'une nappe, prêts pour le départ :

> Voici comment vous le mangerez : une ceinture à vos reins, vos sandales aux pieds et votre bâton à la main ; vous le mangerez à la hâte. C'est la Pâque de YHWH (Ex 12, 11)[32].

Ils consomment dans la hâte la chair du petit bétail mâle présenté sur le plat, choisi parmi les agneaux ou les chevreaux selon la prescription que Dieu fait à Moïse (cf. Ex 12, 5).

31 Traduction *Nouvelle Bible Segond*, Villiers-le-Bel, Société biblique française, 2002.
32 Traduction *Nouvelle Bible Segond*... légèrement modifiée.

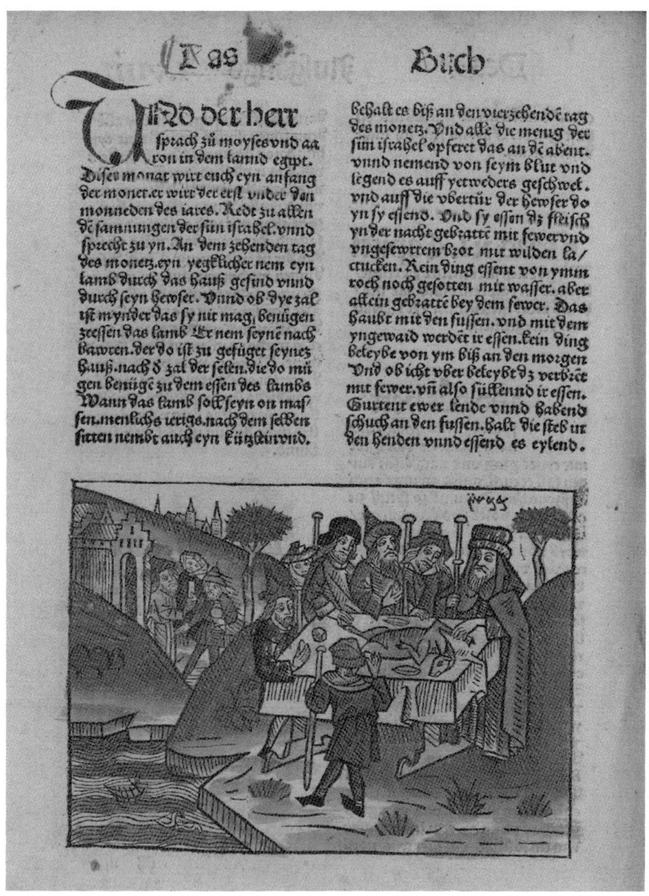

Das Buch

Und der herr sprach zů moyses vnd aaron in dem lannd egipt.
Diser monat wirt euch eyn anfang
der monet. er wirt der erst vnder den
monneden des iares. Redt zu allen
dē samnungen der sün israhel. vnnd
sprecht zu yn. An dem zehenden tag
des monetz. eyn yegklicher nem eyn
lamb durch das hauß gesind vnnd
durch seyn hewser. Vnnd ob dye zal
ist mynder das sy nit mag, benügen
zeessen das lamb Er nem seynē nach
bawren. der do ist zu gefüget seynez
hauß. nach d' zal der selen. die do mü
gen benügē zu dem essen des lambs
Wann das lamb soll seyn on mas-
sen. menlichs ierigs. nach dem selben
sitten nembt auch eyn kützlein vnd.
behalt es biß an den vierzehendē tag
des monetz. Vnd alle die menig der
sün israhel opferet das an dē abent.
vnnd nemend von seym blut vnd
legend es auff yetweders geschwel.
vnd auff die vbertür der hewser do
yn sy essend. Vnd sy essen dz fleisch
yn der nacht gebratē mit fewer vnd
vngesewrtem brot mit wilden la-
ctucken. Kein ding essent von ymm
roch noch gesotten mit wasser. aber
allein gebratē bey dem fewer. Das
haubt mit den fussen. vnd mit dem
yngewaid werdēt ir essen. kein ding
beleybe von ym biß an den morgen
Vnd ob icht vber beleybt dz verbrēt
mit fewer. vñ also süllennd ir essen.
Gurtent ewer lende vnnd habend
schuch an den fussen. halt die steb in
den henden vnnd essend es eylend.

Illustration A4-a

***Repas de la Pâque*, gravure sur bois anonyme**

[Colophon : *Die Bibel zuo teutsch getrukt*]
(*La Bible imprimée en allemand*)
Gravures sur bois [anonymes strasbourgeois]
Strasbourg, Johann Grüninger 1485 (2 volumes)

[1er volume] K.740,1 – f. LVIIIIv (exemplaire rehaussé de couleurs)[33]

33 Sur cet ouvrage, voir Albert SCHRAMM, *Der Bilderschmuck der Frühdrucke, XX. Die Straßburger Drucker, 2. Johann Grüninger, Johann Prüss, Martin Flach, Peter Attendorn, Thomas Aushelm, Bartholomäus Kistler, Friedrich Kuch von Dumbach, Mathis Hupfuff, Wilhelm Schoffener, Johann Schott, Matthias Brant*, Leipzig, Karl W. Hiersemann, 1937, p. 3 ; pl. 1 à 19 (reproduction des 109 gravures, fig. 4 à 112), disponible en ligne : https://digi.ub.uni-heidelberg.de/diglit/schramm1937bd20/0003/image [consulté le 08/05/2020] ; Paul AHNNE, *La Bible de Grüninger. 1485*, Strasbourg, Éditions Willy Fischer, 1952 (Les livres illustrés strasbourgeois du XVe siècle).

Premier livre illustré sorti de l'atelier de Johann Grüninger (1455?-1531), cette Bible allemande (la dixième avant celle de Luther) comprenant 109 gravures sur bois est aussi un des premiers incunables illustrés de Strasbourg. L'exemplaire de la Bnu est rehaussé de couleurs. Comme dans la Bible de Koberger (Nuremberg, 1483[34]) qui a servi de modèle, le repas de la Pâque est représenté à l'extérieur, une tradition iconographique modifiée peu après. L'agneau (ou le chevreau) de la Pâque encore entier (cf. Ex 12, 3-10), d'une taille imposante, couvre toute la table, posé directement sur la nappe (une préfiguration de l'autel eucharistique ?). Debout, le bourdon à la main, les convives prêts à partir ou saisissant la patte de l'animal illustrent, dans un style un peu naïf, l'injonction divine d'Ex 12, 11. Comme dans les représentations qui suivront, une attention particulière est portée aux couvre-chefs, parmi lesquels on distingue, en rouge, le chapeau pointu du juif, en noir et avec le bord avant relevé, le chapeau du pèlerin, ainsi que deux coiffes de femmes.

Illustration A5

***Repas de la Pâque*, gravure sur bois de Hans Weiditz**

Das Alte Testament Deutsch nach urspringlicher Hebreischer warheit. Mit schöner der schwersten örter außlegung
(*L'Ancien Testament traduit en allemand d'après la version originale en hébreu, agrémenté de beaux commentaires des passages les plus difficiles*)
Traduction de Martin Luther
Gravures sur bois d'Erhard Schlitzor et Hans Weiditz
Strasbourg, Johann Knobloch, 1524 [comprend la 1re partie de l'Ancien Testament]

R.10.265,2 – f. Lr[35]

34 Grüninger fait copier les bois de la Bible de Koberger, qui eux-mêmes reprennent ceux de la Bible de Cologne (Heinrich Quentell, v. 1478), dans une version légèrement plus petite et simplifiée.

35 Sur cet ouvrage, voir par ex. Frank Muller, *Images polémiques, images dissidentes. Art et Réforme à Strasbourg*, Baden-Baden, Koerner, 2017, p. 246-257. Il s'agit de la première partie de l'Ancien Testament (Pentateuque), reliée ici avec la seconde partie, parue quelques mois plus tôt, et avec le

La scène se déroule à l'intérieur d'une maison cette fois, autour de la grande table couverte d'une nappe, alors que le repas de la Pâque est presque consommé : de l'agneau posé dans un grand plat, il ne reste que les os (cf. « Vous ne briserez aucun os », Ex 12, 46). La hâte est palpable dans l'inclinaison des bâtons et les postures des convives, prêts à partir ou terminant leur bouchée. Les tenues vestimentaires sont orientalisées. Le personnage sur la droite se distingue du groupe des hommes à chapeaux par sa tête chauve et ses vêtements, qui correspondent moins à la tenue de voyage prescrite (peut-on y voir le tallit, le châle de la prière juive, avec ses franges ?).

Cette gravure sur bois du Strasbourgeois Hans Weiditz (1500?-1536) figure dans l'Ancien Testament de Martin Luther imprimé à Strasbourg en 1524. Contrairement à la tradition antérieure, la scène est située à l'intérieur d'une maison pour faire le parallèle avec la Cène[36]. Il s'agit d'une copie inversée de la gravure correspondante de Holbein (Ancien Testament d'Adam Petri, Bâle, 1523-1524), laquelle servira de modèle à Matthäus Merian dans ses *Icones biblicae*[37].

Nouveau Testament de 1523. La Bible complète de Luther, en six parties, sera publiée en 1534.

36 Voir MULLER, *Images polémiques…*, p. 249. Holbein, suivi par Weiditz, n'est cependant pas le premier à situer la scène à l'intérieur comme le montre par ex. le *Spiegel menschlicher Behaltnis…* (où le Repas de la Pâque, la Rencontre d'Abraham et Mélchisédech et le Lavement des pieds sont représentés sur la même double-page). Cf. *Das ist der spiegel der menschen Behaltnusse mit den euangelien und mit epistel nach der zyt des iares*, Spire, Petrus Drach, 1495, K.3.377 – f. LXXVI[v] (ouvrage non présenté dans cette étude).

37 Voir Philipp SCHMIDT, *Die Illustration der Lutherbibel*, 1522-1700, Bâle, Verlag Friedrich Reinhardt, 1962, p. 153, fig. 89 (reproduction de la gravure de Hans Holbein) ; p. 308.

Illustration A6

***Repas de la Pâque*, gravure sur cuivre de Matthäus Merian et de son atelier**

***Icones Biblicae…*, 1re partie**
Strasbourg, 1625 (*cf. ill. A2-a*)

BH.109.560,1-4 (recueil factice en 4 parties) – 1re partie, p. 89

Cette gravure sur cuivre tirée des *Icones biblicae* de Merian (présentées plus haut) reprend en grande partie la composition de Hans Holbein le Jeune (1497?-1543) et de sa copie en miroir par Weiditz (***ill. A5***) : au premier plan, dans un espace au sol dallé, rectangulaire, les convives se pressent autour de la table avec la même vivacité et dans la même tenue de voyage à la mode occidentale (manteaux, bottes, chapeaux) que les hommes en partance dans l'ouvrage précédent ; au fond, les éléments d'architecture avec fenêtre et tentures.

Mais à la différence de Weiditz, Merian ouvre la scène sur un paysage occidental où l'on distingue des montagnes, des bâtiments et un cours d'eau avec un bateau et un pont : on peut y voir à la fois les paysages d'Allemagne du sud familiers de Merian et une réminiscence du Nil et de la captivité en Égypte à laquelle il est fait référence (cf. Ex 12). Le texte de Johann Ludwig Gottfried placé en regard, en vers latins, allemands et français, invite à une méditation sur le sens typologique de la scène : « Noster Agneau immolé est Christ nostre Sauveur ».

Illustration A7-a

***Repas de la Pâque*, gravure sur cuivre anonyme**

[Haggadah]
Beit horin. Seder haggadah shel pessah
(*La maison des hommes libres. Rituel de la Pâque*)
Commentaires de Moïse Alshekh, Yehuda Lajb ben Betsalel et Ephraïm Salomon Luntshits
Ouvrage en hébreu et en judéo-allemand
Gravures sur cuivre anonymes
Frontispice gravé « A Nancy chez Dorvasy »
Metz, Moïse May, 1767
Comprend une carte-dépliant « Reise der Israëliten » de 1753

C.10.430 – f. 41^v^[38]

38 Pour cet ouvrage, voir le fac-similé *Beïth horin. Seder haggadah shel pessah* (introd. Simon Schwartzfuchs), Jérusalem, Fondation du bien-être en faveur de l'enfance malheureuse en Israël, 1979 ; Claire DECOMPS – Jean BAUMGARTEN, « Les imprimeries hébraïques en Lorraine », in Claire

Première haggadah illustrée – et aussi premier livre en caractères hébraïques illustré – qui soit imprimée dans le Royaume de France, la Haggadah de Metz provient de la première imprimerie en France entièrement consacrée aux livres hébraïques. Celle-ci est créée par Moïse May[39] en 1764 alors que la ville de Metz comprend la communauté juive la plus importante de France. La Haggadah de Metz reprend en grande partie les planches de la célèbre Haggadah d'Amsterdam de 1695, ou celles de sa copie diffusée plus largement de 1712, elles-mêmes adaptées des *Icones biblicae* de Merian. La première édition, de 1695, est gravée par Abraham bar Jacob (1169?-1730), un ancien pasteur converti au judaïsme qui puise également dans d'autres sources du répertoire chrétien avant de les judaïser. Il s'agit de la première haggadah illustrée de gravures sur cuivre. La seconde édition est une copie remaniée, imprimée par Salomon ben Joseph Proops (1704-1734?). Ces éditions connaîtront un succès comparable aux *Icones biblicae* de Merian, maintes fois copiées et adaptées comme elles à travers toute l'Europe.

Si les draperies et l'ouverture sur le paysage restent fidèles au modèle de Merian, quelques détails anecdotiques concernant les personnages ont changé par rapport aux deux illustrations précédentes : le couvre-chef et l'apparence plus juvénile du personnage (placé à gauche puisqu'il s'agit d'une copie inversée) remplaçant le personnage chauve qui figurait à droite, les traits plus féminins de l'avant-dernier personnage à droite ou encore certains éléments du paysage. Les deux haggadot manuscrites de notre corpus, de 1746 et de 1779, reprennent-elles aussi cette image par l'intermédiaire d'autres copies[40]. La légende au-dessus de l'image cite l'injonction divine d'Ex 12, 11. L'ouvrage se termine par les deux chansons traditionnelles *Ehad mi yodea* (« Un, je sais ce qu'est un ») et *Had Gadya* (« La petite chèvre ») en judéo-araméen et en yiddish, ritournelles à récapitulation participant à la dimension pédagogique de transmission aux plus jeunes de la haggadah. Mais il présente également, disposés autour du texte principal, des commentaires de trois rabbins du XVIe et du tournant du XVIIe siècle parmi lesquels le célèbre Maharal de Prague (Yehuda Lajb ben Betsalel, 1525?-1609), qui apportent un témoignage intéressant sur l'abondante littérature rabbinique sur la haggadah.

DECOMPS – Éric MOINET, *Les Juifs et la Lorraine. Un millénaire d'histoire partagée* [exposition, Nancy, Musée Lorrain, 9 juin – 21 septembre 2009], Paris, Somogy, 2009, p. 148-152 (part. p. 148-149) ; Claire DECOMPS, *ibid.*, p. 268, cat. 296a et 296b (toutefois, contrairement à ce qui est indiqué pour cat. 296b, l'image de Merian qui sert de modèle au repas de la Pâque n'est pas le Repas chez Simon, mais le Banquet offert par Joseph à ses frères, ***cf. ill. A2***) ; *La haggada du scribe Éliézer Seligmann de Rosheim…*, p. 77 ; p. 101, n. 75.

39 En 1764, Moïse May obtient du parlement de Metz le droit d'imprimer des ouvrages en caractères hébraïques, sous réserve d'utiliser la presse d'un imprimeur breveté, Joseph Antoine. L'édition la plus répandue (C.103.008) indique en français au bas de la page de titre : « À Metz, chez Joseph Antoine, imprimeur ordinaire du roi », ce qui n'est pas le cas de la variante C.10.430, où les armoiries ont d'ailleurs été masquées. Absente des répertoires des imprimés hébraïques à l'inverse du C.103.008 (cf. Abraham YAARI, *Bibliography of the Passover Haggadah from the earliest printed edition to 1960*, Jérusalem, Bamberger & Wahrman, 1960, n°162 pour le C.103.008), la variante C.10.430 mériterait d'être mieux connue.

40 MS.3.928 – f. 7^v^ et MS.5.988 – f. 11^r^ respectivement. Dans MS.3.928, l'exécution du dessin paraît plus maladroite pour cette scène.

Illustration A8-a

***Repas de la Pâque*, lavis d'encre et plume**

[Haggadah]
Seder haggadah shel pessah keminhag ashkenazim
(*Rituel de la Pâque selon le rite des juifs ashkénazes*)
Manuscrit sur papier et parchemin, en hébreu et en judéo-allemand
Illustrations au lavis d'encre et à la plume
Neckarsulm, Éliézer Seligmann de Rosheim, 1779

MS.5.988 – f. 11r [41]

41 Pour cet ouvrage, nous renvoyons au fac-similé accompagné d'une édition commentée très documentée dans laquelle Thérèse et Mendel Metzger explorent avec précision les sources iconographiques de cette haggadah : *La haggada du scribe Éliézer Seligmann de Rosheim…* Les indications historiques qui suivent sont tirées de cet ouvrage.

La reprise dans les ouvrages juifs de l'iconographie chrétienne est chose courante, comme le confirme cette autre haggadah manuscrite conservée à la Bnu, écrite par Éliézer Seligmann de Rosheim en 1779 à Neckarsulm (Bade-Wurtemberg). Celle-ci comprend treize scènes illustrées, copiées, selon le scribe lui-même, d'après des gravures sur cuivre[42], sans doute à l'aide de calques (contrairement à la Haggadah de Metz, ces copies sont orientées dans le même sens que les images de Merian). Sur les cinq haggadot illustrées de gravures sur cuivre (et non sur bois) imprimées avant 1779 qu'a pu connaître le scribe, celle de Francfort (1710) est le modèle le plus proche[43]. Toutes reprennent, à la suite de celle d'Amsterdam de 1695 et dans des proportions variables[44], des motifs des *Icones biblicae* de Merian par l'intermédiaire d'une copie, selon toute vraisemblance celle de D. Danckertsz à Amsterdam en 1659[45]. L'iconographie juive ne s'affranchira de l'influence de Merian qu'au début du XIXe siècle[46].

La composition ainsi que le style des costumes et de l'architecture reprennent les modèles évoqués précédemment. Dans cette copie qui se veut à la fois « fidèle et conforme » et « bien supérieure aux gravures originales sur cuivre »[47], le dessin à la plume ombré de hachures et de zones lavées d'encre imite avec finesse le travail de la gravure, même si son coloriage enfantin paraît naïf. La calligraphie, soignée, utilise à la fois l'écriture carrée de type ashkénaze pour le texte principal (en hébreu) et la cursive hébraïque en petits caractères pour les directives du rituel et les traductions (comme dans la haggadah de 1746, les directives et les deux comptines en fin de recueil sont écrites à la fois en hébreu ou en judéo-araméen et en yiddish). Ce manuscrit sur parchemin a été réalisé pour une veuve aisée de Neckarsulm, Lea Nathan Marum Levi. Elle possédait sans doute les haggadot imprimées d'Amsterdam (1695 ou 1712) ou de Francfort (1710), qu'elle aurait pu proposer en modèles au scribe Éliézer Seligmann de Rosheim.

---

42 Premières lignes en-dessous du titre, selon *La haggada du scribe Éliézer Seligmann de Rosheim …*, p. 19 : « Avec des images, fidèles et conformes à des gravures sur cuivre "lisibles" [Is 8, 1]. "Les foules verront" [Ps 40, 4] et s'émerveilleront, car, plus adroit encore de ses mains, il sait dessiner, c'est son œuvre, ces images, c'est l'œuvre d'un artiste bien supérieure aux gravures originales sur cuivre ».

43 Amsterdam, 1695 (haggada la plus connue de cette série, modèle des suivantes) ; Francfort s. M., 1710 ; Sulzbach (Bavière), 1711 ; Amsterdam (2e édition, imprimée par Salomon Proops), 1712 ; Metz, 1767 (deux versions différentes à la Bnu, C.10.430 et C.103.008 – ***cf. ill. A7***). Sur le choix de la Haggadah de 1710 (Francfort) comme modèle, plus adaptée à des copies par calque que les autres, voir *La haggada du scribe Éliézer Seligmann de Rosheim …*, p. 80.

44 Les autres sources iconographiques de la Haggadah d'Amsterdam (utilisées dans des proportions moindres), chrétiennes également, sont les *Historische Chronica*, des même auteurs que les *Icones biblicae* (Merian l'Ancien et Johann Ludwig Gottfried, 1629-1634 ou rééditions ultérieures) et la Bible de Luther imprimée à Wittenberg par Hans Krafft, 1572.

45 De nombreuses autres copies et contrefaçons des *Icones biblicae*, dont celle de Pieter H. Schut et N. Visscher (Amsterdam, 1650), qui a longtemps été considérée comme modèle, ainsi que des haggadot imprimées ou manuscrites circulent aux Pays-Bas au XVIIe siècle. Voir *La haggada du scribe Éliézer Seligmann de Rosheim …*, p. 96 ; 243 (Mendel et Thérèse Metzger y démontrent que le modèle intermédiaire pour ces haggadot est la haggadah de Danckertsz et non celle de Schut et Visscher) ; KEUCHEN, *Bild-Konzeptionen …*, p. 103-104.

46 Voir KEUCHEN, *Bild-Konzeptionen …*, p. 104, n. 506.

47 Telle est l'ambition annoncée par le scribe lui-même au début de la page du titre. Voir *La haggada du scribe Éliézer …*, p. 19.

Le Séder (scène non biblique, propre à la tradition juive)

Illustration A9

***Le Séder*, lithographie d'Alphonse Lévy**

Léon Cahun
La vie juive
Préface de Zadok-Kahn
Illustrations d'Alphonse Lévy
Paris, Ed. Monnier, de Brunhoff et Cie, 1886

M.34.327 – p. 30

Cet ouvrage présente les rites en usage dans les familles juives ashkénazes d'Alsace. Le Séder, cérémonie familiale le soir de Pâque, permet de commémorer par les mets, les gestes, les récits et les chants, la sortie d'Égypte du peuple d'Israël, la fin de la servitude et la liberté recouvrée. Ce repas rituel est encadré par la lecture de la haggadah.

La lithographie du célèbre illustrateur d'origine alsacienne Alphonse Lévy (1843-1918) dépeint de façon très vivante l'atmosphère de ce repas rituel, au moment où le chef de famille, sur le siège du Séder, lève la coupe de vin pour prononcer la bénédiction, les quatre coupes successives rappelant la délivrance de l'Égypte. Les convives réunis autour du plat du Séder tiennent chacun leur haggadah, les hommes portent des chapeaux hauts-de-forme typiquement ashkénazes, plusieurs générations de femmes sont présentes. L'ouvrage évoque également les préparatifs de ce repas qui sera consommé selon un déroulement précis (*seder* signifie « ordre ») : le *zeroa* (os grillé rappelant l'agneau du sacrifice pascal), les trois *matsot* (galettes de pain sans levain) et le *mahor* (herbes amères), mets qui commémorent les événements de l'Exode, les temps des privations temporaires et les promesses d'abondance et dont la manducation en famille permet l'ingestion concrète et spirituelle[48].

Une scène de repas en marge du corpus : la plaie des grenouilles, deuxième des dix plaies d'Égypte (Ex 7, 25 ; 8, 11)

Alors qu'aucun repas n'est évoqué dans le récit de la seconde plaie d'Égypte, celle-ci est représentée systématiquement au cours d'un repas, que ce soit dans les Bibles chrétiennes[49] ou dans les haggadot[50] de notre corpus comme la haggadah manuscrite de 1746 (***fig. 1***). Ce choix iconographique étonnant mais constant pourrait traduire le caractère envahissant et intrusif des grenouilles, infestant non seulement les maisons des Égyptiens, mais également leur nourriture et donc l'homme dans toutes ses dimensions :

> Elles monteront, elles entreront dans ta maison, dans ta chambre à coucher, sur ton lit, dans les maisons de tes serviteurs et de ton peuple, dans tes fours et dans tes pétrins. En toi, dans les gens de ton peuple et dans tous tes serviteurs [plutôt que « contre toi, contre les gens… »] grimperont les grenouilles (Ex 7, 28-29)[51].

48 Voir Legrand, « Le repas des repas… ».

49 Bible Grüninger 1485 (1er volume : K.740,1), Ancien Testament Luther Strasbourg 1524 (R.10.265,2), *Icones biblicae* Merian 1625-1630 (BH.109.560,1-4) et Bible Merian 1630 (E.96). Illustrations non reproduites, les foliotations figurent dans le tableau en annexe.

50 Haggadah manuscrite de 1746 (MS.3.928) et haggadah manuscrite de 1779 (MS.5.988). Voir le tableau en annexe.

51 Traduction proposée par Alice Mélès, enseignante en hébreu biblique au Collège des Bernardins, Paris (mail de septembre 2018), que je remercie vivement pour sa fructueuse collaboration au sujet des trois haggadot de ce corpus. Remerciements également à Pierre Metzger et Julien Pinard, de la Bnu, pour leurs transcriptions, déchiffrages et observations perspicaces.

***Figure 1**: Plaie des grenouilles*, tempera, lavis d'encre et aquarelle, haggadah manuscrite, [Alsace], 1746 (cf. ill. A3). Cliché : Bnu (Jean-Pierre Rosenkranz).

B – Scènes du Nouveau Testament

Par définition, cette partie ne présentera que des ouvrages de la tradition chrétienne : éditions du Nouveau Testament ou ouvrages de spiritualité (dont certains ont déjà été présentés en première partie).

Noces de Cana (Jn 2, 1-23)

Illustration B1

***Noces de Cana*, gravure sur bois de Michael Wohlgemuth, Wilhelm Pleydenwurff et de leur atelier**

Étienne Fridolin, *Der Schatzbehalter…*, Nuremberg, 1491 (*cf. Ill. A1*)

K.1.649 – fig. 41, f. p5^{r}

Nous retrouvons l'ouvrage d'Étienne Fridolin présenté au début de cette étude, pour une scène du Nouveau Testament bien connue[52] où se produit le premier signe de Jésus raconté dans les évangiles : le miracle de l'eau transformée en vin. On reconnaît les époux, assis au fond contre le mur, à leur couronne et à leurs vêtements élégants, tandis que les convives aux mines contrariées tendent leurs gobelets vides. Au premier plan, Jésus – portant l'auréole au triple lys qui lui donne une forme crucifère, son signe distinctif dans l'ensemble de l'ouvrage – et Marie, portant une auréole simple, se tiennent devant les jarres prêtes à être remplies d'eau par le serviteur avant de se transformer en vin. La scène montre le moment entre l'alerte faite par Marie, qui désigne de la main son gobelet vide (« ils n'ont plus de vin », Jn 2, 3), et l'ordre donné par Jésus de remplir d'eau les jarres, le doigt tendu vers le serviteur (Jn 2, 7).

52 Le *Schatzbehalter* contient également des scènes de repas représentées plus rarement, comme Jésus mangeant avec les publicains et les pécheurs (Mt 9, 10-13 // Mc 2, 15-17 // Lc 5, 29-32) ou la guérison de l'hydropique un jour de sabbat (Lc 14, 1-6) pour le Nouveau Testament, ainsi que des scènes de l'Ancien Testament où le repas n'apparaît pas explicitement dans le récit, comme la libération du roi de Juda Joiakîn par Evil-Merodak, roi de Babylone (2 R 25, 27-29). Elles figurent dans le tableau en annexe.

Multiplications des pains (première multiplication : Mt 14, 13-21 // Mc 6, 31-44 // Lc 9, 10-17 // Jn 6, 1-15 ; seconde multiplication : Mt 15, 32-39 // Mc 8, 1-10)

Illustration B2

***Multiplications des pains*, gravure sur cuivre de Matthäus Merian et de son atelier**

Biblia, Das ist: Die gantze H. Schrifft Alten und Newen Testaments…
(*La Bible. Toute l'Écriture sainte, Ancien et Nouveau Testaments*)
Traduction de Martin Luther
Gravures sur cuivre de Matthäus Merian et de son atelier
Strasbourg, héritiers de Lazarus Zetzner, 1630

E.96, 3e partie, f. 66r [53]

La multiplication des pains, où la dimension de commensalité n'apparaît pourtant pas explicitement, a toute sa place dans ce corpus car, comme le don miraculeux de la manne (Ex 12) qu'elle rappelle, elle annonce l'Eucharistie. Des deux multiplications

53 Pour cet ouvrage, voir par ex. Philipp Schmidt, *Die Illustration…* ; Lucas Heinrich Wüthrich, *Das druckgraphische Werk von Matthaeus Merian d. Ae., 3, Die großen Buchpublikationen, 1. Die Merianbibel*, Hamburg, Hoffmann und Campe, 1993, p. 1-60 (chapitre « Die Merianbibel »). Se reporter aussi à la note 13 consacrée aux ouvrages sur les *Icones biblicae* de Merian.

rapportées dans les évangiles, Merian choisit la première, plus précisément la version de Jean, la seule à faire figurer un jeune garçon apportant les cinq pains : « Il y a ici un enfant, qui a cinq pains d'orge et deux poissons » (Jn 6, 9). Les deux poissons sont représentés aux pieds de Jésus, la foule nombreuse (« 5 000 hommes » selon Mt 14, 21 et Mc 6, 44) remplit le reste de l'image. Il n'y a pas douze paniers comme le veut le récit[54], mais cinq, comme les cinq pains qui évoqueraient, selon Origène[55] et la tradition patristique à sa suite, les cinq livres de la Loi de Moïse. Une autre image de notre corpus (*Doctor Keiserzpergs Postill Vber die fyer Evangelia durchs Jor*, Johann Schott, édition posthume de 1522[56]) présente paradoxalement sept paniers, comme dans la seconde multiplication, alors que le sermon correspondant porte explicitement sur la première, ce qu'illustrent aussi les deux poissons bien visibles.

L'ensemble des gravures sur cuivre des *Icones biblicae* est repris dans la « Bible de Merian », imprimée en 1630 à Strasbourg avec la traduction de Luther, édition que nous avons choisie pour cette scène.

54 Douze paniers dans la première multiplication des pains, sept dans la seconde. Cinq paniers également dans l'illustration du *Schatzbehalter*. Dans l'harmonie évangélique de Jacob Beringer présentée plus loin (***ill. B7***), Heinrich Vogtherr représente fidèlement chacune des deux multiplications : cinq pains, deux poissons et douze paniers posés au sol pour la première, sept pains, deux poissons également et sept paniers pour la seconde (*Das gantz neüw Testameñt…*, R.10.267 – fig. 12, f. XL^{r} et fig. 13, f. XLV^{v} respectivement).

55 *Sur la Genèse*, 12, 5.

56 R.10.121, 2e partie, f. LXXVI^{r}.

Onction de Béthanie (Mt 26, 6-13 // Mc 14, 3-9 // Jn 12, 1-8)

Illustration B3

***Onction de Béthanie*, gravure sur bois d'Urs Graf**

Der text des passions oder leydens christi aus den vier evangelisten zusammen inn ein sinn bracht mit schönen figuren
(*La Passion ou les souffrances du Christ. Un seul texte à partir des quatre évangiles avec de belles illustrations*)
Traduit et édité par Matthias Ringmann [attribué longtemps à Geiler de Kaysersberg]
Gravures sur bois d'Urs Graf
Strasbourg, Johann Knobloch, 1506

R.10.115 – f. Aiiij^{v} (exemplaire rehaussé de couleurs)[57]

57 Pour cet ouvrage, voir *Urs Graf. Die Holzschnitte zur Passion* (éd. Wilhelm Worringer), München, R. Piper, 1923 (contient les reproductions de toutes les gravures) ; Jacqueline Lévy (éd.), *La gravure d'illustration en Alsace au* xvie *siècle. 2. Imprimeurs strasbourgeois. 1501-1506. Georg Husner, Johann Prüss,*

La « Ringmann-Passion », du nom de l'éditeur strasbourgois Matthias Ringmann (1482-1511), réunit en un seul texte les quatre évangiles de la Passion selon le principe de l'« harmonie évangélique », un genre florissant à une époque où l'accès à la Bible en son entier, en langue vernaculaire, est interdit aux laïcs ou strictement encadré[58]. Parue la même année en latin[59] (***fig. 2***) et en allemand (***ill. B3***), elle est illustrée dans ses deux versions de vingt-cinq gravures sur bois en pleine page d'Urs Graf (1485?-1527?), une par chapitre, reprises dans les nombreuses rééditions[60]. Le texte en latin est attribué à Geiler von Kaysersberg (1445-1510), celui en allemand, à Ringmann[61]. Nous commentons l'édition allemande de 1506, dont l'exemplaire de la Bnu est rehaussé de couleurs au pinceau.

Cette gravure illustre avec une grande expressivité le chapitre consacré à l'onction de Béthanie : six jours avant la Pâque, lors d'un repas à Béthanie, une femme (« Maria Madgalena » selon l'inscription ajoutée dans l'image), agenouillée au premier plan, oint les pieds de Jésus avec un parfum de grand prix et les essuie avec ses cheveux en présence de ses disciples (Jn 12, 3). À gauche, Marthe apporte un plat (Jn 12, 3). Les douze apôtres ainsi que Lazare se pressent autour de la table comme dans les représentations de la Cène. Sur la gauche, seul personnage figuré de dos et revêtu de jaune – couleur associée à la traîtrise dans la tradition occidentale et plus spécialement au personnage de Judas depuis la fin du Moyen Âge[62] –, Judas tient la bourse d'une main et de l'autre, désigne la femme d'un geste accusateur (Jn 12, 4-6). Certains des disciples semblent l'approuver tandis que Lazare se tourne vers Jésus, que seule une auréole crucifère composée d'un triple faisceau de rayons distingue des autres personnages. Ce dernier commente ce geste annonçant sa prochaine sépulture (Jn 12, 8), annonce suggérée aussi par la croix surmontant le vase d'onguent posé sur la table.

Bartholomäus Kistler, Wilhelm Schaffner, Mathias Hupfuff, Johann Schott, Johann Wähinger, Martin Flach, Johann Knobloch, Strasbourg, Presses universitaires de Strasbourg, 2000, p. 42-43 ; p. 358, pl. 623.

58 Voir par ex. Eberhard ZWINK (éd.), *Die Bibel und Württemberg. Die Bibelsammlung der Württembergischen Landesbibliothek* [exposition, Stuttgart, Württembergische Landesbibliothek, 13 mai – 31 juillet 2009], Stuttgart, Württembergische Landesbibliothek, 2009, p. 151-152 (article « Bibel in der Hand der Laien »).

59 *Passionis Christi Vnvm ex quattuor euangelistis textum*, texte latin de Johannes Geiler von Kayserberg, édition par Matthias Ringmann. R.10.114.

60 Vingt-six illustrations au total : vingt-cinq bois d'Urs Graf, auxquels s'ajoutent un bois gravé une deuxième fois dans l'édition latine et un bois de Johann Wechtlin dans l'édition allemande. Sur les réutilisations des bois dans les éditions successives, voir Maria Consuelo OLDENBOURG, « Die Holzschnitte des Urs Graf zur Passion und die des Johann Wechtlin zum Leben Jesu. Ein bibliographisches Verzeichnis ihrer Verwendungen », in Elisabeth GECK – Guido PRESSLER (éd.), *Festschrift für Josef Benzing. Zum sechzigsten Geburtstag, 4. Februar 1964*, Wiesbaden, G. Pressler, 1964, p. 291-310.

61 La version allemande est souvent attribuée à Geiler, mais d'après les catalogues de Bibles de la WLB (Württembergische Landesbibliothek, Stuttgart) et d'autres sources qui m'ont été confirmées en août 2018, Ringmann en est à la fois l'éditeur et l'auteur (traducteur). Voir par ex. ZWINK, *Die Bibel und Württemberg…*, p. 36.

62 Voir Michel PASTOUREAU – Dominique SIMMONET, *Les couleurs expliquées en images*, Paris, Seuil, 2015, p. 103-108. À partir du XIIe siècle, Judas est représenté avec un vêtement de couleur jaune.

Figure 2 : *Onction de Béthanie*, gravure sur bois d'Urs Graf, Johannes Geiler von Kaysersberg, *Passionis Christi Vnum ex quattuor euangelistis textum*, Strasbourg, 1506. Cliché : Bnu (Jean-Pierre Rosenkranz).

Comme l'indique une note marginale sur la page en regard, cette onction est rapportée à la fois par les évangélistes Matthieu, Marc et Jean. Cependant, le geste de la femme (onction des pieds du Christ et non de sa tête), les indications des noms de Marthe, Marie et Lazare et enfin la présence de Judas montrent que cette gravure illustre littéralement la version de Jean. Seule la mention, dans le titre du chapitre, de la « maison de Simon [le lépreux] »[63] fait référence aux deux autres évangélistes, selon lesquels cependant la femme (qui n'y est pas nommée) oint la tête et non les pieds.

Cette composition originale ne manque pas de pittoresque : Urs Graf, graveur et peintre suisse installé depuis peu à Strasbourg et dont il s'agit du premier ensemble signé, la situe dans un paysage architectural germanique (étrangement, elle n'a pas lieu à l'intérieur d'une maison), dominé par une cigogne se dressant sur une cheminée.

Citons une autre représentation intéressante de la scène, reproduite dans *Doctor Keiserzpergs Postill Vber die fyer Evangelia durchs Jor*[64], l'homiliaire de Geiler de 1522 évoqué plus haut, illustré par Johann Wechtlin (1480-1530). L'image se compose de deux parties : au premier plan, l'onction de Béthanie chez Simon le lépreux en présence de plusieurs apôtres (dont Pierre et Paul) et de Lazare, et au fond, dans une autre pièce, la visite de Jésus chez Marthe et Marie (Lc 10, 38-42).

Cène (Mt 26, 20-29 // Mc 14, 22-25 // Lc 22, 19-20 // Jn 13, 1-2.21-30)

La Cène[65] est le dernier repas que prend Jésus avec ses disciples (les Douze) avant sa mort, celui au cours duquel il institue l'Eucharistie. Selon les trois évangiles synoptiques, ce repas est celui de la Pâque juive, le festin rituel où les juifs commémorent la sortie d'Égypte par l'immolation symbolique de l'agneau. Au cours de la Cène, Jésus annonce la trahison de Judas[66], lave les pieds de ses disciples[67] et bénit le pain et le vin en prononçant les paroles qui serviront de

63 *Von dem nachtmal christi Jesu unsers herren mit seynen iungeren in dem haus Symonis. Das vierd capitel* (« Le dîner de Jésus Christ notre Seigneur avec ses disciples dans la maison de Simon. Chapitre 4 »), f. Aiiij^r. Il s'agit bien de Simon le lépreux (Mt 26, 6) et non de Simon le pharisien (Lc 7, 36-50). Dans cet autre récit d'onction, de Luc cette fois, une pécheresse anonyme oint les pieds du Christ comme en Jn 12, mais en présence de Simon le pharisien et non de Judas, et l'enseignement de Jésus n'y porte pas sur sa future sépulture mais sur le pardon des péchés. Ces deux onctions sont souvent fusionnées, de même que les trois Marie (Marie sœur de Marthe et de Lazare, Marie de Magdala et la pécheresse anonyme), réunies en une seule par la tradition patristique, depuis Grégoire le Grand (VIe siècle), suivie par la tradition iconographique.

64 R.10.121, 2e partie, 2e sous-partie, f. BVI^r.

65 Voir Danielle FOUILLOUX, Anne LANGLOIS, Alice LE MOIGNÉ *et al.* (éd.), *Dictionnaire culturel de la Bible*, Paris, Cerf, Nathan, 1999, p. 51-52, article « Cène ».

66 L'annonce de la trahison de Judas (qui figure dans chacune de nos trois représentations) est rapportée dans les quatre évangiles : Mt 26, 20-25 // Mc 14, 17-21 // Lc 22, 21-23 // Jn 13, 21-30.

67 Évangile de Jean uniquement : Jn 13, 1-11.

base au sacrement de l'Eucharistie[68]. Les chrétiens commémorent ces paroles et ces gestes dans le rite de la fraction du pain, moment central de la messe ou de la Sainte Cène.

Repas le plus important dans la tradition chrétienne, la Cène est représentée avec les scènes qui lui sont associées dans les évangiles (Lavement des pieds et Annonce de la trahison de Judas), mais aussi avec les préfigures de l'Ancien Testament que la pensée typologique associe à l'Eucharistie, comme la rencontre d'Abraham et de Melchisédech (Gn 12), le repas de la Pâque juive (Ex 12) et le don de la manne, pain céleste envoyé aux Hébreux dans le désert (Ex 16).

68 « Or, tandis qu'ils mangeaient, Jésus prit du pain, le bénit, le rompit et le donna aux disciples en disant : "Prenez, mangez, ceci est mon corps." Puis, prenant une coupe, il rendit grâces et la leur donna en disant : "Buvez-en tous ; car ceci est mon sang, le sang de l'alliance, qui va être répandu pour une multitude en rémission des péchés" » (Mt 26, 26-28). Traduction *Bible de Jérusalem*, 1998. Dans l'évangile de Luc : « Ceci est mon corps, donné pour vous ; faites cela en mémoire de moi [...] Cette coupe est la nouvelle alliance en mon sang, versé pour vous » (Lc 22, 19-20).

Cène représentée seule

Illustration B4

Cène, gravure sur bois de Michael Wohlgemuth, Wilhelm Pleydenwurff et de leur atelier

Étienne Fridolin
Schatzbehalter...
Nuremberg, 1491 (*cf. ill. A1*)

K.1.649 – fig. 47, f. q3^{r}

Dans un espace s'ouvrant sur un paysage, les douze apôtres sont assis autour de la table circulaire. Jésus, dans le giron duquel s'est niché Jean (cf. Jn 13, 23), préside le repas et tend la bouchée à Judas, qui cache ou dérobe la bourse commune. Par ce geste, il répond aux questions des apôtres, notamment de Pierre sur sa droite, l'interrogeant pour savoir qui d'entre eux le trahira (cf. Jn 13, 24-26). On retrouve l'auréole au triple lys des noces de Cana (***cf. ill. B1***).

Les échanges de regards et les gestes des mains expriment la perplexité ou l'incompréhension des disciples. Aucun d'eux ne semble regarder l'agneau de la Pâque au milieu de la table, que l'on croirait encore vivant, symbole de Jésus crucifié comme annoncé par Jean-Baptiste au début de l'évangile de Jean : « Voici l'agneau de Dieu, qui enlève le péché du monde » (Jn 1, 29).

Cène représentée avec des scènes de l'Ancien Testament : Rencontre d'Abraham et de Melchisédech (Gn 14, 17-20) et Récolte de la manne au désert (Ex 16, 13-21)

Illustration B5

***Cène* (centre)*, Rencontre d'Abraham et de Melchisédech* (gauche) *et Récolte de la manne au désert* (droite), gravure sur bois**

[Biblia pauperum]
[Pays-Bas], [s. n.], 1460-1470
Livre xylographique

K.1 – planche « s » (f. 18)

La *Biblia pauperum* ou « Bible de pauvres » désigne un livret très répandu au Moyen Âge mettant en relation, par l'image et par de brèves citations indissociablement liées, une scène du Nouveau Testament avec des scènes de l'Ancien Testament comprises comme leurs préfigurations selon le principe de l'interprétation typologique.

Destinée à la fois au clergé chargé d'âme et aux prédicateurs auquel une Bible entière n'est pas accessible (et non aux illettrés, comme l'attestent les inscriptions, le plus souvent en latin, et la construction savante de l'ouvrage), elle est souvent imprimée en xylogravure comme c'est le cas de l'exemplaire de la Bnu, originaire probablement des Pays-Bas.

Cette planche est construite autour de la Cène, représentée au milieu du registre central structuré en trois compartiments séparés par des colonnes. Le *titulus* tout en bas indique : « Le roi est assis à table avec les Douze[69] ». L'image montre plus précisément l'annonce de la trahison de Judas, représenté de dos et sans auréole, au moment où Jésus lui donne la bouchée (Jn 13, 26).

Au motif de la Cène, appelé antitype, sont associées deux scènes de l'Ancien Testament, l'une *ante legem* (antérieure au don de la Loi à Moïse) et l'autre *sub lege* : à gauche le prêtre et roi Melchisedéch, coiffé d'une mitre, offrant le pain et le vin à Abraham en campagne, revêtu d'une armure de la tête aux pieds comme s'il lui donnait la communion (Gn 14, 17-24), à droite la Récolte de la manne, nourriture offerte par Dieu aux Israëlites dans le désert, conduits par Moïse (Ex 16, 2-5). Cette nourriture venue du ciel, à laquelle le graveur donne la forme évocatrice d'hosties, est rappelée dans le discours de Jésus sur le pain de vie au début de l'évangile de Jean :

> Moi, je suis le pain de vie. Vos pères, dans le désert, ont mangé la manne et sont morts.
> Ce pain est celui qui descend du ciel pour qu'on le mange et ne meure pas (Jn 6, 48-50)[70].

Les « dits des quatre prophètes » (courtes citations insérées dans des phylactères) et les bustes des prophètes de l'Ancien Testament correspondants – David, Salomon à deux reprises et Isaïe – viennent souligner les relations entre ces différents épisodes : en haut à droite, on peut lire « Venez et mangez mon pain » (Pr 9, 5)[71], en bas à gauche, « Écoutez, écoutez-moi et mangez ce qui est bon » (Is 55, 2)[72]. En haut de l'image, les deux textes qui forment la *lectio* explicitent le message typologique : Dieu a choisi ses intercesseurs pour donner aux hommes le pain de la vie éternelle, Abraham et Melchisédech, puis Moïse puis le Christ.

69 *Versus rex sedet in cena turba concuctus duodena.*
70 Traduction *Bible de Jérusalem*, 1998.
71 *Venite comedite panem meum.*
72 *Audite audientes me et comedite bonum.*

Cène représentée avec une autre scène du Nouveau Testament : Lavement des pieds (Jn 13, 1-11)

Illustration B6

***Cène et Lavement des pieds*, gravure sur bois d'Urs Graf**

Der text des passions oder leydens christi…
Matthias Ringmann (éd.)
Strasbourg, 1506 (*cf. ill. B3*)

R.10.115 – f. Ci^{v} [73]

---

73 Voir LÉVY (éd.), *La gravure d'illustration…*, p. 42-43 ; p. 363, pl. 628.

Cette gravure étonnante réunit en un même espace clos, dans une vue plongeante aux perspectives un peu maladroites, deux scènes souvent associées, à la suite des évangiles, dans la tradition iconographique : le Lavement des pieds et la Cène. La composition fort originale d'Urs Graf est tirée de la même harmonie évangélique sur la Passion que l'Onction de Béthanie (***cf. ill. B3***).

Le Lavement des pieds, qui n'est raconté que dans l'évangile de Jean, a lieu pendant la Cène : Jésus se lève de table pour laver lui-même les pieds de ses disciples et leur donner, par ce geste réservé au serviteur, un exemple d'humilité et de charité fraternelle. Urs Graf en offre une illustration littérale dans la partie droite de l'image : Jésus est agenouillé devant Pierre dans la position du serviteur, un linge ou un tablier sur les reins, et verse l'eau sur les pieds de Pierre dans une bassine (Jn 13, 5-6). Celui-ci lève les bras en signe d'étonnement et de protestation (Jn 13, 8) – il changera bientôt d'avis. Les douze apôtres sont assis en file indienne, chacun attendant son tour.

Pour la Cène, représentée à gauche, la disposition de la table carrée et des bancs est identique à l'Onction, tout comme la façon qu'ont les disciples de se serrer autour de la table et les rayons crucifères de Jésus. On reconnaît « le disciple que Jésus aimait » (Jn 13, 23) à sa position sur le sein de Jésus, et Judas à sa main droite dans le plat, l'autre tenant la bourse ; comme dans l'Onction de Béthanie, il est vêtu de jaune, couleur de la traîtrise. Son geste annonce dans les quatre évangiles la trahison, mais c'est la version de Jean que retient Urs Graf puisqu'au fond de l'image, on le voit quitter la pièce (« Judas, ayant pris le morceau, se hâta de sortir », Jn 13, 30). Dans le coin supérieur droit de l'image, éclairé par un lustre (« il faisait nuit », Jn 13, 30), le repas apparaît une seconde fois : puisque tous les convives sont attablés, y compris Judas et Jésus (dont on perçoit à nouveau les rayons crucifères sur le côté), il s'agit sans doute du début du repas, avant que Jésus ne se lève pour laver les pieds à ses disciples (Jn 13, 4)[74]. Dans ce huis-clos d'une grande intensité dramatique se succèderaient donc quatre moments autour du dernier repas, à lire dans le sens des aiguilles d'une montre : le début de la Cène, le Lavement des pieds, la Cène proprement dite et enfin le départ de Judas.

74 À moins qu'il s'agisse d'une autre tablée, de la pièce de la maison que Jésus réquisitionne pour le repas de la Pâque (cf. Mc 14, 12-16 // Lc 22, 9-13). Mais on reconnaît les mêmes personnages que dans la scène principale, notamment Jésus sur la droite, à l'auréole crucifère.

Figure 3 : *Cène et Lavement des pieds*, gravure sur bois anonyme, *Der heilgen leben nüv mit vil me Heilge...*, Sebastian Brant (éd.), Strasbourg, 1502. Cliché : Bnu (Jean-Pierre Rosenkranz).

Si cette composition est particulièrement originale, d'autres ouvrages imprimés par Grüninger réunissent de façon comparable le Lavement des pieds et la Cène, comme cette intéressante gravure en pleine page dans la *Légende dorée* éditée en allemand par Sebastian Brant (*Der heilgen leben nüv…*, 1502[75]) (***fig. 3***) : les deux scènes sont fusionnées dans le registre supérieur (les marches pourraient rappeler « l'étage » ou la « chambre haute » de Mc 14, 15) ; dans le registre inférieur, devant la maison, est représentée la rencontre entre Judas, la bourse à la main, et les soldats prêts pour l'arrestation de Jésus. Judas, qui vient de quitter la Cène, forme le pivot entre les deux registres. Sur le côté droit, on reconnaît les saintes femmes se rendant au tombeau le matin de Pâques (Mt 28, 1 // Lc 24, 1), dont l'une – « Magdelen » selon le titulus au-dessus de son auréole – porte le vase d'aromates. Cette image très complète est reprise dans un homiliaire posthume sur les évangiles de Geiler (*Das Euangelibuch…*, 1515[76]), où sont également illustrées deux paraboles présentant des scènes de repas : le pauvre Lazare et le mauvais riche et la parabole du festin nuptial. Revenons à la Cène. L'homiliaire de Geiler de 1522 déjà évoqué (*Doctor Keiserzpergs Postill Vber die fyer Evangelia durchs Jor*[77]) complète ce panorama, avec une image construite en deux plans : au premier plan, la Cène, où l'on reconnaît Judas à la bourse et à l'absence d'auréole, et au fond, dans une autre pièce, le Lavement des pieds. Pour finir, la Cène peut prendre place au cœur d'un cycle de six vignettes consacrées à la Passion, réparties en deux registres, comme dans le *Euangelibuch…* de 1515[78]. On remarquera que ces représentations variées de la Cène sont toutes centrées sur l'annonce de la trahison de Judas : le motif concurrent de l'institution de l'Eucharistie, que montre par exemple le *Retable de la Cène* de Dieric Bouts à l'église Saint-Pierre de Louvain (1464-1468), ne domine qu'à partir de la Réforme catholique (première messe)[79].

75 R.11.096 – partie « été », f. VI^v^. Imprimé par Johann Grüninger, édition princeps, gravures d'anonymes strasbourgeois.

76 R.10.103 – f. LXXIIII^r^. Imprimé par Johann Grüninger.

77 R.10.121, 2e partie, 2e sous-partie, f. Bvi^r^. Imprimé par Johann Schott.

78 R.10.103 – f. LXXV^v^. Autre version du cycle de six vignettes de la Passion : R.10.104 – f. LXXVI^r^ (*Euangelia mit Vszlegung des hochgelerten Doctor Keiserspergs…*, 1517). Ouvrages imprimés par Johann Grüninger.

79 Voir Engelbert Kirschbaum – Wolfgang Braunfels (éd.), *Lexikon der christlichen Ikonographie, 1. Allgemeine Ikonographie, A – Ezechiel*, Fribourg-en-Brisgau, Herder, 1994 (1re éd. 1968), col. 10-18 (article « Abendmahl »), part. col. 11-12. Ce retable, contemporain de notre *Biblia pauperum*, offre un autre exemple intéressant de typologie : le panneau central figurant la Cène est encadré de quatre scènes de l'Ancien Testament, la Rencontre d'Abraham et de Melchisédech, le Repas de la Pâque, la Récolte de la manne et Élie nourri par l'ange.

Repas à Emmaüs (Lc 24, 28-35, part. v. 30), Apparition au Cénacle (Lc 24, 36-43, part. vv. 41-43)

Illustration B7

***Repas à Emmaüs et Apparition au Cénacle*, gravure sur bois d'un collaborateur de Heinrich Vogtherr**

Das gantz neüw Testameñt. Mit schönen hübschen Figuren. Vnd durch die einhelligkeit der Euangelisten Ordentlichen beschriben, einem jeden Christen vast Nützlich außgangen
(Tout le Nouveau Testament avec de magnifiques illustrations, décrites en harmonie avec les évangiles, très utiles pour chaque chrétien)
Édité par Jacob Beringer d'après la traduction de Martin Luther
Gravures sur bois de Heinrich Vogtherr et de deux collaborateurs
Strasbourg, Johann Grüninger, 1529 (2e édition)

R.10.267 – fig. 29, f. XCV^{v} [80]

---

80 Sur cet ouvrage, voir *Jakob Beringer. Evangelienharmonie* (éd. et comment. Petra Hörner), Berlin, Frank & Timme, 2010 (Theologie, Religionswissenschaft, 11) ; MULLER, *Images polémiques…*, p. 269-287.

Jacob Beringer, vicaire de la cathédrale de Spire, associe dans ce Nouveau Testament – comprenant une « harmonie évangélique » – une traduction en langue vernaculaire et une mise en forme didactique par l'image. Les soixante-quatre planches de cet ouvrage très « visuel » proviennent de l'atelier de Heinrich Vogtherr l'Ancien (1490-1556), établi à Strasbourg. Chacune d'elle réunit en une seule image en pleine page, appelée « Figur », plusieurs épisodes des évangiles ou des autres parties du Nouveau Testament. Pour le texte, Beringer, accusé par ses collègues d'être un crypto-réformateur, s'appuie en partie sur la traduction de Luther, qu'il accompagne de gloses dépourvues de polémique.

Cette planche consacrée au cycle de Pâques relie par l'image tous les épisodes allant de la Résurrection à l'Ascension (Lc 24). Les différentes apparitions sont disposées autour de l'Ascension comme une bande dessinée synoptique, dans un paysage vertical structuré par des chemins et des constructions Renaissance entièrement ouvertes. On distingue en bas à droite le repas à Emmaüs, où les disciples reconnaissent Jésus à la fraction du pain (Lc 24, 30-35) et, tout en haut, l'apparition au Cénacle où les apôtres, la colombe de l'Esprit planant au-dessus d'eux, sont réunis avec Jésus autour d'un imposant poisson grillé (Lc 24, 42). Des inscriptions et des légendes rimées – deux quatrains de Jacob Beringer – précisent les sujets des illustrations : texte et images sont étroitement associés dans un but didactique et mnémotechnique.

***

Cette enquête iconographique sur les scènes de repas dans les ouvrages de la Bnu nous a permis de parcourir trois ensembles qui diffèrent par leur style et leur propos : des ouvrages imprimés principalement à Strasbourg autour de 1500, illustrés de gravures sur bois, les gravures sur cuivre de Merian du XVIIe siècle et enfin des haggadot du XVIIIe siècle, manuscrites ou imprimées. Nous espérons avoir mis en lumière, par le jeu des comparaisons entre images juives et images chrétiennes, ce qui les différencie et ce qui les relie. Comme le montrent les deux exemples emblématiques du Banquet offert par Joseph à ses frères et du Repas de la Pâque, les *Icones biblicae* de Merian (par l'intermédiaire de leurs copies) sont le pivot entre ouvrages chrétiens et juifs. Dans le premier cas, une image biblique d'un ouvrage chrétien est détournée par l'iconographie juive pour illustrer une scène absente du répertoire chrétien utilisé comme modèle, dans le second cas, le répertoire iconographique de la Bnu témoigne de la permanence d'une image archétypale, du XVIe siècle chrétien aux haggadot du XVIIIe siècle, adaptée selon le propos.

Pour le Nouveau Testament, c'est la Cène qui suscite sans surprise le répertoire le plus riche, notamment lorsqu'elle est représentée avec d'autres scènes, de l'Ancien Testament (*Biblia pauperum*) ou du Nouveau (admirables fusions entre plusieurs épisodes introduisant à la Passion dans les illustrations strasbourgeoises, de même que pour l'Onction de Béthanie). Le lecteur regrettera peut-être, à juste titre, que les paraboles des évangiles – auxquelles on a préféré les épisodes mettant en scène Jésus et ses disciples – ou les scènes plus rares de l'Ancien et du Nouveau Testaments du *Schatzbehalter*, comme Jésus mangeant avec les publicains et les pécheurs ou des épisodes bien moins connus, n'aient pas été présentées. Mentionnées dans les deux tableaux en annexe, elles pourraient constituer le matériau d'une nouvelle étude. Puisse cette enquête avoir éclairé le lecteur sur les scènes commentées, éveillé sa curiosité pour les scènes évoquées trop sommairement et suscité son intérêt pour le fonds d'ouvrages illustrés de la Bnu.

Bibliographie

Sources

Beïth horin. Seder haggadah shel pessah (introd. S. Schwartzfuchs), Jérusalem, Fondation du bien-être en faveur de l'enfance malheureuse en Israël, 1979.

Biblia Pauperum. A Fac Simile and Edition (éd. A. Henry), Adelshot, Scolar Press, 1987.

La haggada du scribe Éliézer Seligmann de Rosheim écrite et illustrée à Neckarsulm en 1779 (éd. R. Weyl, T. et M. Metzger), Strasbourg, Presses universitaires de Strasbourg, 1998.

La Haggadah de Pâque. Hagadah shel Pesah (trad. et comment. É. Wiesel), Paris, Librairie générale française, 1997 (éd. en anglais 1993).

La Haggadah de Pâque. Liturgie pour la cérémonie familiale des soirées du séder d'après les rites achkenazi et sefardi (trad. et notes J. Bloch, Haguenau, L'auteur, 1950[2], disponible sur <https://www.massorti.com/son/documents/Hagada_bloch_francais.pdf> (consulté le 08/05/2020).

Haggadah de Pessah. La Pâque juive. Manuscrit du XVe siècle copié et enluminé par Joël ben Siméon Feibusch Ashkénazi (introd. M. Hayoun), Paris, PUF, 2011 (Sources).

Jakob Beringer. Evangelienharmonie (éd. et comment. P. Hörner), Berlin, Frank & Timme, 2010 (Theologie, Religionswissenschaft, 11).

Matthaeus Merian. Bilderbibel. Icones Biblicae. Neues Testament. Originalgetreuer Faksimiledruck der Erstausgabe (introd. L. H. Wüthrich), Kassel – Bâle, Bärenreiter Verlag, 1965.

Urs Graf. Die Holzschnitte zur Passion (éd. W. Worringer), München, R. Piper, 1923.

Études et instruments de travail

Ahnne P., *La Bible de Grüninger. 1485*, Strasbourg, Éditions Willy Fischer, 1952 (Les livres illustrés strasbourgeois du XVe siècle).

Bartl D., *Der Schatzbehalter. Optionen der Bildrezeption*, thèse de l'Université de Heidelberg, Faculté de philosophie, Institut d'histoire de l'art, 2010, disponible sur <http://archiv.ub.uni-heidelberg.de/volltextserver/volltexte/2010/10735> (consulté le 08/05/2020).

Decomps C. (dir.), *Héritage inespéré. Objets cachés des synagogues* [exposition, Strasbourg, Galerie du Palais Rohan, 15 octobre 2016 – 24 février 2017], Strasbourg, Éditions des Musées de Strasbourg, 2016, p. 130 ; 133 (cat. 105).

Decomps C. – Baumgarten J., « Les imprimeries hébraïques en Lorraine », in C. Decomps – É. Moinet, *Les Juifs et la Lorraine. Un millénaire d'histoire partagée*, Paris, Somogy éditions d'art, 2009, p. 148-152 (part. p. 148-149) ; C. Decomps, *ibid.*, p. 268, cat. 296a et 296b.

Gérard A.-M. – Nordon-Gérard A. (éd.), *Dictionnaire de la Bible*, Paris, Robert Laffont (Bouquins), 1989.

Fouilloux D. – Langlois A., – Le Moigné A. *et al.* (éd.), *Dictionnaire culturel de la Bible*, Paris, Cerf, Nathan, 1999.

Hall C. A., *Treasury Book of the Passion. Word and Image in the « Schatzbehalter »*, Ann Arbor, Mich., Proquest, 2006.

Keuchen M., *Bild-Konzeptionen in Bilder- und Kinderbibel*. 1, Göttingen, Vandenhoeck & Ruprecht, 2016 (Arbeiten zur Religionspädagogik, 61), p. 93-115.

Kirschbaum E. – Braunfels W. (éd.), *Lexikon der christlichen Ikonographie*, Fribourg-en-Brisgau, Herder, 1994 (1re éd. 1968-1976).

Lévy J. (éd.), *La gravure d'illustration en Alsace au XVIe siècle, 2. Imprimeurs strasbourgeois. 1501-1506. Georg Husner, Johann Prüss, Bartholomäus Kistler, Wilhelm Schaffner, Mathias Hupfuff, Johann Schott, Johann Wähinger, Martin Flach, Johann Knobloch*, Strasbourg, Presses universitaires de Strasbourg, 2000.

Muller F., *Images polémiques, images dissidentes. Art et Réforme à Strasbourg*, Baden-Baden, Koerner, 2017, p. 246-257 ; 269-287.

Oldenbourg M. C., « Die Holzschnitte des Urs Graf zur Passion und die des Johann Wechtlin zum Leben Jesu. Ein bibliographisches Verzeichnis ihrer Verwendungen », in E. Geck – G. Pressler (éd.), *Festschrift für Josef Benzing. Zum sechzigsten Geburtstag, 4. Februar 1964*, Wiesbaden, G. Pressler, 1964, p. 291-310.

Ritter F., *Répertoire bibliographique des livres imprimés en Alsace aux XVe et XVIe siècles*, II. *Répertoire bibliographique des livres du XVIe siècle qui se trouvent à la Bibliothèque nationale et universitaire de Strasbourg*, Strasbourg, P. H. Heitz, 1937-1955 (4 volumes).

Ritter F., *Histoire de l'imprimerie alsacienne des XVe et XVIe siècles*, Paris, Éditions F.-X. Le Roux, 1955 (Publications de l'Institut des Hautes Études alsaciennes, 14).

Roth C. – Wigoder G., (éd.), *Encyclopaedia judaica*, Jérusalem, Encyclopaedia Judaica, 1971-1972 (16 volumes).

Schramm a., *Der Bilderschmuck der Frühdrucke*, XX. *Die Straßburger Drucker, 2. Johann Grüninger, Johann Prüss, Martin Flach, Peter Attendorn, Thomas Aushelm, Bartholomäus Kistler, Friedrich Kuch von Dumbach, Mathis Hupfuff, Wilhelm Schoffener, Johann Schott, Matthias Brant*, Leipzig, Karl W. Hiersemann, 1937, disponible sur <https://digi.ub.uni-heidelberg.de/diglit/schramm1937bd20/0003/image> (consulté le 08/05/2020).

Schmidt P., *Die Illustration der Lutherbibel*, 1522-1700, Bâle, Verlag Friedrich Reinhardt, 1962.

Seegets P., *Passionstheologie und Passionsfrömmigkeit im ausgehenden Mittelalter. Der Nürnberger Franziskaner Stephan Fridolin (gest. 1498) zwischen Kloster und Stadt*, Tübingen, Mohr Siebeck, 1998 (Spätmittelalter und Reformation, N. R. 10).

Strohm S., *Die Bibelsammlung der Württembergischen Landesbibliothek Stuttgart. Katalog, 2,1. Deutsche Bibeldrucke 1466-1600*, Stuttgart – Bad Cannstatt, Frommann-Holzboog, 1984.

Weyl R. – Raphaël F., *L'imagerie juive d'Alsace*, Strasbourg, Éditions des Dernières Nouvelles d'Alsace, 1979, p. 48 ; ill. p. 39.

Wigoder G., (éd.), *Dictionnaire encyclopédique du judaïsme*, Paris, Robert Laffont (Bouquins), 2008.

Wüthrich L. H., *Das druckgraphische Werk von Matthaeus Merian d. Ae., 3. Die großen Buchpublikationen, 1. Die Merianbibel*, Hamburg, Hoffmann und Campe, 1993, p. 1-60.

Yaari A., *Bibliography of the Passover Haggadah from the earliest printed edition to 1960*, Jérusalem, Bamberger & Wahrman, 1960.

Zwink E. (éd.), *Die Bibel und Württemberg. Die Bibelsammlung der Württembergischen Landesbibliothek* [exposition, Stuttgart, Württembergische Landesbibliothek, 13 mai – 31 juillet 2009], Stuttgart, Württembergische Landesbibliothek, 2009.

Nouveau dictionnaire de biographie alsacienne, Strasbourg, Fédération des sociétés d'histoire et d'archéologie d'Alsace, 1983-2007 (49 fascicules).

Sites web

Gesamtkatalog der Wiegendrucke, disponible sur <https://www.gesamtkatalogderwiegendrucke.de/GWEN.xhtml> (consulté le 08/05/2020).

Verzeichnis der im deutschen Sprachbereich erschienenen Drucke des 16. Jahrhunderts (VD 16), disponible sur <https://www.bsb-muenchen.de/sammlungen/historische-drucke/recherche/vd-16/> (consulté le 08/05/2020).

Verzeichnis der im deutschen Sprachbereich erschienenen Drucke des 17. Jahrhunderts (VD 17), disponible sur <http://www.vd17.de> (consulté le 08/05/2020).

« Welche Inhalte behandeln die Blockbücher? », par la Württembergische Landesbibliothek Stuttgart (présentation des livres xylographiques, notamment de la *Biblia pauperum* Xyl.inc.3, correspondant au K.1 de la Bnu), disponible sur <http://www.wlb-stuttgart.de/sammlungen/alte-und-wertvolle-drucke/bestand/xylographen-einblattdrucke/inhalte-der-blockbuecher/welche-inhalte-behandeln-die-blockbuecher/> (consulté le 08/05/2020).

Legrand T., « Le repas des repas dans le judaïsme et la haggadah de pessah », communication filmée lors de la journée d'étude « Croire et manger ensemble. Les pratiques de la commensalité dans les religions » organisée par le GIS Scirthes à l'Université de Strasbourg le 3 décembre 2015, vidéo disponible sur <http://www.canalc2.tv/video/13585> (consulté le 08/05/2020).

Pinard J., « Une haggada inachevée », disponible sur le carnet Hypothèses de la Bnu « Lieu de recherche », https://bnu.hypotheses.org/682 (consulté le 08/05/2020).

Hebraica Metz, base bibliographique portée par l'Université de Lorraine contenant le répertoire *Hebraica,* relatif au patrimoine imprimé sur les presses hébraïques de Metz entre 1764 et 1870, sous la responsabilité de Claire Placial : https://hebraica-metz.univ-lorraine.fr/ (consulté le 08/05/2020). La base *Hebraica Metz* a été mise en ligne lors du colloque international « Metz capitale de l'imprimerie hébraïque en France (1764-1870) » les 12-13 septembre 2017 à Metz.

Annexes

Liste des ouvrages du corpus avec le détail des scènes

Références de l'ouvrage **(classement par date d'édition)**	**Scènes de repas dans l'ouvrage** **(présentées dans l'ordre de l'ouvrage, qui peut être différent de l'ordre biblique)**
[**Biblia pauperum**] [**Pays-Bas**], [**s. n.**], **1460-1470** **Livre xylographique** **K.1** *[Bible en images]* *Cité en abrégé : Biblia pauperum*	*Repas chez Simon le pharisien - Onction de la pécheresse anonyme* (centre), *David faisant pénitence, exhorté par Nathan* (gauche) *et Miryam purifiée de sa lèpre* (droite) – **planche « n » (f. 13)** *Cène* (centre), *Rencontre d'Abraham et de Melchisédech* (gauche) *et Récolte de la manne au désert* (droite) – **planche « s » (f. 18) (*ill. B5*)** Pour l'Hospitalité d'Abraham (planche « m », f. 12), le repas n'est pas représenté.
[**Colophon : *Die Bibel zuo teutsch getrukt***] (*La Bible imprimée en allemand*) **Gravures sur bois** [**anonymes strasbourgeois**] **Strasbourg, Johann Grüninger 1485** (**2 volumes**) [**1er volume**] **K.740,1 (exemplaire rehaussé de couleurs)** *[Bible]* *Cité en abrégé : Bible Grüninger 1485*	*Plaie des grenouilles (avec scène de repas)* – **f. LV^{r}** *Repas de la Pâque* – **f. LVIIII^{v} (*ill. A4*)** *Récolte de la manne* – **f. LXIII^{v}** Pour l'Hospitalité d'Abraham (f. XX^{r}), le repas n'est pas représenté.
Étienne Fridolin ***Der Schatzbehalter oder Schrein der waren Reichthümer des Heils und ewiger Seligkeit genannt*** (*Le trésor ou écrin des véritables richesses du salut et de l'éternelle béatitude*) **Gravures sur bois attribuées à Michael Wohlgemuth, Wilhelm Pleydenwurff et à leur atelier** **Nuremberg, Anton Koberger, 1491** **K.1.649** *[Ouvrage de spiritualité]* *Cité en abrégé : Schatzbehalter 1491*	*Hospitalité d'Abraham* – **fig. 17, f. i6^{r} (*ill. A1*)** *Jésus mange avec les publicains et les pécheurs* – **fig. 26, f. l5^{v}** *Récolte de la manne au désert* – **fig. 37, f. o6^{v}** *Multiplication des pains* – **fig. 40, f. p4^{v}** *Noces de Cana* – **fig. 41, f. p5^{r} (*ill. B1*)** *Cène* – **fig. 47, f. q3^{r} (*ill. B4*)** *Libération du roi de Juda Joiakîn par Evil-Merodak, roi de Babylone (avec scène de repas)* – **fig. 55, f. s4^{v}** *Guérison d'un hydropique un jour de sabbat* – **fig. 65, f. x4^{r}**

	Voluptés de Salomon (avec scène de repas) – **fig. 86, f. ae4ᵛ** Pour des raisons de lisibilité, les chiffres romains dans les foliotations sont remplacés par des chiffres arabes pour cet ouvrage.
Der heilgen leben nüv mit vil me Heilge, vn dar zu d' Passion vnd die grossen fest, dz lesen, mit figuren zierlich vnd nutzlich den menschen *(Vies des saints, édition complétée avec de nombreux nouveaux saints, comprenant également la Passion et les grandes fêtes, des lectures agrémentées d'illustrations belles et utiles)* **Édité par Sebastian Brant** **Gravures sur bois [anonymes strasbourgeois]** **Strasbourg, Johann Grüninger, 1502** **R.11.096** *[Vies des saints]* *Cité en abrégé : Heilgen leben 1502*	*Cène, Lavement des pieds (fusionné avec la Cène) et Arrestation de Jésus* – **partie « été », f. VIᵛ** [(1)] **(*fig.* 3)** (1) Également dans *Das Euangelibuch* de Geiler, 1515, Grüninger (R.10.103).
Johannes Geiler von Kaysersberg ***Passionis Christi Vnum ex quattuor euangelistis textum*** *(La Passion du Christ. Un seul texte à partir des quatre évangiles)* **Édité par Matthias Ringmann** **Gravures sur bois d'Urs Graf** **Strasbourg, Johann Knobloch, 1506** **R.10.114 ; R.10.533** *[Harmonie évangélique]* *Cité en abrégé : Passionis Christi 1506*	*Onction de Béthanie* – **f. Aiiijᵛ (*fig.* 2)** *Cène et Lavement des pieds réunis en une seule image* – **f. Biiijᵛ** [(1)] Mêmes gravures, sans couleurs, que dans l'édition allemande R.10.115. (1) Également dans les éditions de *Der heilgen leben* de Sebastian Brant imprimées par Hupfuff en 1513 (R.10.144) et Knobloch en 1517 (R.10.145).
Der text des passions oder leydens christi aus den vier evangelisten zusammen inn ein sinn bracht mit schönen figuren *(La Passion ou les souffrances du Christ. Un seul texte à partir des quatre évangiles avec de belles illustrations)*	*Onction de Béthanie* – **f. Aiiijᵛ (*ill. B3*)** *Cène et Lavement des pieds réunis en une seule image* – **f. Ciᵛ** [(1)] **(*ill. B6*)**

Traduit et édité par Matthias Ringmann [attribué longtemps à Geiler de Kaysersberg] **Gravures sur bois d'Urs Graf** **Strasbourg, Johann Knobloch, 1506** **R.10.115 (exemplaire rehaussé de couleurs)** *[Harmonie évangélique]* *Cité en abrégé : Passions oder leyden 1506*	Mêmes gravures, mais en couleurs, que dans l'édition latine R.10.114. (1) Également dans les éditions de *Der heilgen leben* de Sebastian Brant imprimées par Hupfuff en 1513 (R.10.144) et Knobloch en 1517 (R.10.145).
Johannes Geiler von Kaysersberg ***Das Euangelibuch. Das büoch der Ewangelien durch das gantz iar. Mitt Predig vnd vßlegungen durch den wirdigen hochgelerten Doctor Johannes geiler von Keisersperg der zeit Predicant in dem hohen stifft der Keiserlichen freien stat Straßburg, die er in seinen fier letzten Jaren gepredigt hat. Und daz vß seinnem mund von wort zu wort geschriben. Anno domini M.d.vn fier iar. Fast nutzlich und gut nit allein den leyen zc. Vnd ist vor nie getruckt*** *(Le livre des évangiles pour toute l'année, avec sermons et commentaires de l'honorable et savant docteur Jean Geiler de Kaysersberg, actuel prédicateur du grand chapitre de la ville libre d'Empire Strasbourg, qu'il a prononcés ces quatre dernières années. Recueilli de la bouche de Geiler et transcrit mot à mot… Très utile et bénéfique pas seulement pour les laïcs. N'avait jamais été imprimé)* **Gravures sur bois [anonymes strasbourgeois, bois provenant souvent d'ouvrages antérieurs]** **Strasbourg, Johann Grüninger, 1515** **R.10.103** *[Homiliaire]* *Cité en abrégé : Euangelibuch 1515*	*Noces de Cana* – **f. XXV^v^** (1) *Multiplication des pains* – **f. LV^r^** *Cène, Lavement des pieds (fusionné avec la Cène) et Arrestation de Jésus en une seule image* – **f. LXXIIII^r^** (2) *Cène (ensemble de six vignettes sur la Passion)* – **f. LXXV^v^** (3) *Parabole du pauvre Lazare et du mauvais riche* – **f. CXVIII^r^** (1) *Parabole du festin nuptial* – **f. CLI^r^** (2e fois en **f. CLIII^r^**) (1) Également dans l'édition de 1517, Grüninger, R.10.104. (2) Également dans *Der heilgen leben* 1502, Grüninger, R.10.103. (3) Différent de l'ensemble de six vignettes dans R.10.104.

Johannes Geiler von Kaysersberg ***Doctor keiserszbergs Postill Vber die fyer Euangelia durchs jor sampt dem Quadragesimal vnd von ettlichen Heyligen newlich vßgangen*** *(Homiliaire du docteur Kaysersberg consacré aux quatre évangiles au cours de l'année, incluant le carême et consacré à quelques saints, édition récente)* **Gravures sur bois [Johann Ulrich Wechtlin]** **Strasbourg, Johann Schott, 1522** **R.10.121** *[Homiliaire]* *Cité en abrégé : Postill 1522*	*Multiplication des pains* – **2e partie, f. LXXVI^{r}** *Onction de Béthanie (au fond, Marthe et Marie)* – **2e partie, 2e sous-partie, f. Aiiij^{v}** *Cène, Lavement des pieds* – **2e partie, 2e sous-partie, f. Bvi^{r}** *Cène, autre représentation* – **3e partie, f. XVIII^{r} et f. XXXI^{r}** *Parabole du pauvre Lazare et du mauvais riche* – **3e partie, f. XXXX^{r}** (1) (1) Image différente des autres ouvrages.
Das Alte Testament Deutsch nach urspringlicher Hebreischer warheit. Mit schöner der schwersten örter außlegung *(L'Ancien Testament traduit en allemand d'après la version originale en hébreu, agrémenté de beaux commentaires des passages les plus difficiles)* **Traduction de Martin Luther** **Gravures sur bois d'Erhard Schlitzor et Hans Weiditz** **Strasbourg, Johann Knobloch, 1524 [comprend la 1re partie de l'Ancien Testament]** **R.10.265,2** *[Ancien Testament]* *Cité en abrégé : AT Knobloch 1524*	*Plaie des grenouilles (avec scène de repas)* – **f. XLVI^{r}** *Repas de la Pâque* – **f. L^{r} (*ill.* A5)** *Récolte de la manne* – **f. LIIII^{r}** Pour l'Hospitalité d'Abraham (f. XII^{v}), le repas n'est pas représenté.
Das gantz neüw Testameñt. Mit schönen hübschen Figuren. Vnd durch die einhelligkeit der Euangelisten Ordentlichen beschriben, einem jeden Christen vast Nützlich außgangen *(Tout le Nouveau Testament avec de magnifiques illustrations, décrites en harmonie avec les évangiles, très utiles pour chaque chrétien)*	Comprend toutes les scènes de repas du Nouveau Testament, dans des illustrations synoptiques réunissant plusieurs scènes en une seule image. Cité ici uniquement pour le cycle de Pâques, absent dans les autres ouvrages de ce corpus (apparitions après la Résurrection).

Édité par Jacob Beringer d'après la traduction de Martin Luther **Gravures sur bois de Heinrich Vogtherr et de deux collaborateurs** **Strasbourg, Johann Grüninger, 1529** **R.10.267** **(1re édition, 1527 : R.10.225 ; R.10.266)** *[Harmonie évangélique]* *Cité en abrégé : NT Beringer 1529*	*Repas d'Emmaüs, Apparition au Cénacle et autres scènes postérieures à la Résurrection* – **fig. 29, f. XCVv** (***ill. B7***)
Icones Biblicae. Praecipuas Sacrae Scripturae Historias eleganter & graphicè repraesentantes = Biblische Figuren darinnen die Fürnembsten Historien in Heiliger und Göttlicher Schrifft begriffen. Gründtlich vnd Geschichtmessig entworffen zu Nutz vnnd Belustigung Gottsförchtiger vnd Kunstverständiger Personen artig vorgebildet. An Tag gegeben Durch Matthaevm Merian von Basel. Mit Versen und Reymen in dreyen Sprachen gezieret und erkläret. Strassburg In Verlegung Lazari Zetzners Seligen Erben (*Illustrations bibliques contenant les histoires les plus remarquables de l'Écriture sainte et divine, réalisées avec soin et fidèlement à l'histoire, à l'usage et pour le plaisir des personnes craignant Dieu et appréciant l'art. Par Matthäus Merian de Bâle. Agrémentées et commentées par des vers rimés en trois langues. Strasbourg. Éditées par les héritiers de feu Lazarus Zetzner*) **Johann Ludwig Gottfried** **Gravures sur cuivre de Matthäus Merian et de son atelier** **1625-1630 (recueil factice en 4 parties)** **1re, 3e et 4e parties : Strasbourg, héritiers de Lazarus Zetzner, [1625-1630]. 2e partie : [Francfort s. M.,] Matthäus Merian, [1626]** **BH.109.560,1-4** *[Bible en images] [Ouvrage de spiritualité]* *Cité en abrégé : Icones biblicae 1625-1630*	*Hospitalité d'Abraham* – **1re partie, p. 39** [page manquante dans l'exemplaire de la Bnu] *Banquet offert par Joseph à ses frères* – **1re partie, p. 77** (***ill. A2***) *Plaie des grenouilles* – **1re partie, p. 87** *Repas de la Pâque* – **1re partie, p. 89** (***ill. A6***) *Festin d'Absalon* – **2e partie, p. 85** *Noces de Cana* – **4e partie, p. 25** *Cène* – **4e partie, p. 39** *Repas chez Simon le pharisien (Onction par la pécheresse anonyme)* – **4e partie, p. 41** *Multiplication des pains* – **4e partie, p. 45** *Marthe et Marie* – **4e partie, p. 59** *Parabole du pauvre Lazare et du mauvais riche* – **4e partie, p. 69** *Parabole du festin nuptial* – **4e partie, p. 71** Pour les Pèlerins d'Emmaüs (4e partie, p. 111), le repas n'est pas représenté.

Biblia, Das ist: Die gantze H. Schrifft Alten und Newen Testaments. Verteutscht: durch D. Martin Luther (*La Bible. Toute l'Écriture sainte, Ancien et Nouveau Testaments*) **Traduction de Martin Luther** **Gravures sur cuivre de Matthäus Merian et de son atelier** **Strasbourg, héritiers de Lazarus Zetzner, 1630** **E.96** *[Bible]* *Cité en abrégé : Bible Merian 1630*	*Hospitalité d'Abraham* – **1re partie, f. 11v** *Banquet offert à Joseph et ses frères* – **1re partie, f. 30r** *Plaie des grenouilles* – **1re partie, f. 38v** *Repas de la Pâque* – **1re partie, f. 41r** *Festin d'Absalon* – **2e partie, f. 174v** *Parabole du festin nuptial* – **3e partie, f. 17v** *Cène* – **3e partie, f. 21r** *Repas chez Simon le Pharisien (Onction par la pécheresse anonyme)* – **3e partie, f. 46r** *Marthe et Marie* – **3e partie, f. 49r** *Parabole du pauvre Lazare et du mauvais riche* – **3e partie, f. 54r** *Noces de Cana* – **3e partie, f. 62v** *Multiplication des pains* – **3e partie, f. 66r (*ill. B2*)** Pour les Pèlerins d'Emmaüs (3e partie, f. 60v), le repas n'est pas représenté. Rappel notamment pour le NT : les scènes sont présentées selon l'ordre d'apparition dans l'ouvrage et non dans l'ordre biblique.
Seder haggadah shel pessah (*Rituel de la Pâque*) **Manuscrit en hébreu et en judéo-allemand** **Illustrations à la tempera, au lavis d'encre et à l'aquarelle** **[Alsace], [s. n.], 1746** **MS.3.928** *[Haggadah]* *Cité en abrégé : Haggadah 1746*	*Réunion des cinq sages à Bené-Beraq* – **f. 2v (*ill. A3*)** *Plaie des grenouilles* – **f. 7v (*fig. 1*)** *Repas de la Pâque* – **f. 10r** Pour l'Hospitalité d'Abraham (f. 4v), le repas n'est pas représenté.

Beit horin. Seder haggadah shel pessah (*La maison des hommes libres. Rituel de la Pâque*) **Commentaires de Moïse Alshekh, Yehuda Lajb ben Betsalel et Ephraïm Salomon Luntshits** **Ouvrage en hébreu et en judéo-allemand** **Gravures sur cuivre anonymes** **Frontispice gravé « A Nancy chez Dorvasy »** **Metz, Moïse May, 1767** **Comprend une carte-dépliant « Reise der Israëliten » de 1753** **C.10.430 (édition commentée) ; C.103.008 (édition la plus connue)** *[Haggadah]* *Cité en abrégé : Haggadah 1767*	*Repas de la Pâque* – **f. 41v (*ill. A7*)**
Seder haggadah shel pessah keminhag ashkenazim (*Rituel de la Pâque selon le rite des juifs ashkénazes*) **Manuscrit sur papier et parchemin, en hébreu et en judéo-allemand** **Illustrations à la plume et au lavis d'encre** **Neckarsulm, Éliézer Seligmann de Rosheim, 1779** **MS.5.988** *[Haggadah]* *Cité en abrégé : Haggadah 1779*	*Réunion des sages à Bené-Beraq* – **f. 4r** *Plaie des grenouilles* – **f. 8r** *Repas de la Pâque* – **f. 11r (*ill. A8*)** Pour l'Hospitalité d'Abraham (f. 5v), le repas n'est pas représenté.
Léon Cahun ***La vie juive*** **Préface de Zadok-Kahn** **Illustrations d'Alphonse Lévy** **Paris, Ed. Monnier, de Brunhoff et Cie, 1886** **M.34.327** *[Ouvrage illustré]* *Cité en abrégé : La vie juive 1886*	*Séder* – **p. 29** *Séder*, 2e image – **p. 30 (*ill. A9*)** L'ouvrage comprend aussi des illustrations de la préparation du Séder.

Nota Bene

Les seize ouvrages de ce corpus sont disponibles en version numérisée, dans les bibliothèques numériques et les catalogues collectifs en Allemagne ainsi qu'à la Bnu et à Jérusalem pour les haggadot. Consulter le KVK <https://kvk.bibliothek.kit.edu>, le SWB / BSZ (swb.bsz-bw.de/) ou les bibliothèques ci-dessous, en restreignant si nécessaire la recherche aux ressources numériques en accès libre (sites consultés le 08/05/2020).

Les dix ouvrages des XVe et XVIe siècles	Accès par les bibliothèques numériques suivantes (éditions parfois légèrement différentes) : BSB, Munich <https://www.digitale-sammlungen.de> WLB, Stuttgart <http://digital.wlb-stuttgart.de> SLUB, Dresde <http://digital.slub-dresden.de> ÖNB, Vienne <http://data.onb.ac.at>
***Icones biblicae* de Merian, 1625-1630**	Accès aux quatre parties (éditions parfois légèrement différentes) : SBB, Bamberg, via le portail du BVB, BibliotheksVerbund Bayern <http://digital.bib-bvb.de> (cliquer sur « Staatsbibliothek Bamberg »)
Bible de Merian, 1630	UBL, Leipzig <https://www.ub.uni-leipzig.de> (filtrer les résultats en cliquant sur « Open access »)
Les deux haggadot manuscrites de 1746 et 1779	Numistral, la bibliothèque numérique de la Bnu <www.numistral.fr>
Haggadah de Metz, 1767	NLI, Jérusalem <http://beta.nli.org.il/en/books/NNL_ALEPH001379897/NLI> (correspond à l'édition la plus courante : cote Bnu C.103.008 et non C.10.430)
***La vie juive*, 1886**	Archive.org <https://archive.org/>

Liste des scènes du corpus

Cette liste comprend toutes les scènes de repas rencontrées dans le corpus, commentées ou non.

Les illustrations commentées sont signalées par un astérisque. La plupart sont reproduites dans le cahier en fin de volume.

Ancien Testament

Hospitalité d'Abraham (représentée avec un repas) – Gn 18, 1-15

**Schatzbehalter 1491– Icones biblicae 1625-1630 – Bible Merian 1630*

Banquet offert par Joseph à ses frères – Gn 43, 15-34

**Icones biblicae 1625-1630 – Bible Merian 1630*

Repas de la Pâque – Ex 12, 11.37-42

**Bible Grüninger 1485 – *AT Knobloch 1524 – *Icones biblicae 1625-1630 – Bible Merian 1630 – Haggadah 1746 – *Haggadah 1767 – Haggadah 1779*

Récolte de la manne – Ex 16, 13-21

**Biblia pauperum – Bible Grüninger 1485 – Schatzbehalter 1491 – AT Knobloch 1524*

Festin d'Absalon – 2 S 13, 23-37

Icones biblicae 1625-1630 – Bible Merian 1630

Nouveau Testament[81]

Noces de Cana – Jn 2, 1-23

**Schatzbehalter 1491 – Euangelibuch 1515 – Icones biblicae 1625-1630 – Bible Merian 1630*

Multiplication des pains

Première multiplication – *Mt 14, 13-21 // Mc 6, 31-44 // Lc 9, 10-17 // Jn 6, 1-15*

Aucune occurrence dans le corpus

Seconde multiplication – *Mt 15, 32-39 // Mc 8, 1-10*

*Schatzbehalter 1491 – Euangelibuch 1515 – Postill 1522 – *Icones biblicae 1625-1630 – Bible Merian 1630*

Jésus mange avec les publicains et les pécheurs – Mt 9, 10-13 // Mc 2, 15-17 // Lc 5, 29-32

Schatzbehalter 1491

Repas chez Simon le pharisien (la pécheresse anonyme) – Lc 7, 36-50

Biblia pauperum – Icones biblicae 1625-1630 – Bible Merian 1630

Marthe et Marie – Lc 10, 38-42

**Geiler Postill 1522* (scène secondaire) – *Icones biblicae 1625-1630 – Bible Merian 1630*

Guérison d'un hydropique un jour de sabbat – Lc 14, 1-6

Schatzbehalter 1491

Parabole du pauvre Lazare et du mauvais riche – Lc 16, 19-31

Euangelibuch 1515 – Postill 1522 – Icones biblicae 1625-1630 – Bible Merian 1630

Parabole du festin nuptial – Mt 22, 11-14

Euangelibuch 1515 – Icones biblicae 1625-1630 – Bible Merian 1630

Onction de Béthanie – Mt 26, 6-13 // Mc 14, 3-9 // Jn 12, 1-8

**Passionis 1506 – *Passions oder leyden 1506 – *Postill 1522*

Cène – Mt 26, 20-29 // Mc 14, 22-25 // Lc 22, 19-20 // Jn 13, 1-2.21-30

**Biblia pauperum – *Schatzbehalter 1491 – *Heilgen leben 1502 – Passionis 1506 – *Passions oder leyden 1506 – Euangelibuch 1515* (deux images) – *Postill 1522* (deux images) – *Icones biblicae 1625-1630 – Bible Merian 1630*

Repas à Emmaüs – Lc 24, 13-25, part. vv. 30-32

**NT Beringer 1529*

Apparition au Cénacle – Lc 24, 36-43, part. vv. 41-43

**NT Beringer 1529* (même image que ci-dessus)

---

81 Pour le Nouveau Testament de Jacob Beringer (R.10.267), illustré de façon exhaustive, seul le cycle de la Résurrection a été pris en compte.

Scènes représentées avec un repas non mentionné dans le texte biblique

PLAIE DES GRENOUILLES – Ex 7, 25 ; 8, 11
Bible Grüninger 1485 – AT Knobloch 1524 – Icones biblicae 1625-1630 – Bible Merian 1630 – Haggadah 1746 – Haggadah 1779
VOLUPTÉS DE SALOMON – 1 R 11, 3
Schatzbehalter 1491
LIBÉRATION DU ROI DE JUDA JOIAKÏN PAR EVIL-MERODAK, ROI DE BABYLONE – 2 R 25, 27-29
Schatzbehalter 1491

Scènes non bibliques

RÉUNION DES SAGES À BENÉ-BERAQ
**Haggadah 1746 – Haggadah 1779*
SÉDER
**La vie juive 1886* (2 images)

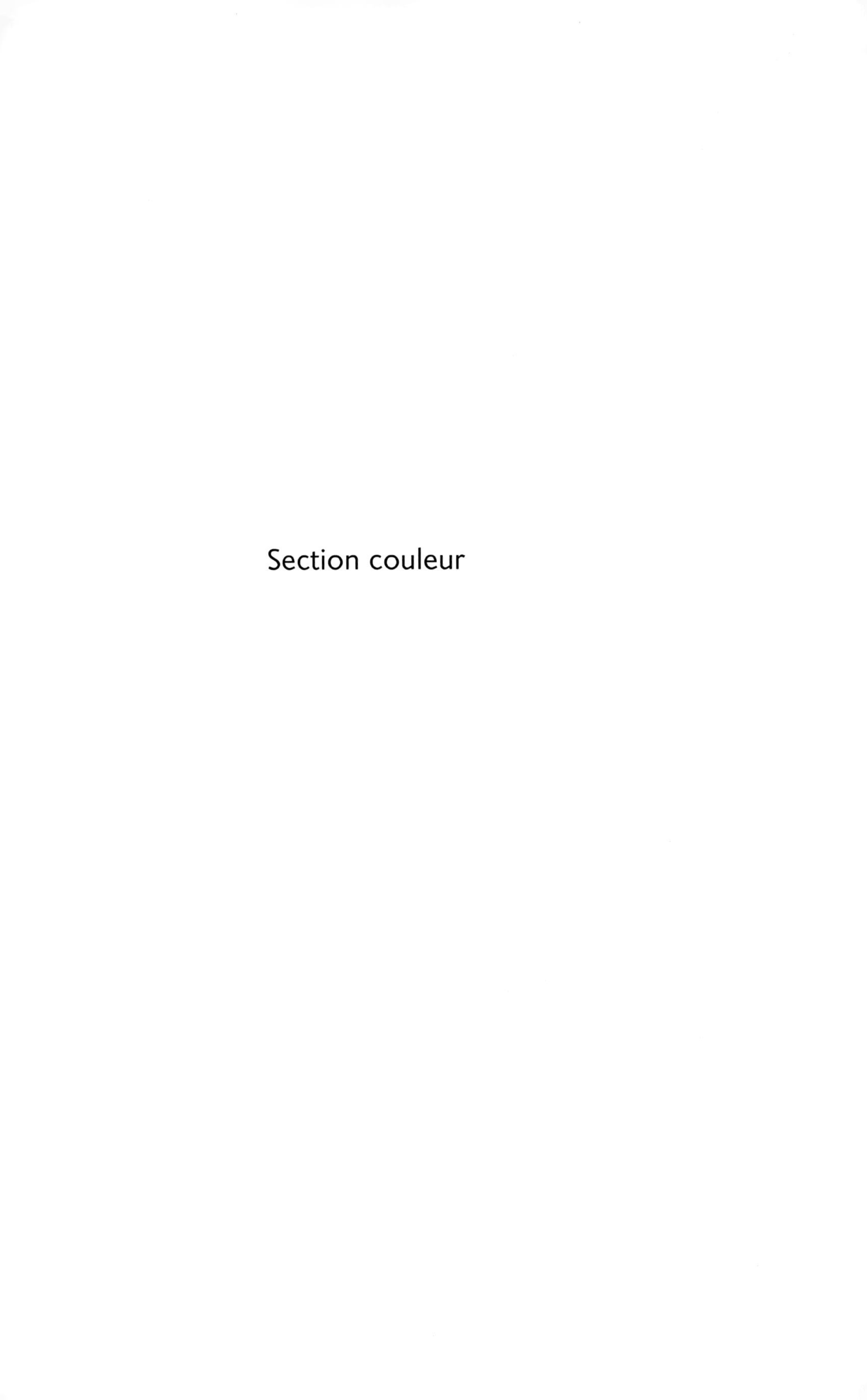

Section couleur

***Ill. A1**: Hospitalité d'Abraham*, gravure sur bois de Michael Wohlgemuth, Wilhelm Pleydenwurff et de leur atelier, Étienne Fridolin, *Der Schatzbehalter…*, Nuremberg, 1491. Cliché : Bnu (J.-P. Rosenkranz).

***Ill. A2-b**: Banquet offert par Joseph à ses frères*, gravure sur cuivre de Matthäus Merian et de son atelier, *Icones Biblicae…*, 1e partie, Strasbourg, 1625. Cliché : Bnu (J.-P. Rosenkranz).

***Ill. A3-b** : Réunion des sages à Bené-Beraq*, tempera, lavis d'encre et aquarelle, haggadah manuscrite, [Alsace], 1746. Cliché : Bnu (J.-P. Rosenkranz).

Ill. A4-b : *Repas de la Pâque*, gravure sur bois anonyme rehaussée de couleurs, *Die Bibel zuo teutsch getruckt*, Strasbourg, Johann Grüninger, 1485. Cliché : Bnu (J.-P. Rosenkranz).

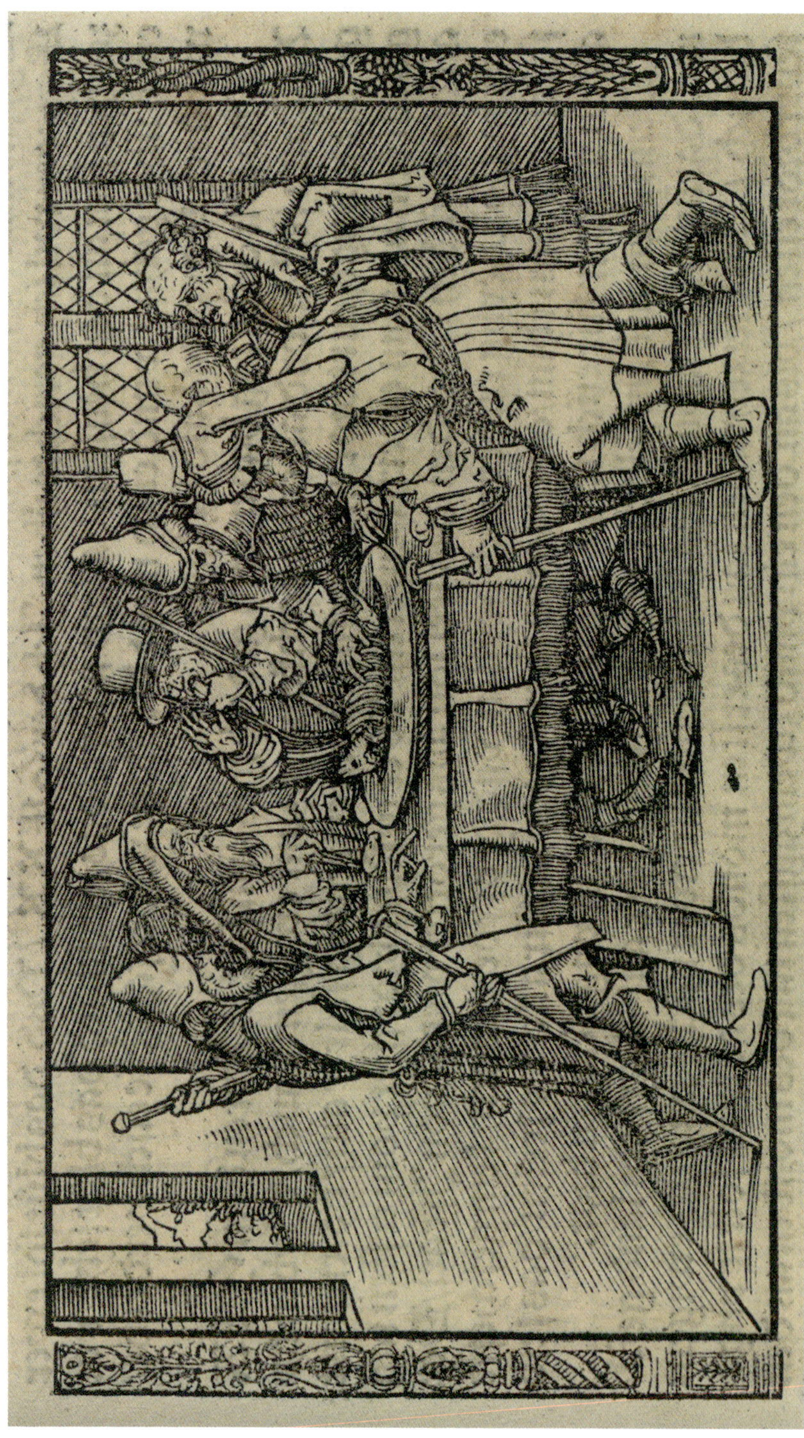

***Ill. A5** : Repas de la Pâque*, gravure sur bois de Hans Weiditz, *Das Alte Testament Deutsch nach urspringlicher Hebreischer warheit...*, Martin Luther (trad.), Strasbourg, 1524. Cliché : Bnu (J.-P. Rosenkranz).

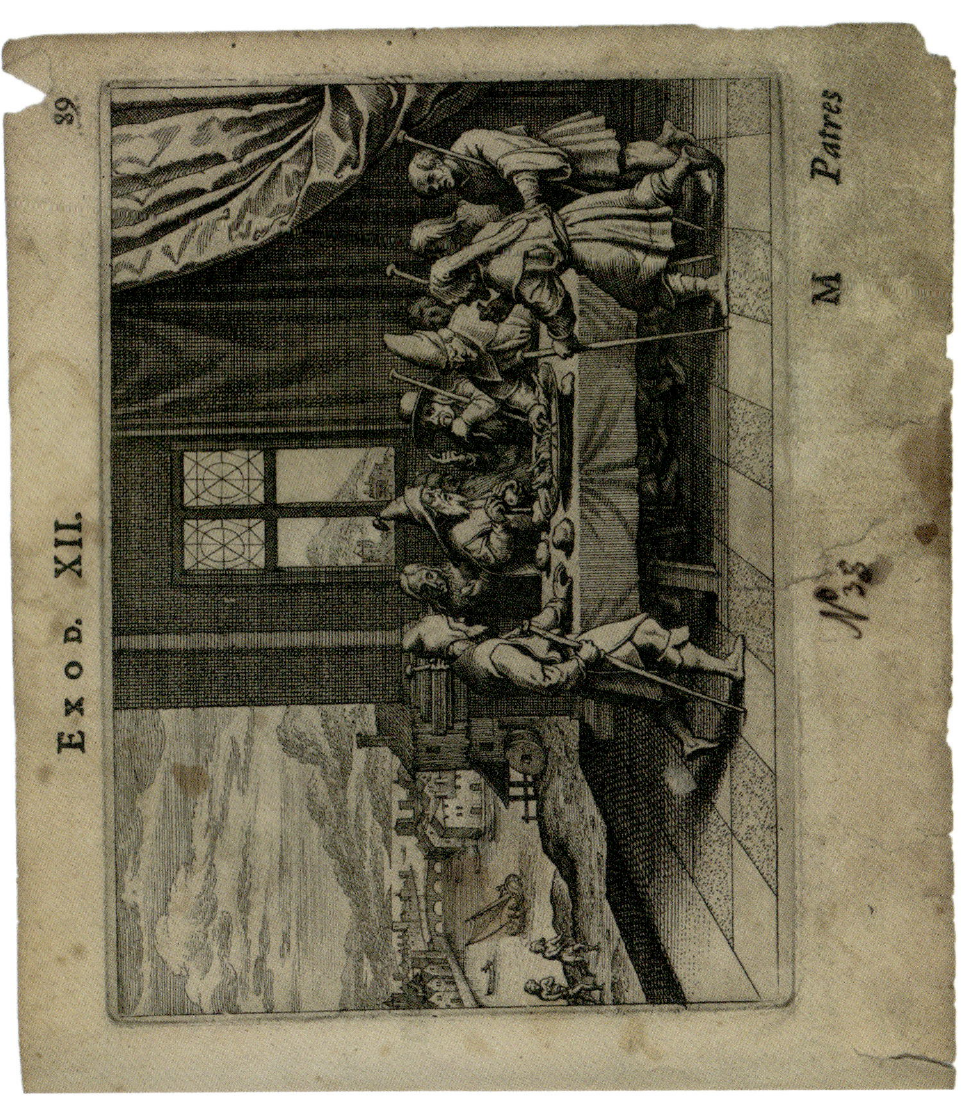

***Ill. A6**: Repas de la Pâque*, gravure sur cuivre de Matthäus Merian et de son atelier, *Icones Biblicae...*, 1re partie, Strasbourg, 1625. Cliché : Bnu (J.-P. Rosenkranz).

***Ill. A7-b** : Repas de la Pâque*, gravure sur cuivre anonyme, haggadah, Metz, 1767. Cliché : Bnu (J.-P. Rosenkranz).

Ill. A8-b: *Repas de la Pâque*, lavis d'encre et plume, haggadah manuscrite, Neckarsulm, 1777. Cliché: Bnu (J.-P. Rosenkranz).

Ill. A9: *Le Séder*, lithographie d'Alphonse Lévy, Léon Cahun, *La vie juive*, Paris, 1886. Cliché : Bnu (J.-P. Rosenkranz).

Ill. B1: *Noces de Cana*, gravure sur bois de Michael Wohlgemuth, Wilhelm Pleydenwurff et de leur atelier, Étienne Fridolin, *Der Schatzbehalter…*, Nuremberg, 1491. Cliché : Bnu (J.-P. Rosenkranz).

***Ill. B2**: Multiplications des pains*, gravure sur cuivre de Matthäus Merian et de son atelier, *Biblia, Das ist: Die gantze H. Schrifft Alten und Newen Testaments*, Strasbourg, 1630. Cliché : Bnu (J.-P. Rosenkranz).

Ill. B3 : *Onction de Béthanie*, gravure sur bois d'Urs Graf rehaussée de couleurs, *Der text des passions oder leydens christi…*, Matthias Ringmann (éd.), Strasbourg, 1506. Cliché : Bnu (J.-P. Rosenkranz).

Ill. B4 : *Cène*, gravure sur bois de Michael Wohlgemuth, Wilhelm Pleydenwurff et de leur atelier, Étienne Fridolin, *Der Schatzbehalter...*, Nuremberg, 1491. Cliché : Bnu (J.-P. Rosenkranz).

Ill. B5 **:** *Cène* (centre), *Rencontre d'Abraham et de Melchisédech* (gauche) *et Récolte de la manne au désert* (droite), gravure sur bois, [Biblia pauperum], [Pays-Bas], 1460-1470. Cliché : Bnu (J.-P. Rosenkranz).

Ill. B6 : *Cène et Lavement des pieds*, gravure sur bois d'Urs Graf rehaussée de couleurs, *Der text des passions oder leydens christi…*, Matthias Ringmann (éd.), Strasbourg, 1506. Cliché : Bnu (J.-P. Rosenkranz).

Ill. B7 : *Repas à Emmaüs et Apparition au Cénacle*, gravure sur bois d'un collaborateur de Heinrich Vogtherr, *Das gantz neüw Testameñt...*, Jacob Beringer (éd.), Strasbourg, 1529. Cliché : Bnu (J.-P. Rosenkranz).

Index

Index des œuvres antiques et médiévales

Coran

Littérature rabbinique

Textes anonymes

Auteurs

Index des aliments

Index thématique général

Table de matières

Dossier iconographique

Index